Richard Baumann

LUTHERS
EID UND BANN

PAUL PATTLOCH VERLAG ASCHAFFENBURG

Der Autor:
Richard Baumann (* 5. 8. 1899 in Stuttgart) wirkte jahrzehntelang als Pfarrer in der Ev. Landeskirche in Württemberg. Sein Bekenntnis zum bleibenden Petrusamt (Mt 16) im Papsttum erbrachte ihm den »Lehrprozeß« (soeben im gleichnamigen Buch, Verlag aktuelle texte, 721 Rottweil, dargestellt). Dem Ökumenismus, wie ihn Papst Johannes XXIII. und das Konzil eröffneten: Versöhnung ganzer Kirchen mit Rom, dient auch Baumanns literarische Arbeit. Er lebt mit Familie in Tübingen.

1977
© 1977 Paul Pattloch Verlag, Aschaffenburg
Umschlagentwurf Klaus Imhof
Gesamtherstellung: Brönner & Daentler KG, Eichstätt
ISBN 3 557 91143 8

INHALT

Vorwort 7

I. *Luthers Eide* 11
   Neuschöpfung durch Eidbruch? 11
   Etwas, was bisher nicht gewesen war 17
   Das Ich im Zusammenbruch und Angriff 34
   Ichgewißheit gleich »die Wahrheit« 44
   Das Ich predigt sich 56

II. *Luthers Feuergericht und Bann* 68
   Das Autodafé 68
   Die Kosten für den neuen Thron 76
   »Des Herrn Hand« und »ein eidbrüchiger Mann!« . 81
   Großer und kleiner Bann 110

III. *Bann und Luthertum bis heute* 114
   Die Pest und der Tod 114
   Luther in unserem Bewußtsein 121
   Der Vater unserer Kirche 140
   Verhältnis zu anderen Mächten 167
   Luthertradition und Heilige Schrift 172
      Wir sitzen in der Schrift — »Schriftlästerer« . . . 172
      Te totam applica ad Textum, Ecclesia! 176
      Rechtfertigungs- und Selbstgewißheit 181
      Die Liebe als Gesetzeswerk 190
      Vor dem Bruch — nach dem Bruch 198
      Säkularisierung der Liebe 204
      Die Rechtfertigung in den Griff bekommen? . . . 210
      Lehrentscheidungen der Kirche 214
      Die Heilige Schrift — »ihr eigener Ausleger« . . . 221
      Gesetzlosigkeit 232

Recht und Gesetz 236
   Gottesrecht und Menschenrecht 236
   Vernichtung des geistlichen Rechts 241
   Anathema 245
   Quia tu conturbasti 249
   Immer wieder Notrechtsarbeiten 252

IV. *Der Eid macht aller Widerrede ein Ende* (Hebr 6,16) 256

   Um echtes Bekenntnis — Homologia — nach dem
   Neuen Testament 256
   Worms 1521 — Augsburg 1530 267
   Das Bekenntnis des Kaisers, Karls V. 270
   Confessio Augustana 279
   Um ein »Freies Konzil« 285
   Um das Bischofsamt 289
   Artic. Smalc. und Tract. — keine Homologia . . . 297
   Quis est hic? (Sirach 31,9) ÖRK, EKD, LWB, VELKD 298
   Jede einzelne Landeskirche 301

V. *»Bis daß ihr den Bann von euch tut«* (Josua 7,13) . . 304

   Stehe auf und heilige das Volk! 304
   Dem Evangelium gehorsam?! 308
   Bitte an den Lutherischen Weltbund und den
   Leitenden Bischof der VELKD 313
   Brief an den Papst Paul VI. 316
   Die Antwort vom 5. August 1975 332

Vorwort

Luthers Eid ist im allgemeinen kein Gesprächsthema. In der Literatur ist wenig darüber vorhanden. Unter den regelmäßig wiederkehrenden Feiern zu Ehren der Taten Luthers erscheinen Tage wie der 4. und 19. Oktober: Eidablegung als Doktor und Professor der Theologie, Treueschwur vor Gott gegenüber der Kirche, nicht. Auch in Reformationsfestpredigten werden Eid und Treuegelöbnis nicht hervorgehoben.
Anders ist es mit Luthers Bann. »Zu Unrecht erlittener Bann bringt doppeltes Recht und Seligkeit!« Aber Luther war ja nicht nur passiv. Auch er hat einen Bann verhängt, sogar den stärksten; genauer: das Feuergericht, mit dem Zeichen des Autodafés, wofür der 10. Dezember der Gedenktag ist. Dieses aktive Verbannen ins ewige Feuer war dem Anathema durch den Papst drei Wochen vorausgegangen.
Jetzt in ökumenischer Zeit verglich man den Bann gegen Luther mit dem gegen den Patriarchen Michael Kerullarios. Die römisch-orthodoxen Gegenhandlungen sind seit 7. Dezember 1965 bereinigt. Anläßlich des zehnten Jahrestages der Aufhebung des Kirchenbannes vom Jahr 1054 gegen Kerullarios fand eine Feier in der Sixtinischen Kapelle statt, an der eine Delegation des Ökumenischen Patriarchates von Konstantinopel teilnahm. Zum Zeichen der Versöhnung begab sich Papst Paul VI. am Ende des Gottesdienstes zum Vertreter des Ökumenischen Patriarchen, dem Metropoliten Meliton, umarmte ihn und küßte ihm den Fuß.
Steht eine ähnliche Versöhnung zwischen Rom und Wittenberg bevor? Während des II. Vatikanischen Konzils sprachen Lutheraner diese Erwartung öffentlich aus. Man kam aber nicht weiter. Man ging der Frage nicht nach, ob das Anathema auf einen Eidbruch gefolgt ist. Und was Luther in seinem Eid versprochen hatte.
Eidbruch? Falls ein solcher erfolgt sein sollte, so wird man dafür doch mit der Vergebung Gottes rechnen dürfen; die Geschichte

des Petrus könnte so etwas wie ein biblisches Zeichen dafür sein, siehe Markus 14,71 und Lukas 22, 61.62. Gedanken dieser Art wurden aber nicht geäußert. »Luther hat seinen Eid ernst genommen. Aber wenn Gott befiehlt, muß man ihm folgen. Er fühlte sich von Gott seines Eides entbunden.« Insofern »braucht es keine Vergebung, weder von Gott noch von Menschen. Laßt das Andenken Luthers damit in Ruhe!«
Nur, wie steht es für den Luther von heute, das Weltluthertum, mit dem ewigen Bann gegen Rom, und wie mit der Eidestreue?

Abkürzungen

Bö = Lic. Dr. Julius Böhmer, Pastor in Raabe (Bez. Potsdam): »Martin Luthers Werke. Für das deutsche Volk bearbeitet und herausgegeben«. Stuttgart u. Leipzig 1907.

CA = Confessio Augustana: Confessio fidei exhibita Invictissimo Imperatori Carolo V. Caesari Augusto in Comitiis Augustae Anno MDXXX — Die Augsburgische Confession oder Bekenntnis des Glaubens etlicher Fürsten und Städte, überantwortet Kais. Majestät zu Augsburg. Anno 1530.

CL = Calwer Lutherausgabe: »Martin Luther, Ausgewählte Werke. Schriften, Predigten, Zeugnisse für die Gemeinde von heute dargeboten und verdolmetscht«, 6 Bände. »1. Der Bannerträger des Evangeliums, 2. Der Bahnbrecher christlicher Lebensordnung, 3. Der Zeuge auf der Kanzel, 4. u. 5. Der Doktor der Heiligen Schrift, 6. Der Reformator im Kampf um Evangelium und Kirche / Luthers Werden und Wirken im Spiegel eigener Zeugnisse«. Calwer Vereinsbuchhandlung Stuttgart 1930—1932.

EKG = Evangelisches Kirchengesangbuch, Ausgabe für die Ev. Landeskirche in Württemberg, Stuttgart 1953

Ha = Paul Hacker, »Das Ich im Glauben bei Martin Luther«, Graz 1966.

Lo = Joseph Lortz, o. ö. Professor zu Münster i. W.: »Die Reformation in Deutschland«, 2 Bände, Freiburg, 2. Aufl. 1941.

MBr = Karl August Meißinger: »Glauben und Tun. Ein Lutherbrevier«, München 1947.

M = Karl August Meißinger: »Der katholische Luther«, veröffentlicht mit Unterstützung der Deutschen Forschungsgemeinschaft, München 1952.

Sche	=	D. Otto Scheel, Prof. an der Universität Tübingen: »Martin Luther. Vom Katholizismus zur Reformation«. 1. Band 1915, 2. Aufl. 1917; 2. Band 1. u. 2. Aufl. 1917, sämtlich Tübingen. Zitiert wird nur Bd. 2.
Schl	=	D. Adolf Schlatter, Professor u. Frühprediger in Tübingen: »Der Ruf Jesu«, Predigten, 2. Aufl. Stuttgart 1925.
SyB	=	Die symbolischen Bücher der evangelisch-lutherischen Kirche, deutsch u. lateinisch. Besorgt von J. T. Müller. Mit einer neuen historischen Einleitung von D. Th. Kolde, ordentl. Prof. der Kirchengeschichte in Erlangen. 11. Auflage, Gütersloh 1912.
Th	=	Rudolf Thiel: »Luther«, Berlin 1. Band 1933, 2. Band 1935.
VfF	=	Der Verfasser: »Fels der Welt. Kirche des Evangeliums und Papsttum«, Tübingen, 1. Aufl. 1956, 2. Aufl. 1957.
VfL	=	Der Verfasser: »Der Lehrprozeß«, Rottweil 1974.
VfSR	=	Der Verfasser: »Stuttgart — Rom / Zur Versöhnung in der Christenheit«, Rottweil 1975.
WA	=	Weimarer Lutherausgabe.
WBzNT	=	Theologisches Wörterbuch zum Neuen Testament, 10 Bände, herausgegeben von Gerhard Kittel; später in Verbindung mit zahlreichen Fachgenossen hsg. v. Gerhard Friedrich. Stuttgart-Berlin-Köln-Mainz, 1933—1973.
Z	=	Ernst Walter Zeeden: »Martin Luther im Urteil des deutschen Luthertums«, I. Band: Darstellung, (II.: . . .), Tübingen 1950.

I Luthers Eide

Neuschöpfung durch Eidbruch?

Zwei bedeutende Professoren der Tübinger Universität haben Doktor Martin Luthers (mehrfach vollzogenen) Eidbruch vielseitig geschildert, untersucht, gewürdigt und gerechtfertigt: der Reformationshistoriker Otto Scheel hauptsächlich geschichtlich, der Bibeltheologe Adolf Schlatter in erster Linie als Prediger. Beider Führung vertrauen wir uns an.
Otto Scheel als Lutherbiograph schildert die verschiedenen Eidesleistungen, die Luther als Baccalaureus, Lizentiat, Doktor der Theologie, Senatsmitglied und Universitätsprediger vollzogen hat, und deren Bruch das große Neue erbrachte, zuerst und vor allem die Freiheit für den Professor. »Der die Erwartungen derer erfüllte, die ihm das neue Amt anvertraut hatten, machte doch mehr aus der Professur, als sie je gewesen war und je hätte sein können. Denn er machte ihren Thron unabhängig von fremder Gewalt, auch solcher, die in geistlichem Ansehen gestanden hatte. Dadurch schuf er, was bis dahin nicht gewesen war. Das konnte freilich nur auf Kosten des Lizentiaten- und Doktoreides geschehen, die die mittelalterliche Bedingung der biblischen Professur darstellten. Aber auch hier galt es Gott mehr zu gehorchen als den Menschen. Und er selbst fand gerade in seiner Berufung zum Doktor der Schrift, die im Promotionsakt ihm übergeben war, den Rechtstitel für das, was er aus der *lectura in biblia* machte« (Sche 318). Der Doktor der Heiligen Schrift, D. Martin Luther, »sollte auch die Grundlage der neuen Welt des Protestantismus legen« — »eine neue religiöse Welt«, und »auch die sichtbare Welt neu gestalten«. Der Reformator begann »seine mühselige und reich bewegte, aber auch reich gesegnete Wanderung. Er hatte; darum wurde ihm gegeben« (Sche 335).

Adolf Schlatter erläutert Luthers Eidbruch bzw. den Bruch seines Mönchsgelübdes von der theologisch-ethischen Seite. »Dann zog ihm des Herrn Hand die Mönchskutte aus, und er mußte seinen feierlichen Eid brechen. Ein Schauder fuhr durch alle frommen Leute: ›Ein eidbrüchiger Mann! ein verheirateter Mönch!‹ Sie meinten, unter der Last dieser Schuld müsse er zerbrechen; das Gewissen müsse in ihm mit verzehrender Glut aufflammen und er an Reue dahinsiechen, die ihn endlos quälen werde. Von dem allem geschah nichts, sondern er stand als ein Zeichen dafür da, was dem Glauben widerfährt« (Schl 173). So predigte Professor D. Schlatter in einer Reformationsfestpredigt (über Johannes 4,46—54), die er »Die Berufung zum Glauben« überschrieb. »Man wußte in der Christenheit nicht mehr, was Glaube sei. — Gewaltige Büßer hatte die Kirche, die mit tiefem Ernst nach der Vollkommenheit rangen; aber wie konnten sie glauben, da sie nichts sahen als den Jammer der menschlichen Schuld? Sie hatte Männer voll Liebe, ja Herzen, die in Liebe glühten, die zu jedem Opfer willig waren und mit vollen Händen gaben zu Gottes Ehre und für die Armen; allein wie konnten sie glauben, da sie nur an das dachten, was sie Gott geben und für ihn leisten wollten, und vergaßen, daß die Liebe darin steht, nicht, daß wir Gott geliebt haben, sondern, daß er uns geliebt hat (1 Joh 4,10)? Dieser Christenheit, die nicht mehr wußte, was Glaube sei, gab Gott das große Zeichen, deutlich, öffentlich, mit überwältigender Macht, daß jedermann aufmerken mußte und wahrnahm: das heißt glauben! so steht ein Mensch da, wenn er seinen Herrn und Heiland kennt, und das ist des Glaubens Gerechtigkeit vor Gott! ... Dann trieb ihn Gottes starke Hand in die Öffentlichkeit vor Kaiser und Reich. Da stand er, ganz allein, und alle Welt sah auf ihn und fragte sich: wie wird es gehen? Und er ward zum Zeichen dafür, was es heißt glauben und was das Glauben gewinnt, daß es uns Gottes Frieden verschafft und macht, daß der bei uns auf dem Plan ist, welcher heißt ›Jesus Christ, der Herr Zebaoth, und ist kein andrer Gott‹« (Schl 172 f.).
Luther (so predigte Schlatter weiter) ist nun »ein Kind Gottes, das fröhlich beten kann und in der Leitung des Herrn von seinem

süßen Frieden gedeckt seine Straße zieht und endlich mit Frieden und Freude abscheiden darf nach seinem Wort. — Wie er selbst die Mönchskutte ausgezogen hatte, mußte er, von des Herrn Hand getragen und getrieben, der ganzen Kirche das Bußwort sagen ... Derselbe Mann, der dem Christentum ins Gesicht sagte, es sei zum Antichristentum geworden, sammelte die Gemeinde in neuer Anbetung Gottes im Gehorsam Christi, so daß sie die Macht des Evangeliums in neuer Deutlichkeit erfahren und erwiesen hat. Mit der Kirche brach er ... Er stieß den Beichtstuhl um und trieb die Leute weg ... Er kehrte den Lehrern der Kirche den Rücken und fragte nicht mehr nach der Theologen Meinung, sondern hatte den Mut, sein Neues Testament zu öffnen und auf das zu hören was uns der Herr selbst durch seine Boten sagt. Mit Schrecken sahen ihm viele dabei zu: Kann auch das Neue Testament uns leiten?« (173—175).

Der Prediger zeichnete dann ausführlich die zwar reichlich liebestätige, kulturgestaltende, aber »glaubenslose« Kirche. »Wie ging es doch in der Kirche zu, als sie den Glauben verlernte und die falschen Wege ging? Sie hat doch immer den Namen Jesu hochgehalten, wollte ihn niemals vergessen oder begraben, sondern hat sich immer feierlich zu seiner Gottheit bekannt. Aber für ihr Auge verschwand er in unsichtbarer Ferne und verborgener Erhabenheit und ihre Aufmerksamkeit wandte sich zu dem, was sichtbar war. Da war ja das Taufwasser; daran glaubt! Da war der Bischof; an den schließt euch an! Da war die große heilige Kirche; glaubt ihr! Und als das Sichtbare die Menschen gefangen nahm, vermochten sie es nicht mehr, dem zu glauben, der uns seinen Sohn gesendet hat, damit sein Wort in uns lebe, nicht aber, daß er in sichtbarer Gegenwart bei uns sei. — Wie kamen sie dagegen in der Reformationszeit wieder zum Glauben? Da haben sie sich von allen diesen sichtbaren Mächten abgewandt und auf den geschaut, der droben ist« (Schl 177).

»Es fehlt auch uns nie an so viel Zeichen und Wundern Gottes, als wir zum Glauben bedürfen. Wie uns in der Reformationszeit ein Zeichen gewährt wurde, das uns immer wieder vorleuchtet und uns erkennen läßt, wie man gläubig lebt und stirbt, so han-

delt Gott auch an unserem Geschlecht ... Darum laßt uns Jesu Klage hören, die er über die spricht, die zum Glauben nicht fähig und willig sind. Wir wollen ... ihm wieder mit Aufrichtigkeit sagen: dein Wort fasse ich; deine Hand ergreife ich; von deiner Gnade lebe ich« (179).
Schlatter hielt seine Predigt über die Berufung zum Glauben und den angeblich dazu notwendigen Bruch des feierlichen Eides in der Zeit vor 1925. Jetzt, ein halbes Jahrhundert später, ist uns die unsichtbare Kirche, bei der das Sakrament der Taufe und das Amt der Bischöfe geradezu gegen den Glauben sei, nicht mehr das Ideal. Überdies, kam die Gesamtkirche, »kam die Kirche einst um den Glauben« (ebd. 178)? Unvoreingenommene Geschichtsforscher berichten anders.
Indes, auf dieser Stufe der Untersuchung ist die Frage fällig: War einer der Eide Luthers erzwungen und damit wertlos? Die historische Forschung, soweit sie mir bekannt ist, stellt nichts dergleichen fest. Auch Scheel und Schlatter wissen nichts davon. Niemand hat ihn gezwungen, irgendein Gelübde, Treueversprechen oder einen Eid abzulegen. Was er gelobte und eidlich versprach, hat er Gott in Gegenwart der himmlischen und irdischen Kirche geschworen, worauf ihm, dem Knieenden, »im Namen Gottes und auf Grund der ihm [dem Promotor] verliehenen Vollmacht des apostolischen Stuhles die Lizenz erteilt wurde« (Sche 312). So am 4. Oktober 1512 bei der Ablegung des Lizentiateneides. Und am 19. Oktober 1512 »folgte der Doktoreid, den der Doktorand wahrscheinlich kniend sprach. Er gelobte, daß er ... eitle, fremde, von der Kirche verurteilte und frommen Ohren anstößige Lehre nicht lehren ... werde, so wahr ihm Gott helfe und die heiligen Evangelisten. Nun erklärte und promovierte ihn Karlstadt zum Magister der heiligen Theologie und erteilte ihm die Befugnis, ›zu Wittenberg und überall ... in der Theologie zu lesen, zu lehren, auszulegen, die Kathedra des Magisters zu besteigen und alle anderen Magisterakte öffentlich und privatim zu verrichten‹. Des zum Zeichen wurden dem Promovierten die Doktorinsignien übergeben. Zunächst wurde ihm die geschlossene und dann geöffnete Bibel übergeben, sodann

das Barett aufs Haupt gesetzt und schließlich der uns noch erhaltene goldene Doktorring um den Finger gelegt« (314 f.). Friedenskuß und Segnung schlossen sich an. »Der so Gesegnete stieg nun zum Katheder hinauf und hielt seine erste Rede als Magister. Wie nicht anders zu erwarten, galt sie der Würde und dem Ruhm der Heiligen Schrift, dem Quell des göttlichen Segens und der unvergänglichen Weisheit« (Sche 315).
Was ihn, den Doktor der Heiligen Schrift und des apostolischen Stuhles, dann im Verlauf einiger Jahre dazu berechtigte, die Eide, Gelübde und Bünde aufzulösen und damit Treue und Glauben, den er Gott gelobt, zu zerreißen, das schrieb Luther unter anderem in der ersten seiner drei »klassischen Reformationsschriften«: »An den christlichen Adel deutscher Nation von des christlichen Standes Besserung« (gedruckt im August 1520): »Hörst du es, Papst, der du nicht der Allerheiligste, sondern der Allersündigste bist? Oh, daß Gott vom Himmel deinen Stuhl in Bälde zerstören und in den Abgrund der Hölle senken wollte! Wer hat dir Gewalt gegeben, dich über deinen Gott zu erheben, das zu brechen und zu lösen, was er geboten hat, und die Christen, sonderlich die deutsche Nation, die als von edler Natur, als beständig und treu in allen Geschichtsbüchern gelobt worden, zu lehren, unbeständig, meineidig, Verräter, Bösewichte, treulos zu sein? Gott hat geboten, man soll Eid und Treue auch den Feinden halten. Du aber unterstehst dich, solcher Gebot zu lösen, bestimmst in deinen ketzerischen, antichristlichen Dekretalen, du habest darüber Macht. Durch deinen Hals und deine Feder lügt der böse Satan, wie er noch nie gelogen hat: du zwingst und dringst die Schrift nach deinem Mutwillen! Ach Christe, mein Herr, sieh herab, laß deinen Jüngsten Tag hereinbrechen und zerstöre des Teufels Nest in Rom! Hier sitzt der Mensch, von dem Paulus gesagt hat, der sich über dich erheben und in deiner Kirche sitzen und sich als ein Gott stellen soll, der Mensch der Sünde und Sohn der Verdammnis. Was ist päpstliche Gewalt anders, als nur Sünde und Bosheit lehren und mehren, nur Seelen zur Verdammnis führen unter deinem Namen und Schein?« (Bö 119).

Von den Eidesleistungen seiner früheren Mitbrüder im Amt spricht er als von »Schwüren, wider das heilig Gotteswort geschehen«. Dem Hieronymus Emser in Leipzig sagt er nach: »darum er auch das heilig fleischlich Recht einführt, mehr denn göttlich Recht« (MBr 182) und redet ihn folgendermaßen an: »Deine geistlichen Rechte werden dichs nit lehren, so wirds dein Bockskopf selbst nit erfinden ... Du bist ein Licentiat *sacrorum canonum* und ein Prohibitat *sacrae Scripturae*, das bleibtst du wohl auch« (MBr 178). Zu den beiden Lutherworten an den »Bock zu Leipzig« bemerkt der evangelische Lutherforscher K. A. Meißinger: »Das *Jus canonicum* (›das heilig fleischlich Recht‹ zu nennen, ist) ein beliebter polemischer Kunstgriff Luthers, wozu auch seine Namensverdrehungen gehören. Er ist hier ganz der bedenkenlose Volksredner, der auch vor Geschmacklosigkeiten nicht zurückschreckt, wenn er nur die Lacher auf seine Seite bringt. Licentiatus sacrorum canonum = einer, der die Lehrerlaubnis für kanonisches Recht hat; danach mit echt lutherischem Wortspiel ein Prohibitatus sacrae Scriptuare = einer, der ein Lehrverbot für Heilige Schrift hat« (MBr 182, 178). Luther war absolut gewiß, daß er, der ganzen Kirche gegenüber, der wahre Schriftausleger sei, der allein vom Glauben recht lehrte. Was in der Heiligen Schrift steht, ist göttlichen Rechts. Da die Kirche schriftwidrig über den Glauben lehrt, ist ihr sogenanntes heiliges Kirchenrecht fleischlich und darum zu beseitigen. Seine Eide, in der Kirche abgelegt, waren somit hinfällig. Sein Eidbruch gegenüber der Kirche erschien ihm, gerade um des treu zu haltenden Schwurs auf die Heilige Schrift willen, als rechtens vor Gott.

Luther hatte allerdings früher (im Kommentar zum Galaterbrief 1519) das ähnliche Verhalten der Hussiten als Abfall verurteilt. »Folglich kann auch der Abfall der Böhmen von der römischen Kirche auf keine Weise entschuldigt und verteidigt werden, als ob er etwa nicht gottlos und allen Gesetzen Christi entgegen wäre; verstößt er doch gegen die Liebe, in der alle Gesetze gipfeln. Denn das, was die Böhmen vorbringen, sie seien aus Furcht vor Gott und ihrem Gewissen abgefallen, damit sie nicht unter bösen Priestern und Päpsten leben müßten, — gerade das klagt sie am allermeisten an. Wenn nämlich die Päpste, Priester oder auch sonst irgend Menschen böse sind und du erglühtest in wahrer Liebe, dann würdest du nicht die Flucht ergreifen; du würdest vielmehr, und wärest du auch ›am äußersten Meer‹ (Ps 139,9), herbeieilen, klagen, mahnen, rügen, überhaupt alles tun, und der vorliegenden Lehre des Apostels folgend dir bewußt sein, daß du nicht die Vorteile, sondern die Lasten auf dich zu nehmen hast. Und so dürfte einleuchtend sein, daß es eitel Schein ist, wenn die Böhmen sich dieser Liebe rühmen, und daß es sich dabei um ›ein Licht‹ handelt, ›in das sich der Engel Satans verstellt‹ (2 Kor 11,14)« (CL 5,397 f.).

Etwas, was bisher nicht gewesen war

Als sich der seelengefährdende Ablaßhandel Tetzels ereignete, hat Luther in wenigen Wochen mit seinen 95 Thesen eine Großtat geleistet. Sein Einsatz für die Kirche war gewaltig. »Luther wußte gewiß, daß er hier die Heilige Schrift für sich hatte, und war gesonnen, diese Einsicht durchzusetzen« (M 132). Er war sich bewußt, daß er einen offensichtlichen Mißstand bekämpfte und diesem gegenüber auch das Kirchenrecht hinter sich hatte. »Überblickt man den weiteren Gang der Dinge im ganzen, so ist vor allem ja dies deutlich, daß Luther in der Ablaßfrage, die der erste tragische Anlaß zur Kirchenspaltung geworden ist, einen der vollständigsten Siege der Kirchengeschichte erfochten hat. Seit dem 31. Oktober 1517 ist der Ablaßhandel aus der Praxis der katholischen Kirche spurlos verschwunden. Zwar gibt es Ablaß auch heute noch, aber gereinigt von jedem Ärgernis. Der Ablaß*handel* jedenfalls war einer der schreiendsten Mißbräuche und ist auf Luthers Angriff hin abgestellt worden. Hätte Rom gleich damals entschlossen und ehrlich einen Rückzug angetreten, zu dem man praktisch dann doch genötigt war, so wäre der

Streit aus gewesen. Luther hatte ganz einfach Recht, gegen Tetzel anzugehen. Warum aber hört man das so selten von katholischer Seite?« So fragte der evangelische Lutherforscher (Mitherausgeber der Weimarer Lutherausgabe) Karl August Meißinger in seinem Buch »Der katholische Luther« im Jahr 1952 (M 133). Er dürfte heute wohl fast allgemein Zustimmung finden. Diese liegt in der bußfertigen Aussage Papst Johannes' XXIII. mitenthalten vor, wenn er über die Schuld an der Spaltung sagte: Die Verantwortung ist geteilt.

Was Luthers Eid und Eidbruch betrifft, so sei zu seinen 95 Thesen wenigstens zweierlei bemerkt. (1) Einmal dies: auch die These 71 sollte beachtet werden. »Contra veniarum apostolicarum veritatem qui loquitur, sit ille anathema et maledictus. Wer gegen die Wahrheit der apostolischen (d. h. päpstlichen) Ablässe redet, der sei verbannt und verflucht.« (2) Sodann aber, für alle folgenden Ereignisse entscheidend wichtig: In den 95 Sätzen ist schon die gegen das Petrusamt gerichtete Spitze, »hochgefährlicher Ernst und noch unheimlichere Ironie, die bereits künftige Maßlosigkeiten ahnen läßt«. »Bei Luther lacht der gemeine Mann, und des gemeinen Mannes Lachen wird leicht grimmig.« Luther bringt Einwände der Laien vor. »Ein glänzender Schachzug: Luther ist es jetzt nicht mehr selber, der die folgenden stärksten Dinge sagt; vielmehr will er diese spitzfindigen Redensarten (der »hohngetränkten Antithesenfolge« 63—68) abgestellt wissen, ihm liegt das Ansehen des Papstes am Herzen, das dabei notleidet. Jetzt erst setzt er zum wuchtigen Generalangriff an, der die feindliche Stellung vollends überrennt. Drohend erhebt sich ein Bild der öffentlichen Meinung...« (M 151 bis 153).

Bei immer erneutem Lesen der 95 Thesen und dazu der Herrenworte an den Petrus im Amt (Mt 16 und viele Schriftstellen) wird man kaum anders sagen können, als: Luthers Innerstes war von diesem Amt und der Kirche, der es vorstand, bereits losgelöst, wenn es auch noch einige Zeit bis zur Endthese: Das Papsttum ist (nicht von Jesus Christus, sondern) vom Teufel gestiftet, gebraucht hat. Daß das Ablaßärgernis binnen einem

Jahr abgestellt war, muß Luther bemerkt haben. Mußte er nun nicht entsprechend der Liebe, die alles duldet und hofft, handeln, wie er es den Hussiten vorhielt? Um Spaltung und Abfall zu vermeiden. Dies als Frage, nicht als Urteil. Denn was im Innersten Luthers, lange vor dem Jahr 1517, vorging, und worin schon alles sein weiteres Handeln keimhaft beschlossen war, dieses Rätsel, diese Ursprungsfrage, hat kein Mensch gelöst, so zahlreiche Forschungen und sich widersprechende Hypothesen über Zeit und Ort der Wende in Luther, über sein Neues, Eigentlichstes, von Generationen Theologen, Historikern und Psychologen geschahen und in einer fast unübersehbaren Literatur vorgetragen wurden. Sein Neues, im Innersten alles Umwendende, was er als »das Evangelium« erlebte, mußte eines Tages wie Quelle, Fluß und Strom hervorbrechen. Und wenn darin die Liebe war, so mußte er diese der Gemeinschaft zuwenden, in der er getauft und zum Lehren bevollmächtigt war; der Kirche, an die er durch seinen Eid vor dem lebendigen Gott sich unlösbar gebunden hatte. Man traut es dem Kühnen und Gewaltigen, Millionen von Mitchristen hoch Überlegenen zu, daß er sich dem Papst in Rom, Leo X., Aug in Auge stellen und ihm die Liebe erweisen wird, die über den *Menschen* im Amt diesem *Amt* selbst, nach langjährigen Schäden, zur biblischen Erneuerung dienen würde. Zumal Luther Tod und Teufel nicht fürchtete.
Luther folgte aber der Vorladung nach Rom nicht. Luthers Schutzherr, Kurfürst Friedrich, der mächtigste der deutschen Fürsten, setzte es durch, daß Luther sich auf deutschem Boden verantworten durfte. Rom sandte den Kardinal Cajetan, und in Augsburg am 12. Oktober 1518 (und folgenden Tagen) fand Luther die Gelegenheit, sein Neues, seinen Glauben, zu bezeugen. Wird sein Glaube der wahre, vollbiblische sein und wird er ihn in Liebe bezeugen, so, denkt man, wird Luther dabei seine Eidestreue erweisen genau nach dem Inhalt dessen, was er versprochen hatte. Nämlich beim Glauben der Kirche zu bleiben. Bei dem, *was* die Kirche lehrt.
Aber versprochen hatte er ja auch die Treue in dem Sinn: er wußte, *wer* die Vollmachtsträger in der Kirche sind, und der

Nachfolger Petri als ihr vom Herrn gesetzter Erster. Ihm absagen würde heißen auch dem vollbiblischen Glauben absagen, denn die Vollmachtsgestalt der Kirche ist im Evangelium enthalten. Ein Glaubender, der die Vollmacht des Herrn in seinen Vollmachtsträgern (vgl. Lk 10,16) leugnet, hat einen anderen Glauben. Welchen? Doch wohl einen solchen, dessen Vertreter es wagt, sein Ich gegen die Gemeinschaft und ihr »Wir im Glauben« zu stellen. Er braucht zum Glauben die Gemeinschaft nicht. Und auch die Liebe nicht?

Welches ist der radikal neue Glaube, den Luther in der Kirche nicht fand? Er hat ihn unzählige Male ausgesprochen. Kurz zusammengefaßt und mit stärkster Betonung seiner Vollmachtsüberzeugung bekannt hat er ihn in den Schmalkaldischen Artikeln. Darum sei der Hauptartikel daraus angeführt. Diesem voraufgehend hatte Luther sich zum Glauben der katholischen Kirche bekannt in den »hohen Artikeln der göttlichen Majestät«, zum Glauben also an den Dreieinigen Gott. »Diese Artikel«, schreibt er, »sind in keinem Zank noch Streit, weil wir zu beiden Theilen dieselbigen bekennen. Darum nicht vonnöthen jetzt davon weiter zu handeln.« (Statt »bekennen« hatte er ursprünglich »glauben und bekennen« geschrieben; »glauben« strich er. Die Gegner glauben nicht.)
»Das ander Theil ist von den Artikeln, so das Amt und Werk Jesu Christi oder unser Erlösung betreffen. (Officium et opus Jesu Christi sive redemtionem nostram.)
Hie ist der I. und Häuptartikel:
Daß Jesus Christus, unser Gott und Herr, sei um unser Sünde willen gestorben und um unser Gerechtigkeit willen auferstanden Röm. 4,24;
Und er allein das Lamm Gottes ist, das der Welt Sünde trägt Joh. 1,29. Und Gott unser aller Sünde auf ihn gelegt hat Jesaia 53,6;
Item: Sie sind allzumal Sünder und werden ohne Verdienst gerecht aus seiner Gnade durch die Erlösung Jesu Christi in seinem Blut etc. Röm. 3,23 f.

Dieweil nu solches muß gegläubt werden und sonst mit keinem Werk, Gesetze noch Verdienst mag erlanget oder gefaßet werden, so ist es klar und gewiß, daß allein solcher Glaube uns gerecht mache, wie Röm. 3,28 S. Paulus spricht: Wir halten, daß der Mensch gerecht werde ohn Werk des Gesetzes durch den Glauben. Item V. 26. Auf daß er allein gerecht sei und gerecht mache den, der da ist des Glaubens an Jesu.
Von diesem Artikel kann man nichts weichen oder nachgeben, es falle Himmel und Erden oder was nicht bleiben will. Denn es ist kein ander Name den Menschen gegeben, dadurch wir können selig werden, spricht Petrus Actor. 4,12. Und durch seine Wunden sind wir geheilet Esa. 53,3. Und auf diesem Artikel stehet alles, was wir wider den Pabst, Teufel und Welt lehren und leben. Darum müßen wir des gar gewis sein und nicht zweifeln, sonst ist es alles verloren und behält Pabst und Teufel und alles wider uns den Sieg und Recht.«
Man wird sagen können: wenn Luther dieses Lehren und Leben nach dem Evangelium bei vielen herkömmlichen Lehrern seiner Zeit nicht klar genug bezeugt und verkündet fand, so hat er die rettende Wahrheit der Frohbotschaft mit Recht und (wie schon die Abstellung des Ablaßhandels es zeigte) siegreich verkündet. Aber war auch nur eine der von ihm angeführten Schriftstellen von der katholischen Kirche gar nicht verkündet worden? Ein genauer Kenner sowohl Luthers als der katholischen Kirche zur Reformationszeit schrieb den Satz über das Ringen Luthers (das ja in den Schmalkaldischen Artikeln sich nochmals aufs stärkste gegen seine Gegner artikulierte): »Luther rang in sich selbst einen Katholizismus nieder, der nicht katholisch war« (Lo I, 176).
Luther unterschob »den Gegnern«, Papst, Teufel und Welt, sie leugneten das in diesen Schriftstellen verkündete Amt und Heilswerk Jesu Christi. Aber hat er nach diesem »Das tat ich für dich« auch das »Was tust du für mich?« als die zum Heilsvorgang gehörige *Liebe* bezeugt? Zweifellos hat er die Liebe aus dem Heilsvorgang (wie wir Gottes Willen erfüllend ihm seine Liebe erwidern und so das Leben haben) ausgeschieden. Ebenso fehlt

das »Wiederum steht geschrieben« (nach Mt 4,7 par) beim Heilsvorgang: »Schaffet, daß ihr selig werdet mit Furcht und Zittern« (nach Phil 2,12). Es fehlt der Gehorsam als Erfordernis für unsere rechte Stellung zu dem Gott, der in uns »wirkt beides, das Wollen und das Vollbringen, nach seinem Wohlgefallen« (Phil 2,12 f.). Es fehlt der Lohn als Gnadenlohn, trotz allem, was Jesus darüber geredet hat. Luther kündet das große, alles beginnende, durchwaltende und vollendende Liebeshandeln Gottes und seines Sohnes, des Lammes, für uns. Darauf gründen wir, das trägt uns; so hat es die Kirche in allen Jahrhunderten bezeugt. Kinder Gottes aber sind zur Liebe erlöst: zu ihrem Leben, gerecht gemacht Werden, recht zum Vater Stehen, gehört das Wiederlieben. Luther hat den schenkenden Retter bezeugt; aber das »Wiederum steht auch geschrieben«: daß der Herr im Endgericht uns nach unserer Liebe richten wird, in Annahme oder Verwerfung (vgl. Mt 25 und ganze Hl. Schrift), fehlt in Luthers Grundsatzartikel.

Und nun die Vollmachtsfrage. Was ist es mit der Kirche und ihrem Amt? Zwar begann Luther seine Vorrede scheinbar mit einer Bejahung des Petrusamtes. »Da der Pabst Paulus, des Namens der dritte, ein Concilium ausschriebe im vergangenen Jahr...«, aber nach vernichtendem Hohn schloß er seinen Artikel »Vom Pabstthum«, dem er für sein Amt jede Berufung auf die Schrift, d. h. die Sendung nach göttlichem Recht, verbot, mit dem Schriftwort Sacharja 3,2: »wie im Zacharia der Engel zum Teufel sprach: Strafe dich Gott, Satan.«

Und immer ist er »gewiß« oder betont, daß wir müssen gewiß sein. Der bisherigen Kirche gegenüber gewiß, in der Verdammung des Papsttums gewiß, in seinem neuen Glauben gewiß, und, da es für ihres Glaubens Gewisse kein Gericht geben wird, so sind sie schon ihres ewigen Heiles gewiß. Dieser »gewisse Glaube« ist Luthers und der Seinen neuer Glaube.

Die radikale Einseitigkeit in der Schriftauswahl in Luthers Glaubens-Hauptartikel kann keinem gründlichen Leser immer verborgen bleiben. Es sei denn, er wisse sich mit Luther von der Gegenseite auch am Altar ewiglich geschieden, so wie Luther es im Anschluß an seinen Glaubensartikel ausführt: »Sic scilicet in aeternum disiungimur et contrarii invicem sumus. Also sind und bleiben wir ewiglich geschieden und wider einander.«

Beim Ernst dieser Sachlage erscheint es notwendig, auf einen Forscher zu hören, der der Beschaffenheit des neuen Glaubens aufs gründlichste nachgegangen ist. Paul Hacker schrieb das Buch »Das Ich im Glauben bei Martin Luther«. Er kann für das Thema Luthers Eid und Bann Wesentliches beitragen. Darum seien reichliche Stellen daraus angeführt.
Hacker setzt mit etwas den evangelisch-lutherischen Christen Bekanntem und weithin Vertrautem ein: mit Luthers Erklärungen zu den drei Artikeln des Apostolischen Glaubensbekenntnisses in seinem Kleinen Katechismus. »Ich glaube, daß mich Gott geschaffen hat samt allen Kreaturen...«, »Ich glaube, daß Jesus Christus... sei mein Herr...«, »Ich glaube, daß ich nicht aus eigener Vernunft noch Kraft an Jesum Christum, meinen Herrn, glauben oder zu ihm kommen kann« bis »am Jüngsten Tage mich und alle Toten auferwecken wird und mir samt allen Gläubigen das ewige Leben geben wird. Das ist gewißlich wahr.«
Hacker macht auf die überaus starke Ichbezogenheit aufmerksam. (I) Die Beziehung Gottes zur Welt »kommt nur in drei Worten und als eine Art Anhang zum Ich zur Sprache: ›samt allen Kreaturen‹« (8, 24). »Im zweiten Artikel (II) ist die kirchliche Überlieferung korrekt zu Wort gekommen...« Aber auch hier beherrscht das Ich die Mitte des Artikels. »Besonders merkwürdig ist, daß die Auferstehung und Verherrlichung Christi, die zum Mittelpunkt des urchristlichen Bekenntnisses gehört, mit einem ›gleichwie‹ bloß angehängt erscheint an die zuerst zur Sprache kommende Gewißheit des Bekennenden von *seiner* ewigen Erlösung, also ausschließlich als Grund und Motiv dieser Gewißheit dargestellt ist.
Im dritten Artikel (III), zu dessen ausdrücklichem Inhalt die Kirche gehört, ist von dieser, wie von der Weltschöpfung und Welterhaltung im ersten Artikel, wiederum nur wie von einer Art Anhang zum Ich die Rede: ›*gleichwie* er die ganze Christen-

heit ... beruft‹; ›*mir und* allen Gläubigen‹; ›*mich und* alle Toten‹; ›*mir samt* allen Gläubigen‹. Auch da, wo die Kirche als Glaubensartikel genannt werden muß, steht also das Ich voran. Bei denen, die nach Luthers Katechismus belehrt wurden, mußte sich daher die Ansicht bilden, daß die Kirche zuerst und im Wesen eine Sammlung von Einzelnen sei, zu einem Zweck; fast wie ein solcher Zweck erscheint in der Bekenntnisauslegung die Ermöglichung der Sündenvergebung« (Ha 24 f.).
In der großartigen Sprachgestalt von Luthers Erklärungen sei dies nicht übersehen: daß ich mich persönlich angesprochen wissen soll, darin liegt ja etwas Echtes, Gutes: ein Aufruf zum persönlichen Glauben. »Die ewige Vollendung«, schreibt Hacker, »sieht Luther immerhin in der Gemeinschaft der Kirche. Aber es ist bemerkenswert, daß seine Auslegung den Bekennenden mit absoluter Gewißheit aussprechen läßt, er (nebst allen, die glauben wie er) werde diese Vollendung sicher erreichen. Dementsprechend ist in der Auslegung des zweiten Artikels das Gericht völlig ausgelassen. Das ist konsequent. Denn wenn der Satz des Apostolischen Glaubensbekenntnisses, daß Christus wiederkommen wird, ›zu richten die Lebendigen und die Toten‹, ausgelegt worden wäre, so könnte ja der Bekennende nicht mit uneingeschränkter Bestimmtheit sagen, *ihm* werde die ›ewige Gerechtigkeit, Unschuld und Seligkeit‹ zuteil werden. Wie die Auslegung des Glaubensartikels vom Gericht gemeint ist, wird noch deutlicher, wenn wir andere von Luther verfaßte Auslegungen des Glaubensbekenntnisses vergleichen, die ›Kurze Form‹ von 1530, die eine Vorstufe des Kleinen Katechismus darstellt, und den Großen Katechismus von 1529. Da ist vom Gericht nur in solcher Weise die Rede, daß es die andern, die Bösen, die Nichtglaubenden treffen werde. Dadurch wird der Glaubende angeleitet, den Artikel vom Gericht so aufzufassen, daß er von demselben jedenfalls nicht betroffen werde, insofern und indem er glaubt, *daß* er nicht betroffen sei; daß ihn dagegen das Gericht treffen könnte, wenn er glaubt, auch er werde sich verantworten müssen« (Ha 25 f.). — Es ist gerechterweise festzuhalten, »daß Luther auch in seiner protestantischen Zeit den Glauben gele-

gentlich noch ohne jede Bezugnahme auf das Ich des Bekennenden bekennen konnte und daß dabei auch der Artikel vom Gericht voll zur Geltung kam«. Und doch wieder: Wen betrifft das Gericht? Das zeigt in der ›Kurzen Form‹ die lutherische Bekenntnisaussage: »Ich glaube, daß er wieder von dannen von dem Himmel kommen wird am Jüngsten Tag, zu richten [die] Lebendigen, die dann erfunden werden, und [die] Toten, die indes verstorben sind, und alle Menschen, alle Engel und Teufel vor seinen Gerichtsstuhl kommen müssen und ihn leiblich sehen, *mich und alle Gläubigen zu erlösen* ... und *zu strafen ewiglich unsere Feinde und Widersacher*...« [W A 7,218]. Im gleichen Geiste sagt der Heidelberger Katechismus, Frage 52: »daß er alle seine *und meine Feinde* in die ewige Verdammnis werfe, *mich aber* samt allen Auserwählten zu sich *in die himmlische Freude und Herrlichkeit* nehme (Ha 26). Soviel zum neuen Glaubensbegriff in der Auslegung des Glaubensbekenntnisses.
Und jetzt beginnt Hacker im Abschnitt 2: »Die Rückbeugung des Glaubens« seinen das ganze Buch durchziehenden Nachweis, was Luthers Eigentliches und Neues gegenüber dem Glauben der Kirche Jesu Christi in allen Jahrhunderten und jetzt in der Gegenwart war. Er beginnt nochmals mit unserer für das evangelische Volk wichtigsten Lutherschrift, dem Kleinen Katechismus, aus dem wir schon als Kinder lernten.
»Wenn Luther im Kleinen Katechismus alles Geglaubte mit ständigem Rückblick auf das Ich des Glaubenden aussagt, so ist das nicht eine zweckbedingte Einseitigkeit, die durch andere Lehraussagen aufgewogen würde; vielmehr bietet er hier eine praktische Einübung in diejenige Art von Glauben, die er für *rechtfertigend* hielt. Die Ichbezogenheit ist hier nicht eine Betrachtung neben dem eigentlichen Glaubensakt, sondern sie ist ein Teil, und zwar der wesentlichste Teil, des Glaubensaktes selbst. Das Ich beugt sich *im Glaubensakt* auf sich selbst zurück. Dieser Glaube ist *reflexiv*.
Reiner christlicher Glaube unterwirft sich in gehorsamer Anerkennung und Anbetung der Unbegreiflichkeit Gottes, versteht von Gott her Schöpfung und Kirche als Gottesordnungen und

weiß sich, ohne Rückblick auf sein eigenes Subjekt, in diese Ordnungen eingeschlossen, geborgen« (Ha 27 f.). Der Glaubende blickt »in persönlichem Vertrauen« [nicht auf sich, sondern gerade weg von sich] »auf den Gott der Schöpfung, Erlösung und Heiligung«. Anders verhält sich, wer mit reflexivem Glauben glaubt. »Die Rückbeugung des Glaubensaktes von der göttlichen Person zum glaubenden Ich soll in diesem ein Bewußtsein der Gott-Ich-Beziehung, ein Heilsbewußtsein, eine Tröstung erzeugen. Dadurch wird das Ich aus seiner Geborgenheit in den allgemeinen Gottesordnungen durch einen intensiven Bewußtseinsakt herausvereinzelt«. Denn das, was der nichtreflexiv Glaubende »in erster Linie als umgreifende Gottesordnung sieht, soll nun zuerst dem Einzelnen gesichert werden« (Ha 28).
Im Anschluß an diesen Gedankengang Hackers können Fragen auftauchen. Liegt in dem Gewissen des reflexiv Glaubenden nicht eine unbewältigte Angst, die er nun in überanstrengten Glaubensakten überwinden muß? Hat er Vertrauen zur Liebe Gottes und liebt er Gott wieder? Oder muß er letztlich alles selber stemmen, so daß seine Glaubensakte, die ihn ausfüllen, der Ersatz für die Liebe zu Gott werden? Hat die Person des reflexiv Glaubenden noch das Gleichmaß ihrer Geistes-, Seelen- und Leibeskräfte, wenn dem reflexiven Bewußtsein fast allein das Ergreifen des Heils aufgelastet wird? Bleibt er nicht in seiner isolierten Glaubensarbeit auf sich allein gestellt, ohne die ihn umfangende Kraft der Gemeinschaft? Vielleicht muß man fragen: Wird der reflexiv Glaubende in Konsequenz seines Bewußtmachens selbst der Schmied seines Glücks? Denn: »›Glaube, daß er *dir* Heil und Barmherzigkeit sein wird, und es wird so sein ohne jeden Zweifel!‹ (WA 2,491,30). In einer Predigt, gehalten am 29. Juni 1519, sagte Luther: ›So jemand daran zweifelt und nicht fest dafür hält, er habe einen gnädigen Gott, der hat ihn auch nicht. Wie er glaubt, so hat er. Darum so mag niemand wissen, daß er in Gnaden sei und Gott ihm günstig sei, denn durch den Glauben. Glaubt er es, so ist er selig; glaubt er es nicht, so ist er verdammt. Denn eine solche Zuversicht und gut Gewissen ist der rechte ... Glaube, der Gottes Gnade in uns

wirkt‹ (WA 2,249,5).« Zu solchen Aussagen fügte Luther seine Gewißheit hinzu: »Dieser Glaube rechtfertigt dich (haec fides te justificat)« oder »Dies ist der Glaube, der allein uns rechtfertigt...« (WA 2,458,20; WA 39 I 46) (Ha 29).

»Wollte man«, sagt Hacker, »aus Luthers seit Ende 1517 oder Anfang 1518 verfaßten Schriften alle Stellen zusammenreihen, in denen er den Hauptgedanken der soeben gegebenen Auszüge ausspricht, so könnte man viele Bogen damit füllen. Aber schon die angeführten Sätze zeigen, daß er für das eigentlich Rechtfertigende am Glauben nicht dessen Beziehung auf Gott oder Christus allein, sondern die Rückbeugung des Glaubensaktes auf das Ich des Glaubenden gehalten hat. Daß Gottes Heil mir wirklich zukomme, wird nach Luthers Meinung durch das von Gewißheit erfüllte Bewußtsein, das Heilshandeln Gottes sei ›für mich‹, bewirkt — nur durch dieses Bewußtsein, durch dieses aber unfehlbar. Das Für-mich-Bewußtsein ist ihm der Glaube, welcher rechtfertigt« (Ha 29 f.).

Luthers eigener Terminus für den Glauben, wie er ihn will, ist ›ergreifender Glaube‹, fides apprehensiva (WA 39 I 45 These 12). Damit ist gemeint, daß der Glaube nicht bloß die Heilsbotschaft, sondern das Heil oder Christus selbst ›ergreife‹ (Ha 8,30). — Wir fragen: Wird hier nicht der Heilsspender in den willentlichen Griff genommen, wie anderseits mein Heil von meinem Bewußtsein abhängig gemacht, ja fast in ihm erzeugt wird?

»Luthers Glaube ist also ›nicht Glaube an ein objektives Heil oder an Den, der es schenkt, sondern ein unmittelbarer Glaube an das eigene Heil des Glaubenden‹ (Louis Bouyer, Reformatorisches Christentum und die eine Kirche, deutsch: Würzburg 1959, S. 149). Luther kann daher gelegentlich den Glauben auch ohne Bezugnahme auf Gott oder Christus ausschließlich vom Subjekt aus definieren, nämlich als ›feste Annahme und beständiges Bewußtsein der Gerechtigkeit und des Heils‹ (1521) (WA 8,323, 13, Thema de Votis VI)« (Ha 35).

Zum allein richtigen Glaubensakt gehört nach Luther »Das Statuieren«. »Die Gewißheit, die durch die Rückwendung des Bewußtseins von Gott auf das glaubende Subjekt entstehen soll,

umfaßt [nun] die ganze Person des Glaubenden. Dieser soll glauben, seine Sünden seien gewiß vergeben und seine übrigen Werke gewiß gottwohlgefällig. — ›Glaube kann es auf keine Weise geben, er sei denn eine lebhafte und unbezweifelte Meinung (vivax quaedam et indubiata opinio), durch die der Mensch über alle Gewißheit gewiß ist, daß er Gott gefalle, daß er in allem, was er getan oder gehandelt hat, einen günstiggesinnten und verzeihenden (propitium et ignoscentem) Gott habe: günstiggesinnt in den guten (Werken), verzeihend in den bösen‹ (WA 5,395,12). Luther ›zieht‹, wie er 1520 sagt, ›die Werke in den Glauben hinein‹. Die Werke sind nach seiner Lehre gottwohlgefällig, wenn und indem und sofern der Mensch glaubt, *daß* sie es seien: ›Findet man sein Herz in der Zuversicht, daß es Gott gefalle, so ist das Werk gut ...‹ (WA 6,206). — ›Es rühmt sich in Gott, wer mit Gewißheit weiß, daß Gott ihm gewogen ist und ihn seines wohlwollenden Anblicks würdigt, so daß vor ihm wohlgefällig ist, was er tut, bzw. verziehen und ertragen wird, was nicht wohlgefällig ist ... Wenn aber dieser Ruhm fehlt, so daß das Gewissen nicht wagt, mit Gewißheit zu wissen oder zu vertrauen, ein bestimmtes (Werk) gefalle Gott, so ist gewiß, daß es Gott nicht wohlgefällig ist. *Denn wie der Mensch glaubt, so hat er*‹« (WA 18,768).
Der Glaubende muß also den Gedanken an den Glaubensartikel der Kirche vom Gericht unterdrücken, »weshalb ihn der Kleine Katechismus ja auch unerklärt läßt. Denn dieser Artikel [im Apostolischen Glaubensbekenntnis der Kirche] leitet ja dazu an, mit der Möglichkeit des Ungenügens der eigenen Werke wie auch mit der Möglichkeit des sündhaften Irrens zu rechnen, und dann ist es nicht mehr möglich, die eigene Gottwohlgefälligkeit mit Gewißheit zu behaupten« (Ha 37 f.). Luthers Glauben ist reflexiv, apprehensiv (ergreifend) und statuierend. Der Glaubende stellt fest. Er statuiert mit Gewißheit (den Gedanken verdrängend, daß Gott es ist, der feststellt): Ich bin gottwohlgefällig. »Das personale Verhalten des Menschen zu Christus, das Ehrfurcht, Liebe und tätigen Gehorsam gegen sein Gebot einschließt, ist nicht in Betracht gezogen« (Ha 39).

Wenn dies aber doch die Kirche gemäß der Heiligen Schrift, ja dem lebendigen Wort Gottes, als zum Glaubensinhalt gehörend lehrt —? Nun handelt sich's nicht mehr nur um das *Daß* des Glaubens (daß man glaubt), sondern damit verbunden um das *Was*: was man glaubt. »Die Doktrin des reflexiven [apprehensiven und statuierenden] Glaubens verlangt nicht nur, einen geistigen Akt zu vollziehen, sondern auch, die Voraussetzung desselben festzuhalten. Diese Voraussetzung — das ›Vorverständnis‹, könnte man sagen — besteht in dem Glaubensinhalt. Jedoch nicht so, wie ihn die Kirche vorlegt, und nicht deswegen, weil sie ihn so vorlegt. Vielmehr wird in dem Akt des apprehendierenden Statuierens eine *bestimmte Sicht* des Glaubensinhalts vollzogen, nämlich diejenige Sicht, in der dieser dem Subjekt des Aktes *einleuchtend* erscheint. Nur in dieser Sicht ist der Glaubensinhalt für das Heilsstatuieren die Voraussetzung; nur in dieser Form ist er die geistige Fläche, von der aus der Strahl des Glaubensaktes so reflektiert werden kann, daß er gewißheitbildend zum Subjekt zurückkehrt. Ändert sich die Lage oder Gestalt der Fläche, so wird die gewißheitbildende Rückkehr des Strahls gefährdet« (Ha 39f.).

So muß jeder einzelne reflexiv Glaubende »sich seine eigene, ihm einleuchtende Sicht vom Glaubensinhalt bilden. Darum hat Luther, besonders in den Jahren unmittelbar nach seiner Trennung von der katholischen Kirche, immer wieder eingeschärft, der Glaubende müsse selber über den Glaubensinhalt urteilen oder entscheiden: ›(...) Denn du wirst nicht durch eines andern Lehre, mag sie wahr oder falsch sein, verdammt oder selig werden, sondern allein durch deinen Glauben. Es lehre also jeder, was er wolle; du mußt sehen, was du glaubst, zu deiner eigenen höchsten Gefahr oder deinem höchsten Vorteil‹ (WA 12,188,12.16). So 1523. Durch das ›innere Urteil‹ (judicium interius), schrieb Luther 1525, ›urteilt jeder, durch den Heiligen Geist oder die besondere Gabe Gottes erleuchtet, mit absoluter Gewißheit (certissime) und entscheidet (discernit) die Dogmen und Meinungen aller ... *Dies gehört zum Glauben* und ist jedem Christen, auch einem Laien (privatus), notwendig‹ (WA 18,653)« (Ha 40).

Freilich, Luther wollte sich ans Wort (Gottes) hängen. Aber »daß Luther dabei das Wort als ›Gott selbst‹ bezeichnet (WA 10 I 1,129,9; 130,1), ändert nichts an der Tatsache, daß er zum eigentlichen *Wahrheitskriterium* etwas macht, das man doch wohl als ein zufriedenes *Gefühl* bezeichnen muß«, als *Tröstung*.
»Daß seine Lehre vom ›inwendigen Befinden‹ die Lehreinheit und Lehrsicherheit der Kirche faktisch aufhebt« [sogar die Kirche selbst, zugunsten jedes einzelnen], »hat Luther nicht beachtet. Er meinte, gerade das Dogma der ersten Konzilien sichere sein Glaubensverständnis, und es gibt bei ihm auch noch bedeutende Reste katholischen Glaubensverständnisses. Aber manche überlieferten Lehren, kirchlich definierte und nicht definierte, ja sogar Aussagen des Neuen Testament und ganze Schriften des Kanons [der Bibel] hat er doch nach seinem ›inwendigen Befinden‹ ganz frei ›beurteilt‹« (Ha 41 f.). Aufklärung und Pietismus werden die Konsequenzen daraus ziehen. Eigenes Urteil des Verstandes und des Herzens; das je einzelne *Ich* im Glauben dem Wir im Glauben, der Kirche, übergeordnet. Diese wird als »nur äußere Organisation« unnötig. Die notwendige Folge der absoluten (von der Kirche losgelösten) Selbstgewißheit ist das entsprechend sichere, unbeirrte Handeln, auch gegen die ganze Kirche. Der reflexiv Glaubende ist absolut überzeugt, »an der Gestalt des Glaubensinhaltes, die er sich durch sein Urteilen und Befinden erarbeitet hat, um seines Heiles willen mit letzter Entschiedenheit festhalten zu müssen. Und dies Interesse, die je eigene Sicht zu behaupten, ist allen reflexiv Glaubenden gemeinsam; darauf beruht die Stabilität der protestantischen Idee, die sich gerade nach Preisgabe der dogmatischen Bestimmtheit und Einheit um so fester behauptet« (Ha 43).
Aber bleiben die reflexiv Glaubenden immer so absolut heilsgewiß? Nein. Vielmehr müssen sie »die Gewißheit dauernd *üben*: ›Das Christentum ist nichts anderes als die beständige Übung dieses Lehrpunktes (perpetuum hujus loci exercitium), nämlich zu empfinden, daß du keine Sünden habest, obwohl du gesündigt hast, sondern daß deine Sünden an Christus hängen‹ (WA 25,331,7). ›Es ist eine sehr große *Mühe* (maximus labor),

dies mit dem Glauben so zu erfassen und zu glauben, daß du sagen kannst: Ich habe gesündigt und (doch) nicht gesündigt, damit so das Gewissen besiegt werde‹ (WA 25,330,38). — ›Wir müssen täglich mehr und mehr uns von der Ungewißheit zur Gewißheit *durchkämpfen*‹ (WA 40 I 578,25; 579,17) (Ha 44 f.).
... Der Mensch soll sich in mühsamen Denkübungen freikämpfen. Dabei muß er aber nicht nur gegen die Ungewißheit kämpfen, sondern sein eigenes Gewissen zum Schweigen bringen. Denn das Gewissen sagt ihm, wie Luther ausdrücklich eingesteht (WA 40 I 578, 22.Hs.578,2), was das Heilsstatuieren eigentlich ist: Anmaßung, praesumptio« (Ha 44 f.).
Luthers Bruch mit der katholischen Kirche und damit sein Eidbruch kann als aus seinem Glauben hervorgehend aufgezeigt werden. »In der Geschichte der christlichen Frömmigkeit und Theologie war der reflexive Glaube etwas völlig Neues. Das hat Luther sehr wohl gespürt. Darum, und weil er diesen Glauben für den wahren und echten hielt, konnte er behaupten: ›Den rechten christlichen Glauben hat kein Papist‹ (WA 6,214). Angesichts der trotz aller Mißstände doch ungeheuer starken und tiefen Gläubigkeit vieler seiner Zeitgenossen ist die Behauptung einfach grotesk. Sie verliert aber alles Erstaunliche und wird sinnvoll, sobald man beachtet, daß Luther unter Glauben etwas anderes verstand als alle Christen vor ihm und in seiner Zeit.
Daß sein Glaubensbegriff eine Neuerung sei, ist Luther auch von Kardinal Cajetan, der ihn im Oktober in Augsburg verhörte, erklärt worden. Luther berichtet darüber: ›Der zweite Vorwurf [Cajetans] richtet sich dagegen, daß ich bei der Erläuterung der siebenten These [in den Resolutiones über den Ablaß] gesagt habe, kein Mensch könne vor Gott gerechtfertigt werden, es sei denn durch den Glauben, und zwar sei es unerläßliche Bedingung, daß er mit Gewißheit (certa fide) glaube, er werde gerecht, und durchaus nicht zweifle, er werde die Gnade erlangen. Denn wenn er zweifelt und ungewiß ist, kann er eben deshalb nicht gerecht werden und speit die Gnade aus. Darin findet man eine neue und irrige Theologie‹ (WA 2,31,6)« (Ha 58).
»In dem Augsburger Verhör hat der reflexive Glaube zum

ersten Male Geschichte gemacht. Nur zwei Sätze sollte Luther widerrufen. Der erste war ihm selber nicht von besonderer Wichtigkeit; wir können ihn übergehen. Der zweite aber — der oben angeführte — betraf den reflexiven Glauben. Ihn meinte Luther unter allen Umständen aufrechterhalten zu müssen. Es war also der neue Glaubensbegriff, der den Bruch mit der katholischen Kirche verursacht hat. Luther legte feierliche Verwahrung ein. In der Sprache der Zeit hieß das: Er ›protestierte‹. Auch im modernen Sinne des Wortes war das, was Luther damals tat, die Erhebung eines Protestes. Zum ersten Male leistete er gegen die römische Kirche, die ihn in der Person des Kardinals offiziell ansprach, Widerstand. Daher kann man jene Tage des Oktober 1518 als den Beginn der *protestantischen* Bewegung ansehen . . .« (Ha 58 f.).

Der Protest wird sich bis zum Eidbruch steigern, und Luther als Doktor der Hl. Schrift war dabei seines Glaubens gewiß, den er aus der Schrift begründete. Über Luthers »Allein die Schrift«, sein Auslegungsprinzip, sagt Hacker: »Der Begriff der Schriftgemäßheit setzt voraus, daß die Heilige Schrift eine Einheit und ein Ganzes sei. Was macht nun die Schrift zu einem Ganzen und zu einer Einheit? Luther fand dieses Prinzip in einer einzelnen Lehre, die er den Rechtfertigungsartikel nannte (locus oder articulus de justificatione). Diesen Artikel machte er zum Maßstab aller Auslegung, nach ihm beurteilte er alle Inhalte der Schrift. Der Protestantismus, insbesondere der lutherische, ist ihm darin bis heute gefolgt. — Schon bei Luther hat diese Methode dazu geführt, daß der Glaubensinhalt verengt und verzerrt wurde. Die paulinische Lehre von der Kirche paßt in sein System nicht hinein; der Artikel vom Gericht ist verdrängt (der Glaubende soll sich als nicht betroffen erklären und an den Artikel gar nicht denken); Glaube und Liebe sind auseinandergerissen. Es ist also der Anfang einer Auflösung des Glaubens überhaupt, wenn in der Art Luthers von einer einzelnen Lehre als dem Artikel geredet wird, ›mit dem die Kirche steht und fällt‹ (articulus stantis et cadentis ecclesiae). Die Offenbarung Christi ist in jedem Glaubensartikel als Ganzes gemeint, aber das Christentum ›steht und

fällt‹ nicht mit einem aus dem Ganzen herausgenommenen Artikel, der anderen Glaubensinhalten übergeordnet wäre. Erfordert ist vielmehr die gehorsame Annahme, jeweilige Lebensverwirklichung und Weitergabe der Offenbarung als eines Ganzen. Die Heilige Schrift ist ein Ganzes, weil sie die Ganzheit der Offenbarung mitteilt; sie ist eine Einheit, weil es der eine Heilige Geist ist, der die eine Offenbarung mitteilt. — Luthers Prinzip der Schriftauslegung wird noch bedenklicher dadurch, daß er schon die Rechtfertigungslehre durch die Forderung der Ichbezogenheit verzerrte. Sein Fundamentalartikel und Interpretationsprinzip war gar nicht eigentlich die biblische Rechtfertigungslehre, sondern die Forderung der Ichbezogenheit des Glaubens...« Wer an Luthers Auslegungsprinzip festhält, »sieht sich schließlich gezwungen, ›Sachkritik‹ am Neuen Testament zu üben und große Teile der biblischen Überlieferung preiszugeben bzw. negativ zu bewerten. So wird offenbar, daß eine Auslegungsmethode, die einen einzelnen Glaubensinhalt, der für sich schon verzerrt gesehen war, herausvereinzelt und dem Ganzen überordnet, unvermeidlich zur Auflösung des Schriftprinzips überhaupt führt« (Ha 65 f.). — »Die für alle maßgebliche Auslegung der Schrift vollzieht sich (aber) in der Kirche. Natürlich gibt es dabei Spannungen und auch Versager von seiten des Amtes; aber niemals kann eine Schriftauslegung richtig sein, wenn sie zum Bruch der ›Einheit des Geistes in dem Band des Friedens‹ [und zum Eidbruch] führt« (Ha 67 f.).
Wer fest und gewiß glaubt, daß er gerechtfertigt sei, der ist es durch diesen Glauben auch wirklich vor Gott: an dieser seiner Schrift- und Glaubensgewißheit hielt Luther fest und ließ sich durch das Lehramt der Kirche nicht anders belehren. »Nachdem Cajetan ihm vorgehalten hatte, das sei eine ›neue und irrige Theologie‹, unternahm er dann, in Augsburg weilend, eilig den Versuch eines ausführlichen Schriftbeweises, den er dem Kardinal vorlegte. Es handelte sich um Luthers These, der Glaube rechtfertige nur so, daß der Mensch mit Glaubensgewißheit (certa fide) glaube, *daß* er gerechtfertigt werde und auf keine Weise zweifle, daß er Gnade erlange (WA 2,13 ff.)« (Ha 76 f.).

Luther blieb dabei: Heilsbewußtsein ist gleich Heil, Glaube ist Heilsgewißheit. »Das *Bewußtsein* vom Heil setzt nach seiner Ansicht das *Sein* des Heils. Prüft man Luthers Schriftbeweise für die Reflexivität des Glaubens nach, so wird man also wohl doch Cajetan recht geben müssen, der Luther darauf aufmerksam gemacht hat, daß die von ihm vorgebrachten Stellen ›nicht zur Sache gehörig und falsch verstanden‹ seien (WA Br 1 Nr. 110, S. 234,47)« (Ha 83).

Das Ich im Zusammenbruch und Angriff

Evangelische Christen, die in der Heiligen Schrift forschen, finden, »daß Luther sein Statuieren und die apprehendierende Reflexivität nicht von dort gelernt haben kann. Denn es gibt dort nichts Ähnliches. Wenn immer er seinen Glaubensbegriff biblisch begründen wollte, mußte er den Texten Gewalt antun. Die Doktrin des reflexiven Glaubens ist nicht nur deswegen unbiblisch, weil die für sie vorgebrachten Schriftbeweise nicht das leisten, was sie leisten sollen, sondern auch und vor allem, weil, wenn sie gelten soll, ein ganz wesentlicher Zug des neutestamentlichen geistlichen Lebens verlorengeht: das stetige und notwendige Eingeschlossensein des Heilsbewußtseins in ein sakrales Gemeinschaftsbewußtsein. Der Ursprung des neuen Glaubensbegriffs ist ...« — könnte jemand erwarten — ein Versagen im Erforschen der Schrifttexte gewesen. Also ein Mangel im forschenden Schrift-*Verstand*, logischen, theo-logischen *Denken*. Hacker aber sagt: »Der Ursprung des neuen Glaubensbegriffs ist eine geistliche Ungeduld gewesen, in der Luther meinte, über die Heilige Schrift zu seiner Tröstung und psychologischen Selbstbehauptung verfügen zu können« (Ha 95 f.). Diesem Verlust an geistlichem Leben geht nun der Forscher »von der Kreuzestheologie (bis) zum Zusammenbruch« nach. Erst dieser Schwund, Verlust und schließlich Zusammenbruch mußte eingetreten sein, daß Luther dann Cajetan gegenüber, absolut (= losgelöst) protestierend mit der Kirche gebrochen hat.

Luthers Kreuzestheologie stellt — wie dem Vf. auch einer der bekanntesten Konzilsbischöfe gesagt hat — ein bleibendes, tiefes Wahrheitszeugnis für die Gesamtkirche dar. Noch die 1. der 95 Thesen stammte aus ihr. »›Wenn unser Herr und Meister Jesus Christus gesagt hat: Tut Buße!, so wollte er, daß das ganze Leben seiner Gläubigen Buße sei.‹ Dieser berühmte Satz der 95 Thesen, die Luther am 31. Oktober 1517 an den Erzbischof von Mainz und Magdeburg sowie an den Bischof von Brandenburg sandte, war nicht der Ursprung dessen, was man als geschichtliches Ereignis ›Reformation‹ nennt, d. h. es charakterisiert nicht den Geist jener Bewegung, die zu der abendländischen Kirchen- und Glaubensspaltung des 16. Jahrhunderts geführt hat. Vielmehr steht er am *Ende* einer großartigen Periode in Luthers religiösem Leben und Denken« (Ha 97).

Die Kreuzestheologie Luthers enthält die Wahrheit, »daß der Vollzug des christlichen Lebens ein Nachvollzug des Kreuzes, d. h. des Leidens und Sterbens Christi ist, und zwar nicht primär von uns her, als Nachahmung, sondern von Gott her, der uns das Gericht des Kreuzes durchleiden läßt. ›Was tut das Evangelium anders, als daß es uns selbst dem Fleische nach zum Opfer macht und tötet (mactat et moritificat) und so Gott darbringt als nach dem Geiste lebendig Gemachte?‹ (WA 3,282). ›Niemand gelangt zur Erkenntnis der Gottheit, wenn er nicht vorher gedemütigt worden, zur Erkenntnis seiner selbst herabgestiegen ist; — zugleich nämlich findet er dort auch die Erkenntnis Gottes . . .‹ (WA 3,124,6). ›Alle Heiligen sterben mit ihrem Empfinden und Wollen (affectu) zuerst mit dem Herrn und steigen mit ihm herab zur Hölle. Und so stehen sie schließlich mit ihm wieder auf und steigen zum Himmel empor‹ (WA 3,431). ›Wenn du also drei Tage in der Hölle warst, so ist das dir ein Zeichen, daß Christus mit dir ist und du mit Christus bist‹ (WA 3,433). ›Der zweite (Altar) ist das mystische Kreuz Christi, auf dem wir alle dargebracht werden müssen‹. Denn ›wer nicht sein Kreuz auf sich nimmt und mir folgt, der ist meiner nicht wert‹ (Mt

10,38): wie nämlich er selbst am Kreuz geopfert worden ist, in ähnlicher Weise müssen wir am Kreuze geopfert werden ... die Altäre Christi, das ist das Kreuz, das sind die Leiden Christi, die dasjenige sind, was in der Welt wertlos und verächtlich ist: Niedrigkeit (humilitas), Schande, Unreinheit (peripsisma), Ratlosigkeit (aporia) usw. Der Apostel zählt 2 Kor. 6,4 f. diese Dinge weitläufig auf: ›In viel Geduld, in Fasten, Wachen‹ usw. ... In diesen werden wir Gott dargebracht: wie Christus am Kreuz, so wir in diesen; sie sind unsere Kreuze, unsere Leiden, unsere Altäre, auf denen ›wir unsere Leiber als ein lebendiges Opfer darbringen‹ (Röm 12,1) (WA 3,646). ›Es ist Gott eigen, erst alles zu zerstören und zu vernichten, was in uns ist, bevor er das Seine schenkt ... Aufnahmefähig aber für seine Werke und Ratschlüsse sind wir dann, wenn unsere Pläne aufhören und unsere Werke ruhen ... Hier also, wenn schon alles verzweifelt ist und alles gegen unsere Wünsche und Bitten zu geschehen beginnt, fangen jene unaussprechlichen Seufzer an (von denen Paulus Röm 8,26 spricht)‹ (WA 56, 375—377)« (Ha 98—101).
— »Aus der Kreuzestheologie ergibt sich eine praktische, aszetische Konsequenz: die Demut, die Selbstverdemütigung. Die Demut (humilitas) ist der gewollte Nachvollzug der Niedrigkeit (humilitas), die das Kreuz Christi ist. In unzähligen Varianten und mit dem Zug zum Extremen, der seiner Natur eigen war, hat Luther dieses Thema in seinen Vorlesungen der Jahre 1513 bis 1517 behandelt« (Ha 101).
»Von der Niedrigkeit des Kreuzes und der Demut, beides lateinisch humilitas, sind alle religiösen Begriffe Luthers in jenen Jahren durchdrungen« — die humilitas »verbunden als Niedrigkeit und Erniedrigung, als Demut, Demütigung und Selbstverdemütigung. Auch die Buße ist eine Praxis der Selbstverdemütigung; nur weil die humilitas damals Luthers allbeherrschendes Ideal war, konnte er den gewaltigen Satz der ersten These vom 31. Oktober 1517 niederschreiben« (Ha 103).
Und wie war es in jenen Jahren (1516—1517) des Kreuzeslebens mit dem Wesen des Glaubens bei Luther? »Glaube ist ihm in jenen Jahren dasjenige, ›wodurch der Mensch seinen Sinn in das

Wort vom Kreuz gefangen gibt und sich verleugnet und alles von sich ableugnet, sich und allem gestorben‹ (WA 56,419,15). Anfang 1517 findet Luther eine herrliche Beschreibung des anbetenden Glaubens: ›Der Glaube entnimmt uns selbst und alles, was unser ist, zu Gott hin, es ihm mit Lob und Dank zurückbringend‹ (WA 1,123,33). Statt ›mit Gewißheit festzustellen‹, daß man Gott wohlgefällig sei, lehrt hier der Glaube [oder erfährt hier der Glaubende], ›daß der Mensch in seinem Innern nach der Gnade seufzen (intus gemere pro gratia) soll‹ (WA 1, 118,37). Der Glaube ›ist durch mehrere Stufen unterschiedlich, bis alles außer Christus vollkommen verachtet wird‹ (WA 57, 70,28 — Galaterbriefvorlesung 1516/17)« (Ha 103 f.).
Aber dann dringt in Luthers Glauben nach und nach die apprehensive, statuierende Reflexion ein. »Die Reflexion auf das eigene Heil wird das Heilwirkende, der Glaube wird statuierend und apprehensiv.« Wenn er das Ein und alles ist, wird dann das sakramentale Leben der Kirche nicht nebensächlich? »Die sakramental-personale Struktur des geistlichen Lebens ist aufs stärkste erschüttert. ›Was das Sakrament dann überhaupt noch nützt, ist nicht klar‹ (E. Bizer, Fides ex auditu, 2. Aufl. S. 81)« (Ha 112). Immerhin, »es dauerte einige Zeit, bis die Forderung der Reflexivität die Theologie des Kreuzes und die Spiritualität [das geistliche Leben] der Demut und Buße endgültig überlagert hatte«. Schriften des Jahres 1519 dann »sind Dokumente für den dramatischen Übergang von Luthers vorprotestantischer Theologie zu einem Denken, das vom apprehensiv-statuierenden Glauben her bestimmt ist«. »Kreuztheologie und Predigt der Demut sind dabei nicht ganz aufgegeben, aber das Zentrale sind sie nicht mehr; der neue Glaubensbegriff rückt mehr und mehr in die Mitte. Glaube ist nun nicht mehr wesensverbunden mit Selbstverleugnung und Demut; eine etwas andere Eigenschaft soll ihn jetzt qualifizieren: man soll ›kecklich‹ glauben (Ha 112 f.). Das Wort bedeutet ›frisch, munter, mutig, kräftig‹; im Lateinischen entspricht ihm robustus (WA 2,108). Die Keckheit des Glaubens ... deutet auf eine Wandlung im Innern Luthers hin,

und in Verbindung mit der Reflexivitätsidee weist sie in eine Richtung, in der Luther bald weiter gehen wird.
Die Wandlung ist keine theologische Entdeckung gewesen, sondern ein Vorgang in Luthers Spiritualität« (Ha 114).
Man kann es sich nicht vorstellen, daß Luther seinen Bruch mit der Kirche durch die Entdeckung einer *Lehre* in der Heiligen Schrift hätte begründen können. Die Wende bis hin zum Eidbruch stellt vielmehr ein Geschehen in seinem geistlichen *Leben* dar. Er vollzog eine Lebensentscheidung, innerlich und äußerlich. Die Entscheidung gipfelte in der Begegnung Luthers mit Kardinal Cajetan. Da lutherisch erzogene Christen in jahrhundertelanger Tradition nicht anders wissen, als daß Luther der Wahrheitszeuge und geistliche Sieger über den Päpstler in Augsburg gewesen sei, so erscheint es jetzt an der Zeit, der Sache erneut nachzudenken und vielleicht umzudenken. Dazu möge ein Auszug aus Paul Hackers Werk (140—151) dienen.
»Wollen wir den Zusammenbruch, die Fehlentscheidung, die hier getroffen wurde, ganz begreifen, so müssen wir beachten, wie inneres und äußeres Geschehen damals bei Luther eigenartig und einzigartig ineinandergriffen.
Das äußere Geschehen war erfüllt vom Ablaßstreit. Es gab leidenschaftliche Auseinandersetzungen mit den Theologen und Denunziationen, dann die Aufforderung seitens der römischen Kirche, einige Sätze« [aus Tausenden] »zu widerrufen...
Die Chance, die Luther in Augsburg bekam, war wider alles Vorauszusehende günstig. — Der Mann, der Luther vermahnen sollte, war Kardinal Cajetan, der päpstliche Legat auf dem Reichstag in Augsburg. Dieser, ein Dogmatiker von hohem Rang, verstand Luther weit besser als der Magister sacri palatii Silvester Prierias und der päpstliche Auditor Girolamo Ghinucci. Durch alle Ränke, Eitelkeiten, Ressentiments, Fälschungen, Verleumdungen und durch alles unwesentliche Gerede hindurch erkannte Cajetan den Kern der Häresie in Luthers Ansichten. Auf diesen tatsächlich kirchenzerstörenden Punkt konzentrierte er seine Mahnung. Luther war also in Augsburg in einer weit besseren Situation, als unter den wild erregten, verworrenen Ver-

hältnissen der Zeit auch nur entfernt erwartet werden konnte. Was den sachlichen Inhalt des Verhörs anbetrifft, so wurde er **nur mit dem wirklich Häretischen** seiner Aussagen konfrontiert. Gott gab ihm eine letzte Chance. Durch Widerruf seiner Reflexivitätsdoktrin hätte er einen echten Akt der Demut vollziehen und sich für eine wahrhaft reformatorische Arbeit reinigen können.

Im inneren Geschehen war Luthers Kreuzestheologie noch unvollendet. Sie war das Abbild einer Erfahrung, die erst das Dunkel des Karfreitags, noch nicht das Exultet« [mit Christus auferstanden] »des Ostermorgens kannte. Seine Spiritualität war ein Rigorismus der Verdemütigung, noch nicht die Freiheit der Liebe. Wie konnte er den Weg in das Licht, in die Freiheit und Freude finden? Nicht allein in der Innerlichkeit. Die Erfahrung des Friedens von Anfang 1518 war nichts Endgültiges, zumal da sie der Gefahr ausgesetzt war, durch eigenwillige doktrinäre Grübeleien auf einen geistlichen Irrweg zu leiten. Luther mußte aus der verkrampften Introversion« [die in der Reflexivität seines Glaubens steckte] »befreit werden, und das war nur durch äußeres Handeln möglich. Er wußte genau, wie er diesen Weg gehen sollte, als Jünger des Gekreuzigten: ›Von allem ledig werden, sich seiner selbst entäußern (omnibus evacuari, exinanire nos ipsos)‹; ›jeder Christ sollte sich am meisten freuen, wenn es ihm genau gegen den eigenen Sinn geht‹ . . . (WA 56,218.447, 450). In diesen und ähnlichen Worten hatte er sich selber und seinen Hörern in Vorlesungen und Predigten der Jahre 1516 und 1517 immer wieder vorgehalten, was Gott von dem werdenden Reformator der Kirche verlangte.

Dann kam das Verhör in Augsburg. Daß in den Einwänden der römischen Kirche nicht Ignoranz oder Willkür sprach, sondern das Wächteramt der Kirche (vgl. Apg 20,28) und die geistliche Erfahrung von anderthalb Jahrtausenden — dies einzusehen wäre freilich leichter gewesen, wenn die römische Kirche dem Irrenden nicht mit dem fragwürdigen Glanz eines Eminentissimus Princeps, mit Einschüchterungsversuchen und dem äußeren Druck einer bloßen Widerrufsforderung entgegengetreten wäre,

sondern ihn in solcher Weise angesprochen hätte, wie sie 1420 Jahre früher die aufsässigen Korinther angesprochen hatte (im I. Klemensbrief).
Aber mußte denn er, der leidenschaftliche Prediger der Demut, nicht erkennen, daß gerade in der ärgerlichen, empörenden Form der Aufforderung zum Gehorsam und Widerruf eine Gnadeneinladung Gottes beschlossen war, die Regel des ›Wollens gegen den eigenen Willen‹ und der ›Klugheit gegen das eigene Klugsein‹ nun einmal wirklich zu befolgen, damit er von dem Krampf seines Rigorismus befreit werden könne zu einer helleren Spiritualität ebenso wie zu einer reineren kirchlichen Arbeit? War nicht jetzt die Stunde der Bewährung, die einmalige Gelegenheit, sein Ich so weit leer zu machen, daß er sich, klug gegen das eigene Klugsein, der Frage hätte öffnen können, ob nicht in den Vorhaltungen des Kardinals, die seiner biblizistischen Weisheit töricht erschienen, doch gerade die biblische Wahrheit ihn ansprach? Wenn die römische Kurie ihm kein gutes Beispiel gab — war es dann nicht an ihm, das Beispiel des echten Reformators zu geben?
Luther tat *nicht*, was er gepredigt hatte. Schon sein äußeres Auftreten gegenüber dem Kardinal war nicht gerade demütig. Er entschuldigte sich, aber er blieb unbeugsam. Er machte *nicht* sein Ich leer, freute sich *nicht*, als es ihm gegen seinen Sinn ging, wollte *nicht* gegen den eigenen Willen, wollte *nicht* eine Torheit anhören gegen die eigene Weisheit.
Dabei war der reflexive Glaube in doppelter Weise im Spiel. 1. war das, was die römische Kirche beanstandet hatte, gerade die Theorie dieses Glaubens, wie Luther sie im Blick auf das Bußsakrament aufgestellt hatte. 2. war es derselbe Glaube, der es Luther unmöglich machte, sich die Frage vorzulegen, ob die Theorie wirklich biblisch haltbar sei. Sein Biblizismus versuchte sie krampfhaft und aufgeregt zu verteidigen; fragen wollte er nicht. Denn wenn die Gewißheit das Heil selbst ist, muß der Gläubige auch bei derjenigen Gestalt des Glaubens*inhalts,* die ihm einleuchtet, unter allen Umständen beharren; ist diese Gestalt doch die unentbehrliche Stütze für das Gelingen des Glaubens*aktes.*

Der reflexive Glaube ist mit der Theologie des Kreuzes und mit der Spiritualität der Demut und der Geduld unvereinbar. Es ist daher zu erwarten, und aus den erhaltenen Dokumenten läßt es sich auch tatsächlich aufzeigen, daß Luther gerade zu der Zeit in seiner Demutspredigt wankend wurde, als er sich nach Augsburg begab, wo er seine Reflexivitätsdoktrin verteidigte. Auf der Reise nach Augsburg hat er am 29. September 1518 in Weimar eine Predigt gerade über die Demut gehalten.«
Freilich, wen geht die Demut an? »Die andern, die Bischöfe! Ihnen predigt Luther die Demut.
Mit seinen Vorwürfen gegen die Bischöfe seiner Zeit hatte er ohne Zweifel weitgehend recht, und es wäre sehr verdienstlich gewesen, sie unerschrocken zur Buße zu rufen. Aber er sprach in der Predigt doch nicht zu Bischöfen. Was rät er nun seinen Hörern? Sie sollen sich vor den kirchlichen Vorstehern in acht nehmen. In seltsamer Auslegung eines Wortes der Bergpredigt deutet er an: man muß bereit sein, diese ›Augen‹ der Kirche notfalls ›auszureißen‹, ›damit sie uns nicht verführen‹! Er fordert also zum Widerstand gegen die kirchliche Autorität auf, nicht zu Demut oder Gehorsam.
Nicht nur das. Auch vor den Demutspredigern soll das Volk auf der Hut sein ... Deutlich ist .., daß er die Demutsprediger verdächtigen will. Und Demut predigt er nur denen, die nicht anwesend sind.
In der Konsequenz der Idee des reflexiven Glaubens kündigt sich hier schon der revolutionäre Begriff der sogenannten ›evangelischen Freiheit‹ an, den Luther etwa drei Jahre später entwickeln wird.
Luther stand [jetzt auf dem Weg nach Augsburg] vor der Wahl zwischen zwei Möglichkeiten; bei beiden war die Entscheidung im Inneren und im Äußeren in ein und demselben Akt zu fällen. Entweder er hätte, innen und außen zugleich, vollkommenen Gehorsam, vollkommene Geduld, vollkommene Selbstverleugnung leisten müssen: ›Wenn das Weizenkorn nicht in die Erde fällt und stirbt ...‹. Oder er mußte, innen und außen zugleich, Trotz bieten: innen sich Frieden und Trost ertrotzen, außen

gegen das Wächteramt der römischen Kirche trotzen. Es war eine Wahl zwischen Kreuz und Trotz, eine Wahl von einzigartiger Totalität des Betroffenseins. Innen und Außen in derselben Entscheidungssituation. Im Inneren sich anders zu entscheiden als im Äußeren war hier unmöglich. Wollte Luther im äußeren Widerstand beharren, so mußte er sich eine innere Troststütze oder Trotzstütze bauen; denn von der Spiritualität einer Demut aus, die das Dunkel zu tragen bereit ist, läßt sich ein äußerer Widerstand als Behauptung der eigenen Ansicht gegen die Kirche niemals leisten. Wollte er in seinen inneren Kämpfen sich selber behaupten, so mußte er auch nach außen trotzen; denn die theologische Selbstbehauptung war um so unausweichlicher, als das zu Verteidigende gerade der reflexive Glaube war.« Luther hat sich selbst behauptet, gegen die Kirche und ihren Glauben.

Und, nun, als Augsburg hinter ihm lag: »Nachdem er in der äußeren Entscheidung versagt hatte, mußte auch das Gefüge seines spirituellen (geistlichen) Lebens zusammenbrechen. Er wählte den Trost und den Trotz. Die der Gewißheitsdoktrin innewohnende Selbstsicherheit kämpfte in ihm noch eine Zeitlang gegen die innere Bindung an die kirchliche Autorität. Das zeigt sich u. a. daran, daß er seiner Behauptung, er wolle sich gegebenenfalls aus der Schrift belehren lassen, mehrmals selber widerspricht, indem er feststellt, er werde niemals widerrufen. In den ›Acta Augustana‹, die er sogleich nach seiner Rückkehr von dem Verhör verfaßt hat, behauptet er in wirrem Wechsel, er sei bereit, und: er sei nicht bereit, Belehrung anzunehmen, sogar in ein und demselben Satz: ›Meine ... Erklärung habe ich zwar mit aller Ehrfurcht vor dem Papst abgegeben und gewissermaßen seiner Entscheidung anheimgestellt; du darfst aber nicht glauben, ich hätte dies getan, weil ich an der Sache selbst zweifelte oder jemals meine Überzeugung ändern würde — denn die göttliche Wahrheit ist Herrin auch über den Papst, und ich erwarte keines Menschen Richterspruch mehr, wo ich das Urteil Gottes erkannt habe ...‹ (WA 2,17 f.).

Luther war also überzeugt, er habe ›das Urteil Gottes klar

erkannt‹, und zwar aus der Heiligen Schrift. Er täuschte sich. Er meinte, sein Gewissen sei an die Schrift gebunden. Es war an seine Reflexivitätsdoktrin gebunden, die ihrerseits nicht aus der Schrift erhoben oder bewährt werden kann. Diese Doktrin zwingt zum Protest, macht ihn zur religiösen Pflicht mit unausweichlicher Logik.
So ist der reflexive Glaube systematisch, psychologisch und geschichtlich der Ursprung der protestantischen Bewegung. *Systematisch* deswegen, weil die Reflexivitätsforderung mit dem katholischen Glauben unvereinbar ist. Das Konzil von Trient [1546—1563] definiert, mit großer Genauigkeit Luthers Idee referierend:

›Wenn jemand sagt, der Mensch ... werde gerechtfertigt *dadurch, daß* er mit Gewißheit glaubt, er ... werde gerechtfertigt, oder niemand sei wahrhaft gerechtfertigt, wenn er nicht glaubt, *daß* er gerechtfertigt sei, und allein durch diesen Glauben werde ... die Rechtfertigung vollendet, so sei er ausgeschlossen.
Sie quis dixerit hominem ... justificari *ex eo quod* se ... justificari certo credat, aut neminem vere esse justificatum, nisi qui credat se esse justificatum, et hac sola fide ... justificationem perfici: anathema sit‹ (Denzinger 824).

Psychologisch deswegen, weil im reflexiven Akt die Selbstbehauptung notwendig mitvollzogen wird. *Geschichtlich* deswegen, weil der reflexive Glaube der erste Anlaß des offenen Konfliktes Luthers mit der römischen Kirche gewesen ist.
Es hätte nichts genutzt, wenn man versucht hätte, Luther aus der Heiligen Schrift zu belehren. ›Glaube nicht, daß ich meine Überzeugung jemals ändern werde.‹ Von Luthers eigener Entwicklung aus gesehen, bedeutet das Augsburger Verhör das Ende der Reformation, als sie kaum begonnen hatte. Statt ihrer begann der Protestantismus. Luther hat den Parasiten, der sich in seiner Kreuztheologie gebildet hatte und den die römische Kirche mit Härte, aber im Grunde doch barmherzig wegoperieren wollte, für das Herz seiner Theologie gehalten. Nach Augsburg modifizierte er flugs Lehren, die er bis dahin noch anerkannt hatte, die

aber mit seiner Verteidigung der Reflexivitätsdoktrin nicht zu vereinbaren waren: in den Acta Augustana billigt er dem Papsttum noch menschliches Recht zu (WA 2,19 ff.), einen Monat später begann er schon zu ›ahnen‹, ›daß der Antichrist in der römischen Kurie herrsche‹ (WA Br 1, 270,12, 18. Dezember 1518).«

Der »Kirche des Antichrists« braucht man keinen Eid zu halten. Ganz im Gegenteil (in kontradiktorischem Gegen-Satz): hier wird Eidbruch Pflicht. Wie es neben einer großen Masse anderer Begründungen dann in Luthers Schmalkaldischen Artikeln 1534 heißt, wir müssen vor dem Papst und dem Teufel selbst dastehen und sagen, wie im Zacharia (3,2) der Engel zum Teufel sprach: Strafe dich Gott, Satan.

Radikaler, totaler, wirksamer als dieser Eidbruch kann nichts sein: wenn Gott gegen den Teufel diesen Eidbruch verlangt hat und durch ihn die Spaltung und Gegnerschaft in der Christenheit zur unüberwindbaren, ewiglichen Scheidung macht.

Ichgewißheit gleich »die Wahrheit«

In einer von Cordatus überlieferten Tischrede (WA T 2,509 Nr. 2540a vom März 1532) sagte Luther über sein Mönchsstüblein, daß er darin »das bapstum gestürmet habe, propter quam causam dignum esse perpetua memoria« (M 304). Seine causa, Sache, war in seinen Augen eine *gerechte* Sache, nach vollem Recht; er hatte somit guten Grund, einst seinen Eid gebrochen zu haben, muß man ergänzend hinzufügen.

Er hat das Papsttum gestürmt, das heißt im Sturm genommen und im Streit überwältigt. Er hat mit dem Papsttum gebrochen.

So überschrieb z. B. Julius Köstlin in seinem großen Buch über »Luthers Theologie« (Stuttgart 1883) sein drittes Hauptstück: »Der entscheidende Bruch mit der Autorität der römischen Kirche im weiteren Verlauf des Streits«. Er sah Luthers Lehre aus einem Grundprinzip hervorwachsen und dann als ein fertiges Ganzes in ihrem inneren Zusammenhang sich geschichtlich ausgestalten. Hier klingt »Bruch« *aktiv*, bezeichnet eine aus Luthers Grundprinzip hervorgewachsene Tätigkeit.

Um Luther gerecht zu werden, muß man ihn aber auch als einen Christen sehen, auf den ein Erbe von Jahrhunderten hereingebrochen und der darunter einer wurde, an dem gehandelt worden ist (dies ein *Passiv*). In dem »Ablauf handfester Ereignisse« (Meissinger) könnte doch verborgen sein ein inneres Überlastet-, ja Gebrochenwerden der Seele des Mönchs Martinus: daß er das Ungeheure der Spannungen der Vorzeit, letztvergangener Jahrhunderte und seiner wild bewegten Zeit nicht bewältigt hat. Ehe einer selbst handelt, ist er ja zunächst ein Erbe, weithin sogar ein Ergebnis.

Von der Welt- und Zeitgeschichte kurz vor Luthers Geburt kann hier nur in ein paar Stichworten gesagt werden: es entstand ein neues Weltbild und ein neues Menschenbild. Der geschichtliche Schauplatz erweiterte sich auf die großen Erdteile. In Europa sank die Macht des universalen Kaisertums; im Deutschen Reich wurden die Landesfürsten die aufkommenden Machtträger; in den Freien Reichsstädten erblühte das aufsteigende Bürgertum. Unter niederem Adel und Bauern gärte soziale Unzufriedenheit. In ganz Europa ist die Zeit der kulturellen Renaissance, eine »Wiedergeburt« des Geistes des klassischen Altertums, der redenden und bildenden Künste. Der Humanismus stellte den *Menschen* in den Mittelpunkt, der sich von überlieferten Bindungen der Autorität befreit hat und so erst ihn der Welt mächtig macht. Der Zugang zu den alten Sprachen wird durch Reuchlins hebräische Grammatik und des Erasmus Ausgabe des Neuen Testaments im Urtext öffentlich frei: jedem steht der Zugang frei zu den »Quellen«. Das Zeitalter der Weltteil-Entdeckungen bringt auch die Erfindung der Buchdruckerkunst.

So groß und reich und weit sich der Mensch sein Weltbild — auf Erden, und in der Erforschung des Gestirnraumes — in hohem Selbstgefühl gestaltete, so sehr war die Kraft des Lebens der hierarchischen Kirche im Sinken. Die Reformkonzilien hatten

wenig an Umkehr der Herrschenden und kirchlich Besitzenden gebracht. Hussiten, Waldenser, Gallikaner, Brüder vom gemeinsamen Leben und andere gewannen im Kirchenvolk an Anhang. Einzelne waren Märtyrer ihrer antikirchlichen Überzeugung geworden. Unter den Kirchentreuen wucherte weithin eine »ungesunde Übersteigerung des religiösen Brauchtums, in Häufung von Ablässen, Wallfahrten und Reliquien« (katholisches Urteil: Albert Geiger). Und vor allem seit den Schwächungen des Kaisertums durch die Päpste und deren irdische Macht häuften sich die »gravamina«, die Beschwerden des deutschen Volkes gegenüber dem welschen Papsttum.
Da kam der Skandal des Ablaßhandels. Zunächst die unkanonische Ämterhäufung für den Primas von Deutschland, den jungen leichtlebigen Hohenzollernprinzen Albrecht, Erzbischof von Mainz. »Jetzt wurde in dem römischen Kontor des Hauses Fugger, das dem Mainzer seine Pallien- und Dispensationsgelder vorgeschossen hatte, eine gewaltige Transaktion ausgedacht: der große päpstliche Ablaß für den Neubau von St. Peter in Rom sollte mit dem Mainzischen Monstrekredit kombiniert werden. Albrecht sollte den Vertrieb für Deutschland erhalten und mit der ihm zugesagten Hälfte der anfallenden Gelder seine Schulden bei Fugger bezahlen. Das Hauptgeschäft machte Fugger, und Fuggersche Kommissare begleiteten denn auch die Ablaßprediger, um jeweils gleich an Ort und Stelle zu kassieren. Die Gegenleistung des Hauses Brandenburg bestand in der Zusage, die päpstliche Politik bei den schwierigen Verhandlungen über die künftige Kaiserwahl zu unterstützen. Das Ganze war ein ausgemachter Skandal und schrie nach kräftiger Gegenwehr«. — »Man sieht die Wolkenmassen eines künftigen Gewitters sich langsam und träge zusammenziehen. Die Menschen wissen, daß ein Unwetter kommt, sie spüren dumpf und seufzend die unbehagliche Schwüle. Allerlei volkstümliche Prophezeiungen sind im Umlauf wie immer in solchen Zeiten« (M 129 f.).
Kann man nun nicht (soweit Menschen das erahnen können) sagen: der eine Mann aus dem Volk (außerhalb der Hierarchie) wurde es, auf den dieses kirchliche Unwesen und Ungenügen

alles in eines versammelt, hereinbrach, und der sich, mittels der Urkraft des Bauern von der Scholle und Hauers im Bergwerk, zum Kampf aufmachte. Beides, Elend und beginnender Aufruhr, war über ihn gekommen. Soweit passiv, ein Erleiden. Dann aktiv: Luther hat in »geistlichem Aufruhr« das Papsttum gestürmt. Sofort kam ihm fast die gesamte öffentliche Meinung zu Hilfe. Ob es die Buchdrucker waren, selbst im Bereich eines Hauptgegners Luthers, des Herzogs Georg, die ihm die Druckbogen von Schriften seiner katholischen Gegner zuspielten, so daß sein Gegenschlag blitzartig da war. Oder ob der kursächsische Hof ihm mit allen Künsten und Listen einer hocherfahrenen Diplomatie (wie dem Leibesschutz auf der Wartburg) beistand — die neue christgläubige Zeit in Deutschland und darüber hinaus erschien in seiner Person auf dem Kampffeld. Ob die Reichsstädte, die Ritterschaft, die Bauern, die Gelehrten, die Humanisten: er wurde ihrer aller Mann. (Daß und warum das später großenteils anders wurde, ist hier nicht zu schildern.)
Was für die Frage Eid und Recht des Eidbruches wichtig ist, muß dies sein: Wird irgendwo ein Recht von Gott sichtbar, durch das auch der härteste Buß-, Straf- und Gerichtsprediger (dem Elia, Jeremia, Johannes dem Täufer zu vergleichen) ermächtigt würde, der trotz aller himmelschreienden Mißstände und Schäden »an Haupt und Gliedern« noch von Gottes Geduld und Treue getragenen Kirche die Treue zu brechen? Luther sah sie in sich selbst und unter seinen Axthieben zusammenbrechen. Mußte dazu nicht vorher in seinem Allerinnersten ein Gemeinschaftsband und Treubund zerbrochen sein? Wobei kein Mensch jemals aufzeigen konnte, ob, wie und wann etwa das »Passiv« ins »Aktiv«, das schuldlose Erleiden in schuldhaftes, weil zuinnerst im Gewissen (leise) gestraftes Zerbrechen der Gemeinschaft mit der himmlischen Welt, der irdischen Kirche des ins Fleisch Gekommenen, und der leidenden Kirche (im Zwischenzustand) überging.
Von einem Zeitpunkt an, den er vergaß, gab Luther Maria, der Mutter Gottes, nicht mehr das Du der Anrede wie die Kirche. Und ebenso bei den Heiligen im *Himmel*.

Auch die aus Glauben und Liebe hervorkommende Bittgemeinschaft für die im *Läuterungszustand* befindlichen Christen gab er auf.

Die Gemeinschaft mit den bisherigen Brüdern auf *Erden* am Altar hörte für Luther und seine Gefolgschaft auf; er erklärte die beiden Teile der einen Bruderschaft für »ewiglich geschieden«.

Zu seiner »grundstürzenden Kühnheit« hat er (soweit man es aus dem stets vorhandenen Sichergießen inneren Erlebens ins äußere Handeln schließen kann) nur infolge eines inneren Sturzes oder Bruches kommen können.

War der alte Grund der Kirche gestürzt, so mußte er einen neuen legen. Dort der Teufel — hier Christus! Seine absolute Gewißheit, daß Christus auf seiner und nicht der anderen Seite ist, hat er in ungezählten Äußerungen ausgesprochen. »Ich bin in der Sache der Allgemeinheit mutig und ruhig, weil ich es genau weiß, sie ist gerecht und wahr und schließlich die Sache Christi und Gottes ... Darum sehe ich den Vorgängen mit fast kalter Sicherheit zu und gebe auf die Papisten mit ihrem Dräuen und Wüten nicht einen Deut. Wenn wir stürzen, stürzt Christus mit uns, der Herrscher der Welt. Und mag's geschehen — lieber will ich mit Christus fallen, als mit dem Kaiser stehen« (Brief an Melanchthon, Coburg den 30. Juni 1530). Immer wieder hämmert er seinen Anhängern ein, daß es sich nicht um seine, sondern in ihr um Gottes Sache handele. »Causa nostra est justa et vera, denique ipsius Christi et Dei« (unsere Sache ist gerecht und wahr, ist somit die Sache Christi und Gottes selbst) (30. 6. 1530). An den Kanzler Brück schrieb er am 5. August 1530: Gott kann unser nicht vergessen. Es wäre denn, daß unser Sache nicht seine Sache und unser Wort nicht sein Wort wäre. Sonst, wo wir des gewiß sind und nicht zweifeln, daß es seine Sache und Wort ist, so [man macht unwillkürlich weiter: so ist es seine Sache und Wort] ist auch gewiß unser Gebet erhöret und die Hilfe beschlossen« (Z 15 nach B.A. 6, Nr. 243, S. 303; B.A. 6, Nr. 278, S. 353 f.).

Nicht zweifeln! gewiß wissen! In diesem subjektiv-reflexiven, den eigenen Glauben als Maßstab der Wahrheit betrachtenden Glauben macht er sich und die Seinen von der vermeintlich objektiven, göttlichen Wahrheit gewiß. Von dieser Rechtfertigung aus spricht er die »ungeheuren Gleichsetzungen« (Z 14) seiner Lehre mit der Lehre Jesu Christi und Gottes aus. Und bis kurz vor seinem Tode, in seine letzte große Schrift »Wider das Papsttum zu Rom, vom Teufel gestiftet« (1545) hinein, spricht er immer wieder seine Gewißheits- und Rechtfertigungsformel für sich und sein Tun aus: »Wider unser Evangelion, das ist wider Gottes und seines Geistes Sachen« (Z 15 nach WA 54, 397).

So hat er sein Werk getan. »Luther hat unsere Kirche gegründet«, wie es zum Beispiel Hamann festgestellt hat (Z 360). Wogegen es zu jüngstvergangenen Zeiten, als eine »Luther-Renaissance« war, fast allgemein hieß: Er wollte keine neue Kirche gründen. Das heißt dann: schuld war, wenn es doch soweit kam, Rom.

Causa nostra: causa ist als »Sache« Rechtssache, ist noch mehr, ist Sein. Nostra, »unsere« Daseins- und (durch Gottes Recht bestehende) Rechtssache: in diesem »Unser« ist Luthers Anhängerschaft mit ihm in eins gesehen. Durch ihn hatten sie den neuen Glauben. Seine absolute Gewißheit erzeugte die ihre; und rückwirkend kam sie wieder auf ihn zurück. Man sieht ihn in seinen vielen Briefen und Kundgaben als den Schöpfer ihrer Gewißheit: Glaubensgewißheit, Rechtsgewißheit, Rechtfertigungsgewißheit. Gewiß sein und nicht zweifeln ist Grundlage des neuen Kirchengebildes. Gewißsein schafft Sein.

Aus den vielen Gewißheitsaussagen führten wir solche an, die während des Reichstags in Augsburg, 1530, erfolgten. Gerade zu der von Melanchthon verfaßten Confessio Augustana hämmerte Luther es den Seinen ein, daß es sich nicht um Luthers, sondern um Gottes Sache handle. Nun sollte aber das Augsburgische Glaubensbekenntnis vor Kaiser und Reich, während der in die Reichsacht erklärte Luther auf der nahen Coburg im Schutzgebiet seines Fürsten weilte, erweisen, daß man mit der bisherigen Kirche unter Einem Christo sein und streiten wolle.

»So denn dieselbige (unsere Lehre) in heiliger Schrift klar gegründet, und dazu auch gemeiner christlicher, ja römischer Kirchen, so viel aus der Väter Schrift zu vermerken, nicht zuwider noch entgegen ist, so achten wir auch, unsere Widersacher können in obenangezeigten Artikeln (I—XXI) nicht uneinig mit uns sein. Derhalben handeln diejenigen ganz unfreundlich, geschwind und wider alle christliche Einigkeit und Liebe, so die Unsern derhalben als Ketzer abzusondern, zu verwerfen und zu meiden ihnen selbst ohne einigen beständigen Grund göttlicher Gebot oder Schrift fürnehmen. Denn die Irrung und Zank ist fürnehmlich über etlichen Traditionen und Misbräuchen. So denn nu an den Häuptartikeln kein befindlicher Ungrund oder Mangel, und dies unser Bekenntnis göttlich und christlich ist, sollten sich billig die Bischöfe, wann schon bei uns der Tradition halben ein Mangel wäre, gelinder erzeigen, wiewohl wir verhoffen, beständigen Grund und Ursachen darzuthun, warum bei uns etliche Traditionen und Misbräuche geändert sind.« Es folgen darüber die Artikel XXII bis XXVIII. Und wiederum das Schlußbekenntnis: Wir vertreten nichts weder mit Lehr noch mit Ceremonien, »das entweder der heiligen Schrift, oder gemeiner christlichen Kirchen zu entgegen wäre. Denn es ist je am Tage und offentlich, daß wir mit allem Fleiß mit Gottes Hilfe (ohne Ruhm zu reden) verhüt haben, damit je kein neue und gottlose Lehre sich in unsern Kirchen einflechte, einreiße und überhand nehme« (für einflechte im lateinischen Urtext »serperent« = sich schlangengleich einschleichen).

Obwohl schon ein Verbund »unserer Kirchen«, also neue Kirche da ist, bietet man sich nochmals zur Gemeinschaft an. So im letzten Satz: »Die obgemeldten Artikel haben wir dem Ausschreiben [des Kaisers] nach übergeben wollen, zu einer Anzeigung unser Bekenntnis und zu der Unsern Lehre. Und ob jemand befinden würde, der daran Mangel hätt, dem ist man ferner Bericht mit Grund göttlicher heiliger Schrift zu thun erbötig.« Unterzeichnet ist die Confessio Augustana von einem Kurfürsten, sechs Reichsfürsten und zwei Reichsstädten: Nürnberg und Reutlingen.

Es wurde von manchen Beurteilern gesagt: das Augsburgische Glaubensbekenntnis halte weithin, und bis zu Artikel 21 fast durchweg, am *Glauben* (Glaubensinhalt) der Allgemeinen (»gemeinen«) Kirche fest. Was die *Verfaßtheit* der Kirche betrifft, so ist tatsächlich (im Artikel 28) das Bekenntnis zur Einheit der Bischofsgemeinschaft von Anfang der Kirche Christi an, enthalten. Kein Wort steht da gegen den Ersten der Bischöfe, den Papst. Also Einheit in Glaube und Kirchenverfassung! Warum konnte man dann doch nicht mehr zur Einen Gemeinschaft gelangen? Man hat vielfach dazu festgestellt: Die neue Kirche war so sehr schon in fürstlichen und reichsstädtischen Staatsgebilden, unter Aufhebung von Recht und Eigentum der Kirche, verfestigt, daß es eine neue Revolution, Gegenrevolution gebraucht hätte, um den neuen Besitzern das jetzt Ihrige wieder abzunehmen. Hätte man da Luther, wenn er die Hand dazu bot, nicht für wahnwitzig halten müssen, und seinen in Deutschland und darüber hinaus verbreiteten millionenfachen Anhang mit? Seinen Heimweg in Reue und Einsicht hätte man den aufrührerischen, abgefallenen Mönch (vielleicht mit ein paar ihm Getreuen) wohl allein ziehen lassen.

Die innerste Frage wird aber lauten: Waren die Unterzeichner des Augsburgischen Glaubensbekenntnisses im Glauben (nach Inhalt und Akt) mit der Kirche eins?

Die Antworten darauf sind nicht einhellig.

Auf meine Bitte hin gab Professor Hacker mir die folgenden Hinweise, worin er das ichbezogene »Ich im Glauben« auch in die Confessio Augustana eingedrungen sieht.

Artikel 4: »Cum *credunt* se in gratiam recipi« (sie haben das Heil dadurch, daß sie glauben, daß sie es haben).

(Ferner enthält Artikel 4 die häretische Imputationslehre.)

Ebenso wieder in Artikel 5: »... qui *credunt* se... in gratiam recipi«. Richtig müßte es heißen: qui *credunt* id quod docet Ecclesia oder ähnlich. Die Notwendigkeit der *Liebe* zur Rechtfertigung ist nicht erwähnt; die guten Werke sind nach Artikel 6 Früchte des *Glaubens* (statt der Liebe) und ihre Heilswertigkeit ist nicht erwähnt.

Artikel 13: »Sacramenta ... instituta sunt ... ad excitandam fidem ... (Hierzu Hacker Kapitel 5: Sakrament als Gewißheitsübung.) Das opus operatum [die göttliche Wirkmacht des Sakraments] wird ausdrücklich verworfen [zugunsten der entscheidenden Glaubenssubjektivität]; statt dessen noch einmal betont: ich muß glauben, *daß* ich Vergebung habe, *damit* ich sie habe. —

Was sich im Augsburgischen Glaubensbekenntnis in kurzen Sätzen, die in viel richtige Aussagen eingebettet sind, vom neuen, anthropozentrischen, ichfixierten Glaubensbegriff findet, kann aus den Großen Reformationsschriften reichlich erhoben werden. »Die Stelle, wo der reflexive Glaube zuerst eine Veränderung im Überlieferten bewirkte, war die Lehre von den Sakramenten«: mit diesem Satz beginnt Hacker sein Kapitel über das »Sakrament als Gewißheitsübung« (Ha 204—237). In der Schrift »Von der babylonischen Gefangenschaft der Kirche« statuiert Luther: »Es kann nicht wahr sein, daß den Sakramenten eine wirksame Kraft der Rechtfertigung innewohne oder daß sie wirksame Zeichen der Gnade seien« (WA 6,533; Ha 214). »Das Charakteristische« der Position Luthers »ist ein Glaube, der vom objektiv verstandenen, jedoch subjektivistisch und als je mich meinend interpretierten Schriftwort her mit psychologischer Unterstützung durch das objektive sakramentale Zeichen auf das Heil des Ich in solcher Weise reflektiert, daß diese Reflexion sich psychologistisch als heilsentscheidend versteht« (Ha 218). Beim Sakrament des Altars bedeutet dies: der Abendmahlsgast soll »auf das Testament Christi *pochen* und *trotzig sein* im festen Glauben« (WA 6,362); er soll »in der Messe ... dieser Worte des Testaments wahrnehmen und darauf *trotzen* mit einem festen Glauben« (WA 6,362) (Ha 227 f.). »Der Teilnehmer an der ›Messe‹ hat also das Heil der Sündenvergebung, insofern er darauf pocht und trotzt, es zu haben, und diesen Reflexionsakt führt jeder für sich allein aus« (Ha 228). »Alles ist auf den Einzelnen bezogen und auf den Bewußtseinsakt, mit dem er, ein Wort bedenkend, auf sein eigenes Heil reflektiert in der Absicht, es sich durch eben diesen Akt zu sichern« (Ha 231). Immer geht es um die Praxis der Gewißheitsübung. »Die grundsätzliche Ichbezogenheit und der Bewußtseinsdrang des neuen Glaubensbegriffs zerstören die eigentliche Dimension des Sakramentalen« (Ha 232). Und zerstören letztlich, trotz allem, was Luther beibehielt, die Kirche als die Heilsgemeinschaft.

In seiner neuen Lehre von Glaube, Rechtfertigung und den Sakramenten überspannte Luther das Ich, das in einer »robusten psychischen Aktivität« statuierend »das Heil ergreifen und es reflexiv dem eigenen Selbst zueignen will« (Ha 235). Es war aber nach der Lehre der Kirche anders. »Gegenüber dem Göttlichen — d. h. gegenüber der Gnade in dieser Zeit und gegenüber der Glorie, die der ›Lohn‹ ist in der Ewigkeit — verhält sich die menschliche Aktivität, wie (noch) der zweiunddreißigjährige Luther sagte, rein passiv und empfangend. Ein apprehendierendes und reflex aneignendes Verhalten wäre hier eine Ungeheuerlichkeit, ganz gleich ob das Heil durch reflexiven ›Glauben‹, durch einen anderen psychischen Akt oder durch ›Werke‹ gesichert werden soll.

Eben diese Ungeheuerlichkeit hat Luther als Vierunddreißigjähriger in seiner Reflexivitätsdoktrin begangen und von da an festgehalten. Noch in seiner letzten Vorlesung steht der starke Satz: ›Der Glaube *reißt* das Verdienst Christi *an sich* und *statuiert*, daß wir durch Christi Tod befreit sind‹ (Fides arripit meritum Christi et statuit nos per Christi mortem liberatos esse) (WA 42,48,18). Luther schwächte damit, was er sichern wollte: die Personalität der Christusbeziehung und die Anerkennung der schenkenden Souveränität Christi« (Ha 236 f.). —

Man kann sich vorstellen, daß, wenn Luthers Glaubenslinien ganz ausgezogen wurden, der selbstherrliche Mensch sein Lebensrecht an sich reißt, ob er es nun noch »Heil« nennt oder nicht —: er weiß selbst, auch ohne Kirche, was für ihn recht ist; er braucht niemand anderen, der ihn erst noch »rechtfertigen« soll. Und einen Richter braucht er nicht zu gewärtigen, hier auf Erden nicht über seinen Glauben samt Verhalten, und letztlich auch in einem ewigen Gericht nicht. Wenn man es noch »christlich« for-

mulieren will: Christi Verdienst ist uns ja angerechnet (imputiert); so gelte denn seine, uns »fremde« Gerechtigkeit, nicht die unsere in der Liebe zu Gott und Menschen!
Nochmals zu den Sakramenten. Was fand Luther als Lehre über die Sakramente vor, wenn für diese der Ausdruck opus operatum (= durch die Kirche vollzogenes Werk) gebraucht wurde? »Das Sakrament wirkt durch das Tun Christi, der es durch seine Werkzeuge vollzieht; der Glaube des Menschen dagegen wirkt nur als Empfänglichkeit, nicht als Ergreifen.« Dieses Ergreifen, Ansichreißen oder alles durch eigenen Glauben Machen, verdunkelt »den absoluten Vorrang der Gnade Christi und das angemessene personale Verhalten des Menschen zu Gott« (Ha 236). »Es muß ausgesprochen werden«, schließt Hacker, »die Geltung der berühmten Dreiheit ›Allein die Gnade, allein der Glaube, allein die Schrift‹ beruht auf einer Selbsttäuschung. Weil der Glaube sich zur Gnade apprehensiv und reflexiv-aneignend verhalten soll, ist es kein reiner Glaube. Darum wird gerade durch ihn das Prinzip ›Allein die Gnade‹ in Frage gestellt; denn er unterwirft sie seiner psychischen Aktivität. Und die Schrift wird in ihrer Autorität herabgesetzt, weil als Maßstab ihrer Geltung das ›Evangelium‹ in der Schrift angesehen und als Evangelium nur das verstanden wird, was entsprechend der Reflexivitätsdoktrin für die Heilsapprehension verfügbar gemacht werden kann.
Es mag sein, daß Luther sich in seiner Polemik gegen die kirchliche Sakraments- und Gnadenlehre auch durch seine berechtigte Erbitterung über die Mißstände der kirchlichen Praxis und durch seine verständliche Gereiztheit über inferiore Argumente seiner Gegner hinreißen ließ. Aber was seine eigene Lehre in ihrem Inhalt bestimmt hat, ist doch nicht eine den Mißständen entgegengesetzte echte Erneuerung aus dem Ursprung gewesen, sondern seine Doktrin des reflexiven Glaubens« (Ha 236 f.). —
Wie aber das, *was* den reflexiven Glauben als den wahren kennzeichnen soll, nicht aus Gottes Wort Heiliger Schrift erwiesen werden kann, so enthält weder Luthers Gesamtäußerung noch die Confessio Augustana eindeutige Wahrheit darüber, *wer* in

der Kirche Gottes ins Amt der Lehre und Leitung gesetzt ist; welche Vollmachtsordnung der Herr in seiner Kirche, laut dem Neuen Testament, ein für allemal kraft seines göttlichen Rechtes verfügt hat und allezeit proklamieren (verkünden) läßt.

Vom Amt der Prediger ist in Luthers und aller Reformatoren Äußerungen reichlich die Rede. Über Bischöfe ist im Augsburger Bekenntnis, trotz allen Enttäuschungen, Wichtiges als Bekenntnis ausgesagt: der Artikel 28 enthält Sätze über den Episkopat, d. i. die Bischofsgemeinschaft; über die Lehrvollmacht und Lehrurteilsgewalt der Bischöfe, über die geistliche Leitung und über die klare Unterscheidung der bleibenden Hirtenaufgabe gegenüber der zu den Bischöfen nur mithereingekommenen politischen Macht. Aber über das Hirten- und Lehramt des Ersten der Bischöfe, des Papstes, findet sich keine Bekenntnis-Aussage, weder verneinend noch bejahend.

Luther und das Papsttum: darüber wurde nicht wenig geschrieben. Für unsere Frage der Eidestreue oder des Eidbruches Luthers sei hier nur weniges angeführt. Der Leser kann vermuten: wenn Luther seinen Amtseid mit Bezug auf die felsgebaute Kirche gebrochen hat, so kann er die Heilige Schrift in dem, was sie über das Petrusamt enthält, nicht recht ausgelegt haben. Wenn ein durch den Herrn ins Amt gesetzter Fels und Hirte da war, so bedeutete Eidbruch, bewußt vollzogen, eine schwere Sünde (vgl. Lk 10,16; Gal 1, 8.9) gegen Gott. Vom gebrochenen Eid her durfte sich in der Heiligen Schrift nichts finden, was auf ein durch Gottes Rechtsspruch, des Christus offenbares Wort bestehendes Petrusamt hinwies. Stand davon im Wort, das ein lebendiges Wort ist (viva vox Evangelii), so mußte es ja ausgerufen, verkündigt, gepredigt und geltend gemacht, vor allem von den Predigern und Lehrern selbst gehalten werden. Und zuerst von Dr. Martin Luther, dem Professor und Prediger, selbst.

Das Ich predigt sich

Luther führte im Lauf der Jahre, mit immer neuen Variationen, den »Schriftbeweis«, von dessen Richtigkeit er absolut gewiß war (vielleicht sich immer aufs neue gewiß machte): Es gibt kein bleibendes Petrusamt aufgrund der Schrift, d. h. göttlichen Rechts. Damit entfiel seine irrtümlich gegebene Treueverpflichtung. Sein Eid (in mehreren Handlungen: als Magister der Artes 1505, bei der Ordensprofeß 1506, Priesterweihe 3. 4. 1507, für den Lizentiaten der Theologie 4. 10. 1512 und den Doktor der Theologie mit der Professur der Heiligen Schrift) war ein assertorischer oder Gelöbniseid gewesen. »Der promissorische Eid betrifft das eigene Verhalten des Schwörenden in der Zukunft: etwa Herrschereide, Wahlkapitulationen, völkerrechtliche Verträge (Tac 14, Lex Sal. 42.2), Fahneneide (sacramenta), Lehnseide, Bürgereide, Amtseide« (A. Erler im Handwörterbuch zur deutschen Rechtsgeschichte, hsg. v. Adalbert Erler und Ekkehard Kaufmann, Berlin 1967, S. 862). Wenn es in den aufgezählten Fällen den Partner gar nicht gäbe, also auch eine mit ihm in Treue verbundene Gemeinschaft nicht, so war ein darauf bezogener Eid mit seinem Treueversprechen für die Zukunft ein Mißverständnis, ein Sprechen ins Nichts hinein gewesen.
Ohne Anspruch auf Vollständigkeit fachwissenschaftlichen Forschens ging der Verfasser den wohl wichtigsten Schriftbeweisen Luthers in den Entscheidungsjahren von 1518 bis 1522 nach. Hier sind Schriftbeweise zu nennen in Luthers Asterisci 1518, Resolutiones 1518, in der Appellation an Papst Leo X. 1518, in der Predigt am ersten Tag der Disputation zu Leipzig: Feiertag SS. Petrus und Paulus 1519, sodann, weitaus am ausführlichsten in der Disputation mit Eck »Vom Haupt einer weltlichen Herrschaft« 1519 (Vf 185—240), ... endlich in Luthers Predigt über Mattäus 16, gehalten am Feiertag SS. Petrus und Paulus 1522 (CL 3,287—297; VfF 230—235). Dem Schriftbeweis dieser Predigt sei nachgegangen.
»Dieses Evangelium kennt ihr wohl. Man hat jetzt so lange

darüber gepredigt und sich damit beschäftigt, daß es nun sehr gut bekannt sein sollte. Es ist auch weitaus das beste Stück und der Hauptspruch in dem Evangelium, wie es Mattäus beschreibt. Mit diesem Hauptspruch hat man sich von Anbeginn der Kirche an geziert, und andererseits ist auch aus keinem Spruch ein größerer Schaden entsprungen, als aus diesem. So muß es ja kommen, wenn die leichtfertigen Leute über die Schrift herfallen. Die zerren sie dann hin und her — wie es denn auch geschehen ist —, und je heiliger ein Spruch ist, desto eher kann man fehlgehen und desto schändlicher ihn mißhandeln. Darum halte das für eine allgemeine Regel: wenn jemand in der Schrift so hin und her geht und schwankt und schwebt und kein gewisses Verständnis hat, worauf er sein Herz zu gründen vermöchte, — der lasse lieber ganz davon! Denn wenn dich der Teufel mit der Gabel erwischt hat, so daß du nicht auf einem einheitlichen Wissen (wie es denn sein soll) gegründet bist, dann wirft er dich hin und her, daß du nicht weißt, wo du hinaus sollst. Darum mußt du Gewißheit haben und auf ein sonderliches, reines Verständnis aus sein.

In diesem Evangelium handelt es sich darum, daß man erkenne, wer Christus sei...«. »Wo bloß die Vernunft am Werke ist, da versteht man ihn nur so, daß man ihn für einen Lehrer und heiligen Mann hält. Das dauert nun so lange, als der himmlische Vater einen noch nicht lehrt.

Das *andere* Verständnis von Christus ist dasjenige, welches Petrus ausspricht: ... Hier ... wird er herausgenommen und für etwas Besonderes vor allen Heiligen und für etwas ganz Bestimmtes gehalten. Denn wenn ich über Christus keine Gewißheit habe, so ist mein Gewissen niemals still, mein Herz hat auch nie Ruhe ... Ich muß ... in den Genuß seiner Güter eintreten, daß er mein sei und ich sein. So will es Petrus haben, wenn er sagt: ›Du bist Christus, des lebendigen Gottes Sohn‹ usw. Und das erkennt Christus selbst an, wenn er sagt: ›Selig bist du, Simon Petrus... Und ich sage dir auch: Du bist Petrus und ein Fels, und auf diesen Felsen will ich bauen meine Kirche, welche die Pforten der Hölle nicht überwältigen sollen‹.«

Gewisses Verständnis, einheitliches Wissen, wissen wo hinaus, Gewißheit, sonderliches reines Verständnis, Gewißheit, stilles Gewissen (und dadurch Ruhe im Herzen): diese Überzeugung von seiner Gewißheit durchzieht Luthers Predigt, ist selbst Predigt; Predigt auch darüber, daß seine Gegner als Vertreter der bisherigen Kirche so hin und her gehen und schwanken und schweben und *kein gewisses Verständnis* haben. Das predigt Luther nun ausführlich, wenn er, am Peter- und Paulsfeiertag, sich dem großen Streitfall zuwendet.

»Nun ist das die Hauptsache, daß man weiß, was die Kirche ist, was der Fels ist und was das Bauen ist. Man muß hier einen Felsen das Fundament bleiben lassen, auf welchem die Kirche stehen soll, wie denn Christus sagt: ›Es ist ein Fels, worauf meine Kirche stehen soll‹ usw. Und zwar ist das Christus bzw. das Wort von Christus. Denn Christus wird auf keine andere Weise erkannt als allein durch seine Worte; ohne das hülfe mir auch die leibliche Gegenwart von Christus nichts, und wenn er gleich heute käme. Diese Worte dagegen (wenn man mir sagt: ›Das ist Christus, des lebendigen Gottes Sohn‹), — die machen mir ihn bekannt und beschreiben mir ihn. Darauf baue ich; diese sind dann so gewiß, so wahr, so bestätigt, daß kein Fels so gewiß und stark und gegründet und befestigt sein kann.

So heißt also Fels nichts anderes als die christliche, evangelische Wahrheit, die mir den Christus verkündigt; denn durch sie gründe ich mein Gewissen auf Christus, und wider diesen Felsen soll weder eine Gewalt, noch auch die Pforten der Hölle etwas vermögen...«

Man sieht: Luther definiert den Fels, von dem Christus spricht, auf verschiedene Weise. 1. ist er der Sprecher, Christus, selbst. 2. ist es das Wort von Christus. 3. sind es »seine Worte«. 4. ist es die christliche, evangelische Wahrheit, die mir den Christus verkündigt. Diese Wort*verkündigung*, mit »seinen Worten« gleichgesetzt, ist für Luther und soll für seine Hörer höher im Rang sein, übergeordnet über Christus als Person, »und wenn er gleich heute käme«. Heißt das, mit heutigen Formeln: Christus ist in das Kerygma = die *Verkündigung* seiner Worte auferstanden;

darin, nur darin haben wir ihn, wenn er denn ›auferstanden‹ sein, also ›leben‹ soll?
Die christliche, evangelische Wahrheit ist die Luthers; die in seinem Gewissen gewisse Wahrheit. Sein Ich durchzieht all das, was er predigt. »Ich muß ... zuallererst in den Genuß seiner Güter eintreten«. »So macht es auch das Herz, das auf Christus steht. Es sagt: ›Ich habe den Christus, Gottes Sohn; auf dem stehe ich‹ ...« »Denn ich stehe auf all dem, was er hat und vermag.« »Und nun umgekehrt: wenn ich auf etwas anderem stehe ...«. Seine Ich-Ausssagen gehen dann mehr und mehr in Wir-Aussagen, Ihr-Aussagen über; denn wie Luther in seiner Gewißheit predigt, soll ja die Gemeinde, die Kirche, das einheitliche Wissen in Gewißheit haben. Und doch führt er sein *Ich* wieder als das maßgebende Beispiel für alle Christen an (um sie »gewiß« zu »machen, damit *wir* wissen«): »Wenn er« (der angebliche Nachfolger Petri) »nun fällt und *ich* auf ihm stehe, wo will *ich* bleiben? Wenn der Teufel den Papst wegnähme und *ich* stünde auf ihm, so würde *ich* wahrlich übel stehen.« Seine Ich-Gewißheit predigt er der Kirche; er spricht nicht nur von der Gemeinde, sondern mehrfach von der Kirche. (Z. B. »... die Kirche; tut es denn die Kirche, so tut es Gott.«)
Nach seiner Auslegung, der Fels sei »nichts anderes als die christliche, evangelische Wahrheit«, predigt Luther dann wieder, dieser Spruch (vom Fels) »kann nämlich auf keinen anderen gedeutet werden, als allein auf Christus«, wozu er 1 Kor 3,11, Jesaia 28,16, 1 Petr 2,6 und Röm 10,11 beizieht.
»Da seht ihr ja klar, daß Gott e i n e n Grundstein, e i n e n Hauptstein legen will, e i n e n bewährten Stein, einen Eckstein — und sonst niemand: das ist Christus und sein Evangelium.« Hier predigt Luther die 5. Auslegung: Der Fels ist »Christus und sein Evangelium«. Dann: »Darum ist allein Christus der Fels, und wo man einen anderen Felsen legt, da mache das Kreuz davor; denn das ist gewiß der Teufel. Dieser Spruch kann nämlich auf keinen anderen gedeutet werden, als allein auf Christus, wie es Paulus ausspricht; das ist der lautere Sinn, den auch niemand leugnen kann.«

»Die hohen Schulen (= Hochschulen im Mittelalter und zu Luthers Zeit) leugnen diesen Sinn (für 1 Kor 3,11 par) auch nicht und geben auch zu, daß Christus der Fels sei; aber daneben wollen sie auch, daß Petrus ein Fels sei und wollen da einen Nebenstein legen, wollen uns einen Holzweg neben der rechten Landstraße machen...« Nicht einmal Simon Petrus habe aber gewollt, daß einer der Propheten neben dem »Ausnahmefall«, Christus ein zweiter Fels sei. »Er (= der in Mt 16 angeredete Jünger) will nicht einmal, daß einer von ihnen der Fels sei; und der Papst ist oft noch ein Bösewicht und unter keinen Umständen so gut wie Johannes oder Elia usw.! Und kann ich nicht bauen auf Johannes und Jeremia usw., diese heiligen Leute, wie sollte ich dann auf einen Sünder bauen, den der Teufel besessen hat? Dazu reißt uns hier Christus mit Gewalt alle Heiligen, auch seine eigene Mutter, aus den Augen. Er will e i n e n Felsen haben, und diese wollen zwei haben! Nun müssen s i e lügen oder die S c h r i f t. Die Schrift aber kann nicht lügen. Darum ziehen wir den Schluß« (Frage: wer sind die »Wir«?), »daß das ganze päpstliche Regiment auf lauter Sumpfgrund, Lügen und Lästerworte gegen Gott gebaut ist, und der Papst ist der Erz-Gotteslästerer damit, daß er diesen Spruch auf sich bezieht, der allein von Christus gesagt ist. E r will der Stein sein und die Kirche soll auf ihm stehen, wie denn Christus es von ihm vorausgesagt hat, Matth 24,5: ›Multi veniunt in nomine meo, dicentes: Ego sum Christus‹ (›Viele werden kommen unter meinem Namen und sagen: Ich bin Christus‹). In dieser Weise gibt sich der Papst für Christus aus. Er will zwar den Namen nicht haben; denn er sagt nicht: ›Ich bin Christus‹. Aber er will das Wesen und das Amt sich zumessen, das allein Christus zusteht.«
In der 1. Aussage, wer der Fels sei, war »Christus« vom Hörer als *Person* zu verstehen. In der jetzigen neuen, der 6. Definition setzt Luther den Fels mit einem Amt gleich, dem *Amt* des Christus. — Bekannt und dem Volk geläufig ist im Staat, in Gemeinde usw. die Tatsache: Personen, Amtspersonen wechseln, das Amt bleibt. Was in der Kirche ein Amt ist, erläutert z. B. Schlatter so: »Ein ›Amt‹ entsteht, wenn Einzelne zum Vollzug

derjenigen Funktionen bevollmächtigt werden, die zur Begründung und Erhaltung der Gemeinde unentbehrlich sind«: Die Geschichte des Christus, 1921, S. 321.
Dann kehrt Luther wieder so zu Fels gleich der *Sohn Gottes* zurück, daß der Hörer »Christus« wohl vorwiegend als dessen Person auffaßt, eben ihn selbst. Und, entgegen einigen früheren Auslegungen (Nr. 2, 3 und 4) predigt Luther nun weiter so: »So ist nun dies der einfache Sinn, daß Christus der Grundstein ist.« Und wenn er dies im Folgenden verkündigt, entfaltet er seinen Begriff davon, was »glauben« heißt, was Rechtfertigung ist und wiederum, was das Ich an Christus hat, was es gewiß weiß. Die Kirche gleicht einem Haus oder einem Schloß — »als wollte es sprechen: ›Ich habe einen guten Grund; darauf verlasse ich mich.‹ So macht es auch das Herz, das auf Christus steht. Es sagt: ›Ich habe den Christus, Gottes Sohn; auf dem stehe ich und auf ihn verlasse ich mich als auf einen festgegründeten Felsen; mir kann nichts schaden.‹ Darum bedeutet hier ›auf den Felsen bauen‹ nichts anderes als an Christus glauben und sich getrost auf ihn verlassen, daß er mit allen seinen Gütern mein ist; denn ich stehe auf all dem, was er hat und vermag. Sein Leiden, sein Sterben, seine Gerechtigkeit und alles, was sein ist, das ist auch mein. Darauf stehe ich, gleichwie ein Haus auf einem Felsen; das steht auf allem dem, was der Fels vermag. Wenn ich nun auch auf ihm stehe und das weiß, daß er Gottes Sohn ist, ... seine Gerechtigkeit größer als alle Sünde usw., — dann kann nichts etwas gegen mich ausrichten, auch wenn alle Pforten der Hölle auf einen Haufen kämen. Nun umgekehrt: wenn ich auf etwas anderem stehe als auf dem Grundstein, z. B. auf einem Werke (und wenn ich gleich aller Heiligen, ja sogar des Petrus Werke hätte, aber ohne den Glauben), so bin ich g e g e n ihn! Denn ... gegenüber dieser Gerechtigkeit ist alles Sünde. Wenn ich nun dastehe und nicht mit ihm zusammen durch das Gericht laufe, so würde ich in die ewige Verdammnis verstoßen; aber wenn ich ihn erfaßt habe und auf ihn baue, so ergreife ich seine Gerechtigkeit und alles, was sein ist.«
Im Evangelium Mattäus 16 spricht Jesus Christus, daß *er* bauen

will; Luther predigt hier, er, Luther baue. Dies in anderem Sinn, als es hier im Text des Evangeliums steht.

Der Sohn Gottes, laut dem Evangelium, sprach einen vor ihm stehenden Jünger, einen Menschen, an, und gebrauchte von ihm das Gleichnis des Felsen: auf den werde er bauen; dieser werde durch Gottes Macht etwas werden, von ihm etwas empfangen und müsse bestimmte Amtswerke der Liebe tun. Laut der Schrift wird Christus uns richten, und Werke der Liebe oder nicht getane kennt der Allwissende von uns. Wo in der Schrift läuft man mit dem Richter zusammen durch das Gericht? Wie kann jemand vermessen über den Sohn Gottes verfügen, ihn erfassen und mit kühnem Zugriff das ergreifen, was heilig ihm gehört, was man aber selbst in Gehorsam, Demut und Liebe zu Gott und Menschen zu wirken für heilsentbehrlich erklärte? Dieser kühne Zugriff dem Sohne Gottes und Weltrichter gegenüber — ist das »die Rechtfertigung«, heißt das »glauben«? Und steht davon auch nur eine Silbe in dem Evangelium, das zu verkünden war? Kommt nun noch eine 7. Deutung des Felsen, auf den der Herr nach dem Predigttexte Mattäus 16 seine Kirche baut? Luther predigte der Gemeinde weiter: »Das« (dieses Erfassen und Ergreifen, dieses mit Christus durch das Gericht Laufen) »erhält mich vor ihm, daß ich nicht zuschanden werde« (sondern gerechtfertigt bin). »Warum kann ich nicht zuschanden werden? Weil ich auf Gottes Gerechtigkeit gebaut bin, welche Gott selber ist. Denn diese kann er nicht verwerfen; sonst müßte er sich selber verwerfen.«

Diese Predigt Luthers wurde gedruckt unter dem Titel »Ein christlicher Sermon von der Gewalt« (= Vollmacht) »Sankt Peters«. Der Herausgeber in der Calwer Ausgabe brachte sie unter den Predigten »Von der Gemeinschaft der Kirche und ihrem Trost im Wort«, Untertitel: »Predigten Luthers über Die Bruderschaft der Kirche in Christus«. Den Sermon von der Gewalt Sankt Peters betitelte der Herausgeber mit: »Die Grundlage der kirchlichen Gemeinschaft.«

Über die Gemeinschaft der Kirche und die Herrenlogien, offenbarende, schaffende Seins-, Rechts- und Sendeworte, von Seinem Bauen, Zusammenhalten dieser Gemeinschaft durch Leitungs-,

Lehr- und Lehrurteilsvollmacht des Angeredeten — predigte Luther: »Ich bin auf Gottes Gerechtigkeit gebaut, welche Gott selber ist.« Den angeredeten Beauftragten des Herrn im Dienst der Gemeinschaft ersetzt er durch »Gottes Gerechtigkeit, welche Gott selber ist«; und die Kirche, die Christus baut, ersetzt er durch sein Ich, das gerechtfertigt wird. »Das ist das rechte, schlichte Verständnis der Sache. Darum laßt euch nicht von diesem Verständnis abführen, sonst werdet ihr von dem Felsen gestoßen und verdammt.«

»Freilich können sie nun sagen: ›Christus spricht doch hier: Du bist Petrus und auf diesen Felsen will ich bauen meine Kirche usw.‹ Jawohl, aber das müßt ihr so verstehen: wenn hier Petrus ein Fels heißt und Christus heißt auch ein Fels, dann ist Christus der g a n z e Fels, Petrus aber ist ein Stück des Felsens. Es ist gerade so, wie er Christus heißt, wir aber nach ihm Christen heißen um der Gemeinschaft und des Glaubens willen, insofern wir auch christliche Art an uns bekommen. Denn durch den Glauben werden wir e i n Geist mit Christus und empfangen von ihm seine Art. Er ist nämlich fromm und heilig, er ist gerecht; ebenso sind auch wir durch ihn gerecht, und alles, was er hat und vermag, dessen dürfen wir uns auch rühmen. Aber das ist der Unterschied, daß Christus alle seine Güter nach Pflicht und Recht besitzt, wir aber haben sie aus Gnade und Barmherzigkeit. Dementsprechend heißt er hier auch den Petrus einen Felsen deswegen, weil er auf den Felsen stößt und durch diesen auch zum Felsen wird.«

Also doch ein zweiter Fels! Einer, der (1.) das neue Sein (Fels) besitzt. [Dem Zusammenhang nach gehört zu diesem Ersten auch das Zweite (2.): die Gabe (Schlüssel = bevollmächtigter Stellvertreter des Königs, vgl. Jes 22,22 f.) und (3.) das Amtswerk (Erster derer, die binden und lösen) aus Gnade und Barmherzigkeit besitzt.] Dies ist die 8. Auslegung, was der Fels gemäß dem Worte Jesu ist. Der Sinn der Herrenworte ist klar: Zu ihm, dem Einen, hat der Herr die ganze Kirche in das Verhältnis der Gemeinschaft gesetzt; er dient ihr mit seinem Dienstamt der Einheit und des Bestandes. Zusammen mit dem Fels ist die Gesamt-

heit der Steine der Bau, den der Sohn Gottes baut. Merkte der Prediger nicht, daß er mit diesem zweiten Felsen seiner Gegenaussage in derselben Predigt widersprach? Daß er mit *dieser* Auslegung wieder in Gemeinschaft mit der Kirche kommen und seine schon weitverbreitete Luthergemeinde durch das lebendige Wort des Evangeliums mitführen würde?
Jedoch er neutralisierte seine 8. Definition durch eine im nächsten Satz vorgebrachte 9. »Ebenso sollten wir auch billigerweise Petrusse d. h. Felsen heißen, weil wir den Felsen Christus erkennen.« Statt e i n e s Felsen, auf den Christus seine Kirche, die Gemeinschaft der lebendigen Steine, baut, haben wir nun a l l e lebendigen Steine als lauter Felsen. Wer soll auf sie alle gebaut werden?
Spürte der Prediger irgendwie, daß, wenn denn alle Christen Felsen sind, weil sie den Felsen Christus erkennen, daß dann auch für den einen Fels (von Luthers 8. Definition) gnadenhalber, aus Christi Gnade und Barmherzigkeit, irgendein Anteil davon übrig bliebe, was der Herr Simon als dem Petrus zugesprochen hat? »Nun kann es sein, daß sie (die Gegner) auch weiter drängen wollen und sagen: ›Mag es mit deiner Auslegung sein wie es will, so halte ich mich an den Text. Der aber sagt so: ›Du bist Petrus, und auf d i e s e n Felsen will ich meine Kirche bauen.‹ Da ergibt's also der Text, daß Petrus der Fels ist.‹ Dann haltet ihnen vor, was gleich darauf folgt, nämlich: ›Und wider diesen Felsen sollen alle Pforten der Hölle nichts vermögen.‹ Nun hat aber Petrus nicht standgehalten; denn gleich nachher im folgenden Text wurde er von dem Herrn ein Teufel geheißen. ... Da wäre also der Fels gefallen und die Pforten der Hölle hätten ihn überwältigt, wenn die Kirche auf Petrus gebaut wäre; denn der Herr spricht weiter: ›Petrus, du willst nicht, was Gott will.‹ Sieh, Lieber, sieh, hier heißt der Herr den Petrus, den er vorher heilig und selig gesprochen hat, einen Teufel! Warum? Das ist alles deswegen geschehen, um den unnützen Schwätzern das Maul zu stopfen, die die Kirche auf den Petrus und nicht auf Christus selbst gebaut haben wollen. Er wollte uns dadurch in unserem Verständnis gewiß machen, damit wir wissen, daß die

Kirche nicht auf eine Pfütze oder einen Misthaufen gegründet ist, sondern auf Christus fest gebaut ist ... Ferner, wie war es, als die Magd den Petrus anschrie? (Mt 26,69). Da verleugnete er Christus! Wenn er nun fällt und ich auf ihm stehe, wo will ich bleiben? Wenn der Teufel den Papst wegnähme und ich stünde auf ihm, so würde ich wahrlich übel stehen. Darum hat auch Christus den Petrus fallen lassen, daß wir ihn nicht für den Felsen hielten und auf ihn bauten. Denn wir müssen auf den gegründet sein, der gegen alle Teufel besteht; das ist Christus. Darum halte fest an diesem Verständnis; denn es besagt: wider diesen sollen nichts vermögen alle höllischen Pforten.«
Wenn Luthers Predigthörer sich ans Frühere erinnert: wie Luther kühn seiner Sünden nicht mehr und des künftigen Gerichtes gar nicht gedenkt (er hat ja den Richter erfaßt und läuft mit ihm durch das ewige Gericht, gerechtfertigt, weil ihm alle Güter Christi, die er ergriff, gehören und weil er, im Besitz der Güter Christi selbst billigerweise ein Fels wurde, er mit all seinen Anhängern) —: warum so pharisäisch und die Zuhörer so zur Selbstgerechtigkeit anleiten, indem man den »unnützen Schwätzern«, heißt: den Lehrern der katholischen Kirche, vor allem ihrem »Ersten«, diese Art von Rechtfertigung nicht zuerkennt? Petrus — ein Teufel. Christus besteht gegen alle Teufel. Seht den Papst für den Teufel an! Haltet ihn nicht, aber euch alle für Felsen, und alles dessen, was Christus hat, dessen dürft ihr euch auch rühmen.
Man fragt sich, ob die Zeit nicht zu schade, das Geschäft nicht zu hart ist, den Irrgängen dieser »Predigt« des »geschworenen Doktors der Hl. Schrift« weiter nachzugehen. Da er aber seinen Bruch des Eides, vor Gott in seiner heiligen Kirche abgelegt, mit den entsetzlichen Bruch-Folgen für Generationen, durch seinen Schriftbeweis gerechtfertigt hat, muß auch diese Mühe noch geleistet werden, den Rest abzuschreiben. Wenn irgend möglich, ohne neuen Irrgängen mit all ihren Windungen nachzugehen. Eine 10. Auslegung (= der 7.) wird noch gepredigt, wenn in »Dieser Fels und Glaube« der Glaube als der erscheint, gegen den die Höllenpforten = Papst samt Anhang angehen. Der

Glaube, wie Luther ihn lehrte, war ihm ja das Allergewisseste, also zuerst und zuletzt das, worauf er sich und seine Kirche baute, was nicht überwältigt wird, also der Fels.

»Der Glaube ist etwas Allmächtiges, wie Gott selber es ist. Darum will ihn Gott auch bewähren und prüfen; darum muß ihm auch alles entgegentreten, was der Teufel vermag und kann. Christus sagt nämlich hier nicht umsonst: es werden ihn alle Pforten der Hölle nicht überwältigen. Denn ›Pforten‹ bedeuten in der Schrift so viel wie eine Stadt und ihr Regiment; bei den Pforten hatten sie nämlich ihre Gerichtsverhandlungen, wie es im Gesetz (5. Mose 16,18) geboten war: ›Judices et magistros constitues in omnibus portis tuis‹, (Richter und Amtleute sollst du dir setzen in allen deinen Toren). Dementsprechend bedeuten hier die ›Pforten‹ alle Gewalt des Teufels mit ihrem Anhang, wie es z. B. Könige und Fürsten samt den Weisen dieser Welt sind. Diese müssen sich gegen diesen Felsen und Glauben stellen. ... So seht ihr es denn jetzt auch, daß unsere ungnädigen Fürsten [Papst und Kaiser] zürnen, und die Hochgelehrten zürnen auch mitsamt den Heiligen dieser Welt. Aber das sollst du nicht beachten noch dich daran kehren. Denn sie sind die Pforten der Hölle und die Wellen auf dem Wasser, die gegen diesen Felsen stürmen.

Weiter sagt Christus: ›Und ich will dir die Schlüssel des Himmelreichs geben usw.‹ Wie ihr vorher beim schlichten Verständnis geblieben seid, so bleibt es auch jetzt! Die Schlüssel werden dem gegeben, der durch den Glauben auf dem Felsen steht, dem es der Vater gegeben hat. Nun kann man keine einzelne Person herausnehmen, die da auf diesem Felsen stehen bliebe; denn der eine fällt heute, der andere morgen, wie Petrus gefallen ist. Darum ist niemand dazu bestimmt, daß ihm die Schlüssel gebühren, als nur die Kirche, d. h. diejenigen, die auf diesen Felsen sich stellen. Die christliche Kirche hat allein diese Schlüssel, sonst niemand, obwohl der Papst und die Bischöfe sie gebrauchen können, als die Amtsträger, welchen es von der Gemeinde anvertraut worden ist. Ein Pfarrer verwaltet das Amt der Schlüssel: er tauft, predigt und reicht das Sakrament, nicht von sich aus, sondern von der Gemeinde aus. Denn er ist (auch wenn er ein Bösewicht ist) ein Diener der ganzen Gemeinde, welcher die Schlüssel gegeben sind. Denn wenn er es an Stelle der Gemeinde tut, so tut es die Kirche; tut es denn die Kirche, so tut es Gott. Denn man muß einen Diener haben: wenn die ganze Gemeinde sich darauf stürzen wollte und alle zumal die Taufe vornehmen wollten, so könnten sie wohl das Kind ertränken. Denn es streckten sich wohl tausend Hände danach aus; das geht nicht an. Darum muß man einen Diener haben, der das an Stelle der Gemeinde versieht.

Was nun die Schlüssel ›zu binden oder zu lösen‹ anlangt, so bedeutet das die Vollmacht zu lehren und nicht allein die, zu absolvieren [= dem Reuigen im Namen Gottes die Vergebung seiner Sünden zusagen]. Denn die Schlüssel beziehen sich auf alles das, womit ich meinem Nächsten helfen kann: auf den Trost, den einer dem andern gibt, aber doch im allgemeinsten Sinne auf das Predigen. Denn wenn man predigt: ›Wer da glaubt, der wird selig‹, so heißt das aufschließen und lösen; oder aber: ›Wer nicht glaubt, der ist verdammt‹, so heißt das zuschließen und binden. Das Binden aber steht v o r dem Auflösen (Mt 16,19). Wenn ich einem predige: ›Du bist des Teufels, wie du gehst und stehst‹, so ist ihm der Himmel zugeschlossen. Wenn dann dieser niederfällt und dann seine Sünde erkennt, so sage ich ihm: ›Glaube an Christus, so sind dir deine Sünden vergeben‹; das heißt dann den Himmel aufgeschlossen. So machte es ja Petrus Apg. 2,38; ebenso haben wir a l l e die christliche Vollmacht, zu binden und aufzuschließen. Nun haben sie es darauf bezogen, daß sie damit des Papstes Gesetze bekräftigen und begründen wollen; das Binden solle heißen Gesetze machen usw. So verfahren diese blinden Blindenleiter. Bleibet ihr bei dem einfachen Sinne des Wortes! Gott sei Lob!«
(Ende der Predigt vom Peter- und Paulstag 1522.)

II   Luthers Feuergericht und Bann

Das Autodafé

Auf den Eidbruch folgte nicht sofort der Bann. Der zeitliche Ablauf muß beachtet sein. Für den *inneren*, erlittenen oder (und) vollzogenen Bruch Luthers mit der Gemeinschaft der himmlischen, pilgernden, leidenden Kirche ist den Menschen kein Zeitpunkt bekannt. Den *öffentlichen* Bruch mit der Kirche auf Erden, von Person zu Person, Auge in Auge vollzogen — daran ist zu erinnern! —, machte Luther dem Vertreter »des Papsttums« gegenüber, Kardinal Cajetan, im Oktober 1518 zu Augsburg. (Nach der ersten Vorstellung Luthers beim Kardinal am 11. Oktober erfolgten die drei eigentlichen Sachgespräche an den drei Tagen: 12., 13. und 14. Oktober; vgl. M 208—221, dazu die anderen Darstellungen.) Die großen Kampfschriften, besonders die von 1520: »An den Adel« und »Von der babylonischen Gefangenschaft der Kirche« vollendeten den Bruch, zeigten die neue Kirche an.
Am 15. Juni 1520 erging die Letzte Warnung aus Rom (die Bann*androhungs*bulle Exsurge Domine) mit dem Sinn: S o n i c h t! So zerstörst du die Gemeinschaft, die Gott geschaffen hat. Darum sind die Anfangsworte der Letzten Warnung an den, der den Eid vor Gott geschworen hatte, ein Gebet zu Gott: *»Mache dich auf, Gott!«* (und führe deine Sache... Psalm 74, 22). Wie beim Eide Gott angerufen wird, so soll im weltöffentlich gewordenen Streit Gott darum angerufen sein, daß er als der allwissende Richter in Seiner Sache zeige, was sein göttliches Recht und was die Wahrheit ist.
Der Papst sprach kraft seines Amtes vom Herrn in der Bulle scharfe Worte gegen Luthers Vorgehen, die Gemeinschaft zu zerstören. Aber auch die werbenden Hirtenworte sind nicht zu überhören: »Dennoch wollen wir auf den Rat unserer Brüder

die Milde des allmächtigen Gottes zum Vorbild nehmen, der nicht den Tod des Sünders will, sondern daß er sich bekehre und lebe; und wollen alle Beleidigungen vergessen, die bisher uns und dem apostolischen Stuhle zugefügt wurden. Wir haben beschlossen, jede irgend mögliche Nachsicht walten zu lassen und, soviel an uns ist, dahin zu wirken, daß er — Luther — auf dem freundlich vorgeschlagenen Weg in sein Herz einkehre und von den aufgezählten Irrtümern [der 41 Sätze] zurücktrete, so daß wir ihn wie den Verlorenen Sohn zum Schoß der Kirche zurückkehren sehen und liebevoll wieder aufnehmen können. Bei der herzlichen Barmherzigkeit unseres Gottes und der Besprengung mit dem Blut unseres Herrn Jesus Christus, des Erlösers der Menschheit und Erbauers der heiligen Mutter Kirche, ermahnen wir also von ganzem Herzen und beschwören ihn, Martin, und alle, die ihm anhangen, ihn aufnehmen und begünstigen: sie möchten davon abstehen, den Frieden, die Einheit und die Wahrheit der Kirche, für die der Heiland so inbrünstig zum Vater gefleht hat, zu stören, und also sich genannter verderblichen Irrtümer ganz und gar zu enthalten. Wenn sie sich in der Tat gehorsam zeigen und ihren vollzogenen Gehorsam durch glaubwürdige Zeugnisse erweisen, werden sie bei uns die Zuneigung eines liebenden Vaters und einen offenen Born der Güte und Milde finden.«

So sprach ›Petrus im Amt‹ zum jungen vereidigten Lehrer der heiligen allgemeinen Kirche. Kaum einen oder zwei der beanstandeten 41 Sätze dürfte heute ein evangelischer Theologe als bleibende Schriftwahrheit vertreten. Vielleicht wäre es nicht allzu schwer, daß die »Zwei oder Drei, in Jesu Namen versammelt« sich gegenüber jenen Sätzen »in Lieb und Gütigkeit vergleichen« und gemeinsam die bleibende Wahrheit des Evangeliums bekennen.

Dr. Luther aber strafte die Ermahnung mit Verachtung. Die Frist sich zu verantworten ließ er verstreichen. Im Gegenteil, er hob in einem öffentlichen Akt, einem Autodafé, der Verbrennung »aller Bücher des Papstes« samt der ihn letztmals mahnenden Bulle Exsurge Domine, die Gemeinschaft so unwiderruflich und

gründlich auf, wie die verkohlten Papierfetzen es zeigten: am
10. Dezember 1520.
Der Vorgang war nach Meißingers Forschungen (M 237—242)
der: In der Frühe des »10. Dezember hing an der Tür der
Wittenberger Stadtkirche — nicht am ›Schwarzen Brett‹ der Universität, wie man wohl gemeint hat — ein Anschlag, dessen Inhalt wie ein Lauffeuer durch alle Studentenbursen eilte. (Der
Verfasser war nach sicherer Überlieferung Melanchthon, aber
natürlich unterzeichnete er nicht...«). ›Alle, die sich zu der
evangelischen Wahrheit halten« (oder »alle Studenten der Theologie«), »sollen sich heute früh um neun Uhr bei der Heiligkreuzkapelle vor den Toren unserer Stadt einfinden. Dort nämlich werden nach alter, ja apostolischer Sitte die gottlosen papistischen Konstitutionen und Scholastiker verbrannt werden. Denn
die Feinde des Evangeliums haben sich ihrerseits herausgenommen, Luthers fromme und evangelische Bücher zu verbrennen.
Auf, du fromme Studentenjugend, sei Zeuge dieses heiligen und
gottgefälligen Schauspiels! Denn vielleicht ist jetzt die Zeit, da
der Antichrist soll offenbar werden.‹
Der Gedanke, das Geistliche Recht zu verbrennen, war im
Grunde schon mit Luthers Überzeugung gegeben, daß die römische Kurie der Sitz des Antichrists sei, und so findet sich denn
auch bereits in der Schrift an den Adel die aufreizende Äußerung:
›Was soll ich viel sagen? Sein doch in dem ganzen geistlichen
Papsts Gesetz nit zwo Zeilen, die einen frommen Christen möchten unterweisen, und leider so viel irriger und fährlicher Gesetz,
daß nichts besser wäre, [denn] man mächt' ein roten Haufen
draus.‹
In der Folgezeit kehrt die Idee mehrmals wieder, zumal nachdem Aleander in den Niederlanden mit Verbrennungen von
Lutherschriften begonnen hatte. Dennoch scheint Luther erst in
der Nacht auf den 10. Dezember und ohne jede eigentliche Vorbereitung von einem plötzlichen Zorngeist überfallen worden zu
sein ›wie ein anderer Elias‹, und zwar mit so überzeugender
Gewalt, daß selbst ein so ängstliches Männchen wie Melanchthon
schlechthin mitgerissen wurde und — eben durch seinen Anschlag,

der zur Zeit der Frühmesse schon gehangen haben muß —, sich sogar persönlich mitschuldig machen konnte bei einer Handlung, auf der nach bisher geltendem Reichsrecht ohne Zweifel die Todesstrafe stand.«
»Der Kurfürst wußte ... Bescheid ... Das heißt: er war diesmal mit einem drastischen Vorgehen Luthers einverstanden, denn persönlich fand er sich durch Aleanders ganzes Verhalten schwer gereizt. Er hatte sich nun einmal auf den Standpunkt gestellt, daß Luther erst von Reichs wegen gehört werden müsse, und er wollte nun dem jungen Kaiser von seinen Gnaden« [Karl V.] »zeigen, daß er auf seinem Prestige bestand.
Andererseits war es für die kursächsische Regierung auf alle Fälle von Vorteil, daß sie ›von nichts gewußt hatte‹. Luther hatte Vollmacht oder Auftrag, eine ›Überrumpelung‹ aufzuführen. Nahm die Sache wider Erwarten eine ernsthafte Wendung, so verschwand Spalatins Brief [der am 3. Dezember dem Hof von Luthers Plan berichtet hatte] in dem Kamin der Kanzlei, und dann hätte gewiß auch niemand gewußt, von wem das Plakat an der Stadtkirche stammte.
Sorgfältige Vorbereitungen aber waren nicht getroffen ... Im letzten Augenblick nämlich waren die zum Feuertod bestimmten Scholastikerschwarten nicht zur Hand, und Agricola wurde eilig in der Stadt herumgeschickt, um ein paar davon noch aufzutreiben; doch Luthers Kollegen mochten ihre Handexemplare, die schließlich nicht wenig Geld gekostet hatten, zumal für einen so bedenklichen Zweck nicht hergeben, und so blieb es denn in der Hauptsache bei der kanonistischen Literatur.
Dies freilich genügte auch für sich allein schon vollauf, um das Autodafé auf dem Wittenberger Schindanger — der Domäne des Abdeckers und Henkers ... — zu einer ›cosa grande‹ zu machen ...
Das Corpus iuris canonici war die älteste Grundlage für das Rechtsbewußtsein der abendländischen Christenheit ... Noch niemand hatte dieses ehrwürdige Fundament grundsätzlich und in seinem vollen Umfang angetastet, wie es Luther jetzt tat. Dies war etwas ganz und gar Unerhörtes.«

Die Große Sache war »nur die Verbrennung der päpstlichen Rechtsbücher«. Sämtliche alten Chronisten der Reformation, voran »Thomas Murner in der einzigen gegen das Autodafé ausführlich gerichteten Streitschrift; Luther selbst in seiner Rechtfertigungschrift ›Warum des Papsts und seiner Jünger Bücher ... verbrannt sein‹ (WA 7,161 ff.), ja selbst das Wormser Edikt, das doch sämtliche ›Verbrechen‹ Luthers mit juristischer Vollständigkeit aufzählt: alle reden sie nur von der Verbrennung der Rechtsbücher und nicht von der Verbrennung der Bulle. Das also war die eigentliche Erschütterung für das Lebensgefühl der gesamten abendländischen Christenheit, wogegen die Verbrennung der Bulle nur als ein unwichtiger Begleitumstand erschien.
Wir Heutigen hingegen, die seit Jahrhunderten diesseits des damals durch Luthers Tat aufgerissenen Abgrundes leben, haben umgekehrt Mühe, uns die Gesamtsituation von 1520 historisch anschaulich zu machen, und darum spricht heutzutage alle Welt in erster Linie von der Verbrennung der Bulle, was doch in der Tat die schneidendste Herausforderung Roms war, die man sich denken konnte.
Dabei hätte, wenn wir Agricola glauben dürfen, Luther in der Erregung des Aufbruchs nach dem Elstertor die Bulle um ein Haar überhaupt mitzunehmen vergessen, und auch an Ort und Stelle warf er das kleine Heft erst nachträglich und fast unbemerkt in den schon brennenden Scheiterhaufen. Auch die so berühmt gewordenen Begleitworte: ›Weil du den Heiligen des Herrn geschändet hast, so schände dich das ewige Feuer!‹ sprach Luther in seiner maßlosen Aufregung so leise, daß sie nur den Nächststehenden vernehmlich wurden ...«
Als schließlich »Luther mit den anwesenden — und also im Ernstfall mitverantwortlichen — Gliedern des Lehrkörpers und den übrigen Graduierten den Ort der Exekution verlassen hatte, bemächtigte sich die zurückgebliebene Studentenschaft der seltenen Situation ... Auf den atemberaubenden Ernst der Tragödie folgte nun das Satyrspiel einer zügellosen akademischen ›Fidelität‹ ... Im Lauf des Nachmittags nahmen diese studentischen Exhibitionen, teils in der Stadt, teils draußen um das noch immer

in Brand gehaltene Feuer ... ausschweifende Formen an.« Und »die hemmungslose Verachtung Roms, die sich in jenen Scherzen aussprach, wurde zu einem wirksamen Kampfmittel mehr«.
»Luthers eigene Stimmung spiegelt sich in dem kurzen Brief an Spalatin am Nachmittag: ›Im Jahre 1520, am 10. Dezember, um die neunte Stunde, sind zu Wittenberg am Elstertor bei Heiligkreuz alle Bücher des Papstes verbrannt: das Dekret, die Dekretalen, der Sextus, die Clementinen, die Extravagans und die neueste Bulle Leos des Zehnten; desgleichen die Summa Angelica, Ecks Chrysopassus und anderes von demselben Verfasser, Schriften Emsers und noch mancherlei sonst, was andere ins Feuer geworfen haben: auf daß die papistischen Mordbrenner sehen, daß nicht viel dazu gehört, Bücher zu verbrennen, die sie nicht widerlegen können. D a s   d ü r f t e   f ü r   d i e   H e r r n   e i n   n e u e s   B i l d   s e i n .‹
Aber nach diesen Sätzen im lapidaren Inschriftenstil, die ein volles Bewußtsein für den historischen Moment verraten, folgt mit schneidender Ironie eine trockene geschäftliche Mitteilung für die kurfürstliche Kämmerei über ein Gesuch des Pfarrers von Eilenburg ...
Am nächsten Morgen jedoch (heißt es weiter im Bericht eines Flugblattes) habe Luther — nach all dem wilden Fastnachtsscherz — zu Beginn seines Psalmenkollegs, das am Tage zuvor des actus academicus wegen ausgefallen war, die Studenten mit großem Ernst angeredet und ihnen den Kampf gegen den römischen Antichrist ins Gewissen geschoben, bei Gefahr des ewigen Gerichts für Jeden, der diesem ›Werk des Irrtums‹ (operationi erroris, 2 Thess 2,11) nicht widerspreche; wer ihm aber widerspreche, habe dabei sein Leben in die Schanze zu schlagen, wie er selber es tue ... Der Text bewegt sich hier in einem Stil, der die sorgfältigste Redaktion mit Händen greifen läßt ...
Die endgültige Entscheidung war gefallen, jetzt erst begann der Kampf bis zum äußersten. Und der Widerhall in der öffentlichen Meinung bewies sofort, daß der gemeine Mann begriffen hatte, worum es nun ging ... Der Feuerbrand am Elstertor war die anschauliche, mit glänzender Demagogie berechnete Antwort

auf Roms Drohung mit dem Scheiterhaufen. Diese Tat reihte sich jetzt mythisch an die übrigen Arbeiten des deutschen Herkules, eine immer breiter wirkend als die andere. Doktor Luther war der Mann, der zuerst die unbesiegbaren Thesen wider den schändlichen Ablaßhandel angeschlagen, dann welscher Gewalt und Tücke zu Augsburg ganz allein widerstanden, weiter den eitlen Römling Eck auf der Leipziger Disputation nach Hause geschickt und nun zuletzt den römische Antichrist selbst dem höllischen Feuer überantwortet hatte.«

Karl August Meißinger beschließt seine Schilderung »Die Verbrennung der Bulle am 10. Dezember 1520« damit:

»Es gibt aus diesen Tagen eine Darstellung des ›Hercules Germanicus‹, einen Holzschnitt nach einer Zeichnung von Hans Holbein dem Jüngeren. Luther in schwarzer Kutte und Tonsur hat das Löwenfell des Herakles um und schwingt in der Rechten eine greuliche Keule mit zackigem Wurzelkopf — wo die hinfällt, wächst kein Gras mehr. Mit der Linken hat er eben den Ketzermeister Hoogstraaten im Genick gepackt, um ihm den Garaus zu machen. Mit den Zähnen hält er einen Strick, an dem kläglich gefesselt der Papst baumelt. Im Hintergrund nimmt ein Mönch Reißaus Hals über Kopf, und vor sich hat der Berserker schon einen ganzen Haufen erschlagener Feinde liegen, unter denen man Aristoteles, Thomas und Occam unterscheidet —, alles ebenso genial gezeichnet wie abstoßend in der Erfindung. Aber mit untrüglicher Witterung hat der grundgescheite Künstler die wilde Stimmung jener Tage getroffen, die selbst einen so kühlen Rechner wie Aleander zu erschrecken begann. Seit dem Morgen am Elstertor war die gesamte Atmosphäre verändert, nichts mehr schien unmöglich. Luther war im Besitz einer hochgefährlichen Macht.«

Mit der Verbrennung der Bannandrohungsbulle »hatte Luther dem Papste seine feierliche Absage erteilt, war in aller Form aus der päpstlichen Kirche ausgetreten. Der Tragweite und entscheidenden Bedeutung seiner Tat war er sich sehr wohl bewußt und sprach darüber in der ersten Vorlesung am folgenden Tage ernste Worte. Später hat er erzählt, wie er vor der Tat gezittert und

gebebt habe, nachher aber sei er dann so fröhlich gewesen wie noch nie in seinem Leben. Öffentlich hat Luther sie dann, wie es zu erwarten stand, in der nachfolgenden Schrift gerechtfertigt« (schrieb Julius Boehmer in »Martin Luthers Werke / Für das deutsche Volk bearbeitet und herausgegeben«, Stuttgart und Leipzig 1907, S. 198):
»Warum des Papstes und seiner Jünger Bücher von Dr. Martinus Luther verbrannt sind.« »Jesus. Allen Liebhabern christlicher Wahrheit sei gewünscht Gnade und Friede von Gott. I c h, M a r t i n u s L u t h e r, genannt Doktor der Heiligen Schrift, Augustiner zu Wittenberg, tue männiglich zu wissen« — warum er seine Tat getan hat. »Wenn jemand sich des verwundern und, wie ich mich wohl versehe, fragen sollte, aus was für Ursache und Befehl ich das getan habe, der lasse sich hiemit geantwortet sein. 1. Es ist ein alter, herkömmlicher Brauch, böse Bücher zu verbrennen, wie wir lesen in der Apg. 19 [Vers 19], wo sie für fünftausend Pfennige (50 000 Mark) verbrannten. So ist es die Lehre von St. Paulus. 2. Ich bin (wohl unwürdig) ein getaufter Christ, dazu ein geschworener Doktor der Heiligen Schrift, ferner ein täglicher Prediger, dem es seines Namens, Eides und Amtes halben gebührt, falsche, verführerische Lehre zu vertilgen oder ihr zu wehren ...« Ehe er nun seine dreißig Verurteilungen niederschrieb, berief er sich zweimal auf »geschworen« und »Eid« (= Amtseid). Er ist es, der als geschworener Doktor die Heilige Schrift recht auslegt. Kraft Eides auf »die Hl. Schrift allein«.
Was aber dann, wenn Luther an einer klaren, die ganze Heilige Schrift durchziehenden Wahrheit: was g l a u b e n und l i e b e n heißt, geirrt hat? Wenn er dem Papsttum das Gericht im höllischen Feuer zusprach, selbst aber samt seinen Anhängern sich's herausnahm, mit dem ewigen Richter, den er »erfaßt« hat, um mit ihm »zusammen durch das Gericht zu laufen«, für sich samt ihnen das im Wort Gottes bezeugte Gericht wegstrich (Erklärung zum II. Glaubensartikel)? Was dann, wenn er die das Evangelium durchziehenden Herrenworte an den Petrus (als Offenbarung von der Leitung, Lehrvollmacht und dem Einssein

der Kirche) mehrfach widersprüchlich, letztlich in Verneinung ausgelegt hat? (Dazu viele sogar von evangelischer Seite später bemerkten Unrichtigkeiten in der Exegese nicht weniger Schriftworte.) Wenn seine triumphalen Herkulestaten nach außen einer Selbsttäuschung und einem inneren Abfall *zum Teil* entstammten? Denn die Kirche hat von dem *anderen Teil*: dem, was wirkliches Wahrheitszeugnis bei ihm ist, nichts verworfen. Und sie hat jüngst im II. Vatikanischen Konzil bei den seit der Reformation getrennten kirchlichen Gemeinschaften vielfältige Elemente der Wahrheit und Heiligkeit anerkannt.

Was zuletzt den Verfasser dieses Vorversuchs anlangt, so will er sich hüten davor, die heilige Grenze unheilig zu überschreiten, die, auch Luthers Person und Werk betreffend, unter dem Pauluswort zu beachten ist: »Wie gar unbegreiflich sind seine Gerichte und unerforschlich seine Wege!« (Röm 11,35). So unterstellt er sich und sein Geschriebenes gemäß der Warnung »Darum, o Mensch...« (Röm 2,1—4) dem Urteil Gottes und der Kirche.

Die Kosten für den neuen Thron

Am 3. Januar 1521 erging gegen Luther durch die Bulle »Decet« (= der Sachlage entsprechend gebührt sich's) der Bann. Luther war aus der päpstlichen Kirche *ausgetreten* (Bö 198), und nun war er auch *ausgeschlossen*. Ein Aktivum, Tätigkeit, und dann ein Passivum, Erleiden. Der Eidbruch, öffentlich bekundet am 10. Dezember 1520, dann der vollzogene Bann, 3. Januar 1521, sind die einander entsprechenden Tatsachen. Es sind nicht nur Bewußtseinsvorgänge oder Glaubensansichten, sondern es entstand eine neue Art von Sein; etwas, was bis dahin nicht gewesen war; eine kirchen- und weltgeschichtliche Wirklichkeit, die seit Jahrhunderten erfahren wird bis heute.

Es kommt nun darauf an, wie man dieses Neue wertet. Jeder

Christenmensch, jeder Getaufte, kann gefragt werden und sollte sich selbst fragen, was ihm dieses Neue wert ist.

Otto Scheel wußte seine Studenten so für Martin Luther zu begeistern, daß sich wohl keiner fand, der die neue, protestantische Wirklichkeit, die nur auf Kosten eines mittelalterlichen Eides geschaffen werden konnte, nicht wahrhaft nach Recht und Gerechtigkeit vor Gott und Menschen bezahlt und erworben ansah. Wie es uns der begeisternde akademische Lehrer vortrug und wie er es in seinem Lutherwerk darstellte, so bejahten wir Studenten es mit: Luther, der junge Professor einer jungen Universität, war ein von Gott Berufener, »berufen, der biblischen Lektur ihre Würde und Freiheit zu erkämpfen und dauernd zu sichern... Er machte ihren Thron unabhängig von fremder Gewalt, auch solcher, die in geistlichem Ansehen gestanden hatte. Dadurch schuf er, was bis dahin nicht gewesen war« — unser Luther, Schöpfer einer neuen Zeit, unserer Zeit! Die mittelalterlichen Autoritäten, »die ihm das neue Amt anvertraut hatten«, waren vergangene Größen. »Rechtstitel«, bestehende oder abgegangene, interessierten Studenten wie den Verfasser, begreiflich, nicht. Weder ein Rechtstitel für Professor Luther noch einer für Professor Scheel war interessant. Vielleicht ging das Kirchenjuristen an, was in dem Satz stand: »Und er selbst — Luther — fand grade in seiner Berufung zum Doktor der Schrift und in seinem Schwur auf die Schrift, die im Promotionsakt ihm übergeben war, den Rechtstitel für das, was er aus der lectura in biblia machte« (Sche 318). Hätte Otto Scheel seine Studenten gefragt, ob sie zu etwa noch anstehenden Kosten für Würde und Freiheit sich beteiligen würden — keiner, der dazu beizusteuern nicht bereit war.

Die Kosten. Um im Bilde zu bleiben: Luther hat etwas für das Neue, was er schuf, bezahlt. Früher wurde das Geld gewogen. Man kann sich also in die eine Waagschale das verlangte Geld, einen Goldbarren etwa, hineingelegt vorstellen; in die andere Waagschale legt der Verkäufer alles das, was der Käufer für sein Gold bekommt, bis die Waage dann auf gleich steht. Jetzt ist der Kaufhandel rechtmäßig beendet und der Käufer geht mit seiner Ware seines Wegs. Gut gekauft! reell! was ich da habe, ist den Preis wert. Die Kosten waren nicht zu hoch.

»Preiswert!« diese Stimmung liegt in Professor Scheels Sätzen (und ganzem Lutherwerk), wenn er berichtet, was »der junge Professor« mit Kosten erworben hat; (ohne Bild) erkämpft, um dieses Neue zu erringen und dauernd zu sichern. Der Hauptton der hochgemuten Stimmung gilt der absoluten Freiheit des Bibelprofessors, damit überhaupt des protestantisch-theologischen Professors. Denn der Bibelprofessor lehrt uns ja, was laut dem Evangelium die Kirche ist, und der Dogmatiker baut die Lehre aus; der Kirchenhistoriker fügt den Nachweis aus der Geschichte hinzu, und so geht die Neuschöpfung durch alle Lehrfächer. Es dehnt sich die Genugtuung über das Ergebnis für alle aus, was auch wieder die Grundlage von allem wurde: die neue Kirche, die nun »die wahre laut dem Evangelium« ist. Das Ergebnis reicht noch über die evangelische *Kirche* hinaus. Luther sollte ja auch »die Wurzel und Grundlage des werdenden Protestantismus«, »die Grundlage der neuen Welt des Protestantismus« (Sche 335) legen, für den Scheel wohl kaum ein geringeres Werturteil hatte, als das über seines Helden Luther Kampf und Sieg: »eine reich bewegte, aber auch reich gesegnete Wanderung« (Sche 355).

Was man um einen *Meineid* kauft, ist vom Bösen und bringt nur Unsegen. So war es nicht bei Luther. Bei ihm ist es *Eidbruch*; und nur (könnte man sagen) zum Teil: nämlich der Kirche gegenüber, dem Apostolischen Stuhl gegenüber, der ihm sein Amt als Bibelprofessor anvertraut hatte. Als »geschworener Doktor der Heiligen Schrift« wollte er *dieser* die Eidestreue halten. Ja, gerade aus *dieser* Eidestreue heraus meinte er, die andere nicht mehr beachten zu müssen, sogar verachten und vernichten zu dürfen. Somit entstand für uns geistliche Enkel Luthers als Erben dessen, was er mit so hohen Kosten eingekauft hat, eine nicht leicht zu beschreibende Lage, von dem Tag an, da uns der »antichristliche Grund« Luthers für unsere Erbschaft entfiel. Wahrscheinlich war schon für Otto Scheel, als sein Lutherwerk erschien, der Papst nicht mehr im Ernst der Antichrist. Doch zeigte er nicht an, daß ihm etwas vom Erbe nicht voll begrüßenswert wäre.

Vom Jahr 1917, dem Thesenjubiläum an, legte die getrennt pilgernde Christenschar eine Wegstrecke zurück, auf der die Hoffnung, daß wir nicht mehr »ewiglich geschieden« bleiben müßten, mächtig gewachsen ist.
So brachen für manchen unter uns Fragen auf, vielleicht auch die folgenden.
Wozu einen neuen Thron, nachdem der bisherige gestürzt ist? War Professor Luther auf seinen Thron durch Eidbruch gekommen, wie wird es dann mit den anderen, ihm nachfolgenden Professoren seiner Neuschöpfung sein? Was ist es mit dem Artikel (XXVIII) unseres Augsburger Glaubensbekenntnisses: »Von der Bischöfe Gewalt« (De Potestate Ecclesiastica) — ist deren Vollmacht von Gott eine »fremde Gewalt«, mit der die neuen Throninhaber nichts zu tun haben brauchen? Woher haben diese nun ihr »geistliches Ansehen«? Sind sie es nun, die »auch hier Gott mehr gehorchen als den Menschen«? Von wem empfingen bzw. brauchten sie die »Lehrerlaubnis« (= Lizenz), wenn Professor Luther nichts mehr nach denen fragte, die sie ihm, im Namen Gottes, den mit ihnen auch der Lizentiat anrief, übertrugen? Nach dem Bruch mit der Kirche nun von Fürsten und Reichsstädten, also, wie noch heute, vom Staat. Steht dieser — man denke in Deutschland z. B. an 1933—45 — in höherem »geistlichem Ansehen« als die Kirche und ihre Bischofsgemeinschaft mit ihrem Ersten, dem Nachfolger Petri? War die Kirche, aus der Luther austrat, nur »von Menschen«, so können gegenüber der neuen, die zu dem gehört, was er schuf (»Dadurch schuf er ...«), die Leute ebenfalls bei ihrem Austritt sagen, auch hier gelte es Gott mehr zu gehorchen als den Menschen. Ungezählte Male wurde es in der neuen Welt des Protestantismus gesagt: »Wir brauchen nun wirklich keine Kirche mehr. Was drängt sich eine Institution von Menschen zwischen uns, bzw. den freien Menschen, den Einzelnen, und Gott? Rom — da waren wenigstens die Konsequenten, die Ganzen; ihr seid die Halben.« Nach der Scheidung von der Allgemeinen, katholischen Kirche kam die Scheidung des kirchenfreien Protestantismus von den evangelischen Kirchen, die ihrerseits glaubensuneins waren.

So ist das Überschlagen der Kosten zwar hinsichtlich des Eidbruches Luthers einfach: der Eid als gebrochener war der gezahlte Preis. Was aber dafür gekauft wurde, wird von der zerfallenen Erbengemeinschaft nach Wert oder Unwert unterschiedlich bis gegensätzlich berechnet.

Die Stunde der Wahrheit hat für nicht wenige getrennte Christen begonnen. Der Schriftirrtum Luthers über die Gestalt der Kirche und ihr Gefüge der Vollmacht, in Einheit mit seiner Glaubens-Ichbindung, die notwendige Verteufelung des Papsttums als Rechtfertigung seiner eigenen Höchstsendung können nicht länger unausgesprochen bleiben, nachdem mancher Einzelschaden an Luthers Schriftauslegung und -auswahl längst namhaft gemacht worden ist. Dieser Schattenseite gegenüber ist aber die Lichtseite nicht zu übersehen. Das evangelische Volk hat selbst die Bibel gelesen und daraus Schätze der Wahrheit zum Heil gehoben. Eine große Schar von Lesern und Auslegern der Bibel — Professoren, Pfarrer, Lehrer, Gemeinschaftsleiter, Gemeindeglieder, Hausgemeinden, Evangelisten, Heidenmissionare, Bekenner und Märtyrer — stehen als Wahrheitszeugen des Herrn vor unseren Augen. Was sie an Gold und Edelgestein aus dem Bergwerk der Wahrheit erhoben und ausgeteilt haben, gehört der gesamten Kirche Gottes. Das hat auch das Zweite Vatikanische Konzil mit Dank gegen Gott und in Bruderliebe zu uns »getrennten Brüdern« anerkannt.

Damit aber voller Friede wird, muß die Wurzel der Trennung herausgezogen werden. Aber noch wird der Treubruch übersehen. Wir wenden uns deshalb jetzt der Rechtfertigung des Eid- und Gelübdebruches durch Adolf Schlatter zu. In der Hochstimmung eines Reformationsfestes predigte er zustimmend über Luthers Eidbruch.

»Des Herrn Hand« und »ein eidbrüchiger Mann!«

Die Kostenüberprüfung oder Abrechnung, die Schlatter hielt, war weit mehr als die Scheels mit Inanspruchnahme geistlicher Vollmacht vollzogen. Denn er sprach im Namen Gottes als Prediger, der das Evangelium, das Wort Gottes verkündet.

Die Überschrift seiner Reformationsfestpredigt (Schl 172—179) hieß: »Die Berufung zum Glauben«. Das war der göttliche Sinn der Reformation. Sie feierte man jetzt im Gottesdienst. »Gesungen wurde Ein' feste Burg«, fügte der Prediger im Buch hinzu (Schl 172). Durch die Predigt ließ Schlatter den »Ruf Jesu« ergehen (»Der Ruf Jesu« heißt der Predigtband). In diesem Ruf war auch der Satz enthalten: »Dann zog ihm des Herrn Hand die Mönchskutte aus und er mußte seinen feierlichen Eid brechen.«

Schon sprachlich gesehen tritt, da vor dem »und« kein Strich (Komma) gesetzt ist, eigentlich kein neues Subjekt, kein neuer Handelnder auf; »des Herrn Hand« und, wie es anschließend heißt, »ein eidbrüchiger Mann« handeln wie in Einheit. So oft man den Satz liest: immer erscheint Luthers Eidbruch als von des Herrn Hand veranlaßt. Diese Tat des Eidbruches erbrachte als Hauptgewinn dies, daß von jetzt an die Christenheit glauben lernte.

Wovon man sich durch Luthers Eidbruch lossagte, das verkündete der Festprediger (und viele andere um jene Zeit zwischen 1903 und 1925 [vgl. Schl I und II] wohl ähnlich) so: »Man wußte in der Christenheit nicht mehr, was Glaube sei. Oder wußte das etwa jener Kardinal, der neben dem Kaiser auf dem Reichstag saß? Er hielt Fleisch für seinen Arm. Wußten es die Theologen, die mit den Zeugen des Evangeliums« [= den Reformatoren] »disputierten und kein Ende fanden? Sie lasen mancherlei Meinungen zusammen, von jenem und diesem Lehrer, schauten auch gelegentlich in ihre Bibel hinein, horchten dann wieder nach links und nach rechts und wußten nicht, was Glaube sei ...« U. s. f. —

Man hatte »den Beichtstuhl« und anderes. Nun, »wie war es doch in der frühern Kirche? Warum hat sie den Glauben verloren? Aus dem Heidentum heraus wurden sie zu Gott bekehrt und standen nun da als die auserwählte und geheiligte Schar. In ihre Mitte trat der Bischof, eine Exzellenz. Die Kirche breitet sich aus und umfaßt viele Völker. Als sorgsame Mutter und weise Regentin beherrscht sie Könige und Nationen. Sie ward groß, groß in ihrer Theologie, in ihrer Heiligkeit, in ihrem Büßerernst, in ihrer Regierungsmacht, in ihren ungezählten Gnadenmitteln! Königliche« [Predigttext vom »Königischen« Joh 4,46—54] »wanderten herum auf Erden; ihnen mußte Jesus wieder sagen: ihr glaubt n i c h t.«

»Wie ging es doch in der Kirche zu, als sie den Glauben verlernte und die falschen Wege ging? Sie hat doch immer den Namen Jesu hochgehalten, wollte ihn niemals vergessen oder begraben, sondern hat sich immer feierlich zu seiner Gottheit bekannt. Aber für ihr Auge verschwand er in unsichtbarer Ferne und verborgener Erhabenheit und ihre Aufmerksamkeit wandte sich zu dem, was sichtbar war. Da war ja das Taufwasser; daran glaubt! Da war der Bischof; an den schließt euch an! Da war die große, heilige Kirche; glaubt ihr! Und als das Sichtbare die Menschen gefangen nahm, vermochten sie es nicht mehr, dem zu glauben, der uns seinen Sohn gesendet hat, damit sein Wort in uns lebe, nicht aber, daß er in sichtbarer Gegenwart bei uns sei.«

— »Wie kam die Kirche einst um den Glauben? Oh, sie hatte so viel zu tun, in den Häusern, in den Städten, in der Regierung der Völker hin und her unter den Nationen. Man mußte Schätze sammeln, Gesetz und Ordnung schaffen, Kirchen bauen, Künstler suchen, die dem Gottesdienst Pracht verliehen und Glanz und Wohlsein über das Leben breiteten in allen Landen. Die Wünsche des Herzens regten sich; wie sollte man noch Zeit und noch ein Auge für das haben, was Gottes ist?« — Auch die Liebe, die in der Kirche geübt wurde, war kein geeignetes Mittel, daß nun Luther samt den Seinen *aus Liebe* in der Gemeinschaft geblieben wäre, den Eidbruch also nicht beging. [Denn beim Glauben (bzw. im Rechtfertigungsvorgang) kommt es gerade nicht auf

die Liebe an, nach Luther.] Zugegeben, die frühere Kirche hatte Glieder, die Gott und die Menschen liebten. »Sie hatte Männer voll Liebe, ja Herzen, die in Liebe glühten, die zu jedem Opfer willig waren und mit vollen Händen gaben zu Gottes Ehre und für die Armen; allein wie konnten sie glauben, da sie nur an das dachten, was sie Gott geben und für ihn leisten wollten, und vergaßen, daß die Liebe darin steht, nicht, daß wir Gott geliebt haben, sondern, daß er uns geliebt hat (1 Joh 4,10).« [Den Nachweis für »nur an das dachten« blieb der Prediger freilich schuldig.]
Den feierlichen Eid, Gott innerhalb einer derart verderbten, glaubenslosen, Gottes Liebe zu uns nicht beachtenden Kirche geschworen, mußte man brechen. Ein eidbrüchiger Mann wird das große Zeichen Gottes für eine neue Kirche, die glaubende Kirche, sein.
»Dieser Christenheit, die nicht mehr wußte, was Glaube sei, gab Gott das große Zeichen, deutlich, öffentlich, mit überwältigender Macht, daß jedermann aufmerken mußte und wahrnahm: das heißt glauben! so steht ein Mensch da, wenn er seinen Herrn und Heiland kennt, und das ist des Glaubens Gerechtigkeit vor Gott!« [Hier wird das Ineins von Luthers Rechtfertigungs(lehre), seiner Glaubensgewißheit und seinem Bruch mit der Gemeinschaft (= der Kirche) soweit möglich in etwa verständlich.] »Dann trieb ihn Gottes starke Hand in die Öffentlichkeit hinaus vor Kaiser und Reich. Da stand er, ganz allein ... Und er ward zum Zeichen dafür, was es heißt glauben und was das Glauben gewinnt, daß es uns Gottes Frieden verschafft und macht, daß der bei uns auf dem Plan ist, welcher heißt ›Jesus Christ, der Herr Zebaoth, und ist kein anderer Gott.‹« ... Keine Schuld, keine Reue quälte ihn. Nichts von Strafen Gottes kam über ihn. »Von alledem geschah nichts, sondern er stand als ein Zeichen dafür da, was dem Glauben widerfährt.« Von Gottes »süßem Frieden gedeckt« zog er seine Straße und durfte endlich »mit Frieden und Freude abscheiden« nach Gottes Wort.
Nach seinem Eidbruch »mußte er, von des Herrn Hand getragen und getrieben, der ganzen Kirche das Bußwort sagen. Er hat es

mit tiefem Ernst an sie ausgerichtet, so daß alle Herrlichkeit des Christentums zerstob und die Majestät der Kirche gebeugt ward und es am hellen Licht lag, daß die Kirche umkehren müsse, demütig, reuig, mit dem Geständnis großer Verirrung und großer Schuld.« [Der Historiker verschweigt das öffentliche Schuldbekenntnis von Papst Hadrian VI., 1522.] »Er aber stand da als ein Zeichen für das, was glauben heißt...« »Derselbe Mann, der dem Christentum ins Gesicht sagte, es sei zum Antichristentum geworden, sammelte die neue Gemeinde in neuer Anbetung Gottes im Gehorsam Christi, so daß sie die Macht des Evangeliums in neuer Deutlichkeit erfahren und erwiesen hat. Mit der Kirche brach er...« »Als ein Zeichen für die reine Art und heilige Macht des Glaubens stand er da..., ungleich tapferer im Kampf mit allem Bösen, als je früher einer es gewesen ist...« »Er kehrte den Lehrern der Kirche den Rücken und fragte nicht nach der Theologen Meinung, sondern hatte den Mut, sein Neues Testament zu öffnen und auf das zu hören, was uns der Herr selbst durch seine Boten sagt... Er war mit seiner Gebundenheit an die Bibel wiederum ein Zeichen dafür, was der Glaube erlangt...« — »Oh, unsere evangelische Christenheit hat Großes erlebt, was sie zum Glauben treibt.«

Freilich, auch »unsre Christenheit« braucht Buße. »Wenn wir an das Große denken, was unsre Christenheit erlebt hat und auf die reiche Gnade schauen, die ihr erwiesen ward, dann müssen wir uns mit tiefer Beschämung beugen.« Es gebe z. B. auch »die Württembergischen Exzellenzen«. »Freunde, die Württembergischen Exzellenzen« [auch der ev.-lutherische Konsistorialpräsident war Exzellenz; Landesbischof war der König] ›können es [das Glauben] ebenso schlecht (wie der Königische im Text), und zwar nicht nur die, die durch Königliches Dekret dazu ernannt sind, sondern noch viel weniger die, die sich selbst dazu ernennen...«. »Wie war es doch in der frühern Kirche? Warum hat sie den Glauben verloren?« (siehe oben). »Wie fand man dagegen in der Reformationszeit den Glauben wieder?« Durch den Glauben an Jesus. So sind die Reformatoren »zum Zeugnis für alle Zeiten gesetzt«. Die Kirche hat den Glauben verlernt.

»Wie kamen sie dagegen in der Reformationszeit wieder zum Glauben? Da haben sie sich von allen diesen sichtbaren Mächten abgewandt« [der Prediger hatte das Taufwasser, den Beichtstuhl, den Bischof, Kirchbauten u. a. genannt; er war Reformierter] »und auf den geschaut, der droben ist.« »Darum hat man in der Reformationszeit wieder entdeckt, was Glaube heißt.« Der Prediger hatte zwar gegen die sichtbare Kirche gepredigt, die es mit äußeren Zeichen des Glaubens zu tun hatte. Aber der neuen Kirche sind doch auch wieder Zeichen, aber bessere, gewährt. Das sind die Gründer der neuen Gemeinde. Sie sind die Zeichen bis zu uns her. »Wie uns in der Reformationszeit ein Zeichen gewährt wurde, das uns immer wieder vorleuchtet und uns erkennen läßt, wie man gläubig lebt und stirbt, so handelt Gott auch an unserm Geschlecht...«
Der Gesamteindruck der Reformationsfestpredigt (Schl 172—179) ist der: die neue, unter Eidbruch geschaffene Kirche oder Gemeinde ist die wahre. Weil man in der alten nicht glaubte, geschah der Eidbruch gleichsam durch des Herrn Hand: er mußte also geschehen.
Wer Schlatters ernste theologische Arbeit mit dem großen schriftstellerischen Werk auch nur einigermaßen kennt, dem erscheinen diese »Ein-feste-Burg-Festtöne« fast nicht wie von ihm selber zu stammen. Man kann kaum anders denken, als er hielt und schrieb eine solche Predigt der Selbstfeier der neuen Kirche(n) wie unter einer Macht, einem Bann (Erbbann): diese neue Kirche, »unsre evangelische Christenheit« *muß* das große Zeichen so rühmen (bei Schlatter, dem Reformierten, kommen zu Luther Calvin und andere hinzu); wie will man sonst seine Neuschöpfung, deren Band (oder Bann, als Antibann gegen die alte Kirche) uns umschließt, vor Gott und Menschen rechtfertigen? Aber das ist schwerlich ein bewußtes Unternehmen; sondern Unter- und Unbewußtes wird meinem Eindruck nach von einer starken Macht teils getrieben teils gefesselt. Aus dem, was der große Schriftforscher aus dem Neuen Testament klaren Verstandes und mit hellem »Sehakt« erhoben und in vielen Werken dargestellt hat, kann man die wirkliche Wahrheit über die

Kirche des Neuen Testaments einschließlich Petrusamt zusammenstellen (vgl. den Versuch VfF passim, bes. 62—74). Schlatter übte auch Kritik an mancher Exegese Luthers. Der antikatholischen Polemik bei der »Auslegung« von Mattäus 16 versetzte er in einem seiner späten Werke [dem Matthäus-Kommentar] einen Stoß; folgerichtig weitergedacht war damit der ganzen neuen, felslosen »Kirche« der Todesstoß versetzt. Es geschah aber nicht. Die überwältigende Antimacht hatte ihren Griff in tiefere Schichten getan, und sie lockerte ihn nicht merklich. Der Bannkreis, die Bannmeile wie eine undurchdringliche Decke (vgl. 2 Kor 3,13—15) ließ weder den hellen »Sehakt« noch eine Tat der Rückkehr in die Eidestreue tun.

Was auf Tausenden von ev. Kanzeln gepredigt wurde, vor allem bei den Selbstfeiern der Reformationsfeste, aber nicht nur da, hierfür seien (nicht aus vieler kleinerer Literatur, sondern) von einem Großen unserer Seite, eben Adolf Schlatter, noch ein paar Beispiele zu unserer Selbstprüfung angeführt.

»Die Verheißung Jesu der Grund des kirchlichen Amtes, Matth. 5,1—10« (Schl 60—68). Aus dieser Predigt ist heute noch viel zu lernen. Sie galt damals als »Abschiedspredigt an die Kandidaten«, die nun in das Pfarramt treten sollten. Nur wegen der Themen: »Amt in der Kirche Jesu Christi von Anfang an durch die Zeiten; Treue zu ihr als dem Werk des Herrn, damit Treue zu Ihm selbst; Amt und Petrusamt; Neuschöpfung einer Kirche, die glaubt, im 16. Jahrhundert« seien einige Sätze angeführt.

»Als Jesus sich setzte und dadurch kundtat, daß er sprechen wollte, da traten seine Jünger zu ihm. Es ist nie von einer Ordination und Einsetzung in ein Amt schlichter und prunkloser gesprochen worden, als es hier Matthäus von der Einsetzung der Zwölfe tut.« — Frage: Gab der Herr dieser Schar seiner Erstboten einen Rangersten, laut allen Apostelverzeichnissen?

»Da sind wir frei von allem Weihrauchduft, von aller Großtuerei mit der Würde und Wichtigkeit des Amts. Da steht nicht gleich ein Spiegel daneben, damit sich der Amtsträger in ihm beschaue in seiner Herrlichkeit. Hier ging es ehrlich und mann-

haft zu; ein entschlossener Wille hat hier dem göttlichen Ruf gehorcht. Aber aus dieser Ordination, so einfach und unscheinbar sie verlief, stammen alle Ordinationen, die wir in der Kirche haben; aus der Bestellung dieses Amts kommt alles her, was als echtes religiöses Amt in der Menschheit existiert.« — Fragen: ›Wir in der Kirche‹: in welcher? der alten oder der neuen seit Luther? Aber die alte hatte »den Glauben verloren«; wann brach ihr Amt ab? Luther empfing die Betreuung mit dem Amt durch das alte Amt; wenn dieses nichtig war, was konnte es dann an »Amt« weitergeben? Gab es aber nichts weiter, war dann Luther (mit einem heutigen Ausdruck) ein »Senkrechtstarter« oder hatte er sein Amt direkt vom Himmel, wie ein Apostel und Offenbarungsträger des Herrn? Wer hat in der Vollmacht vom Herrn entschieden, welches Amt echt ist: das der alten Kirche oder das in der durch Luthers Eidbruch entstandenen?
Jesus hat seine Jünger »unter seine Verheißung gestellt. Freunde, wir wollen uns auch unter Jesu Verheißung stellen. Wir brauchen sie, damit uns eine fruchtbare und gelingende Amtsführung zuteil werde. Wir können diese nicht begründen auf unsre Bildung, auf unsre Redefertigkeit oder irgendeine Technik, auch nicht einzig auf unser obrigkeitliches Recht.« — *»Nicht einzig«*, aber auch der Prediger Schlatter hatte jedenfalls sein Katheterrecht als Professor der Theologie vom Staat; wo steht von solchem Recht über die Kirche etwas im Neuen Testament, wenn vom Recht des Christus und der Vollmacht seiner Kirche die Rede ist? Die von Luther verworfene alte Kirche wehrte in harten Glaubenskämpfen, mit Zeugnis und Bekenntnis von Päpsten, Bischöfen, Kirchenlehrern den widerbiblischen Eingriff staatlich-obrigkeitlichen Rechtes ab: geschah das aus ihrem Unglauben (denn die frühere Kirche hat »den Glauben verloren«)? Hat sich die frühere, vorlutherische Kirche nicht auch unter die Verheißung Jesu gestellt?
»Zu einer fruchtbaren Amtsführung müssen wir glauben können, und um glauben zu können, brauchen wir Gottes Verheißung und wir haben sie...« — Frage: Hat die Verheißung Gottes seit Pfingsten, als die frühere Kirche entstand, ausgesetzt

(in der glaubens- und darum auch amtslosen) Kirche? Ist ihr die Verheißung hingefallen? Wann? Hat sie die Verheißung nicht mehr gehabt? Gilt nur in der neuen Kirche »Wir haben sie«?

»Jesus hat in seine Verheißung eine unerschöpfliche Fülle gefaßt: Gottes königliche Herrschaft mit ihrer vollkommenen Gnade nimmt sich unser an...« — Frage: Hat Gott sich der felsgebauten Kirche seit Pfingsten nicht angenommen? Wodurch erbrachten wir den Nachweis, daß bei uns diese Fülle ist, daß über die alte, seit Pfingsten bestehende Kirche Gottes königliche Herrschaft ausgesetzt hat?

»Die Studentenzeit und Jesu Verheißung, das geistliche Amt und Jesu Verheißung: beide Themata liegen uns heute nahe und beide haben ihre Schwere und Größe.« — Frage: Wenn die Studenten an staatlichen Universitäten Fachbereich evang. Theologie unter Jesu Verheißung stehen, stehen auch Studenten nichtstaatlicher katholisch-kirchlicher Priesterseminare der alten Kirche unter Jesu Verheißung?

»Sollten wir denn nichts davon sehen, daß es heilige Bande gibt, die den Menschen der Pflicht und dem Recht unterwerfen und die er nicht zerreißen kann...?« — Fragen: Waren es unheilige Bande, die den in der alten Kirche getauften Martin Luther mit dieser verbanden? Waren es unheilige Bande, die der freiwillige Mönch, Priester, Doktor, Professor, Prediger in seinen Treueversprechen vor dem allgegenwärtigen Dreifaltigen Gott und der gesamten himmlischen und irdischen Gemeinschaft der Kirche als die von Gott geschenkten Bande der Liebe, in der Einen Gemeinschaft von Anfang an, auch um sich geschlungen glaubte? Konnte er sie zerreißen? Gab Gott ihm durch eine Offenbarung dazu das Recht — weil die alte Kirche, der die Treue galt, gar nicht Gottes Kirche war? Hörte Luthers Pflicht der Kirche gegenüber, die ihn getauft und mit dem Amt betraut hat, auf? Können, Luthers Vorbild folgend, auch unsere ordinierten Amtsträger ihr Treueversprechen, bei der Ordination gegeben, zerreißen?

»Jesu Wort zu sagen, ... das ist der höchste Beruf und die fruchtbarste Arbeit, die uns aufgetragen ist.« — Jesus hat zahlreiche Worte gesagt, in denen er dem Jünger im »Petrus«-Amt die Hirten- und Lehrvollmacht an »der ganzen Kirche« (vgl. Schl 174) übereignet hat. Wird dieses Wort nicht im Damals gelassen, sondern als Bestandteil des Evangeliums, als Jesu Wort gesagt, für das Hier und Jetzt, müssen dann die Täter des Worts nicht die Gemeinschaft mit dem derzeitigen Bruder im Petrusamt aufnehmen? Gehört der neue Gehorsam gegen Jesu Wort — auch das über die Gestalt seiner Kirche — nicht wesentlich zu dem höchsten Beruf und der fruchtbarsten Arbeit, die uns aufgetragen ist?

»Ihr dürft getrost nach Christi Verheißung greifen in der Zuversicht, daß sich mit jedem Schritt in eurem Amtsleben ihre Wahrheit und Tiefe euch enthüllen wird.« — Frage: Darf und muß auch der Amtsträger nach Christi Verheißung greifen, der sich in seinem geistlichen Amt unter Jesu Wort vom Petrus- und Hirtendienst an der ganzen Kirche (Mt 16, Joh 21 par) stellt? Oder war in der Kirche des Neuen Testaments nur der Jünger im Petrusamt von Jesu Verheißung ausgeschlossen? Könnte nicht als erster aller Amtsträger der Papst, jetzt Paul VI., bei jedem Schritt dieses Enthüllen in einer Tiefe wahrhaft erfahren, von der wir nichts ahnen?

Zur Erhellung unseres Themas gehört weiter Schlatters Predigt über »Die Schlüsselgewalt Jesu«, nach Lukas 4,14—30 (Schl 114—120). »Er — Jesus — steht vor der Gemeinde als der, der die Schlüssel des Himmelreichs verwaltet. Der Schlüssel dient dazu, die Türe zu öffnen, aber auch dazu, sie zu verschließen, und nicht nur das eine, sondern auch das andere ist der richtige, ordnungsgemäße Erfolg des Evangeliums. Er löst und bindet; wenn er das eine nicht könnte, so vermöchte er auch das andere nicht. Weil er in Wahrheit löst, versöhnt und in die Freiheit führt, darum steht er auch vor der Gemeinde als der, der ihr das Urteil spricht und das Recht an ihr vollstreckt.«
Frage: Wenn der Prediger die Jesussprüche an den Petrus aus Mattäus 16 verkündet, ausruft, genau im Folge-Zusammenhang 1. von »Schlüssel«, danach 2. »binden und lösen« (hier geht es

um Stricke und Fesseln; mit Schlüsseln bindet und löst man nicht), muß er dann nicht auch den nennen, dem laut klarem Evangelium Jesus Christus die Schlüssel(gewalt) übergibt (ihm allein) und dem er, vor den andern (dann ihnen mit ihm, Mt 18), die Binde- und Lösevollmacht übereignet? So steht durch Jesu Macht- und Schöpfungsspruch ein Jünger an Seiner statt »vor der Gemeinde als der, der ihr das Urteil spricht und das Recht an ihr vollstreckt« im Sinne des maßgebenden Urteils in der rechten *Lehre*: daß Jesus der Christus und Sohn Gottes ist, und an den *Lehrern,* so daß der falsch Lehrende am falschen Lehren gehindert wird; für das wahre Verkünden bekommt der mit dem Lehramt Betraute die Freiheit, die der Jünger ihm in Jesu Namen zuspricht. Dies zu »er löst und bindet«.
Zu der »Schlüsselgewalt«: »Übergabe der Schlüssel ist demnach (nach Jesaia 22,22 vgl. 15) Einsetzung zum Bevollmächtigten. Der Schlüsselinhaber besitzt einerseits Verfügungsgewalt (z. B. über Vorrats- und Schatzkammern, vgl. Mt 13,52), andererseits hat er die Vollmacht, den Zutritt zu erlauben und zu verwehren (vgl. Apg 3,7). — Als Herr der messianischen Heilsgemeinde überträgt er (Jesus) daher die Schlüssel der Königsherrschaft Gottes, d. h. die Vollmacht der geistlichen Leitung seiner Gemeinde, auf Petrus« (Joachim Jeremias in Kittels WBzNT Bd. III, S. 750). Im gleichen Wörterbuch zum Neuen Testament Bd. III, S. 523, beim Artikel »ecclesia, Kirche« spricht Karl Ludwig Schmidt von einem »protestantischen und vor allem modernistischen Streben, den locus classicus für den Primat des Papstes radikal zu beseitigen«. Prüfen wir uns, ob sich in der folgenden Predigt eine Spur von unbewußtem protestantischen Streben zeigt.

»Öde Häuser und öde Kirchen«, Johannesevangelium 4,5—15 (Schl 135—141).
»Die Samariterin mußte (nach ihrer Begegnung mit Jesus) in ihr ödes Haus zurück ... Das Haus gibt aber nie einzig dem menschlichen Leben seine Gestalt; denn wir stehen gleichzeitig in den großen Gemeinschaften, die unserem Lebenslauf den In-

halt geben. Auch die Samariterin war Glied einer Kirche. — Sie (die Samariter) hatten sich von der großen Gemeinschaft Israels abgelöst und daraus ergab sich ein heißer Eifer. Sie mußten ihre Sekte schützen, verteidigen und verherrlichen. Weil man einen Kampf zu führen hatte, so entstand daran die Leidenschaft, der große Egoismus, wie er in einer solchen Gemeinde leicht die Herrschaft erringt.«
Nun hat Schlatter 1. den eidbrüchigen Mann bei der Verkündung von Gottes Wort gepriesen, und er hat 2. die Tat des Eidbruches so dicht in Zusammenhang mit dem Walten von »des Herrn Hand« gebracht, daß die Hörer nicht anders konnten, als den Eidbruch »des Reformators« als Gottes Tat im Glauben anzunehmen. Denn »dem Antichristentum«, der bisherigen Kirche, gegenüber »erhielt die Christenheit ein gewaltiges Zeichen, das mit Flammenschrift geschrieben war«. »Mit der Kirche brach er«, »er kehrte den Lehrern der Kirche den Rücken«. Die Kirche war zu etwas Früherem geworden, »frühere Kirche« (vgl. Schl 172—179).
Frage: Treffen nicht einige Merkmale, die der Prediger an der »öden Kirche« (Joh 4) festgestellt hat, auf unsere im Gefolge von D. Martin Luthers Eidbruch zustandegekommenen neuen Kirchengebilde zu?
Daß Spaltungskirchen da sind, stellte auch der Prediger fest, indem er an der Erzählung von der Samariterin die Linie zu dem »immer wiederkehrenden Verlauf der menschlichen Geschichte« auszog. »Ob die Kirche samaritisch oder lutherisch, methodistisch oder katholisch heißt, das macht kleine Verschiedenheiten.« — Er hatte aber doch in der gehobenen Feststimmung des Reformationsfestes die katholische Kirche mit dem Antichristentum gleichgesetzt, dem gegenüber »des Herrn Hand« die neue gemacht hat: so daß von da an die lutherische Kirche und die Kirche der Methodisten [neben noch weiteren Kirchen] »unsere evangelische Christenheit« (= die neue Kirche) darstellen, die »Großes erlebt« hat. Jetzt dagegen haben alle Gebilde oder Gemächte etwa den gleichen Wert: »ob samaritisch oder lutherisch . . .u. s. f.« So wäre also auch unsere lutherische Kirche,

wie die samaritische, eine öde Kirche, »eine Religion, die vom Zanke lebte, und das ergibt immer nur ein Scheinleben, nicht echte Kraft. Weil wir es so machen, die andern aber anders, so muß man streiten, beweisen, widerlegen, sich groß machen, die andern schlecht, ein arbeitsames Geschäft, mit dem man nicht fertig wird, allein ein Geschäft, bei dem der Mensch verdorrt. Woher kam der Zank? Der Mensch machte sich hier selbst seine Religion und seinen Gottesdienst zurecht«.

Fragen: Wird uns hier nicht die falsche Ökumene gezeigt: alle Kirchen etwa gleich wahr, gleich irrig? Werden hier in der Predigt von Gottes Wort nicht alle Kirchen vor Gott wertlos gemacht? Werden sie nicht hinter Pfingsten zurück einer vom Alten Bund abgespaltenen Sekte in etwa gleichgesetzt? Wird dadurch nicht die Offenbarung des Sohnes Gottes über seine Kirche und deren Wirklichkeit, die der Dreieinige Gott schuf, erhält und vollenden wird, für nichts geachtet? Könnte in derartigen »Predigten von Gottes Wort« sich ein Bann auswirken? Rechtmäßig ergangener Bann nach Luthers Irrlehre = Auflösung der Gemeinschaft und Austritt aus der Kirche? Sein Widerbann gegen die ungespaltene Kirche des lebendigen Gottes?

»Ob die Kirche samaritisch oder lutherisch...«: hier in der Aufzählung hat Schlatter seine reformierte Kirche, aus der er stammt, nicht genannt. Stellte er sie über die lutherische? Hinderte ihn ein Rest von Treue, sie unter die unchristliche »Kirche« samaritanischer Art und die ihr ähnlichen einzureihen?

Aber er stellte überhaupt der Kirche, samaritanischer oder anderer Ausprägungen, die Religion gegenüber, die Gott macht. »Der entscheidende, wesentliche Unterschied ist der, ob wir eine Religion haben, die der Mensch macht, oder die, die Gott macht. Ein von uns gemachter und betriebener Gottesdienst ergibt einen schweren Stand, einen einsamen Stand, ein Suchen ohne Finden, eine Bemühung ohne Frucht.« — Daß viele einzelne Menschen, selbst wenn sie Glieder der einen und wahren Kirche Gottes sind, suchen, ohne zu finden; und ihre dadurch öden Hausgemeinschaften mit, ist ein Übel. Es geht aber auch um »öde Kirchen«. Welche der genannten großen Gemeinschaften war oder ist öde?

Zweifellos meinte Schlatter damit 1. die vorchristliche, von Israel abgelöste außerchristliche Sekte. Die Sektenlehrer lehrten »eine Religion, die der Mensch macht«; das falsche Lehren stand im Zusammenhang damit, daß die Sekte sich von der großen Heilsgemeinschaft Israels abgelöst hatte. In Israel gab es auch irrige und sündige Menschen; aber wenn Schlatter die Kirche des Alten Bundes im geistlichen Rang mit der Sekte der Samariter gleich eingestuft hätte, so war auch die Sekte der Abspaltung mit ihrer Religion, die der Mensch macht, gerechtfertigt. Schlatter konnte also Israels Religion nicht unter die von Menschen gemachten rechnen; und er tat es auch nicht. Bei der Kirche, ob sie »samaritisch oder lutherisch, methodistisch oder katholisch heißt«, tat er es. Der samaritische Gottesdienst ergab ein Suchen ohne Finden. Wenn die lutherische Kirche nur durch »kleine Verschiedenheiten«, in Nuancen, von der samaritanischen abgehoben ist, ohne daß also ein entscheidender, wesentlicher Unterschied ihr gegenüber besteht, sind da nicht dieselben vier Ergebnisse eingetreten — »schwerer Stand« u. s. f. — wie beim samaritischen Gottesdienst? Wenn aber die Kirchen, ob in samaritischer, lutherischer, methodistischer Ausprägung (die beiden letzten zur evangelischen Christenheit gehörig), öde Kirchen waren bzw. sind mit menschengemachtem Gottesdienst, sollte man sich dann nicht anderswo nach der wahren Religion umsehen? Natürlich nicht in der katholischen, d. h. früheren Kirche, der ein Mann ins Gesicht sagte, hier sei »das Christentum zum Antichristentum geworden« (Schl 174). Also sonstwo?

»Umgekehrt steht es mit der Religion, die Gott macht ... Und die Stunde, durch die uns der Unterschied zwischen beiden Formen der Religion deutlich wird und uns der Übergang gelingt aus selbstgemachter Religion hinaus in die, die uns Gott gibt, ist für uns alle diejenige, wo uns Jesus erkennbar wird, wenn wir's fassen, daß wir an seiner Liebe Gottes Willen zu erkennen haben und an seinem Kreuz den Grund besitzen, auf dem wir in Zeit und Ewigkeit in Gottes Frieden stehen.«

Frage: Hat der Prediger, der Luthers Eidbruch, Antichristenurteil über »die frühere Kirche«, darum seinen Austritt gefeiert und die Gemeinde ihn als das »Zeichen« zu feiern gelehrt hat, den Beweis erbracht, daß die katholische Kirche ihr getauftes und im Glauben unterwiesenes Glied Martin Luther von der Liebe Gottes, von Gottes Heilswillen, dem Kreuz und zeitlichewigen Friedensgrund weggezogen habe? War nicht schon die ihm gewährte Taufe auf den Namen des Vaters, des Sohnes und des Heiligen Geistes »Einsetzung in die Gemeinschaft mit Gott durch Den, der uns beruft«? Wenn Schlatter nicht die Kirche überhaupt strich, was unschwer aus seinem ganzen Gedankenductus hervorspringt, so müßte er wenigstens zugegeben haben, daß auch in der alten Kirche etwas von der Religion zu finden war, die nicht der Mensch, sondern »Gott macht«. Wenn aber das, wozu dann Eidbruch, Preisgabe, Verurteilung der bisherigen Gemeinschaft und Austritt? Muß nicht Schlatter etwas von Eidbruch gleich Untreue gegen Gott gespürt haben, wenn er als Ergebnis der gefeierten Tat des Eidbruches und des Gegenbannes gegen die Kirche auch die lutherische Kirchenneuschöpfung an die Seite der antijüdisch-sektischen, von Menschen gemachten »Kirche« stellte?

Die Kirche ist ein Werk des Heiligen Geistes. Was predigte Schlatter hierzu? »Die Kirche, das Werk des Geistes« (Pfingsten), nach Apostelgeschichte 2, 32—41, wollte auch er verkündigen (Schl 333—338).
»Ihr habt durch unsern Festtext wieder gehört, wie die Kirche entstanden ist und wie sie zu Tausenden in sie durch eine weit geöffnete Tür eingetreten sind. Petrus lädt alle ein und gibt allen die Zusage: ihr werdet den Geist Gottes empfangen, denn euer und eurer Kinder ist die Verheißung und aller, die jetzt noch in der Ferne sind, die aber Gott herzurufen wird. So entstand die Kirche als eine offene Gemeinschaft, zu der jeder den Zugang hat. Das ist die einzige für alle offene Gemeinschaft, die wir in der Menschheit haben. Keine andere kann alle einigen, alle Jahrhunderte, alle Völker, alle Individualitäten, den König und den Bettler, den Ehrenmann und die gebrochenen Existenzen, die Kinder und die reifen Geister. Denn, wenn wir uns mit

unsern natürlichen Kräften wegen unsrer natürlichen Anliegen verbinden, so entsteht mit der Einigung immer zugleich wieder eine Trennung. Die Kirche ist dagegen deshalb eine für alle offene Gemeinde, weil sie durch den Geist Gottes entsteht und durch ihn gesammelt und regiert wird.«

Ein herrliches Zeugnis von der allumfassenden einen Kirche als dem Werk des Heiligen Geistes. Alle Jahrhunderte hindurch wird sie von ihrem Schöpfer auch erhalten. — Man fragt: Wenn die eine, allumfassende Kirche durch alle Jahrhunderte seit Pfingsten, als einzige für die ganze Menschheit, besteht, also die Urkirche für jede Generation das Urbild darstellt, was ist es dann mit dem Zusammenhalt (bzw. dem sammelnden Amt) in den folgenden Generationen und Jahrhunderten nach Simons Tod? Urkirche ohne den Fels gibt es nicht; er gehört selbst mit zu dem Bau, den der Herr, etwa nur damals?, baut. Ist es dem lebendigen Evangelium entsprechend, wenn der Prediger von »Petrus« nur wie von einer einzelnen Privatperson spricht? Gewiß, »Petrus lädt alle ein«. Tut er das als einer wie alle? Oder als der vom Herrn ins Amt Gesetzte? Wenn dies, dann muß er, dem Wort des Herrn kraft heiligen Geistes gehorsam, die Vielen zur einen Kirche sammeln und als Hirte leiten, d. h. weiden (Joh 21), was beim Platzhalter des Königs Christus »geistlich regieren« heißt. Oder ist anzunehmen, daß der Heilige Geist nur in der Urkirche, die das Amt »des Petrus« anerkannt hat, an Jesu Wort vom Dienstamt des Einen an allen erinnert hat? Schlatter hat im Pfingsttext Apostelgeschichte 2 die Person des Simon Petrus nicht übersehen; insofern kannte der Schriftforscher ein Pfingsten ohne die Wirklichkeit vom Herrn und vom Geist: »Petrus lädt alle ein« nicht. Durch Feiern bekennt man: Nochmals so! So feiert man z. B. den Eheschluß mit Erinnerung an das nicht gebrochene Treuegelübde. Gehört dann nicht zum Pfingstfestfeiern der durch alle Jahrhunderte bestehenden Kirche die Wirklichkeit »Der Petrus im Amt lädt alle ein«?

»Wir sehen aber an unserm Text, daß die Gemeinde Jesu gleichzeitig eine geschlossene Vereinigung ist und nicht einer Stadt mit zerfallenen Mauern gleicht, sondern von einer festen Einfassung umschlossen ist, so daß sich hier niemand etwa durch List oder Zwang, durch Verstellung oder Geburt den Eingang verschaffen kann. ›Laßt euch retten von diesem verkehrten Geschlecht‹, das ist die Pfingstpredigt. Sie zeigt, daß die Kirche einen festen Verschluß und Riegel hat, wiederum deshalb, weil Gottes Geist sie sammelt und regiert, und Gottes Geist tritt in keine Gemeinschaft mit unheiligem Wesen.

Gottes Gnade und Gabe kommt uns allen zugut. Darum sind wir alle hier, um die Pfingstverheißung Gottes zu hören, weil sie auch für uns in Kraft steht. Wir haben alle den Zugang zur Gemeinde Gottes. Aber es gilt auch für einen jeden unter uns, daß in ihr nicht menschliche Willkür schaltet und waltet, sondern Gottes heiliges Gesetz unzerbrechlich bleibt und geschieht, so daß wir zu gehorchen haben. Und wer nicht gehorchen will, steht draußen. Wir verdeutlichen uns ein unendlich wunderbares, herrliches Werk Gottes, wenn wir heute darauf achten: wie Gott der Kirche beides gibt, die weite Offenheit und den festen Riegel und Verschluß.«

Fragen schließen sich an diese wahren Predigtsätze von der Kirche des Geistes, Gottes Gnade und Gottes heiligem unzerbrechlichem Gesetz, seinem unendlich wunderbaren, herrlichen Werk an. Hatte diese Kirche aufgehört, so daß Luther die neue machen mußte? Konnte er überhaupt hinausgehen, wenn die Kirche, in die er durch das Gnadenwerk des Dreieinigen Gottes, die Taufe, hineinbegnadet war, keiner Stadt mit zerfallenen Mauern glich? Wenn er ihr durch den Eidbruch die Treue brach, hat er aber damit nicht Gottes heiliges, unzerbrechlich bleibendes Gesetz angetastet? Denn sein Bruch konnte Gottes Gesetz nicht brechen. Hatte der Petrus, der alle einlud und ihnen auftat, nicht vom Herrn dazu die Schlüssel empfangen und sie zu verwalten, was bei vorkommendem Fall, z. B. Eidbruch, den Ausschluß (= Bann) bedeutete? Wenn aber seit Luther eine neue, andere Kirche da ist, bei der weder das »Petrus lädt alle ein« noch die Verheißung »Ich will dir des Himmelreichs Schlüssel geben« erfüllt ist und unzerbrechlich bleibt und geschieht — hat diese neue Lutherkirche ein Recht, Pfingsten und das unendlich wun-

derbare, herrliche Werk Gottes, die offene und unzerbrechlich feste Kirche zu feiern? Und wenn die genannten wahren Predigtsätze Schlatters zu unserem Gewissen sprechen — müssen sie nicht mit Wort und Tat zur vollen Wahrheit ergänzt werden?
Vergleicht man Schlatters Reformationsfestpredigt mit der Pfingstpredigt, so fragt man sich vergeblich: Wo ist unter den handelnden Personen des Pfingstgeschehens, das sind: der Petrus im Amt, die andern Apostel, die Männer und Brüder, die dreitausend Getauften, Luther unterzubringen, »ein eidbrüchiger Mann«? Hat er die Vollmachtsordnung des Herrn, »so daß wir zu gehorchen haben«, etwa durch »des Herrn Hand« zerbrochen? Vielleicht braucht es aber in einer »reinen Geistkirche« gar keine Vollmachtsträger, die durch den Herrn gerufen sind, die Kirche zu regieren? Das »Weiden« in Joh 21 heißt aber geistlich Leiten, im Sinne von liebend regieren; und dieses Leitungsamt, das *des Herrn Regieren* zur Geltung bringen muß, hat der Auferstandene dem Petrus auferlegt. Schlatter kommt anhand des Textes immer wieder auf Petrus zu sprechen. »Petrus kann auf sich und seine Mitapostel hinzeigen und sagen: Jesus, durch die Rechte Gottes erhöht, hat die Verheißung des Geistes empfangen und ausgegossen, was ihr an uns seht und hört. Wie fährt er nun fort? Wenn er nicht im Heiligen Geiste spräche, sondern mit des Menschen Geist, dann würde er fortfahren: ›Uns, jawohl uns! hat Gott den Geist gesandt, aber nicht euch; wie solltet ihr dazu kommen, Gottes Geist zu empfangen? Uns ist er gegeben, die wir Jesus nachgefolgt sind, nicht euch, die ihr ihn gekreuzigt habt; uns, die wir berufen sind, die Kirche zu regieren, nicht euch, die ihr einfach zu gehorchen habt.‹ Das wäre nach des Menschen Sinn gesprochen. So redet der Geist des Fleisches; denn dieser ist ein geborener Separatist und richtet immer Zwietracht an.«
Frage: Ist das nicht abwertend gesagt: »die ihr einfach zu gehorchen habt«? und entsprechend die Sprache im Geist des Fleisches: »die wir berufen sind, die Kirche zu regieren« — oder meint der Prediger wirklich, beides seien Bestandteile des wunderbaren Werkes Gottes? Die Dreitausend *haben gehorcht*. Wem? Dem

Geist, ja; dem Beauftragten des Geistes, der Jesu Auftrag, Menschenfischer zu sein, im Gehorsam ausführte, etwa nicht? Aber nicht den unsichtbaren Geist haben sie gefragt, sondern den vom Geist, vom Herrn, von Gott gesandten Vollmachtsträger und seine Mitbevollmächtigten mit ihm.
Des Menschen Sinn, der Geist des Fleisches, predigte Schlatter, »ist ein geborener Separatist und richtet immer Zwietracht und Trennung an«. Bezog dies der Prediger auf den Petrus, der die andern »einfach« zu gehorchen heißt, auf sich und die Mitapostel aber hinzeigt: wir, »die wir berufen sind, die Kirche zu regieren«? Aber erzeigten der Jünger im Petrus- und Hirtenamt und seine Mitapostel nicht ebensolchen »einfachen« Gehorsam, indem sie in Vollmacht sowohl des gemeinsamen Apostelamtes als des noch besonderen Petrusamtes als Zeugen Jesu auftraten? Der Hörer, der auch Schlatter den Reformationsfestprediger kannte, konnte das Urteil über den »geborenen Separatisten« voller Hochmut schwerlich auf Luther beziehen, der ein Separatist, Sichtrennender, war, da er »mit der Kirche brach«. Gründete Luther eine neue Kirche, ohne dem Petrus im Amt »einfach« gehorchen zu müssen, weil es in seiner Neuschöpfung den nicht gab, so war dann diese wohl die wahre Geistkirche?
Schlatter zeichnet das Allumfassende der Kirche. »Die Gnade, die mir widerfährt, ist, weil sie Gottes Gabe ist, für alle da; die Liebe Gottes, die mich mit ihm verbindet, ist, weil sie Gottes Wille ist, das alle umfassende Gesetz, das aller Menschen Leben trägt.« — Frage: Hatte diese Kirche aufgehört, so daß Luther mit der ersatzweise aufgekommenen antichristlichen brechen und eine neue gründen mußte?
»Daher hört die Christenheit nie auf, weil es immer wieder ebenso zugeht und der Geist Gottes nicht verschwunden ist, so wenig als Gott verschwindet oder der Herr Christus wieder stirbt. Darum kommen sie immer wieder in allen Generationen, in allen Völkern, an allen Orten mit aller ihrer Not; denn es ist Pfingsten geworden und Gottes Geist schafft Glauben und ruft zur Gemeinde des Herrn. Wer will den Strom dämmen, wenn die Quelle hervorgebrochen ist? Er findet sein Bett und strömt

dahin zum Meer, zum ewigen Gottesreich. Gottes Gnadentat ist geschehen; wer will sie um ihre Wirkung bringen? Sie schafft, was sie soll, über aller Menschen Einreden hinweg durch den Lauf der Geschichte hindurch nach Gottes Willen.«
Der Prediger machte mit diesen Sätzen keinen Einschnitt in der Geschichte der Kirche seit Pfingsten, wie er ihn in der Reformationsfestpredigt radikal tat. Allerdings nannte er jetzt nicht die Kirche, die nie aufhört, sondern »die Christenheit«. Und dann die »Gemeinde des Herrn«. Wie auch Luther das Wort Kirche nicht liebte, sondern weithin durch den Begriff Gemeinde ersetzte, und wie »Christenheit« als abstrakter, nichtbiblischer Begriff auch für eine Menge von »Kirchen« oder »Geistgemeinden« oder bewußt kirchenlose Einzelne und den Weltprotestantismus, dazu die »anonymen Christen in allen Religionen«, die offene »Stadt mit zerfallenen Mauern« darstellt.

Für unser Thema erscheint ferner bedeutsam Schlatters Predigt über »Das vom Geiste uns gewährte Amt« (Abschiedspredigt an die Kandidaten [des ev. Predigtamts]), zu 1 Kor 12,1—11 (Schl 339—346).
»Das Amt der Kirche ist ein Dienst des Geistes.« — Man fragt: Welcher Kirche? Ist die Kirche von Anfang, die bleibende Kirche des Neuen Bundes gemäß dem Neuen Testament, gemeint? Oder Luthers neue Kirche? Aber da müßte die Mehrzahl stehen, Kirchen, getrennte Reformationskirchen.
»Wir dürften die Hand nicht an das kirchliche Amt legen, wenn es nicht in vollem Sinn, so wie die Schrift das Wort braucht, in Jesu Sinn, ein *geistliches* Amt wäre. — Darin liegt die Zucht, Demut und Bescheidenheit des Amts und zugleich seine Würde und Gewalt.« — Man fragt: Gibt es außer dem »kirchlichen Amt«, das die Predigthörer in der Stiftskirche zu Tübingen meinten: das unserer Kandidaten in der Württ. Ev. Landeskirche, überhaupt »das Amt der Kirche«, »das kirchliche Amt«? Hat dieses zunächst gemeinte württembergische Amt eine Beziehung zum Amt in der früheren Kirche, mit der Luther durch den Bruch seines Amtseides ein für allemal gebrochen hat? Hat das

Amt in der alten Kirche seine Würde und Gewalt verloren, seit Luther »alle Bücher des Papstes«, d. h. die Bücher, die, mit heutigem Ausdruck, alles Wichtige zu ›*Glaube und Kirchenverfassung*‹ enthielten, auf dem Schindanger verbrannt hat?
Weiter predigte Schlatter über ... des Geistes »Wirksamkeit, daß er durch die Mannigfaltigkeit der Gaben die einträchtige Gemeinde schafft«. — Frage: Wer ist diese Gemeinde im Verhältnis zur Kirche? Wer stellt die einträchtige Gemeinde heute dar? Ist es diese Landeskirche? Hat sie ein Verhältnis zur Kirche von Anfang an? Ist es das biblische einträchtige Verhältnis?
»Wenn irgendein Beruf Treue von uns zu fordern hat, so ist es der, der an der Pforte der Ewigkeit seine Stelle hat.« — Hat aber nicht Schlatter Luthers Treubruch gepriesen und ihn, fast oder ganz?, der Hand des Herrn zugeschoben: in der Reformationsfestpredigt!
»Unter der Regierung des Christus baut sich die Gemeinde auf ...« Wieder die Frage: Bei »Gemeinde« denkt der Hörer an etwas örtlich Begrenztes; welches Verhältnis hat nun die Hörergemeinde und haben die Ortsgemeinden der neuen Vikare zu der Kirche, die der Christus regiert: die im Neuen Testament als Felsbau dargestellte und zu verkündende?
Der Prediger stellte fest, »daß eine Mannigfaltigkeit von Ämtern und Tätigkeiten zum Aufbau der Gemeinde nötig ist«. Frage: Gehört in der Kirche des Neuen Testaments auch das Petrusamt zu dieser Mannigfaltigkeit von Ämtern? Wurden seine vom Herrn genannten Tätigkeiten (Mt 16, Joh 21, Lk 22,31 f. u. s. f.), vor allem im Dienstamt der Einheit seit Simons Märtyrertod in Rom unnötig?
»Nur mit Bedenken und Zagen können wir dem Akt beiwohnen, der Einzelne unter uns zu besonderer Amtsstellung erhebt ...« — Frage: Durfte Luther die mehrfachen Akte, in denen er innerhalb der Allgemeinen Kirche Gott sein Treuwort gab, einseitig für ungültig erklären? Waren Folgen daraus zu erwarten? Oder eine Antwort Gottes? Wenn unser großes »Zeichen« Luther, im Gottesdienst unter Verkündung von Gottes Wort ob seines Treubruches gefeiert wird, hat es dann Sinn, unsere Kan-

didaten unter dem »Handschlag der Treue an Eidesstatt« zu verpflichten und zu ordinieren? Soll ihr Treuwort gewichtiger sein, das sie einer abgetrennten neuen Kirche Luthers geben? Und wenn sie es mit Ernst geben, müssen sie dann nicht, wie Schlatter es bei der Samaritersekte feststellte, ihre von der großen Gemeinschaft der Allgemeinen Kirche abgelöste Sekte mit heißem Eifer schützen, verteidigen und verherrlichen (vgl. die geschilderten öden Kirchen, Schl 135—141)?
Wiederholt predigte Schlatter von der Einheit der Gemeinde; »ein eigenartiges Amt unter uns« sei »geschaffen..., damit es die Einheit der Gemeinde bewirke«. — Ist die Ortsgemeinde gemeint? Oder die »Gemeinde Jesu« überhaupt?, wenn es doch auf die Gewißheit ankommt, »damit wir unsern Platz in der Gemeinde Jesu behalten und uns nicht auf einsame Wege verlaufen«.
Der Prediger verkündete »die Einheit des Geistes, die Einheit des Herrn, die Einheit Gottes«, sie sind »der reale, unerschütterliche Grund, der der Gemeinde Jesu die Einheit immer wieder schafft«. — Kann mit der Gemeinde Jesu, so fragt man, etwas anderes gemeint sein als die Eine, gesamte Kirche von Anfang an bis zur Wiederkunft des Herrn? Der Dreieinige Gott, der sie schuf, erhält sie und wird sie vollenden. Oder waren die Sünden der Amtsträger und Irrtümer von Menschen, einzelnen Lehrern und Schulen, stärker als ER? Fiel das Werk Gottes hin, so daß Luther die neue Kirche gründen mußte? Hat er nun *seiner* Gemeinde die Einheit verschafft? Oder hat dieser Neuschöpfung Luthers Gott die Einheit verschafft? Schlatter scheint es zu bejahen:
»Wir haben es in der Kirche reichlich erfahren, wie über alle menschliche Beschränktheit hinweg die einigende Macht des einen Herrn und des einen Gottes durchgegriffen hat, wie das, was zunächst auseinanderstrebte, beieinander blieb uns selbst zum Erstaunen. Warum? Der eine Herr waltet; der eine Geist lenkt alle; der eine Gott sitzt im Regiment und in seinen Händen bleibt seine Gemeinde unzerbrochen und ganz.« — Im Satz vorher hatte der Prediger den Kandidaten von ihrem Zusam-

menkommen und Verbundensein nicht nur mit den Standesgenossen, sondern auch »mit der Gemeinde Gottes« gesprochen, eben in ihrer Eigenschaft »als Glieder der Schar, die im Namen Gottes geeinigt ist und für einander lebt«. Meinte Schlatter nun mit dem Durchgreifen Gottes zur Einigung nur Ereignisse innerhalb der ev. Gemeinde? Aber er predigte nun wieder von der Kirche. »Wir haben es in der Kirche reichlich erfahren...« Meint er die Eine Kirche? also die Kirche von Pfingsten an? Blieb die Allgemeine Kirche, die Gott an Pfingsten ins Leben treten ließ, »in seinen Händen unzerbrochen und ganz«? Wenn das so war, wo bringt man dann neben diesem unzerbrochenen Ganzen Luthers neue Gemeinde unter? Diese besteht, freilich vielfältig gespalten, schon in der Reformationszeit, immerhin jetzt 450 Jahre lang. Aber wenn Gottes einigende Macht am Werk ist, kommt diese dann, wenn wir auf die künftige Zeit bis zu Jesu Wiederkunft blicken, den Luthergemeinden zugute? Oder der Kirche, mit der Luther gebrochen hat?

Wieder scheint der Prediger eine umfassende Einheit der Gesamtchristenheit (= Kirche?) im Auge zu haben; und er zieht zur »Horizontale« des Raumes jetzt die »Vertikale« der Zeit, den Verlauf der Geschichte der Kirche, hinzu. »Es gehört mit zu unsrer reichen, großen Aufgabe, daß wir nicht nur mit unsern Zeitgenossen in einer innerlich begründeten Eintracht uns zusammenfinden, sondern daß wir die große Einheit der Kirche erkennen und an unserm Teil bewahren, die sich durch alle Geschlechter zieht. Ein Erbe der Vergangenheit ist in unsere Hände gelegt; wir haben es treu zu hüten. Auch die Mannigfaltigkeit, die die Zeiten und Geschlechter unterscheidet, will aufmerksam beobachtet und verstanden sein. Das Besondere an unsrer heutigen Aufgabe soll uns deutlich werden. Aber über dieser Besonderheit darf nie der Zusammenhang mit dem großen Ganzen brechen; wir haben nicht nur als Glieder der zeitgenössischen Gemeinde zu reden und zu handeln, sondern als Glieder der einen und selben Kirche, die der eine Herr und Gott in allen Zeiten und Ländern schafft.«

Konnte der Prediger mit der großen Einheit der Kirche, die sich durch »die Reihenfolge der Geschlechter, die nacheinander die Gemeinde Jesu bildeten« erstreckt, ebenso aber auch »in die Breite der Gegenwart«, die neuen Kirchen Luthers, Calvins u. s. f. meinen? Konnten sie exklusiv es sein, dazu auch die weiteren Reformationskirchen (z. B. die Methodistenkirche), »die nacheinander die Gemeinde Jesu bildeten«? Gehört auch der größere Teil der getauften Christen, d. h. die katholische Kirche, zu unsern Zeitgenossen, mit denen wir uns in einer innerlich begründeten Eintracht zusammenfinden sollen? Hat sich die etwa um 1520 neu gegründete Kirche durch *alle* Generationen seit Pfingsten gezogen? Redete der Herr in Seinem Geschlecht nicht alle Geschlechter bis zu Seiner Wiederkunft an? *Seiner* Kirche (Mt 16) gab er Einen Bruder zum Zusammenhalt aller in einem Glauben: gibt es einen Schriftbeweis, daß schon in der nächsten Generation nach Simons Tod eine andere Kirche entstanden sei? Durch wen? Oder dann durch Luther? Konnte Luther, in so vielem er auch schriftgemäß lehrte, das Erbe der Vergangenheit treu hüten, wenn er der Kirche aller Generationen vor ihm seine Treue trotz Amtseid nicht hielt? Sollen nun wir, und die angeredeten Predigtamtskandidaten voran, nur das gute Erbe der 450jährigen Vergangenheit treu hüten? Oder, wie gepredigt wurde, das Erbe der in der Einheit der Kirche bewahrten ganzen Geschichte Gottes mit seinem Neuen-Bundes-Volk? Wenn aber Luther der Kirche seiner Zeit in Gottes Auftrag das Bußwort zurufen mußte (vgl. seine These 1) — dürfen wir ihn dann auch dafür preisen, daß er den Zusammenhang mit dem großen Ganzen zerrissen hat? Ist das Besondere an unsrer heutigen Aufgabe dies, daß wir uns von diesem Bruch vor Gott und Menschen lösen?

»In dieser Aufgabe (als Glieder der einen und selben Kirche zu handeln) ist das Erste, daß wir den Zusammenhang mit den Boten Jesu treulich pflegen.« Schlatter nannte, gemäß 1 Kor 12,28, *aufs erste* die Apostel. »Die Hauptperson in eurer Gemeinde seid nicht ihr und das wichtigste Glied der Kirche sind nicht wir Theologen.« Eine wahre Einsicht; doppelt wertvoll, wenn ein bedeutender Professor sie ausspricht. — Man erwartet nun, der Prediger setze die künftigen Pfarrer in das lebendige, personhafte Verhältnis zu denen, die das Erbe der Apostel — Erstboten — als Kirchenleiter und Lehrer antraten, den Bischöfen. Im Gemeinschaftsgefüge der Ämter käme gemäß biblischer Abstufung dann auch den Theologen bzw. Pfarrern ihr Anteil zu, aber nicht an der ersten Stelle. Diese bleibt dem übergeordneten Leitungs- und Lehramt; siehe auch hierin »das Erbe der Vergangenheit, das in unsre Hände gelegt ist«. Schlatter ging aber, mittels traditioneller »Metabasis eis allo genos«, von dem lebendigen Personengefüge (1 Kor 12) zum gedruckten Text. Der ersetzt die Vorsteher und hauptverantwortlichen Lehrer der Kirche. »Die Hauptsache ist und bleibt der Text.« — Aber in ihm wird ja vom lebendigen Gefüge berichtet! Mußte nicht der Exeget, wenn er den Text wirklich ins Hier und Jetzt ausrief, den künftigen Pfarrern die Gabe ihres Herrn zeigen: das auch ihnen zur Eintracht in Lehre und Leben verhelfende Bischofsamt? Freilich, ihm als Reformiertem aus der Schweiz war dieses von Haus aus fremd.

Gewiß, Gottes Wort Heiliger Schrift im Text sei uns heilig! »Schuld wird nicht gelöst und Sterbende werden nicht aufgerichtet durch euer Glauben und Meinen; hier muß her: Also steht geschrieben; so spricht Jesu Bote zu dir.« — Frage: Hat nicht derselbe Herr, der eine Gemeinschaft von Boten mit der Vollmacht, Sünden zu vergeben (Joh 20,21—23) ins Leben seiner Kirche eingeführt hat, auch eine Botengemeinschaft mit dem Amt, »zu binden und zu lösen« (= zu lehren und Lehre zu urteilen, vgl. C.A. 28) betraut, worin Einer zuerst und dann alle Boten mit ihm kraft ihrer Vollmacht vom Herrn handeln? Spendet der Herr nicht gerade durch die Hineinbindung in die gestufte Gemeinschaft die Befreiung von dem ichsüchtigen Zwang, eigenes Glauben und Meinen als das große Zeichen der Erwähltheit jedes, der kühn genug zu solcher Selbstbehauptung ist, zu firmieren?

»Darum bleibt es für das geistliche Amt die erste und wichtigste Pflicht, sich den Verkehr und die Gemeinschaft mit den Aposteln offen zu halten, damit wir zur rechten Zeit und in rechter Weise ihr Wort brauchen können. Um es zu brauchen, muß man es kennen; um es zu kennen, muß man im Verkehr mit ihm bleiben ohne Unterbruch.« — Wer stimmte dem nicht zu! Zu fragen ist aber, ob die Gemeinschaft mit den Aposteln und der ununterbrochene Verkehr mit ihnen, durch das Lesen des Textes im gedruckten Buch wirklich voll, treu, dem lebendigen Verhältnis aller Ämter- und Gabenträger zu den lebendigen Leitern der Gemeinschaft entspricht. Meinte Schlatter den (in der katholischen Kirche und bei den Orthodoxen gelebten) Gemeinschaftsumgang mit den *himmlischen* Gestalten der heiligen Apostel (und anderer Heiligen)? Damit wäre nicht nur der Text dessen, was sie schrieben, und was wir lesen (auch vorlesen), der Text auf Buchseiten, das Band der Gemeinschaft; aber meinte Schlatter das? Schwerlich. So muß doch, wenn das Gemeinschaftsgefüge der Urkirche (z. B. nach 1 Kor 12) in ganzer Wahrheit und Treue für alle Generationen und auch die unsere durch Verkündigung bezeugt wird, auch das lebendige *irdische* Gemeinschaftsgefüge (von 1 Kor 12, 28 ff.) durch Vorleben der Ämtergemeinschaft in den Abstufungen (1. Apostel, 2. Propheten, 3. Lehrer usw., Eph 4,11 ff. u. a.) praktisch, sichtbar vor jedermanns Augen als bleibende Gnade von Gott bezeugt werden, als Setzung, die unsrer Willkür entzogen und als Gottes Werk durch keinen Mißbrauch zerstörbar ist.

Nochmals richtete der Prediger »unser Auge auf Gottes großes Werk«, »wie der Herr sich seine Gemeinde in allen Zeiten und auch unter uns baut, so daß wir in sie eingefügt sind nicht nur mit unserem Glauben, sondern auch mit unserer Liebe, nicht nur mit unserem eigenen inwendigen Besitz, sondern auch mit unserer Pflicht und unserem Beruf für die andern ...«.

Immer neu die Wahrheitsfrage: War Luther in *Gottes großes Werk*, die Kirche des lebendigen Gottes, eingefügt seit seiner Taufe in der Peter- und Paulskirche zu Eisleben am 10. November 1483? War er von Gott gesandt, *ein anderes Werk*, eine andere Kirche zu bauen? Hatte diese dann erst den rechten Glauben, nämlich den seinen? Das praktische Glaubensleben im kirchlichen Betrieb seiner Zeit von beigemischtem Nichtvoll-

wertigem zu reinigen, war Sache eines Reformators; und immerzu ist ecclesia reformanda: die Kirche, nach unserer, der sündigen Menschen Seite bedarf ständiger Erneuerung:
»Mit der Kirche brach er ... Er kehrte den Lehrern der Kirche den Rücken ... Er stieß den Beichtstuhl um ... u. s. f.« (Schl 174), predigte Schlatter. Wir sehen nicht in das Innerste der Seele Luthers; aber tat er diese Dinge und viele andere seiner Taten als mit seiner Liebe in »die große Einheit der Kirche« eingefügter Christ, Mönch, Priester, Professor und Prediger, Lehrer, Mit-Erbauer an dem Gottesbau der Kirche (vgl. 1 Kor 3,10; 1 Thess 5,11; 1 Petr 2,5)?

Soweit einige Fragen zum Predigtthema »Das vom Geiste uns gewährte Amt«. Den Abschluß bilde die Predigt (Schl 121—126) über »Freudige Buße« (Landesbußtag) zu Lukas 19,41.42:
»Und als er nahe hinzukam, sah er die Stadt an und weinte über sie und sprach: Wenn du es wüßtest, so würdest du auch bedenken zu dieser deiner Zeit, was zu deinem Frieden dient. Aber nun ist es vor deinen Augen verborgen.«
»Auch heute verkündigen wir euch die große Freude, auch am Landesbußtag, heute, wo wir euch die Buße anbieten, jedem Einzelnen und unsrer Gemeinschaft, unserm Volk und unserer Christenheit.« So begann der Bußprediger.
Sogleich brechen Fragen auf. Wer ist das: »unsere Gemeinschaft«? Ist es die Ev. Landeskirche in Württemberg? Wer ist »unsere Christenheit«, da doch die Christenheit über unsere Gemeinschaft hinausgreift? Umfaßt unsere Christenheit außer uns noch andere Gemeinschaften als die unsere, und welche?
»Auch der Landesbußtag ist ein festlicher Tag; denn die Buße ist ein freudiges Geschäft, das man nicht mit Jammern vollenden kann, wozu wir Freudigkeit brauchen. Daß wir freudig alle unsere Verlogenheit, allen unseren Schmutz, alle unsere Gottlosigkeit wegwerfen, das ist das Erbe, das er uns gewährt hat. Wir sehen in unserm Text, wie sehnlich er darnach begehrt hat, daß Jerusalem Buße tue. Nicht darüber weint er, daß sie Buße tun müssen ..., sondern darüber, daß sie nicht Buße tun; jetzt

wäre ihre Zeit da, nämlich die Zeit der Gnade, der Heimsuchung durch die göttliche Barmherzigkeit ... — Wir aber fürchten die Buße; wir wollen nicht an sie heran und erfinden Schleichwege, die uns um sie herumbringen sollen.«
Die Bußfrage an »unsre Gemeinschaft«, hier vorab unsere Ev. Landeskirche — und zu »unserer Christenheit« gehören wohl alle lutherischen Kirchen —: kann sie nach all dem bisher Besprochenen eine andere sein als die: Was sollen wir in der Buße und Umkehr zum lebendigen Gott tun, damit unsere neue(n) Kirche(n)-Christenheit vom Bann infolge des Eidbruches Luthers frei wird? Damit hängen dann die weiteren Bußfragen zusammen, gemäß den Stichworten »all unsere Verlogenheit ...« usw. Aber — sollten wir auch nur den Zustand der Halbwahrheit zugeben, der sich schon in dem Knäuel verworrener Predigtaussagen, aufgrund des Wortes Gottes!, über die Kirche, die Gemeinde, Christenheit u. s. f. (alle ungeklärt, in unablässigem Wechsel wie auf einer schaukelnden Drehscheibe) zeigt, *nur uns nicht störend bis jetzt?* Rom gegenüber etwas zugeben?! Niemals! »Wir können doch nicht auf unsere Ehre verzichten und brauchen den Schutz, den uns die Verlogenheit gewährt; jenes Interesse, dieses Interesse würde geschädigt«, predigte Schlatter wohl uns *Einzelnen*. Aber *»Landes«*-Bußtag, Landeskirche, »unsre Gemeinschaft« kommt ebenfalls in Sicht. Das schneidende Nein! gegen die Sendung des bleibenden Petrusamtes, das in unseren Lutherkirchen ergangen ist, wurde klar ausgesprochen; denn ein Ja widerspräche unsern landeskirchlichen Interessen. »Luthers Werk wäre verraten, und was würde aus unsrer Kirche?!« Um unserer kirchlichen Interessen willen bleiben wir beim radikalen Nein. Der Protest und die Grenze gegenüber der katholischen Kirche ist besonders von den Pfarrern strikt einzuhalten; das gehört zu ihrem Amt, in das sie eingewiesen sind (vgl. »Ihr evangelisches Pfarramt ist eingewiesen in die Linie, die aus dem Kampf der Reformationszeit erwachsen ist«, VfL 57; anderes Verhalten ist den landeskirchlichen Interessen zuwider, VfL 164).
Unsere Interessen als »autonome Kirche« sind zu wahren.

Schlatter kennzeichnet wohl vorwiegend unsere persönliche Sünde, wenn er unser Nein wider Gottes Ordnung kennzeichnet: »Wir brauchen nicht nur die Ordnung, wir brauchen auch die Freiheit, sogar die Freiheit von Gott wegzulaufen; auch das ist ein tiefgewurzeltes Interesse, ein Bedürfnis, das in unserm Leben starke Gründe hat.« Sind diese Straf- und Bußworte sinngemäß auch auf unsere Gemeinschaft und unseren Teil der Christenheit anzuwenden?
Wenn ganze kirchliche Gemeinschaften mit vielen Millionen Mitgliedern eigenen Erbirrtum und das Ursprungsgesetz der treuwidrigen Abspaltung von der Kirche öffentlich bekennen sollen, so, daß die Gläubigen insgesamt, voran die mit Ernst Christen sein wollen, mittun, dann mag es ähnlich hart halten, wie damals, als »die Stadt« nicht erkannte, was zu ihrem Frieden gedient hätte. Wer aber aus dem Fels- und Hirtenwort des Herrn die geoffenbarte Wahrheit und Wirklichkeit der Vollmacht in der einen Kirche, die es gibt, erkannt hat, den verlangt es nach Buße und Umkehr; nach der persönlichen und der unserer ganzen Gemeinschaft. Kann aber der und jener Einzelne jeweils seine autonome Landeskirche zur Umkehr bewegen? Oder wo ist anzusetzen, daß es wirklich einen Tag der »Landeskirchen-Buße« geben kann durch Gottes allmächtige Hilfe?
Sehen wir die »Landesbußtage« und wirklichen Bußbewegungen im Alten Bunde an. So gewiß auch einzelne Menschen, Gruppen und Stände zur Buße gerufen werden, weit überwiegt der jeweilige prophetische Ruf an das ganze Bundesvolk, das durch seine Leiter, die Könige (Hirten) und die Priesterschaft, vertreten ist. Sie, die Leitenden, sind die Erstverantwortlichen für die Umkehr des Ganzen. Und wo die Hirten sich Gott versagten, da blieb es bei der inneren Verwüstung des Weinbergs des Herrn, worauf die Strafe der äußeren folgte. Gottes wunderbare Erneuerung aber geschah, wenn Hirten wie Josia die Bußumkehr zu Gott in Glauben und neuem Gehorsam durch ihren Vorangang ins Bundesvolk trugen. Umgekehrt aber heißt das Gerichtswort durch Propheten wie Hesekiel (34,2.10): »So spricht der Herr: Weh den Hirten Israels, die sich selbst weiden! Sollen

nicht die Hirten die Herde weiden? Siehe, ich will an die Hirten und will meine Herde von ihren Händen fordern und will ihnen ein Ende machen, daß sie nicht mehr sollen Hirten sein.«
»Buße, das heißt Umkehr zu Gott, aus unserem Wahn zur Klarheit Gottes, aus unserer Schuld zur Gnade Gottes, aus unserem eigenen Willen zu Gottes Willen. — Zu Gott sollen wir umkehren. Eben deshalb, weil er der Gerechte ist, der Stifter und Hüter des Rechts, der Wächter über der Ordnung, deshalb ruft er uns zu sich, nicht trotzdem, sondern weil er der Gerechte ist. Deshalb weil er uns in diese Ordnung stellt, wird die Buße uns gewährt, uns so gewährt, daß wir sie vollbringen dürfen. In diese heilige Majestät des göttlichen Rechts mit seiner Strafe und seinem Ernst sind wir hineingestellt, weil er die schöpferische Gnade hat. Wir müssen büßen, was wir sind und tun; denn er verzeiht. Wir müssen spüren, daß der Saat die Ernte reift; denn er erlöst. In schöpferischer Gnade gibt er uns den neuen Lebensanfang und bereitet uns den Tag der Heimsuchung, wo wir in seinem Licht aufwachen zu seiner Gemeinschaft und seinem Dienst. Zu Gott werden wir berufen; das ist ein erfolgreicher Weg, eben weil er uns ruft, und er ruft so, daß in seinem Wort die Herrlichkeit seiner Gnade wirksam ist, die verheißt und vollbringt, anfängt und vollendet, Wollen und Vollbringen schafft.«
Auch in seinem Wort vom Fels und Hirten der ganzen Gemeinschaft, der großen weltweiten Einheit der Kirche in ihrer ganzen Vergangenheit, Gegenwart und Gottes Zukunft, ist die Herrlichkeit seiner Gnade wirksam.
Es fällt wohl zunächst schwer, dem Bußprediger zuzustimmen, wenn er predigt: »Darum (weil es aus unserem Wahn zur Klarheit Gottes geht) ist es ein *freudiges* Geschäft, Buße zu predigen, das *seligste* Geschäft, das einem Menschen begegnen kann, und deshalb ist der Landesbußtag ein *festlicher* Tag.« Eher verstehen wir des Predigers Buß-Schlußwort: »Kampf ist es, wozu der heutige Tag uns beruft, Kampf mit uns selber, Kampf mit dem, was in unserem gemeinsamen und öffentlichen Leben eingewurzelt ist, ein tiefgehender Kampf. — Und doch, ob es auch ein Kampf ist mit bleibender Beharrlichkeit, kein Verzagen, kein

Zweifel kann uns dabei anfechten. Nichts Erträumtes, nichts Unmögliches ist damit von uns verlangt. Was wir beginnen, werden wir vollenden; denn wir kämpfen mit Gott. Wir stehen auf Gottes Seite gegen uns selbst. Auf Gottes Seite treten gegen den eigenen Willen, gegen die eigene Lust, gegen unser eigenes Fleisch« (und nun nochmals!) »das ist ein *seliges* Geschäft. Auf Gottes Seite stehen wider alle Sünde, Freunde, wer hat nicht dazu den Mut? Wer kommt nicht gern? Das ist Ehre, das ist Sieg, das ist Freude. Dazu lädt uns Jesus ein mit seliger Gewißheit . . . Wir stellen uns zu Gott gegen uns selbst. Das verleihe uns Gott in seiner Gnade!«

Großer und kleiner Bann

Widersprüche in einem Grad, wie sie sich bei Schlatter durch seine Predigten ziehen, wirken als Fremdkörper in seinem hervorragenden bibeltheologischen, philosophischen und historischen Lebenswerk. Da sich die Selbstwidersprüche nur hier: beim Verhältnis Luther bzw. evangelische Kirchen — Papsttum finden, so mag man, unter Anwendung mildernder Umstände, sagen: er stand im Bann Luthers. Beim Reformationshistoriker und Lutherdarsteller Scheel ist es noch verständlicher, daß er im Banne seines Helden stand. »Wer das Leben eines großen Menschen schreibt, hat nicht zu meistern, sondern hat zu dienen: seinem Helden, seinem Leser. Es ist selbstverständlich, daß Luthers Biograph in allen Dingen seine Partei ergreifen muß«: Widersprüche fast unsinniger Art, wie Luther sie sich in seiner Predigt von Peter und Paul 1522 leistete, muß man damit zusammenstellen, daß er seit anderthalb Jahren wirklich im Banne war.
Was stellt sich der einfache evangelische Bibelleser vor, wenn von »In den Bann tun«, abgesehen von Luther, die Rede ist? Der mit der Schrift vertraute denkt wohl an die drei Stellen im Johannes-

evangelium Kapitel 9,22; 12,42 und 16,2. Die Eltern des von Jesus geheilten Blindgeborenen »fürchteten sich vor den Juden. Denn die Juden hatten sich schon geeinigt: wenn jemand Ihn als den Christus bekennte, der sollte in den Bann getan werden.« — »Auch von den Obersten glaubten viele an Ihn; aber um der Pharisäer willen bekannten sie es nicht, auf daß sie nicht in den Bann getan würden.« — Und Jesus weissagte seinen Jüngern: »Sie werden euch in den Bann tun.« Das ist der Ausschluß aus der »rechtgläubigen« (= jüdischen) Glaubens- und Lebensgemeinschaft, und zwar im härtesten Sinn: »›Die Nazarener (= Christen) und die Häretiker mögen zugrundegehen in einem Augenblick, ausgelöscht werden aus dem Buch des Lebens und mit den Gerechten nicht aufgeschrieben werden.‹ — Seitdem die Verfluchung der Nazarener ein integrierender Teil des Synagogengottesdienstes und des täglichen Gebetes jedes Juden geworden war ..., war der Besuch der Synagoge und die Teilnahme am Synagogengottesdienst für Christen unmöglich und die völlige Trennung gegeben. Das Bekenntnis zu Jesus Christus bedeutete in Zukunft eo ipso Exkommunikation und Ausschluß aus dem Judentum. In diese Zeit gehören auch die johanneischen Aussagen. — Deutlich ist an allen drei Stellen, daß ein nicht zu überbrückender Gegensatz zwischen der christlichen Gemeinde und der Synagoge aufgerissen ist und ein totaler Ausschluß seitens der Synagoge im Blick sein muß« (W. Schrage, WBzNT VII, S. 848—850).
Auch an Schriftstellen wie Galater 1,8.9 und 1. Korinther 16,22 wird der Bibelleser denken, auf die »das Anathema der späteren Kirche gegen Ketzer zurückgeht« (J. Behm, WBzNT I, 356). Dazu wohl auch an Mattäus 18,15—17.
»Für die Ausbildung des kirchlichen Bannes erwuchs die Evangelienstelle Mattäus 18,15—17 zu entscheidender Bedeutung. Die Sünde trennte den Sündigen von Gott und dem Gottesvolk.« Schon die Synode von Elvira (306) schloß schwere Sünder (z. B. auch »gottgeweihte Jungfrauen bei Keuschheitsbruch«) »für dauernd aus der kirchlichen Gemeinschaft aus. Bis zum 5. Jahrhundert hatte sich schließlich nach dem Modell des römi-

schen Rechts der große Bann (excommunicatio maior) als kirchliche Strafe (poena vindicativa) gegen Laien entwickelt. Mit der Zeit erwuchs indes der Bann zu einer poena medicinalis [Strafe zum Zweck der Heilung], mit der sämtliche Kirchenglieder belegt werden konnten. Seit dem 8./9. Jahrhundert begegnet der durch Begehung einer Straftat automatisch eintretende Bann (excommunicatio latae sententiae). Der *große* Bann charakterisierte sich als einstweilige Ausstoßung aus der sichtbaren Gemeinschaft der Gläubigen (separatio ab omni catholicorum consortio), nicht aber als Verlust der Kirchengliedschaft, der wegen des character indelebilis [unzerstörbare geistliche Prägung, Siegel der Seele] der Taufe ausgeschlossen war. Ursprünglich hatte der Terminus anathema die Bedeutung der excommunicatio maior. Die Bannformel lautete: Canonica instituta et sanctorum Patrum exempla sequentes, ecclesiarum Dei violatores N. auctoritate Dei et iudicio sancti Spiritus a gremio sanctae matri ecclesiae et a consortio totius Christianitatis eliminamus, quoadusque resipiscant et satisfaciant (c. 107 C.11 q.3) [= Den kirchlichen Rechtsordnungen und den Beispielen der heiligen Väter folgend, entfernen wir kraft der Vollmacht von Gott und durch den Urteilsspruch des Heiligen Geistes die Verletzer der Gemeinden Gottes ... (Namen) aus dem Schoß der heiligen Mutter Kirche und der Gemeinschaft der ganzen Christenheit, solange, bis sie wieder zur Besinnung kommen und der Kirche Gottes Genüge tun — sich gehörig entschuldigen, abbitten]. Demgegenüber schloß der *kleine* Bann, die excommunicatio minor, lediglich vom Sakramentenempfang (sacramentorum participatio) und vom Kirchenamt aus, machte aber einen Kleriker nicht irregulär (Weihehindernis) (. . .). Im Mittelalter hatte der kirchliche Bann ebenfalls staatliche Rechtsfolgen. —
Von sämtlichen Formen des Banns konnte der Papst absolvieren. Die evangelische Kirche sprach sich bereits in den Schmalkaldischen Artikeln (P. 3 Art. 9) ausschließlich für die Beibehaltung des kleinen Bannes aus« (F. Merzbacher im Handwörterbuch zur deutschen Rechtsgeschichte, hsg. v. A. Erler und E. Kaufmann, Berlin 1965, Sp. 306—308).

Der kurze Artikel IX von Pars III in den Schmalkaldischen Artikeln trägt die lateinische Überschrift: De Excommunicatione, die deutsche: Vom Bann. Der deutsche Wortlaut ist: »Den großen Bann, wie es der Pabst nennet, halten wir für ein lauter weltliche Strafe und gehet uns Kirchendiener nichts an. Aber der kleine, das ist der rechte christliche Bann, ist, daß man offenbarliche, halsstarrige Sünder nicht soll laßen zum Sacrament oder an der Gemeinschaft der Kirchen [ist Singular: ad sacramentum et communionem *ecclesiae*] kommen, bis sie sich beßern und die Sünde meiden. Und die Prediger sollen in diese geistliche Strafe oder Bann nicht mengen die weltliche Strafe.« In diesem Artikel vom Bann ist kein Bezug zur Heiligen Schrift und zum Anathema, wie es in der Kirche des Neuen Testaments vorkam, genommen; dies im Gegensatz zu den in anderen Artikeln reichlich angeführten Schriftstellen.

III Bann und Luthertum bis heute

Die Pest und der Tod

Fragt man nun: welche Wirkung hatte der Bann auf Luther? Wurde er *allein* gelassen, blieb er von da an ohne Gemeinschaft? Gegen die Reichsacht hatte er einen ihn umgebenden hohen Schutzwall, den mächtigsten Reichsfürsten, und das ihm gewogene deutsche Volk in seiner Mehrheit gemäß der öffentlichen Meinung, auch in andere Länder hinaus. Von dieser millionenfachen Menge waren auch viele seines Glaubens geworden, und er formierte seine neue Kirche: also Gemeinschaft reichlich und genug. Der Bann brachte ihn nicht um seine Gefolgschaft.
Im Gegenteil! Massen stimmten seinem Gegenbanne zu, den er gegen das Papsttum schleuderte. Dazu schrieb Luther seine Kampfschriften, z. B. »An den christlichen Adel deutscher Nation« (1520). Wenige Sätze daraus: »Wenn er [der Papst] dann bannen und donnern würde, sollte man das als das Treiben eines tollen Menschen verachten und ihn in der Zuversicht auf Gott wieder auf alle Art bannen und jagen. Denn diese seine angemaßte Gewalt ist nichts, er hat sie auch nicht, und sie wird leicht mit einem Spruch der Schrift umgeworfen. Denn Paulus sagt zu den Korinthern: ›Gott hat uns Gewalt gegeben, die Christenheit nicht zu verderben, sondern zu bessern.‹ Wer will sich über diesen Spruch hinwegsetzen? Es ist des Teufels und Antichrists Gewalt, die dem wehrt, was zur Besserung der Christenheit dient. Darum soll man ihr gar nicht folgen, sondern mit Leib, Gut und aus allen unseren Kräften ihr widerstehen.
Und wenn auch ein Wunderzeichen für den Papst ... geschähe —«, so wären solche Zeichen, sagt Luther, die von falschen Christussen. »Und St. Paul sagt zu den Thessalonichern, daß der Antichrist durch Satan in falschen Wunderzeichen mächtig sein werde.« — Wenn Konzilien, Papst, Kardinäle, Bischöfe und

alle Gelehrten »die Stücke« nicht verhandeln, die der Kirche aufhelfen, »so soll der Haufe und das weltliche Schwert sich drum kümmern, ohne jener Bannen und Donnern zu achten. Denn ein unrechter Bann ist besser als zehn rechte Absolutionen, und eine unrechte Absolution schlimmer als zehn rechte Banne. Darum laßt uns aufwachen, ihr lieben Deutschen ...« (Bö 99).
Wenn Luther in seinem Kampfruf an den deutschen Adel vom Papst verlangt, er solle sich in bestimmten Dingen »eine Zeitlang seiner obrigkeitlichen Gewalt entäußern«, auch in etwa, wie es »zu den Zeiten St. Cyprians geschah«, so stellte Luther dazu autoritativ-gebieterisch fest: »Der Papst hat dem nicht zu wehren; wehrt er ihm aber doch, so handelt er wie ein Wolf und Tyrann. Da soll ihm niemand folgen, seinen Bann soll man mit einem Gegenbann zurücktreiben« (Bö 120).
Diesen Gegenbann hat Luther nicht nur durch sein Feuergericht über den Papst, sondern dann zeitlebens vollzogen.
Nun baute er seine neue Kirche. Freilich, deren Fundament war aus Gottes Wort nicht zu begründen. »Nun müssen *sie* lügen — oder die *Schrift*«: wenn man dem Vernichtungsurteil gegen eine Kirche, die das Evangelium Matthäus 16 falsch, wider Christi Wort auslegt, zustimmt, so fällt es auf Luthers Kirche selbst zurück. Denn er legte verwirrt (conturbatus), zum Teil richtig, auch undeutlich, letztlich in Aggression und gewollter Wirkung falsch aus. Spricht man wie er, so kann es nur heißen: Nun mußte er lügen — oder die Schrift. Die Schrift aber kann nicht lügen.
Was ist es aber für Luthers Neuschöpfung mit dem »Sumpfgrund«, den »Lügen und Lästerworten« und ungezählten Antichrist- und Teufelsverdammungsworten aus Luthers Mund und Feder? Wenn sie, aus »Gottes Wort« irrbegründet, das Christenvolk »mit dem einfachen Sinne des Wortes« zu Haß, Spaltung, Selbstsicherheit anspornten, — machte das nichts aus? Mochte der durch Staatsmacht Geschützte von zahlreichem deutschem Christenvolk Umgebene und Gefeierte den Bann des Nachfolgers Petri für nichts, ja des Teufels achten; ist es aber von der Heiligkeit des Wortes Gottes aus denkbar, daß das »Lügen« (ob auch unbewußt) und »Gegenbannen« die Seele dieses wenn auch noch

so Starken im Frieden Gottes belassen, in der Liebe zu Gott und Menschen gefördert hat?
Immer wieder: es geht nicht um irgendein heutiges Richten der damaligen Personen, weder der Inhaber des Petrusamtes noch dessen, der das Papsttum gestürmt hat. Es geht um uns und um unser Gewissen; um das wahre Wort Gottes, nicht um ein vorgeschaltetes lutherisches oder »reformatorisches« Verständnis. Vom Kirchengründer gehen geistliche Wirkungen aus, ungesehen, vielfach unbewußt. Bei Dem, der von Seiner Kirche sprach, Jesus Christus, dem Sohn des lebendigen Gottes, ist es so, daß der Gründer, Erbauer und Erhalter zugleich Der ist, von dessen heiligem Gottesgeist wir leben.
Seit der Zeit, da Luther unter Bruch seines Gott gegebenen Eides das Neue schuf, was es bisher (seit Gründung der Kirche Gottes) nicht gab, sind so viele Worte des Hasses aus ihm gekommen, daß nicht nur seine Beobachter in der Allgemeinen Kirche, sondern auch neutrale und protestantische Kenner dämonische Züge festzustellen sich genötigt sahen. Die Menge seiner Darsteller, die seiner neuen Kirche angehören, schildert dem gläubig-evangelischen Volk diese abgründige Seite, begreiflich, nicht. Da wird ihm einfach »die Krone des Ruhms« aufgesetzt (vgl. CL V. 491).
In einigen Darstellungen Luthers von 1907 bis 1966 durch gebürtige Lutheraner ist aber diese Seite, der Haß, nicht unterschlagen.
Ein Jahr vor seinem Tod begann Luther eine Schrift mit dem Vers:
»Pabst, was wünschest du nur dem kranken Luther zu sterben?
Besser hast du es nicht, ob er lebendig, ob tot.
Lebt er, so ist er die Pest, die dich schlägt und jämmerlich
brennet.
Stirbt er, so ist er dein Tod: glaub's nur, es ist ganz gewiß.
Böse ist ja die Pest, doch der Tod ist wahrlich noch schlimmer.
Wähle nun, was du begehrst, eins davon, treuloser Pabst!«
(In dem lateinischen Vers der Urschrift heißt es: perfide Papa.)
(Bö 177).

Noch in seinem letzten Abendgebet (von Justus Jonas nachgeschrieben) stellte er »den großen Abfall, Blindheit und Finsternis des Papsts« fest (nach G. Buchwald, Doktor M. L./Ein Lebensbild für das deutsche Haus, 1924, S. 535).
»Die fürstliche Kanzlei ... fordert ihn auf, noch einmal mit der Baumaxt zuzuhauen. Luther beweist, daß er [elf Monate vor seinem Tod] rumoren kann wie einst. Er macht ein Dutzend Verse auf den Antichrist, volkstümlich, grimmig, grob, unflätig, und läßt von Cranach Bilder dazu zeichnen. Die fallen ganz entsprechend aus, für seinen eigenen Geschmack zu wenig teuflisch ... Dann aber schreibt sich Luther alles von der Seele, was er an Verachtung für den allerhöllischsten Vater übrig hat: ›Wider das Papsttum zu Rom, vom Teufel gestiftet‹ Das Buch ist so wild und ungehemmt wie seine Judenschriften, es erfrischt ihn so, daß er die Absicht hat, ihm noch ein weiteres nachzuschicken ...
Bis zuletzt bleibt Luther seinem Hasse auf den ›Babst‹ getreu. Dieser Haß bleibt auch die stärkste von den Kräften, die aus seinem Leben strahlen« (Th 353 f.).
Unter dem Titel »Der Ruf zur Buße« wird ein Satz aus Luthers Tischreden (T R 4,4096, Nov. 1538) angeführt: »Wenn ich auch sterbe — an mir ist nicht viel gelegen, denn ich liege in des Papstes Bann [und] bin sein Teufel; darum haßt und verfolgt er mich« (CL VI, 475).
Nach dem Wormser Edikt »entstand nun eine grundsätzlich neue Lage. Von nun an war nicht mehr die Rede von der Reformation der einen Kirche, folglich auch nicht mehr von dem verlangten Reformationskonzil dieser einen Kirche, nicht einmal mehr von einem deutschen Nationalkonzil, das ohnehin ein Widerspruch in sich war. Die Spaltung war eine endgültige Tatsache geworden. Fortan mußte jeder Teil, bei ständig wachsender gegenseitiger Erbitterung, den anderen zu überwältigen suchen: Luther mit seinen siegreichen Propagandamitteln, und die Gegenseite vornehmlich mit Gewalt, was bei den Lutherischen — durchaus gegen Luthers eigene Meinung — auf die Dauer gewaltsame Abwehr auslösen mußte.

Hiermit war ein höchst bedrohlicher und unchristlicher Zustand in Permanenz erklärt, der dann in der Tat zu jedem Äußersten geführt hat und erst mit dem Westfälischen Frieden [1555] sein wiederum auf andere Weise unbefriedigendes und gefährliches Ende fand. Denn wenn es seitdem keine Religionskriege mehr gegeben hat, so gab es dafür zwei oder beliebig viele ›Wahrheiten‹, was dem Begriff der Wahrheit widerspricht und denn auch Folgen gezeitigt hat, die wir heute vor uns sehen.

Luther hat dies alles nicht gleich von Anfang an begriffen. In dem Maße jedoch, wie er allmählich ein Gefühl für die Situation gewann, wuchs sein Haß auf Rom ins maßlos Groteske, und aus seiner inneren Ratlosigkeit flüchtete er in die Hoffnung auf den ›lieben jüngsten Tag‹« (MBr 194 f.).

»Luthers wilde Verdikte gegen Rom haben bereits die Form starrer und handlicher Klischees angenommen. An die Stelle des eigengewachsenen, in der einmaligen Situation lebenden Genies tritt die wohlüberlegte und gewandte Routine...
Abgründe in dem Wesen des Mannes...« (M 249 f.).

»Wieviel war in jenen ersten Jahren dem Papst noch zugestanden! Das konnte sich Luthers dämonischer Haß auf Rom nicht verzeihen, der ja gerade in diesen letzten Lebensjahren der äußersten Maßlosigkeit fähig war. (Man sehe nur die Spottbilder am Schluß dieses Bandes 54 [der Weimarer Lutherausgabe, deren Mitherausgeber K. A. Meißinger war], für die Luther durch seine eigenhändigen Reimkommentare die volle Verantwortung übernommen hat! Gottlob sind sie einer breiteren Öffentlichkeit unbekannt geblieben...«) (M 288).

»Die Bischöfe der Zeit Luthers waren großenteils wirklich schlechte Hirten. Luther übertreibt das ins Maßlose, um beim Leser möglichst heftige Feindschaftsaffekte zu erregen« (Ha 263). Dämonischer Haß und Demut sind sich gegenseitig ausschließende, kontradiktorische Gegensätze. Der Verteufelung des Papstes mußte die Höchststeigerung des eigenen göttlichen Sendungsbewußtseins entsprechen.

»Unter anderem sagte er (Luther): ›In tausend Jahren hat Gott

keinem Bischof so große Gaben gegeben wie mir (denn der Gaben Gottes darf man sich rühmen!‹)« (CL VI, 472).
»Gegen den Papst will und muß ich mit heiligem Hochmut mich überheben (sancta superbia superbire) (WA 40 I 180,19). Die Gabe der Prophetie und unser Studium zusammen mit den inneren und äußeren Anfechtungen öffnen uns das Verständnis des Paulus und aller Schriften (WA 40 I 634,29). Denn ich erwarte kein Urteil eines Menschen, wo ich das göttliche Urteil erkannt habe ... (WA 2,17,37; MA 1,74). Wir erklären jede Lehre für verflucht, die von der unseren abweicht (WA 40 I 123,15). Wir sind maßlos stolz in Gott (superbimus in Deo ultra omnem modum) und weder den Engeln im Himmel noch Petrus oder Paulus noch hundert Kaisern noch tausend Päpsten noch der ganzen Welt wollen wir einen Fingerbreit nachgeben« (WA 40 I 181,14) (Ha 239—244).
Welche Wirkung hatte der Bann auf Luther, und wie wirkt das Banngeschehen samt Luthers Gegenbannschleudern auf den »Luther« der Geschichte bis auf unsere heutige Christenheit?
Dabei muß erforscht werden, wie der Bann auf Luthers Seelenleben gewirkt hat. »Ich liege in des Papstes Bann [und] bin sein Teufel.« Luthers dämonischer Haß, so kann man fragen, war er die Folge seines Eidbruches oder des auf diesen folgenden Anathema der Kirche, durch den Papst ergangen (vgl. 1 Kor 5,5)?
So viel wurde von Lutherkennern festgestellt: nach seiner Bannung oder schon nach der Warnung: der Bannandrohung, findet sich bei Luther dämonischer Haß. Vielleicht liegt schon im Eidbruch der innere Bann, d. h. ein Sich-von-Gott-Trennen und -Getrenntwerden. Gedanken dieser Art über inneren, subjektiven Bann, legen sich nahe, auch wenn man die Sache der objektiven, vom Bewußtsein des Empfängers unabhängigen Wirkung eines gerechten Anathema noch offen läßt. Umgreifende Wirklichkeit (objektiv) und Gewissenswirklichkeit (subjektiv) des einzelnen Christen innerhalb der göttlich-menschlichen Wirklichkeit sind nicht zu trennen, wohl aber zu unterscheiden.
Es kann auch sein, daß ein Mensch über eine Sache »sich kein Gewissen macht«, ein »gutes«, ja »das beste Gewissen« hat

(»Wir haben ein *sehr* gutes Gewissen«, konnte ein unversöhnlicher evangelischer Papstfeind jüngst sagen) — und doch ist im Unter- und im Unbewußten ein Etwas, was aus dem Bewußtsein verdrängt, hinabgestoßen, scheinbar vernichtet wurde, aber unerkannt, gefährlich, vergiftend, Metastasen sendend, unheimlich weiterwirkt. Die Metastasen können sich von einem Einzelnen in dessen geschichtlich erweiterter »Gesamtperson« auswirken. Hier: Haß, Trotz und Ruhm des Ich. Luthers Haß-Gleichnis: die Pest, deutet auf todbringende Ansteckung zwecks Verbreitung. »Tod« greift über das Jetzt Luthers und seiner Zeit hinaus, soll, seinem Haßwillen nach, das Papstamt für die Generationen vernichtet machen.

Man erforsche: wer von Luthers Anhängern sagte sich damals, um die Ansteckungskeime gegenüber später zu isolieren und unschädlich zu machen, von diesem Haß los? Geschah es nicht, so muß man eine bannende Wirkung für weiterhin annehmen: Wirkung, mindestens von Eidbruch und Gegenbann.

Wenn das Sprichwort stimmt: »Haß macht blind«, so kann die geschichtsdurchziehende Nachwirkung die sein, daß wir so lange für klare Zusammenhänge, für gewisse biblische Wahrheiten, für Menschen und Gemeinschaftsformen blind bleiben, bis uns die blind machende Decke von den Augen genommen wird und wir sie von uns tun. Die Blendung kann die von ihr pestartig Befallenen so getroffen haben, daß dem Dunkel auf der einen Seite ein helles, ja grell-gleißendes Irrlicht entsprach — bis das Wunder wie an Saulus vor Damaskus geschah.

Es sei versucht, dem inneren Zusammenhang Eidbruch — Gegenbann nachzugehen, wobei vielleicht sogar Eidbruch als Bann im Sinn von Selbstbannung bemerkt werden muß. Dies alles zur Selbstprüfung derer, die kein Gutes übersehen wollen, das durch Luther und seit ihm auf uns gekommen ist.

Luther in unserem Bewußtsein

»Hie bin ich zu Wittenberg, Doctor Martinus Luther — Hilf Gott der Wahrheit allein und sonst niemand!« (MBr 30 f.). »Mein Herr Christus und sein heiliges Wort!« (MBr 137). »Darum brauchst du nit begehren einer leiblichen Aufruhr. Es hat Christus selbst schon eine angefangen mit seinem Mund... Es ist nicht unser Werk, das jetzt geht in der Welt. Es ist nit möglich, daß ein Mensch sollt allein solch ein Wesen anfahen und führen. Es ist auch ohn mein Bedenken und Ratschlagen so ferne kommen, es soll auch ohne meinen Rat wohl hinausgehen, und die Pforten der Hölle sollens nit hindern. Ein ander Mann ists, der das Rädle treibt« (MB 202). »Was will werden, wo solcher Mund Christi noch zwei Jahr mit seinem Geist dreschen wird?« (MBr 203). »Causa nostra est justa et vera, denique ipsius Christi et Dei« (unsere Sache ist gerecht und wahr, kurz sie ist die Sache Christi selbst und Gottes) (B.A. 6, Nr. 243, S. 303; Z 15). Gott kann unser nicht vergessen, »er müßte zuvor sein selbst vergessen. Es wäre denn, daß unser Sache nicht sein Sache und unser Wort nicht sein Wort wäre. Sonst, wo wir des gewiß sind und nicht zweifeln, daß es seine Sache und Wort ist, so ist auch gewiß unser Gebet erhöret und die Hilfe beschlossen« (5. Aug. 1530: B.A. 6, Nr. 278, S. 353 f.; Z 15). »Wenn wir stürzen, stürzt auch Christus mit uns, der Herrscher der Welt« (30. Juni 1530; M. L's Briefe, hsg. v. R. Buchwald, 2. Bd. Leipzig 1909, S. 89).
Diese und ungezählte ähnliche Selbstzeugnisse Luthers in ihrer absoluten Gewißheit sind in millionenfachem Echo durch die Lande und Zeiten seiner Anhängerschaft weitergeschallt. »Gottes Wort und Luthers Lehr« sind eins. Er legt die Schrift wahr aus, die anderen sind die »Schriftlästerer«. Er fand die allein wahre Rechtfertigungslehre. »Hie kann nu ein jeglicher selbst merken, wann er Gutes und nit Gutes tut: denn findet er sein Herz in der Zuversicht, daß er Gott gefalle, so ist das Werk gut... Ist die Zuversicht nit da, oder [er] zweifelt dran, so ist das Werk nit

gut...« (»Von guten Werken«, MBr 45). Nicht zweifeln, »es sei vor ihm alles wohlgetan, was der Mensch tut« (MBr 45), und es ist gut: »da doch die ganze Schrift keinem nit gibt den Namen göttlich guten Werks denn allein dem Glauben« (MBr 45).

Was Luther lehrte, hielt, ihm nachfolgend, auch seine Anhängerschaft nicht für einseitige Lehre aus Luthers Geist, sondern für die des Geistes Gottes. Den heils- und endgeschichtlichen Kampf, den Christus gegen den Teufel, Antichrist und Menschen des Abfalls kämpft, sahen wie Luther so auch seine Anhänger hier und jetzt in dem Streit abrollen, den er mit dem Papsttum, d. h. der abgefallenen Kirche ausfocht. Sie ließen sich's von ihm zusprechen, daß sie (z. B. in Augsburg 1530) nicht über Menschen den Sieg erringen, sondern über die Pforten der Hölle (30. Juni 1530 an Agricola: B.A. 6, Nr. 245; Z 17). Denn er stand, und zwar er allein für alle seine Anhänger, an Christi und Gottes Statt.

Aber verwies er nicht Feind und Freund allein auf die Schrift? Ja, von sich als Person weg, aber nicht von sich als dem Doktor der Heiligen Schrift. »Schon seit der Leipziger Disputation erkannte Luther keine Autorität mehr an als die Heilige Schrift — aber in welcher Auslegung? In der e i g e n e n , die ihm, vermöge einer weltgeschichtlichen petitio principii, mit der Schrift selbst identisch war, und der er selbst sich ›unterwarf‹« (M 248). Was er hätte beweisen müssen: daß allein seine Auslegung der Schrift die wahre sei, die Auslegung der Lehrer seit anderthalb Jahrtausenden irrig, das setzte er voraus und forderte dafür Glauben. Wer erwies das Recht seiner Sendung und die Wahrheit seiner Lehre? Er, und meinte, die Schrift, Christus, Gott sei der Beweis gegen alle bisher, für ihn.

Dieses Sendungsbewußtsein des Einen gegen alle, für Gott!, muß so ausgestrahlt, zugleich viele Mißstände in Kirche, deutschem Volk und Gesellschaft mit dem Widereinander ihrer Stände in Umbruchszeit, müssen, nach Neuem hungernd, so ineinandergewirkt haben, daß auch die ungeheuerliche Übersteigerung des Gottesmannes und Helden gern ertragen, ja gefeiert wurde.

»Wir (anderen Prediger) kriechen und lallen gegen ihn, er

gehet gerade aufgerichtet herein gleichwie in einer offenen See, und hat das Meer beide der Wörter und der Händel, aus welchem wir allein Tröpflein schöpfen... Er kann alles ausrichten, daß wir allzumal nicht tun oder ausrichten können« (Jonas B.: Z 21). »Luther ist alles in allem, ein Mirakel unter den Menschen« (Melanchthon C.: Z 22). »Durch ihn hat Christus obgesieget nun fast bis in die dreißig Jahr« (Bugenhagen 3: Z 23). »Dieser Engel, der da saget: Fürchtet Gott und gebet ihm die Ehre! war D. Martinus Luther« (nach Offb Joh 14. Bugenhagen 2; Z 23). Er hat das Evangelium wiederaufgerichtet »ganz hell und rein wie im Anfang« (Hans Sachs 59; Z 24). Daher sein Kampf wider Teufel und Papst! In einer Predigt über Luther mahnte Bugenhagen die Gemeinde, Gott um die Erfüllung der Prophezeiung zu bitten, »die Luther sich selbst als Grabinschrift gesetzt habe: ›Pestis eram vivus, moriens tua mors ero, Papa!‹ Das ist zu deutsch: Papst, Papst, da ich lebte, da war ich deine Pestilenz, wenn ich sterbe, so will ich bei dir dein bitterer Tod sein! Gott sei gelobt in Ewigkeit durch Jesum Christum unsern Herrn! Amen.« (Bugenhagen 3: Z 24). Dem Teufel, Stifter des Papsttums, stand der eine Luther gegenüber. Wie der Teufel durch den Papst, so hat Gott durch Luther gewirkt. Denn der Stuhl des Papstes war gleichsam der ordentliche Sitz, den der Teufel sich aufgeschlagen hatte: »da sind alle Irrtümer, Ketzereien, Sekten, Abgötterei zusammen in eine Grundsuppe alles Greuels geflossen, es ist kein rechter Verstand der Heiligen Schrift gewesen, keine richtige Lehre zum Trost der Gewissen gepredigt...« (Coelius 1: Z 26). Wie der Antichrist die finstere, so ist Luther die lichte apokalyptische Gestalt, durch die Gott seine Herrschaft durchsetzt, jetzt, kurz vor dem Jüngsten Tag: »in diesen letzten Zeiten!« Schlecht stand es in der Kirche, »bis uns Gott vor seinem großen Tage den teuren Mann erweckt hat, der zu unserer Zeit ein rechter Elias und Johannes gewesen ist« (Coelius 2: Z 28). »Es rief also Luther die Herzen der Menschen zum Sohne Gottes zurück« (Melanchthon B 1: Z 34).

In den biographischen Schriften der Mitstreiter über Luther liegt, nach Zeedens Darstellung, »ein Abglanz des Zaubers, der von dem großen Manne ausging... Ein letzter Hauch davon weht noch durch die Predigten, die von 1562 bsi 1565 Johannes Mathesius zu Joachimsthal über Luthers Leben hielt. Dieselben, siebzehn an der Zahl, sind 1566 unter dem Titel ›Historien von des ehrwürdigen in Gott seligen teuren Manns Gottes Doktoris Martini Lutheri‹ zu Nürnberg erschienen. Sie sind das letzte Werk aus Luthers Umgebung und die erste größere Lutherbiographie« (Z 35). Für Mathesius war Geschichte »die Geschichte des Wortes Gotts in der Welt, die bei Adam begann, in Christus ihre Mitte hatte und mit Luther einen letzten Höhepunkt vor dem Jüngsten Gericht erreichte« (Z 39). »Seliges Werkzeug«, »ausgewähltes Rüstzeug Gottes«, »ein Wundermann« war er; ja er wagte zu sagen, »daß der Geist *Christi* durch Luther zu Wittenberg gelehrt hätte«. »So ist gewiß, daß dieses Doktors Lauf und Zeugnis von Jesu Christo, wie andrer Wunderleut Predigt, herrlich bezeuget und bestätigt, daß ohne Zweifel Doktor Luthers Bekenntnis sei die recht Lehre, die mit Mose, allen seligen Königen, Propheten, Kirchensäulen und -lichtern und den reinen Konziliis übereinstimme als die göttliche Wahrheit und selige Erkenntnis, dadurch wir das ewige Leben aus lauter Gnade bekommen« (Mathesius J: Z 42).

Auch in der zweiten Generation nach Luther war es so: »seine Lehre und Gottes Wort hielt man für dasselbe«. Lehrstreitigkeiten brachen aber daran auf, daß Luthers Schrifttum verschieden ausgelegt werden konnte. »So führten die Theologen auf den verschiedensten Seiten gegeneinander *Luther* ins Feld, beriefen sich auf ihn, behaupteten, sich im Besitz seiner Lehre zu befinden, und hatten es leicht, andere Lutherinterpretationen als die eigene zu verketzern, für teuflisch und antichristlich zu halten, weil sie die eigene Meinung für die echte Lutherlehre und diese wiederum für das reine Gotteswort nahmen. Diese Lehrstreitigkeiten entstanden auf dem Boden einer großen Gemeinsamkeit: ihnen allen lag die Gleichsetzung der lutherischen Botschaft mit dem Evangelium zugrunde. Und so erbittert die Parteien gegen-

einander kämpften, so einig waren sie sich in der Überzeugung, daß Luther als Bote Gottes auf die Welt gekommen sei« (Z 52).
Ein neuer Vorgang in der Geschichte trat dann ein, und als Beispiel dafür sei Matthias Flacius Illyricus angeführt. »Statt der bloßen Bibelstelle führte er [in seinen Beweisführungen] gleich die Kommentierung derselben durch Luther an ... Für die zweite Generation des Reformationszeitalters war der Reformator in einem solchen Grade mit der Bibel eins geworden, daß seine Theologie mit der Heiligen Schrift verschmolz. Infolgedessen konnte die Bibel bisweilen hinter der Person Luthers und dem Werk der Reformation zurücktreten. Luther selbst schöpfte seine Theologie aus der Bibel. Flacius begann aber damit, seine Theologie aus Luther zu schöpfen. Dies war ein exemplarischer Vorgang ... Die Verengerung der christlichen Basis wird offenbar. Statt auf der gesamten Heiligen Schrift steht der nachlutherische Protestantismus auf Luthers Theologie. Andererseits hatte die Konzentration der evangelischen Theologie auf den Reformator als den Angelpunkt des Heils zur Folge, daß seine Gestalt ins Übermenschliche wuchs. — Flacius nannte schon Luther, Kirchenlehre und Bibel in *einem* Atem. Luthers Autorität war für ihn in einem solch strengen Sinne vorhanden, daß er dessen theologische Lehrmeinungen für ein Dogma, d. i. für eine unumstößliche Glaubenswahrheit hielt« (Z 52 f.).
Dies war nicht nur bei Flacius so. »Nach gemeinevangelischer Auffassung gab es nun einen Proto-Interpreten und vom Heiligen Geist gelenkten Ausleger des Wortes Gottes: Martin Luther. Auf ihn berief man sich wie auf eine letzte Instanz, über die hinaus es nichts gibt« (Z 51 f.).
Die Anerkennung Luthers als der dogmatischen Autorität führte zur lutherischen Orthodoxie. Nicht diese Lehrsysteme können hier angeführt werden; aber einige wenige Beispiele für die Bindung an Luther nach Person und Werk, und wie man die Fronten erlebte. Auf der einen Seite Luther, auf der anderen die Hauptfeinde Jesu Christi. So hatte Luther den Ton angeschlagen:

Erhalt uns, Herr, bei deinem Wort
und steur des Papsts und Türken Mord,

die Jesum Christum, deinen Sohn,
stürzen wollen von seinem Thron.

Das war allgemeine Stimmung im lutherischen Bereich. »Eine Münze des brandenburgischen Kurfürsten Joachim II. von 1564 führte den Spruch:

Gottes Wort und Luthers Lehr
wird vergehen nimmermehr.

Nicolaus Selneccer prägte den Vers:

Was Lutherus einmal gelehrt,
bei dem bleiben wir unverkehrt.

Und Georg Gloccer ließ in einem langen Gedicht Luther selbst aussprechen:

Der Jüngste Tag wird kommen bald,
da wird Gott wecken jung und alt.
Nach seinem Wort und meiner Lehr
Gott richten wird in aller Ehr.

Selneccer kommentierte überdies noch seinen Vers: ›Wir urteilen Lutheri Schriften nicht nach andrer Leute Schriften, sondern wir verstehen andrer Lehrer Schriften nach Lutheri Schriften. Und was mit Luthero nicht stimmt, das verwerfen wir, es habs geschrieben, wer da wölle. Denn Lutherus führet uns allezeit beständiglichen zum Wort, Munde und Grunde Christi Jesu. Des sind wir gewiß« (Z 64, 66).

Der Luther des Anfangs wurde gleichsam zum »Luther hier und jetzt«, seine Lehre der dogmatische Raum, innerhalb dessen die Professoren und Prediger seiner Kirche »Gottes Wort = Luthers Lehr« weiterverkündeten. Man war nun so weit gekommen, »daß man nicht mehr aus derselben Quelle schöpfte wie der Reformator, sondern das Quellwasser nur durch seine Vermittlung« [wie durch eine Rohrleitung] »empfing; ja daß man sogar alles verschmähte, was zuvor nicht durch seine Hände gelaufen war« (Z 66 f.). Im Konkordienbuch von 1580, das im Auftrag mehrerer protestantischer Landesfürsten entstand, erschienen die verschiedenen lutherischen Theologenschulen vereint, bekennendes Luthertum als der »Luther in der Geschichte« seiner Kirche. Etwa ums Jahr 1700 trat aber eine Epoche der Verflüchtigung der Lehre und Auflösung der lutherischen Orthodoxie ein, durch Verinnerlichung und christlichen Universalismus. Man sah nun Luther als »die religiöse Persönlichkeit an Stelle des Vaters der reinen Lehre«. Es tritt eine »Verselbständigung des christlichen Denkens und der persönlichen Religiosität« gegenüber der lutherischen Rechtgläubigkeit ein. Ein Gottfried Wilhelm Leibniz sieht vom überkommenen Luthertum nach der Wiedervereinigung der christlichen Kirchen aus. Der Pietismus löst die persönliche Frömmigkeit von den starren Lehrbindungen in einem trockenen, teilweise öd gewordenen Lutherkirchentum. Das ergibt neue Wertungen, auch dem Reformator gegenüber. »Daß wir uns Lutheri zu hoch rühmeten und fast einen Abgott aus ihm macheten, bekenne ich, daß ich nicht begreife«, sagte ein Philipp Jakob Spener. »Ich will jetzo nicht sagen von seiner Auslegung der Schrift, sonderlich in den Propheten, wie es oft dem lieben Mann gemangelt und er den Sinn des Geistes vielmal nicht getroffen..., sondern auch in andern Stücken hat sich manches Menschliche und Natürliches mit untergemischt, damit ja ein offenbarer Unterschied bliebe zwischen den unmittelbar erleuchteten und allen übrigen Lehrern, sie haben Namen wie sie wollen. Daher wir auch alle andere Schriften nicht mit blindem Gehorsam anzunehmen haben« (Z 154 ff.). Denn es ist »ein nötiges Stück der christlichen Freiheit... keines Menschen Knecht zu werden« (Z 157).

Auch Gottfried Arnold (1666—1714), Schüler Speners, Schöpfer von Kirchenliedern, Verfasser der »Unparteiischen Kirchen- und Ketzerhistorie«, wandte sich gegen die »subtile Abgötterei«, die mit Luthers Person und Namen nun so lange getrieben worden war. »Man findet ja noch so viele Merkmale von dem Aberglauben, sonderlich unter dem gemeinen Volk, welches Lutheri erste und teure Lehr nicht im geringsten weiß und dennoch an der Person und Namen selbst ohne Verstand hanget, bloß weil die verderbte Natur immer so gern an den... äußerlichen Dingen kleben bleibet und hingegen das wahrhaftige Gut und einige Notwendige dabei vergißt« (Z 117 f.). Alle phantastischen bis subtil abgöttischen Übersteigerungen bis zum

Engel der Apokalypse lehnte Arnold ab; es sei unrichtig, Luther »absolute Unbetrüglichkeit« beizulegen, welche »keinem Menschen zukommt, er sei auch noch so hoch begabt« (Z 178). Arnold sprach es offen aus, »daß es Wahrheitserkenntnis, christliche Rechtschaffenheit und gesunde Lehre auch ohne Luther gäbe; ja auch außerhalb der evangelischen Kirchen im Papsttum« (Z 178). »Damit stellte er das gesamte lutherisch-orthodoxe Kirchenwesen in Frage. Denn dieses schöpfte seine Existenzberechtigung aus dem Glauben an die Richtigkeit und Heilsnotwendigkeit der Lehre Luthers und baute ganz auf diesem Glauben auf. Und eben diesen Glauben zerstörte Gottfried Arnold aus Gewissensgründen: an Luther anhangen hieß einem Menschen anhangen und dadurch Gott die Ehre rauben« (Z 179).

Wir folgen hier nun nicht weiter dem Wechsel des Lutherbildes und Selbstverständnisses des Luthertums in der Epoche der Aufklärung und deren historisch-kritischer Auflösung der Schrifttheologie, den verschiedenen Deutungen der Reformation als Revolution der individuellen Religiosität, der Umwandlung der Gewissensfreiheit zum Subjektivismus, zu Relativismus und Toleranz. Es geht vielmehr darum, nichts von alledem, was Luther biblisch-rechtgläubig lehrte und im Kirchenlied in das christliche Volk hineinsang, zu verlieren. Für sein echtes Zeugnis ist die Brücke ins Heute und Morgen zu schlagen. Dazu ist es nötig, das Biblisch-Rechtgläubige der Zwischenzeit zwischen Luther (samt Mitreformatoren) und uns besonders zu beachten. Die lutherische »Orthodoxie« — »Rechtgläubigkeit«, wie ihr Name besagt — wollte, nach dem Abstrich von Luther-Übertreibungen, in Vollmacht von Gott lehren. Wie kann ihre Lehre für uns verwertbar sein, und welches Recht von Gott kann den Lutherkirchen zukommen?
Hier ist der bedeutendste der lutherorthodoxen Theologen, Johann Gerhard, zu hören.
Der lutherische Dogmatiker »disputierte genau 100 Jahre nach dem Wittenberger Thesenanschlag über ›die rechtmäßige Berufung [legitima vocatio] des seligen Luther zu seinem Amt und

zur Reformation‹« (Z 86). Durchdrungen von der Wahrheit der lutherischen Lehre und der Verwerfung der römischen Kirche verteidigte Gerhard, unter Abweisung der Einwände von Bellarmin und Becanus, die Legitimität und Korrektheit der lutherischen Reformation. Er stellte bei Luther eine zweifache Berufung fest: 1. die mittelbare, rechtmäßige Berufung, und 2. die unmittelbare außerordentliche Berufung durch Gott. Über diese war dem Empfänger Martin Luther Gewißheit ins Herz gepflanzt, Gewißheit insbesondere über seine neue Rechtfertigungslehre. Im Unterschied von den früheren Emporsteigerungen zum Propheten, Apostel, fünften Evangelisten, Engel der Offenbarung und vom Heiligen Geist unmittelbar Erleuchteten, der keinerlei menschliche, d. h. durch die Kirche vermittelte Berufung brauchte, lehrte Gerhard, diese Luther ins Herz gepflanzte Gewißheit von der Wahrheit seiner Lehre sei weder eine Offenbarung noch ersetze sie die rechtmäßige Berufung.

Die mittelbare Berufung Luthers zum Kirchenamt hat nach Gerhard ihren ordnungsmäßigen Gang genommen: 1507 erhielt er »durch seine Priesterweihe die Gewalt, das Wort Gottes zu lehren; 1508 wurde er durch seinen Landesherrn Kurfürst Friedrich den Weisen und durch seinen Ordensoberen Johann von Staupitz zum Professor an die Universität und zum Pfarrer an die Stadtkirche von Wittenberg berufen und dadurch verpflichtet, das Gesetz auszulegen und das Buch des Lebens zu predigen; 1512 empfing er mit der Doktoratsübernahme und durch Ablegung des Doktoratseides die Gewalt, ›die Wahrheit der himmlischen Lehre gegen alle Andersgläubigen, wer sie auch immer seien, mit Wort und Schrift zu verteidigen‹« (Z 85—88).

»Dies alles hätte Luther aber, nach Gerhard, noch nicht befähigt, die Reformation der Kirche zu unternehmen.« Er wurde mit gewissen Gaben und Eigenschaften noch besonders bevorzugt. Diese »erhoben ihn gewiß nicht in den Rang der Apostel, aber doch hoch über die übrigen normal zum Dienst an der Kirche Berufenen hinaus. Sie hoben sein ordentliches Amt nicht auf, aber sie statteten es ungewöhnlich aus. Das Reformationswerk und der ›Angriff auf des Antichrists Reich‹ stellt etwas Außerordentliches dar, das einer unmittelbaren und wahrhaft außerhalb jeder Reihe stehenden Berufung, wie es die der Apostel war, nicht auf der ganzen Linie gleichzuachten ist, aber dennoch Luthers Amt über das gemeine Amt der übrigen [= mittelbar und ordentlich berufenen] Diener der Kirche hinaushebt. Es ist nach D. Hunnius die heroica pars [der heroische Teil] seiner Berufung« (9,88).

Für diesen unmittelbaren Teil des außerordentlichen Amtes stellte Gerhard einen Katalog zusammen, wie Schriftkenntnis und Mut, aber auch »außerpersönliche Geschehnisse«, wie z. B. den Erfolg der Reformation. »Beides, das in ihm und das außer ihm Geschehende, galt nicht als solches, sondern als Wirkung Gottes; als Wirkung, welche Gott zu dem ordentlichen Lehr- und Predigtamte Luthers hinzugefügt und wodurch er die Reformation zum Gedeihen gebracht habe« (Z 88 f.). Zu diesem Beweisgang gehörte unentbehrlich mit dazu »die grundsätzliche Verdammung« des Katholizismus, der Gemeinschaft der bisherigen Kirche. Beides, das Ja zur eigenen, das Nein zur bisherigen Kirche, übte die lutherische Theologie wie einen Gottesdienst aus (Z 90).

Den Amtseid hat Luther geschworen. Hat er ihn aber auch gehalten? (Wir folgen Zeedens Darstellung weiter:) »Bei seiner Erhebung zum Doktorat mußte Luther den Eid schwören: ›Unwahre, fremde, von der Kirche verdammte und fromme Ohren beleidigende Lehren werde ich nicht lehren‹ (J. Gerhard B 2). Später wurde in der Kontroverstheologie gern die Frage erörtert, ob Luther seinen Eid eigentlich gebrochen habe. Die Protestanten sagten: Nein! Denn er wurde zur Bekämpfung von Aberglaube und Irrtum durch diesen Eid nicht nur befugt, sondern sogar verpflichtet. Seine Reformation zeigte, daß er den Eid gehalten hat. — Im Gegenteil, sagten die Katholiken, er hat ihn gebrochen; denn: ›er leistete seinen Eid nicht allein auf die Heilige Schrift, sondern auch auf die Kirche, d. h. auf die päpstlichen Decreta‹. Darauf antwortete Gerhard: ›auf die Decreta schwur er nur unter der Bedingung, daß sie übereinstimmten mit Gottes Wort. Als er daher später entdeckte, daß sie von der Richtschnur

Christi abwichen, verwarf er sie mit Fug und Recht‹ (J. Gerhard C)« (Z 92). Soweit Gerhard als Beispiel für die »Orthodoxie« in der lutherischen Kirche.

Ein Rückblick auf Luthers eigene Kenntnis über unmittelbare oder mittelbare Berufung zum Amt wird nicht zu umgehen sein. In seinem Kommentar zum Galaterbrief von 1519 sind einige Sätze für die Frage Amt und Eidestreue von Bedeutung (WA II, S. 436 ff., CL V., 149—151).

»Er (Paulus) sagt ja: ›Apostel nicht von Menschen‹, was gleich lautet wie ›gesandt nicht von Menschen‹ . . . Das alles zielt nur darauf ab, daß du sehest, mit welch großer Sorgfalt Christus seine Kirche gegründet und davor beschützt hat, daß keiner blindlings sich anmaße zu lehren, es sei denn, er habe seine Sendung von Christus selbst oder von denen, die Christus gesandt hat.« (Der Herausgeber der Calwer Lutherausgabe merkt dazu an: »Gedacht ist hier an die Lehre der römischen Kirche, daß die Bischöfe in ununterbrochener Reihenfolge die apostolische Amtsweihe in der Kirche fortgepflanzt hätten . . .«) . . . »Kurz, mit derselben Absicht, mit der einst David alles hinterließ, was Salomo an Aufwand für den Bau des Tempels brauchen sollte, hinterließ auch Christus das Evangelium und die anderen [heiligen] Schriften, damit durch sie, nicht durch menschliche Erlasse, die Kirche erbaut würde.« — Und nun kennzeichnet Luther, im Anschluß an den Kirchenvater Hieronymus die vier Arten von wahren oder nur angeblichen Sendboten Jesu Christi:

»Der heilige Hieronymus stellt aus diesem Vers (Galater 1,1) vier Arten von Aposteln zusammen.

Die erste Art ist die, welche ›nicht von Menschen, auch nicht durch einen Menschen, sondern durch Jesus Christus und Gott, den Vater‹ berufen ist, wie einst die Propheten und alle [wahren] Apostel.

Die zweite Art ist die, welche zwar von Gott, aber durch einen Menschen berufen ist, wie die Apostelschüler und alle, die bis zum Ende der Welt rechtmäßige Nachfolger der Apostel sind, also die Bischöfe und Priester. Und diese Art kann nicht bestehen ohne die erste, von der sie ihren Ausgang nimmt.

Die dritte Art ist die, welche von einem Menschen oder mehreren Menschen, nicht von Gott berufen ist . . .
Die vierte Art ist die, welche weder von Gott noch von Menschen, auch nicht durch einen Menschen, sondern von sich selbst berufen ist, wie die falschen Propheten und die falschen Apostel. Über sie sagt Paulus 2. Kor 11,13: ›Solche falsche Apostel sind trügliche Arbeiter, die sich verstellen zu Christi Aposteln‹, und der Herr Joh 10,8: ›Alle, die von mir gekommen sind, die sind Diebe und Mörder gewesen.‹ Und Jer 23,21: ›Ich sandte die Propheten nicht, doch liefen sie; ich redete nicht zu ihnen, doch weissagten sie.‹ Vor diesem Übel muß man sich am meisten hüten . . .«
Im Anschluß an diese Hieronymusstelle schreibt der Herausgeber der Calwer Lutherausgabe: »Nur die ausdrückliche Berufung ins Amt berechtigt zum Predigen« (CL V, 151).
Überlegt man, zu welcher der vier Arten Doktor Martin Luther in seinem Priester- und Professorenamt gehört hat, so kann es nur die zweite Art sein. Seine bedingungslosen Verehrer, aber auch Spener und andere, bestritten zwar diese Tatsache nicht; aber für sein Eigentliches, das Neue, die Gründung der wahren Kirche, genügte die ordentliche Sendung nicht. Dazu behaupteten sie, mehr oder weniger übersteigernd, für ihn den Propheten-, Apostel- ja apokalyptischen Engelsrang.
Aber das waren ja unbewiesene Behauptungen von Menschen, die vielleicht zu früheren nach Art zwei Berufenen gehörten und nun alles Interesse daran hatten, ihre Eidbrüche zu rechtfertigen. Daß Luther, von der Stunde seines Eidbruches und Abfalls von der Kirche Gottes an, zu den »Dieben und Räubern« von Joh 10 zu rechnen sei, war die Überzeugung der Männer, die in ihren Ämtern nach der zweiten Art ihren Amtseiden treu blieben.
Im Gedanken an den ernst zu nehmenden Hauptvertreter der Lutherorthodoxie, Johann Gerhard, muß man sich m. E. darüber klar werden, ob es laut der Schrift Alten und Neuen Testaments als Gottes Wille denkbar ist: einer seiner Boten bricht zwar Gott seinen Amtseid im ordentlichen Amt, aber er kann das rechtfertigen dadurch, daß er zu seinem Ganz-Besonderen dennoch Gottes Auftrag hat, und zwar den eigentlich göttlichen. Luther

blieb, wenn das zu bejahen ist, gerade dadurch Gott in seinem göttlichen Werk der eigentlichen unsichtbaren Kirche treu, daß er Gottes nur angeblichen Amtsträgern in der sichtbaren Kirche die Amtstreue brach. Nur, so folgert man, wird dadurch auch die neugegründete Kirche, die auf dem Eidbruch der bisherigen gegenüber beruht, von der eigentlichen, wahren, unsichtbaren, göttlichen Kirche weggespalten. Denn was der bisherigen Kirche infolge ihrer Sünden widerfuhr, damit trat die neue ihren Weg an. Letztlich zerriß man durch diese Verwerfung und Vernichtung der bisherigen sichtbaren Kirche in ihrer trotz Sünde durch die Gnade von Gott im Neuen, bleibenden Bund festgehaltenen Seinsweise das Band Gottes mit den Menschen selbst; man leugnete die Menschwerdung Gottes in Jesus Christus.

In seinem Treueid gegenüber Gott hat Luther sein lebenslängliches, ewiges Ja zum bleibenden Gottesbund mit der von Ihm erwählten Gemeinschaft der erlösten Sünder gesprochen. Brach er es, so war seine Neugründung etwas, was im Neuen Bunde keinen Ort hatte. Seine Neuschöpfung (das, was bisher so nicht da war) konnte auch von keinem der neuen »kirchlichen Amtsträger« Treue fordern. Dem einen Treubruch konnten zu gelegener Zeit nur Treubrüche die geziemende Antwort sein. Würde aber Amtstreue geleistet, so gälte sie nun mit absolutem Festhalten an Luthers unvergleichlicher Sendung zugleich der Antihaltung gegen die sichtbare Kirche von Anfang bis an der Welt Ende.

Den wechselnden Einschätzungen Luthers in den Jahrhunderten, insbesondere bei Semler, Lessing und Herder kann man entnehmen, welches (im Gleichnis zu reden) Bergwerk an edlem Gestein bis zu Abraum der persönlich Gewaltigste in der Kirchengeschichte seiner Zeit gewesen ist. Von Erörterung des Luther-Eides und Eidbruches war (laut Zeedens Bericht) nicht mehr die Rede. Denn von der »alten Kirche« war man los, man war weit vorgeschritten.

In der neuesten Zeit, im 20. Jahrhundert, zeigten sich nebeneinander und zeitlich nacheinander die verschiedenartigsten »Lutherbilder«, d. h. Einstellungen zu ihm und infolgedessen

Darstellungen von ihm. Auf der einen Seite ereignete sich eine Lutherrenaissance mit Neuentdeckungen christlicher Schätze in seinem unermeßlichen Schrifttum, und mit einer fürs Kirchenvolk nicht abreißenden Folge von Jubiläen, vor allem wieder seit 1917, Jubiläum des Thesenanschlags, mit ungezählten Darstellungen, auch Verfilmungen, dieses an Weltauftritten reichen Lebens. Auf der andern Seite ist auffallend, wieviel seltener seit 20, 30 Jahren Luthers Name in den Predigten vorkommt. Aus welchem Grunde? Wirkte die Tatsache nach, daß die Deutschen Christen (1933—1945) vor allem den Judenfeind Luther in zahlreichen Reden und Schriften für ihre Vollendung der Reformation im deutschen Volk zwecks Errichtung der wahrhaften Reichskirche zitiert hatten? »Der Jude als fleischgewordener Teufel« ist eine Teilüberschrift für reichliche Texte in der Calwer Lutherausgabe. »Luthers Ratschläge zur Judenfrage: Erstens soll man ihre Synagogen mit Feuer anstecken und, was nicht verbrennen will, mit Erde überhäufen und zuschütten, daß kein Mensch einen Stein oder Schlacke davon sehe ewiglich... Zum andern soll man auch ihre Häuser desgleichen zerbrechen und zerstören... Zum vierten soll man ihren Rabbinern bei Leib und Leben verbieten, hinfort zu lehren; denn dieses Amt haben sie mit allem Recht verloren...« (CL VI, 453 f.).

Nun kann nicht geleugnet werden, daß sich bei Luther zahlreiches katholisches Glaubensgut findet. Gerade für das Amt, das Predigtamt, aber auch das Amt der Sündenvergebung (Beichte, Absolution) kann ein unübersehbares Zeugnis von ihm vorgebracht werden. Das hätte aber letztlich dahin geführt, daß man das Amt der neuen Kirche wieder mit dem durch die vorangehende Geschichte durchgehaltenen hätte in Beziehung setzen müssen. Daher kam die breite Strömung auf: »Nehmt das Amt nicht so wichtig! Wozu Ordination? Jeder Getaufte ist Bischof und Papst. Wir sind doch alle im gleichen Rang: nichts als Brüder! Der Geist macht's!!« Damit war man bei konsequent-reformatorischen Gedanken eines Karlstadt angelangt. Von Bischof Stählin wird ein Satz berichtet (ob er ihn wörtlich so sagte oder ähnlich): Karlstadt hat gewonnen. Das heißt: die Amtsfrage braucht uns

nicht Unruhe zu machen. (Und, fügen wir hinzu, dann erst recht ein Bruch der Amtstreue nicht.)
Aber auch Karlstadt war nicht das Letzte. Thomas Münzer und dessen neueste Nachfolger werden als konsequenteste Auswerter der Revolution Luthers verkündet. Luther war demnach, richtig gesehen, Revolutionär. Und Forderungen von Gewaltanwendungen waren bei ihm, wenn auch nicht so stark wie bei Calvin, nachweisbar. Was eine frühere Reformationsdarstellung streng abwies, wurde neuestens (der Münzer-Aufwertung entsprechend) als in historischer Forschung erwiesen bezeichnet: der Bauernkrieg als die Sozialrevolution damaliger Zeit hatte in Luther seinen Ursprung.
Was die Glieder der evangelischen Kirchen in Deutschland von Doktor Martin Luther halten sollen, lesen sie im Evangelischen Kirchengesangbuch, dem verbreitetsten ihrer Glaubensbücher. In ihm sind für ausgesprochen lutherische Landeskirchen enthalten auch die Allgemeine Ordnung des Hauptgottesdienstes, deren Schrifttexte für die Predigten in sechs wechselnden Jahrgängen, Ordnungen für die heilige Taufe, die Konfirmation, das Abendmahl, die Beichte, die Trauung; die Ordination und Amtseinführung, die Bestattung. Weiter: Gebete für das ganze Christenleben. Und auch Die Augsburgische Konfession (etwas gekürzt). Im Verzeichnis der Text- und Melodien-Verfasser ist für die Reformationszeit als Erster genannt:

»Luther, Martin, der Reformator der Kirche«.

Auf Befragen äußerten sich zwei evangelische Gemeindeglieder (von 15 bzw. 40 Jahren) über den Begriff »Der Reformator der Kirche« wie folgt.
(1) Er war der Reformator »natürlich der evangelischen Kirche«. Aber — »die gab's ja noch nicht vor ihm. Praktisch hat er eine neue Kirche gemacht. Er hat ganz von vorn angefangen und eine neue gebildet, er ist der Schöpfer der evangelischen Kirche«. — »Aber die katholische Kirche besteht immer noch ... In der evangelischen Kirche sind die Christen, die das nicht erfaßt haben ..., die nicht glauben, was vor Luther war. Es

stimmt eigentlich nicht: der Reformator der Kirche, wenn er eine neue gegründet hat.«
(2) »Er hat die Kirche reformiert. Das gemeine Volk hat es nicht verstanden, was da lateinisch gesagt wurde. Mancher Priester war den Leuten verleidet, (er) hat(te) sie in Angst und Schrecken versetzt. Martin Luther hat die Bibel übersetzt, so konnten die Leute die Bibel lesen und so haben sie die Schrift besser verstanden, haben sich informieren können, waren nicht mehr so abhängig von den Priestern und von denen, die damals etwas zu sagen hatten.« — »›Die Kirche, der Kirche‹ ist freilich Singular (Einzahl). Es gab nur *eine* Kirche — er war ja auch Priester darin —: die römisch-katholische Kirche. Also gab es jetzt einen andern Zweig, eine Abspaltkirche: die jetzige evangelische Kirche. Er hat den Urbeginn geschaffen von der jetzigen evangelischen Kirche. Es ist zwar der gleiche Gott; aber andere Dogmen, andere Riten. Den katholischen Glauben haben wir nicht: die Beichte, Maria, die Reliquien ... An sich stimmt der Ausdruck [Der Reformator der Kirche] nicht. Denn da setzt man voraus, was alle Welt weiß, daß es zu der Zeit [Luthers] nur *eine* Kirche gab. — Weil er etwas anderes lehrte, weil er sich [Stenogramm unklar] ..., wurde er in den Bann getan, kam auf die Wartburg, mußte untertauchen. — Eigentlich müßte es heißen: Der Reformator der römisch-katholischen Kirche.«
(1) »Ja, es stimmt: reformieren heißt die Kirche zu ihrer Urform zurückbringen; (— wenn reformare [lateinisch] heißt: umformen in annos primos, bis etwas wieder die erste Gestalt annimmt —), dann heißt es erneuern.«
Hunderttausende, vielleicht Millionen evangelischer Christen, einschließlich des Verfassers, hinterfragten in vielen Jahren diesen Begriff »Der Reformator der Kirche« nicht. Die Gestalt »unseres Luther« übt, schon bei bloßer Nennung seines Namens, eine solche Macht über uns aus, daß in der Grunderkenntnis, wer eigentlich »die Kirche«, und wer »unsere Kirche« im Verhältnis zu ihr sei, sowohl Logik als biblische Einsicht und geistlicher Verstand wie ausgesetzt erscheinen. Wir haben im Machtbereich Luthers unsere ersten, entscheidenden Eindrücke von der Ge-

meinde oder Kirche: = der wahren, mit unserer evangelischen gleichgesetzt, empfangen. Wer bringt in dieses in sich selbst unklare Grundlagenproblem vielerlei Klarheit hinein?
Gott wird es tun! lautet lebendige Hoffnung.
Luthers Macht über uns Deutsche beruht entscheidend auch in seiner unübertroffenen, von niemand erreichten Sprachgewalt. Seine Bibelübersetzung, seine Kirchenlieder, sein Katechismus: rein die Sprachgewalt wirkt als freudig bejahte, weil gottverliehene Macht, ähnlich einer Naturgewalt. Luther kannte sie. Und sie ergoß sich, zu Brauch und zu Mißbrauch. Ein Beispiel sei angeführt. »Unter den ›Papisten‹, die vor dem Elstertor mit gebrannt hatten, befanden sich auch einige lateinische Streitschriften von Hieronymus Emser in Leipzig, der damals Hofkaplan des Herzogs Georg war. Nun beging Emser in seinem Zorn den Fehler, deutsch gegen Luthers Schrift an den Adel zu schreiben. Er hatte aus den Niederlagen der Tetzel und Alveld nichts gelernt oder bildete es sich ein, es besser zu können als seine Vorgänger. Luther bot sofort die ganze Kraft seiner deutschen Rede wider ihn auf; sobald einer deutsch gegen ihn schreibt, ist er wie ein souveränes Raubtier, das in seinem Revier keinen anderen Herrn duldet« (MBr 172 f.). Daher schreibt er seine Schrift »An den Bock zu Leipzig. Doctor Martinus Luther. Dem Bock zu Leipzig meinen Gruß ...« (Br 177—184).
Wer im Bann der Urgestalt und Urgewalt Luthers steht, wer überdies das, was die eine Kirche und Gemeinde ist, von Jugend an nur eins mit ihm als der anschaulichsten Heldengestalt über allen anderen, Freund oder Feind, in sich aufgenommen hat oder davon ergriffen wurde, der wird wesentlich umsinnen müssen, ehe er bei Luther den Mißbrauch seiner Macht entdeckt. Er wußte: sie können alle miteinander, dem Format nach, nicht an ihn heran. Auch über uns, um uns und in uns herrscht ein Muß, das klare Urteil auszusetzen, so lange, bis der Bann der Luther-Macht von uns weggenommen ist.
Dieser Bann der Luther-Macht, als einer echten Kraft von Gott, und als Machtmißbrauch in eins verschmolzen, und darum, der echten Beigabe wegen, doppelt unangreifbar umgreift den ganzen

evangelisch-protestantischen Teil der Christenheit. Dieser »Raum« ist einer »Bannmeile« vergleichbar, einem Banngebiet als einem Herrschaftsbereich. Auf dem Banner der neuen, wahren, »dem Reformator der Kirche« folgenden Christenheit stand und steht der Name Luther. Vielen Kirchengebäuden gab man seinen Namen. Gleichzeitig hörte der Name Maria für Kirchenbauten auf.

Wurden ihm auch Altäre errichtet? Friedrich der Große hielt dafür, Luther verdiente es, »daß man ihm als dem Befreier des Vaterlandes Altäre errichtete« (Z 292). Johann Gottfried Herder, Generalsuperintendent in Weimar, »rief ihn einmal mit bewegten Worten wie einen Geist aus der Unterwelt in die Verwirrung der Gegenwart hinauf und beschwor ihn, sich seines Volkes anzunehmen. Die Worte lauten: ›Verzeihe, edler Schatten, daß ich Deine Gestalt hinauf bemühet und zum Theil auch harte, obwohl lebendige Worte aus Deinem Munde und Deinen Schriften entlehnet habe. Ich entlehnte sie zu einem guten Zweck, des gährenden Geistes meiner Zeit halben, da Übertreibungen von beiden Seiten herrschen und nicht jeder die Mittelstraße zu finden weiß. Werde nochmals der Lehrer Deiner Nation, ihr Prophet und Prediger, vielleicht hört Deutschland, Fürsten, Adel, Hof und Volk Deine Stimme, deren Wahrheit hell wie der Mittag, deren Ton und Laut so eindringlich ist, als zuweilen furchtbar und schrecklich. Ein andermal wollen wir zartere Worte aus Deinem Herzberedten und Herzberedenden Munde hören‹« (Z 323). Und Lessing, in seinem Aufklärungskampf gegen den lutherischen Hauptpastor Goeze in Hamburg, suchte einen gleichsam jenseitigen Richter über sich und Goeze; dazu rief er aus: »Erst soll uns hören, erst soll über uns urtheilen, wer hören und urtheilen kann und will! O, daß Er es doch könnte! ... Luther, du! Großer verkannter Mann ...« (Z 323 f.).

Wurde oder wird der mit »du« angeredete große Mann als »Schatten« oder wird sein Schatten gesehen, so wäre er in einem Schattenreich zu denken, was nach dem Sprachgebrauch der Bereich der Unterirdischen und eine heidnische Vorstellung ist. Die Du-Anrede bezeichnet hierbei keine wirkliche Gemeinschaft in Gottes Licht. Soviel bekannt, bezeichnet kein lutherischer Christ den Reformator als Heiligen oder Seligen in der »triumphierenden Kirche«. Unser Denken an die 95 Thesen ist mit dem Vorabend von Allerheiligen verbunden. Zu diesen Allen Heiligen gehört an überragender Stelle Maria als die Mutter Gottes, gehört der heilige Josef, gehört die heilige Anna, gehören viele Päpste als Blutzeugen, gehören Märtyrinnen, Kirchenlehrer des Morgen- und Abendlandes, Ordensstifter, Bischöfe, Priester —: Patriarchen und Propheten, Apostel, Märtyrer, Bekenner und Jungfrauen; unbekannte wie bekannte Glieder am Leib Christi, Glieder seiner Kirche. Sie werden im Glaubensbewußtsein der Kirche, des Volkes Gottes, als am Altar Gottes und des Lammes versöhnte Brüder und Schwestern und nun in ewiger Gemeinschaft bei Gott gesehen. Widersacher des Petrusamtes als einer Stiftung des Teufels dürfte man sich mit diesem Fehlbekenntnis darunter schwerlich vorstellen.

Aber —: »War Sankt Anna nicht wirklich ›ein Gespenst‹, weshalb Luthers in Todesgefahr ausgestoßenes Gelübde ›Sankt Anna, hilf, ich will ein Mönch werden!‹ gottwidriger Unsinn war! Allerheiligen feiern wir *nicht*. Es *gibt* keine Heiligen! Luther hat den Himmel von den Heiligen leergefegt.«

Andererseits singen die evangelischen Gemeinden doch von Heiligen (z. B. EKG 26, 39, 137, 177, 275). Und unsere Gemeinschaft mit den Heiligen im Himmel wird für die »Betgemeinde« wichtig. »Wenn die Heiligen dort und hier . . . alle sich vereinen und es geht ein Gebet aus von ihnen allen, wie muß das erschallen!« (EKG 275). Wir bitten Gott um »ein Auge rein und sonnenklar, ein Ohr, den Schäden zugekehrt, und Lippen, die von dir gelehrt; Gemeinschaft mit der obern Schar« (Zinzendorf, EKG württ. Teil 465).

Und wir bekennen — seit 1974 im deutschen Sprachraum sogar im fast gleichen Wortlaut mit der römisch-katholischen Kirche — das Apostolische Glaubensbekenntnis, in ihm die Gemeinschaft der Heiligen.

So wäre in unserem Glaubensbewußtsein zu klären, welches der geistliche »Ort« Luthers sei, soweit Gott es uns zu erkennen gibt.

Der Vater unserer Kirche

Wenn ein Bann der Unklarheit über und in uns liegt, in welchem mittel- oder unmittelbaren Sinn Luther »der Reformator« sei, so liegt unter dem gleichen Bann die Vernebelung (perturbatio: Verwirrung, Unordnung, Störung, Umwälzung) »der Kirche«. »Luther wollte doch gar nicht aus der Kirche austreten! Man hat ihn ausgeschlossen! Er wollte keine neue Kirche gründen!« — Wenn er es aber doch getan hat, so hat er es etwa gegen besseres Wissen und *gegen seinen eigenen Willen* getan, könnte gefolgert werden. Die Kirche Jesu Christi, die der Herr auf Fels gebaut hat, weist keinen derart verworrenen Anfang auf. Selbst bei einem so hervorragenden Ausleger des Neuen Testaments und klaren Denker wie Adolf Schlatter kann man in seinem Predigtband »Der Ruf Jesu« feststellen, wie ungeklärt alles im Wechsel durcheinandergeht, was bei uns Kirche, die Kirche, die Gemeinde, die Christenheit, unsere Kirche u. s. f. sein oder heißen soll. Das ungeklärte Durcheinander geht oder geistert durch das evangelisch-protestantische Schrifttum von der Kirche. Man gehe, als Beispiel, nur daraufhin die Schrift eines der gläubigsten Lutheraner, Wilhelm Löhes »Drei Bücher von der Kirche« durch, mit dem Untertitel: »Den Freunden der lutherischen Kirche zur Überlegung und Besprechung dargeboten von Wilhelm Löhe, lutherischem Pfarrer«. »Friede sei mit denen, die *Ja* sagen! Friede mit denen, die *Nein* sagen! Gottes Friede komme zu *allen*! Möchten wir alle im Frieden Eins, Eine Kirche, Seine Kirche sein! Neuendettelsau, 2. Dezember 1844. W. L.« Dazu fast 100 Jahre später der Zusatz des Herausgebers (der 6. Auflage): »Löhes Hochgesang von der Kirche ist gewiß noch nicht veraltet, und zwar ist die vorliegende Schrift nicht bloß deshalb einer Neuausgabe wert, weil sie das vielleicht schönste Preislied auf die Kirche bis zum heutigen Tag geblieben ist. Wir haben es immer wieder nötig, uns das Ideal der Kirche vorhalten zu lassen, am nötigsten in einer Zeit, die sich so viel mit der Kirche beschäftigt, ohne immer auf völlige Klarheit darüber zu dringen, was denn eigentlich die Kirche sei. Neuendettelsau, März 1928. D. Lauerer.« Dieses Ideal ist niemand anderes als allein die lutherische Kirche. »Sie ist die eigentliche Mitte der Konfessionen« (W. Löhe).

Luther »hat unsere Kirche gegründet«. Dafür seien zwei Männer angeführt, die zweihundert Jahre auseinanderliegen. Zuerst (1) Johann Georg Hamann (1730—1788). Er ist mit der bedeutendste Anreger eines christlichen neuzeitlichen Denkens in Überwindung des in »Aufklärung« abgesunkenen lutherischen Christentums. »Lessing und Herder [dieser der Generalsuperintendent, quasi der »Bischof« der lutherischen Kirche in Sachsen-Weimar] hatten auch gemeint, Luther geistig nahe zu sein. Sie hatten ihn als Mentor für ihr eigenes Werk beansprucht. Luther sollte das befördern helfen, was *sie* wollten. Umgekehrt wollte Hamann das, was *Luther* wollte: nämlich unter dem Kreuze stehn und Diener Christi sein... So stand Hamann in einem ganz andern Verhältnis zu dem Reformator. Denn er rückte ihn in *eine* Linie mit Bibel und Gesangbuch und bekannte, daß er ›keine andere Orthodoxie [Rechtgläubigkeit] als unsern kleinen Lutherischen Katechismus verstehe‹. Der ›Vater unserer Kirche‹, wie er ihn gelegentlich nannte, galt ihm als der authentische Glaubenslehrer und Schriftausleger. — ›Was für eine Schande für unsere Zeit, daß der Geist dieses Mannes, der unsere Kirche gegründet, so unter der Asche liegt!‹« (Z 351, 355, 360).

(2) Ein Kirchenhistoriker unserer Zeit, Franz Lau, nannte den Reformator zwar nicht wie Hamann »unsern Vater« (der gegenüber dem ›proton pseudos‹ [Z 361], der Umfunktionierung der Offenbarung in ›die natürliche Religion‹« Hilfe sein soll), aber er spricht in seinem gemeinverständlichen Buch »Luther« (Sammlung Göschen Bd. 1187, 2. Aufl. 1966) von »Luthers Kirche«. Luthers Bild im Wandel der Zeiten sei ein wechselndes gewesen. »Luthers Durchbruch« brachte die »Auseinandersetzung mit Rom«. »Luthers Reformation« brachte den neuen Gottesdienst und »Luthers Ja zu den evangelischen Landeskirchen«. Der große, abschließende Hauptabschnitt heißt: »Luthers Kirche«. Hier wird zuerst »Luthers persönliche Stel-

lung in seiner Kirche« behandelt, womit die »endgültige Scheidung von Rom« verbunden ist. »Das Fundament der Kirche« wird dargestellt, darnach »Luthers Ende und das Schicksal seiner Kirche«. Luther und sein Werk hat größten Wert für die ganze Christenheit. »Luthers einzigartige Bedeutung für die Christenheit liegt zunächst in der Schärfung des Wahrheitsgewissens ... Luther hat den einzelnen gelehrt, für all sein Glauben, Überzeugtsein, Tun, für sein ganzes Leben lediglich die Wahrheit gelten zu lassen. Der Kirche hat er das Gleiche aufgetragen. — Was ist Wahrheit? Wahrheit ist die große objektive Wirklichkeit Gottes. Aber für Luther gehört zur Wahrheit, daß sie mir gewiß wird. Die Wahrheit gilt es zu bekennen; für sie heißt es zu streiten; um der Wahrheit willen muß einer, wenn es nicht anders geht, sterben, und eine Kirche muß bereit sein, um der Wahrheit willen unterzugehen« (141 f.).
Lau stellt die Wesenszüge von Luthers Kirche dar, was deren Liturgie, Lehre, und Leitung anbelangt. Was die neue Lehre betrifft, so ist sie stark gegen die der früheren Kirchen ausgerichtet. »Als Luthers ›Testament wider Rom‹ sind die Schmalkaldischen Artikel mit Recht bezeichnet worden« (133).
Es sei im Folgenden versucht, an der Liturgie, der Leitung und der Lehre von Luthers Kirche unserem bedrängenden Eindruck selbstkritisch nachzugehen: ob Luthers Eidbruch einen Bann erbracht hat, und, wenn das so war, welchen.
Luthers neue Kirche war, obwohl er ihr Vater bzw. Schöpfer war, keine gegenüber der bisherigen, geistlich und raumzeitlich katholischen Kirche, ganz neue Schöpfung. Er war ja kein Creator ex nihilo, Schöpfer aus dem Nichts, wie Gott. Sondern er nahm aus dem Vorhandenen, nach Liturgie, Leitung und Lehre, das, was ihm geeignet schien. Dazu wählte er aus; verwarf das Eine, nahm anderes an. Das neue Gebilde hat nun ein 450jähriges Wachstum hinter sich. Wie das mehrfach stark abgewandelte Lutherbild machte der Luther in der Geschichte, seine Kirche, Wandlungen durch, wobei die in Spannung befindlichen verschiedenen Seiten seines Wesens an seinem Werk, das Menschen je für ihre Zeit herausgestalteten, hervortraten.

Die Liturgie der lutherischen Kirchen ist weder ohne die Liturgie der katholischen Kirche noch ohne die Umformung in Luthers Deutscher Messe zu verstehen. Wenn die Gemeinden hierbei wahrhaft Gott im Geist und in der Wahrheit anbeten, so ist Gott für die Erhaltung vielen Erbgutes von Anfang und in seiner Entfaltung zu preisen. Worin liegt aber der Bruch und dadurch der Verlust? Im Folgenden wird die kurze Skizze des Versuchs eine Antwort geben.
Gesang, Gebet und Predigt stellen unsern »Wortgottesdienst« dar. Inwiefern sollen sich in diesem Gottesdienst Spuren des Bruches und der »Bannmeile« finden, über die wir trotz dem Willen, Gott in dem reinen Gottesdienst der Kirche zu ehren, nicht hinauskamen?
Zum Kirchengesang sei ein weniges gesagt. Wir preisen Gott unsern Heiland für sein Werk der Kirche in zahlreichen von Gottes Wort gesättigten Liedern (EKG 201—225; württ. Teil dazu noch 461—474), ohne zu bemerken, daß diese besungene Kirche keine andere als die Kirche des Neuen Bundes ist, wie sie im Neuen Testament verkündet wird. Was wir zu Gott emporsingen, handelt nicht von einer Anzahl Spaltungsgemächten des 16. Jahrhunderts und seither, sondern von Seinem allezeit bestehenden Werk, der Kirche, vom FELS Jesus Christus auf den Fels gebaut. Im »Lutherlied« Ein feste Burg ist unser Gott singen wir »Das Wort sie sollen lassen stahn«, merken aber nicht, daß Luther das Herrenwort vom Fels, und damit der wahren Kirche der Vollmacht, die das ganze Dogma verkündet, nicht stehen ließ, weshalb unsere massenhaften »Kirchen« (vgl. die angestiegenen Zahlen beim Genfer Welt-Kirchenrat) von Menschen auf Sand gebaut sind und so nur eine Zeitlang bestehen bleiben können. (In ›Ein feste Burg‹ sei mit dem Feind der Türke, nicht der Papst gemeint, stellt Meißinger als höchstwahrscheinlich fest: M 242.) An jedem der genannten 39 Kirchenlieder kann man es durchproben: Besingen ihre Schöpfer, und damit die singende Gemeinde, ein Spaltungsunwesen? Nein, gewiß nicht. Die Lieder passen in Wahrheit nur auf die Eine, Allumfassende, vom Herrn selbst auf den Fels gegründete Kirche des Neuen Testaments.

Der Verfasser vertrat diese Ansicht seit Jahren; sie wurde teils leidenschaftlich, teils in ruhiger Sicherheit abgelehnt. In unserm Kirchenlied wird die Treue Gottes besungen, die er zu seinem Volke hegt; nirgends wird der Treu- und Eidesbruch verherrlicht (EKG 208 und öfter); stets ist es die eine Kirche von Anfang bis zu des Herrn Wiederkunft. — Die Ämter sind bezeugt: »Der Heilig Geist darin regieret, hat seine Hüter eingesetzt« (EKG 206); deren leitender war an Pfingsten der Petrus — dieser wird aber nun, nicht willentlich, sondern m. E. durch den Bann im Unterbewußtsein, wie nichts behandelt. »Eine Herde und ein Hirt!« (EKG 220), hierbei wird das Evangelium von dem einen Hirten, den der eine ERZHIRTE eingesetzt hat — und das Evangelium gilt, bis ER wiederkommt — nicht mitbedacht; es wird sofort der Sprung über die Zeit der Kirche weg gemacht in die Ewigkeit: da — »wie wird dann dir sein, o Erde!« Die Sonne der Gerechtigkeit soll aufgehen (EKG 218): »brich in deiner Kirche an, daß die Welt es sehen kann.« »Schaue die Zertrennung an, der kein Mensch sonst wehren kann; sammle, großer Menschenhirt, alles, was sich hat verirrt!« Aber so, wie er laut seinem allzeit gültigen Evangelium sammeln will, darf er es nicht. Diese Beispiele können nicht nur 35mal vermehrt werden; alle 394 plus (württ.) 199, zusammen 593 Lieder, sind Lieder von der Einen heiligen allumfassenden, auf Aposteln und Propheten erbauten Kirche des Dreieinigen Gottes. Aber die Hunderttausende von Gemeinden singen es zwar — und »Singen ist doppeltes Beten« —, merken es aber nicht. Und warum können sie es nicht merken? Weil sie in den Lutherbannkreis hineingebannt sind, wonach die felsgebaute Kirche »vom Teufel gestiftet« ist.

Die Gemeinden glauben anders, als sie singen. Der Glaube kommt aus der Predigt (vgl. Röm 10,17). Die Gemeinden kommen unter die Kanzeln und hören ihre Prediger, denen Luther mitgab: »Ein jeder, der Christi Wort redet, mag sich frei rühmen, daß sein Mund Christi Mund sei. Ich bin gewiß, daß mein Wort nicht mein, sondern Christi Wort sei; so muß mein Mund auch des sein, dessen Wort er redet« (1522). Von denen glauben

sie das Wort Christi zu hören. »Wie sollen sie aber predigen, wenn sie nicht gesandt werden« (vgl. Röm 10,15). Gesandt sind sie zwar den Bibelworten nach, die bei ihrer Einsetzung verlesen werden in der einen Kirche Christi; aber Gemeinden wie vorher ihre Prediger halten sich an ihres Erstpredigers und Kirchengründers Predigt: »Bleibet ihr bei dem einfachen Sinne des Wortes!« Fallen die Lutherprediger aber nicht selbst unter das Urteil, das er über die felsgebaute Kirche gefällt hatte: »Nun müssen *sie* lügen oder die *Schrift*« (CL III, 297).
In der Predigt hören die evangelischen Gemeinden die lutherische Auswahl aus dem Evangelium, oder, besonders neuestens, beliebige andere Auswahlen, meist noch Auswahlen aus Luthers Auswahl oder von anderen neben ihm, auch gegen ihn. Der Häresie in der Vollmachtsordnung vom Herrn (*Wer* lehrt) muß die Häresie in der Lehre (*was* vom überlieferten Gut göttlicher Lehre ausgewählt und für die Jetztzeit, dem Zeitgeist entsprechend, für gut befunden wird) entsprechen. Der »Sand« rinnt, wie beim Haus ohne Fundament, sowohl bei der (fragwürdigen, gebrochenen) Vollmacht der Prediger, als auch bei den ausgewählten Lehren.
Jesus Christus hat für einen wesentlichen Bestandteil seiner Offenbarungswahrheit das (weder Predigern noch Hörern bewußt gewordene) Kanzelverbot. Die Auswahlfreiheit der einzelnen Prediger ist ungemessen stärker als das Nichtverstehen des Kirchenliedes heiliger Prägung (das viele vorreformatorische Stücke umfaßt) durch die betende und hörende Gemeinde.
Wie im Kirchenlied so ist in den Kirchengebeten die katholische Wahrheit *einschlußweise* vorhanden. Nur muß die Gemeinde alle Sätze, die vom Wahrheitsgut Gottes in unversehrter Weitergabe durch die Zeiten und von der Fürbitte für die Hirten der *einen* Herde handeln, im Sinn unserer Kirche verstehen, in deren Gotteshaus, oft einer »Lutherkirche« oder einem »Brenzgemeindehaus« u. s. f., sie sich befindet.
Man wird keinem der Gemeindeglieder unter der Kanzel und vielleicht auch keinem von 185 000 Predigern schuldhaften Irrtum vorwerfen können. Vielmehr ist daran zu denken, daß die

»neue Kirche« in ihren Abarten, von der Macht des Selbsterhaltungstriebes zusammengehalten, so singen, Wort-Gottes-predigen und -hören, dazu ihr eigenes Beten so verstehen muß, daß man nicht die eigene Existenz wie ein von feindlichen Gewalten bedrohtes Haus preisgibt.

Bei unseren »Kirchlichen Handlungen« kann der Tatbestand kein anderer sein. Unbewußt-kollektiv wird abgewehrt, was »unsere Kirche als die wahre« gefährden könnte. Gewiß, die Taufe verbindet unsere Kirche mit der, in der auch Martin Luther die seine empfangen hat. Aber im Konfirmationsunterricht wird die Grenze gezogen, und dies unter Verwendung der Gottesworte, die von der Einen Kirche von Anfang bis zu Jesu Wiederkunft handeln. Der ausführliche Einzelbeleg z. B. am bisherigen württembergischen Konfirmationsbuch kann erbracht werden (vgl. »Der Lehrprozeß« S. 448 f.). Vom Bußsakrament ist keine Rede mehr. Die Ehe gilt nicht als Sakrament; gläubige evangelische Christen halten sie aber für unauflöslich. Beim Begräbnis vermissen sie da und dort das klare Bekenntnis des Pfarrers zum ewigen Leben.

Bei der Feier des Abendmahles halten viele bis in unsere Tage Luthers Bekenntnis zur Realpräsenz fest: »Das *ist* mein Leib...« Bei der Spendung werden vielfach so zahlreiche Bibelverse gesagt, daß die unbewußte Quelle dieser zeitlichen Längen durch die Worthäufungen nur die Meinung sein kann: »Sakrament« ist nicht wesentlich; auf das Wort kommt es an, und daß man dieses im gewissen Glauben ergreift, wozu man aber auch noch »leiblich Essen« zur Vergewisserung des Glaubens persönlich hinzunehmen kann. Neuestens wird vielfach die sakramentale Vorstellung als unbiblisch abgetan; das Abendmahl sei nichts anderes als andere Mahlzeiten, die Jesus mit seinen Jüngern und mit Sündern hielt. — Über die Urwirklichkeit der Einen Abendmahls-Gemeinschaft der Kirche: daß in dieser auch der Jünger im Felsamt vorhanden ist (vgl. das Evangelium vom Abendmahl, Mt 26; Joh 13, 24), und diese Gemeinschaft nicht ohne ihn, wird nicht gesprochen. So viel bekannt, auch nicht darüber, daß die Abendmahlsgemeinschaft keinen Eidbruch und Bann ver-

trägt. Auch nicht darüber, daß die Versöhnung, ehe getrennte Brüder sich am Altar des geopferten Lammes wieder vereinen und wahrhaft gemeinsam den Leib und das Blut des Sohnes Gottes empfangen können, der Eidbruch gegenüber Gott und Treubruch gegen die eine Bruderschaft vor Gott und Menschen bekannt und vom barmherzigen Gott als dem großen Wiederbringer Vergebung und die Heilung der Wunden am Leib der Gemeinschaft erfleht werden muß.
Die Ordination, Amtsweihe und Sendung zum »Diener des göttlichen Wortes, Diener Jesu Christi und verordneten Diener der christlichen Kirche« erfolgt in der Heimatkirche des Verfassers ohne Begrenzung in diese einzelne Evangelische Landeskirche hinein. Vielmehr sind alle, reichlich verkündeten, biblischen Segens- und Sendungsworte auf die Eine Kirche des lebendigen Gottes bezogen. Keine Fehlauslegung, etwa des Hauptsendeevangeliums Mattäus 28, liegt vor. Evangelium Mattäus 16 (mit Parallelen, par) wird weder falsch ausgelegt noch verwendet. Wir sind hier für die Wahrheit und gottgeschaffene Wirklichkeit des Petrusamtes in der einzigen Kirche, die es gibt, *offen*. Jedoch fand der Verfasser für diese seine Feststellung, so oft er sie vorbrachte, keine Zustimmung. Weder bei seinen Amtsbrüdern, mit verschwindenden Ausnahmen, noch bei den Erstverantwortlichen. »Was geschähe, wenn unser Herr Landesbischof das Petrusamt anerkennen würde! Er wäre von da an ein Bischof ohne Volk!« (so ein Prälat).
Die Wunde des Eidbruches wurde damals, beim Hinweis des Verfassers auf die gottgefügte Bewahrung unserer Ordinationshandlung vor Irrauslegung des Evangeliums Mattäus 16 par. und Absperrung gegen Christi Werk, nicht berührt.
Einige Marien- und Apostelfeiertage wurden bis vor wenigen Jahren da und dort, besonders in ländlichen Gemeinden, noch gehalten. Der Schwund geht aber weiter. Mir ist keine Gemeinde einer lutherischen Kirche bekannt, in der Maria, die Mutter des Herrn, nach der Schrift selig gepriesen wird. »Wer Maria sagt, ist katholisch. Das wollen wir nicht sein und niemals mehr wer-

den. Die Reformation wäre verraten! Es geht um die Treue zu unsern Vätern.«

Wie in der Liturgie bzw. den verschiedenen Liturgien der neuen Kirchen, so mußte sich auch bei der Leitung der neuen Kirchen der Eidbruch auswirken. Und dies wohl am meisten dadurch, daß in den neuen Kirchen Unverständnis gegenüber dem Offenbarungs- und Rechtsspruch des Herrn über die Leitung seiner Kirche nicht als schriftwidriger Irrtum und Antasten des göttlichen Rechtes des Christus Jesus erkannt wurde. Man hielt ja den geistlichen Aufruhr und Umsturz für recht.
»Dieser schwere Geburtsfehler« der neuen Kirche und weiter abgespalteten Kirchen mußte irgendwie korrigiert werden, damit das Leben des neuen Gebildes (und wir sehen nun speziell) die lutherische Kirche an) weitergehe. Der Gründer wurde der Leiter, kein anderer war für ihn da. »Luther war doch so etwas wie der Papst der neuen Kirche, der täglich um Rat und Entscheidung angegangen wurde, mündlich und besonders schriftlich. Unermüdlich stand er für alles dies zur Verfügung, wie er es ja schließlich mußte. Der Briefwechsel, durchaus von ihm persönlich mit eilender Feder bewältigt, ist von gewaltigem Umfang und enthält viele schwerwiegende Gutachten. Immer mehr begann die große Politik hineinzuspielen, für die er nicht gemacht war. Luther war sozusagen eine Art von Großmacht, es gibt für seine Stellung kein Beispiel in der deutschen Geschichte, und sein Einfluß erstreckte sich auf einen großen Teil Europas. Er hat diese Stellung bis zu seinem Tode behalten und hatte keinen Nachfolger« (MBr 235).
»Luther war nahezu ein Vierziger, als er die Wartburg verließ, um in Wittenberg an die Spitze einer neuen Kirche zu treten und eine Aufgabe zu übernehmen, wie sie ihm bisher ganz ferngelegen hatte. Dazu war er körperlich wie geistig nicht mehr im vollen Besitz seiner Kräfte. Und doch tat er fast ein Vierteljahrhundert lang die Pflicht, die ihm, wie er stets glaubte, sein Gott auferlegt hatte. Er war jetzt ganz der tapfre Ritter wie sein Namenspatron. Wir sehen ihn streiten wider Fürsten und Her-

ren: Georg von Sachsen, Heinrich von England, Albrecht von Mainz; gegen Irrlehrer wie Karlstadt, Münzer, Zwingli und Agricola; gegen Ritter und Bauern. Überall waren seine Entschlüsse und Meinungen rasch gefaßt und starr verfochten« (Martin Luthers Briefe: In Auswahl hsg. v. Reinhard Buchwald, Leipzig 1909, Bd. I, Einleitung S. XIII).
In diesem (fast ein) Vierteljahrhundert, nachdem Luthers Einbruch gelungen war, d. h. die *Eroberung* katholischen Glaubensgebietes, folgte auf die Eroberung gleichsam die *Kolonisation*. Splitterte auch Zwinglis noch neuere Kirche vom lutherischen Kirchenbestand ab, die lutherische Kirche, an Umfang weit größer, blieb das neue Gebilde, an dessen Spitze Luther stand. Ein Vierteljahrhundert war er selbst der Quasi-Papst, eindeutiger Mittelpunkt und die Spitze der neuen Quasi-Hierarchie: der Landesherren, Visitatoren, Superintendenten, Konsistorien, leitenden Pfarrer und eines neuen »Bischofs« seiner Einsetzung. Inwiefern war der persönlich-innere Ur-Bruch des einen Mannes in dieses Ganze hineingefiltert oder eingeschmolzen? Diese Frage brauchte nicht gestellt zu werden; das Gebilde war ja der gewaltige Luther selbst in der Machtausweitung gemäß seinem Geist und mittels der Staatsgewalt. Ein Vierteljahrhundert lang gab es keine Nachfolgersorgen.
Das »antichristliche« Gebilde hatte, wie aller Welt und auch Luther bekannt war, Nachfolger im Leitungsamt. Wirft man in dem Vierteljahrhundert der quasi-monarchisch geleiteten neuen Kirche den Blick hinüber, so sieht man (und jene sahen's vor uns), daß dort Nachfolger im Amt des obersten Bischofs waren. Gab sich für Luther und durch ihn seiner Kirche gar keine Möglichkeit mehr zum Suchen nach wiederherzustellender Gemeinschaft? Zeigte sich kein vereintes Beten im Lutherkreis um Beziehung zu dem Hirtenamt, das sich im Glauben an das Evangelium Johannes 21 dem auferstandenen Herrn gehorsam erzeigen (wenigstens) *wollte*? Luther hat ja selbst bei der Disputation mit Eck in Leipzig 1519 die zeitendurchdauernde Gültigkeit des Evangeliums Johannes 21 (den dreifachen Weide-Leitungsauftrag an die Gesamt»herde«) anerkannt und sogar eine Prophe-

zeiung für den Oberhirten getan, die auf neue Gemeinschaftsaufnahme hinwies: »Weide meine Schafe: das ist: lehre, predige das Wort, ermahne, bete, geh mit gutem Beispiel voran! Denn das griechische Wort bedeutet hier nicht bloß regieren und weiden, sondern sanft und liebreich warten, und alles tun, daß den Schafen nichts fehle. Und das halte ich für das evangelische Verständnis. Darum bitte ich Herr D. Eck, daß er mit mir den Herrn Jesum Christum anrufe, daß er nicht allein dem obersten Bischof, sondern auch allen Bischöfen diesen Sinn geben wolle, daß sie diese Worte [Evangelium Joh 21] auf sich also deuten. Es ist kein Zweifel, die ganze Welt würde einen solchen Mann mit offenen Armen und milden Freudentränen annehmen, der sich nach diesen Worten aufführen [sein Amt führen] wollte. (Wörtlich:) Non est dubium, quin totus orbis obviis manibus et perfusis lachrymis sit excepturus talem virum, qui secundum haec verba se gerere vellet... Quis es hic, et laudabimus eum.« Der letzte Satz ist Zitat aus Sirach 31,9: »Wer ist es (oder: Wo ist er?), so wollen wir ihn loben« (vgl. VfF 207 f.).
Der Ausdruck »orbis« zeigt klar, daß der Ort, wo der »Oberste Bischof« sei, für Luther nicht zweifelhaft war. Der Papstsegen wurde ja »Urbi et Orbi, der Stadt (Rom) und dem Erdkreis« erteilt. Aber er konnte weder in Leo X., so sehr er ihn eine Zeitlang rühmte, noch in den anderen, ihm folgenden »Obersten Bischöfen« den Mann erkennen, der sich im Amt nach dem Evangelium richte. Man fragt: Auch in Papst Hadrian VI. nicht, der ja öffentlich vor dem Reich Buße tat und Reform versprach? Auch wenn er nur kurz (1522—23) im Amt war — die Züge, die Luther als wahres Merkmal aus dem Evangelium aufgezeigt hatte, waren an Hadrian VI. deutlich zu erkennen. Wenn Luther nun die ganze Kraft seiner Überzeugung von dem größten Schatz der Kirche, dem hochheiligen Evangelium als Frohbotschaft von der Gnade Gottes, der felsgebauten Kirche und ihrem obersten Hirten zugewandt hätte! Wenn er die Aufforderung zum Gebet nicht nur in einer kurzen Disputation an einen einzelnen Doktor, sondern an das christliche Deutschland gerichtet hätte, das in ihm, Doktor Martin Luther, den Künder von Buße und Glau-

ben, den Erneuerer von Grund auf, sah! Aber gerade 1522 und 1523 versteigerte sich ja Luther dazu, daß die bisherige Kirche die Satanskirche sei. Wann aber würde für die neue Kirche der Tag kommen, da man feststellen kann, daß Luthers Weissagung sich erfüllt? Im Römerbrief (12,7) steht: »Hat jemand Weissagung, so sei sie dem Glauben gemäß.« Die Kirche hatte den Glauben, daß trotz aller bösen Schäden an Haupt und Gliedern, in den Renaissancepäpsten, im Bischofs- und Priesterstand, in Klöstern und im Volk, Gott seine Kirche des Neuen Bundes nicht verwerfe, sondern heilen werde. Sollte, was Israel galt, dem Neuen Bundesvolk nicht erst recht, aus überwallender, rettender Liebe gewährt werden? »Gottes Gaben und Berufung können ihn ja nicht gereuen« (Röm 11,29). Vor allem: wäre der dreifache Rechts- und Sendespruch des auferstandenen Herrn hingefallen, so wären die Lämmer und Schafe keine Herde mehr, sondern dem preisgegeben, der sie nur zerstreuen und einzeln erwürgen kann. Durch das dreifache Herrenwort wurde eine Wirklichkeit geschaffen: »eine Herde und ein Hirt« (mit vielen Unterhirten und Menschenfischern), die kein Mensch, wider Christi Schöpfungswort, für beliebig lange Zeit außer Kraft setzen oder wie ein Nichts behandeln durfte. Luthers »Weissagung« geschah nicht voll aus dem Glauben.

Die Vollmacht zum Urteil, wer dann einmal dem dreifachen Sendewort wirklich entspreche und dafür zu loben sei, nahm Luther einmal zunächst selbst für sich in Anspruch, und das Heer der neuen Amtsträger in seiner Kirche hielten 1. an seiner und ihrer Urteilsvollmacht: dem Binden und Lösen von Mt 16 und 18, fest; 2. an dem Gegenbann, Verdammungsurteil samt der Treuaufsage an die Kirche des Antichrist. Es fragt vielleicht jemand: hatten sie denn gar keine Augen für das Gute »drüben« über der Kluft, und ebenfalls keine Augen für die nun mit Macht aufgetretenen Mißstände, Zuchtlosigkeiten, Gesetzlosigkeiten, die den Reformator fast nicht mehr in Wittenberg bleiben ließen? — Aber man muß bedenken: das neue Sein, Dasein, die Existenz der neuen Kirche(n) war ohne den Eidbruch (der Lügenkirche gegenüber) nicht zu halten. Der Anti-Bann im

unter- und unbewußten Seins- und Gewissensgrund der neuen, häretisch-schismatischen Kirchengebilde tat unausgesetzt seine Wirkung.
Es ist kein hinreichender Grund bekannt geworden, für die Lutherische »Kirche« nach ihres Gründers Tod die existentielle Weiterwirkung von Eidbruch und Gegenbann abzustellen. Für die neuen Kirchen, auch die Calvins, und insbesondere, für unseren Bereich, die Luthers, war und blieb das Gesetz der Selbsterhaltung das alles Bestimmende. Wie die Landeskirchen im Staatsoberhaupt ihren »Landesbischof« aus dem Adel deutscher Nation, dann ihre von diesem bestimmten Konsistorien, Generalsuperintendenten, Superintendenten hatten, und dies bis zur Revolution von 1918, ist bekannt.
Seit dem Sturz der Fürsten, 1918, wurde den Landeskirchen die politische und geistliche Freiheit gegeben, nun Hirten- und Bischofsämter rein kirchlicher Art und Sendung zu gewinnen. In dem Augsburgischen Glaubensbekenntnis, Artikel 28, war das Vorhandensein des Episkopats der Kirche Jesu Christi als Glaubenswahrheit laut dem Evangelium zeugnishaft bekannt worden. Jetzt, denkt man, mußte Luthers Weissagung vom obersten Bischof und allen Bischöfen in den Blick kommen, damit wir nun wirklich, frei von der damaligen Verteufelung der Papstkirche, dem ewigen Evangelium gemäß, unsern Glaubensgehorsam vollziehen. Großes konnte geschehen; Gottes Wort war als die Kraft für uns bereit, damit wir in Buße und Glauben nicht mehr unter die Hecken säen, sondern ein Neues pflügen (vgl. Jer 4,3). Gottes Gnadenstunde war da. Nicht daß man das Gute, was auch unter dem staatlich gesicherten Landeskirchentum da war, zu leugnen brauchte. Aber der Kirche des Neuen Testaments hatte eine solche (halb-)staatliche Leitung nicht entsprochen. Was geschah jetzt 1918? »Das Landeskirchentum war bis zu einem gewissen Grade erträglich, solange es einen Luther gab — von da an vollends nicht mehr, und doch ist es ertragen worden. Und als dieser schwere Geburtsfehler im Jahr 1918 von den evangelischen Landeskirchen ohne ihr Zutun abfiel, was geschah da? Nichts geschah« (MBr 235).

Nichts geschah, um das Bekenntnis der Augsburgischen Konfession (besonders Artikel 28), auf die doch die lutherischen Pfarrer und Landesbischöfe amtsverpflichtet waren, jetzt zu erfüllen. Das hätte ja geheißen: mit dem Episkopat der Einen heiligen, allgemeinen und apostolischen, felsgebauten Kirche die Fühlung aufzunehmen. »Gott Lob! im Augsburgischen Bekenntnis steht kein Wort gegen das Petrusamt des Papstes!« konnten unsere geistlichen Leiter der Landeskirchen feststellen; »also können wir dem Kirchenvolk wirklich das Evangelium zumuten, das von der Einheit und Leitung der Kirche handelt.« Im Jahr 1918 war kein Leo X., kein Clemens VII. da, sondern Benedikt XV., ein Mann, dem kein Luther und nicht einmal ein Calvin absprechen konnte, daß auf ihn die Weissagung Luthers zutraf. Der Erdkreis hatte ja auch Kenntnis genommen, wie Päpste selbst einem Tyrannen à la Napoleon nicht gewichen sind. Bonaparte meinte zwar, Rom, »diese alte Maschine würde von selbst aus dem Leim gehen«, und einer der Direktoren der Republik schrieb: »Dieses alte Götzenbild [das Papstamt] wird vernichtet werden; so will es die Freiheit und die Philosophie. Aber die Politik allein kann bestimmen, wann und wie. Es ist zu wünschen, daß Pius VI. noch zwei Jahre lebe, damit die Philosophie Zeit habe, ihr Werk zu vollenden und diesen Lama Europas ohne Nachfolger zu lassen. Es ist der Wille des Direktoriums, daß, wenn die Zeit gekommen ist, der Papst gänzlich untergehe und seine Religion mit ihm begraben werde.« — »Den Papst wollte Berthier eigentlich entfliehen lassen, damit man nicht Hand an ihn zu legen brauchte. Da Pius sich aber weigerte, seine Herde zu verlassen, und bei den Gräbern der Apostelfürsten [Petrus und Paulus] ausharren wollte, so fürchtete man einen Aufstand zu seinen Gunsten, und Berthier erhielt Befehl, ihn hinwegzuführen. Vergebens bat der Achtzigjährige, man möchte ihn in Rom sterben lassen. ›Vous mourrez partout, sterben können Sie überall‹, wurde ihm geantwortet.« Der Fortgeschleppte starb in Valence am 29. August 1799. (Zitate aus Seppelt-Löffler, Papstgeschichte von den Anfängen bis zur Gegenwart, München 1933, S. 354 und 356.)

Die Welt, auch unabhängige protestantische Kirchenhistoriker wie Ranke, bemerkten, daß es mit der Verteufelung und Vernichtung des Petrusamtes im alten Luther-Calvin-Stil nicht mehr ging. Napoleon ließ auch den nächsten Papst, Pius VII., verhaften. »Sonderbarer Kampf«, meint Ranke, »zwischen dem, der die Welt bemeisterte, wie nie ein anderer, und einem armen Gefangenen. Der eine im Genuß allen Glanzes und aller Gewalt, die die Erde zu geben vermag, voll Verschlagenheit und Kühnheit, Scharfsinn und Entschlossenheit, verbündet mit allen Kräften, welche den Menschen gebieten, immer ohne Wanken, sein Ziel vor Augen. Der andere, nachdem man ihn eine Zeitlang mit auffallender Sorgsamkeit behandelt hatte, bald darauf der Gemeinschaft mit der Welt beraubt, abgeschnitten von jedermann, völlig vereinsamt. Und doch war allein sein Dasein eine Macht. Nicht mit den offenbaren, aber mit den geheimen inneren Kräften, die ihm die alte Gewohnheit des Glaubens und der Verehrung so langer Jahrhunderte daher in der ganzen katholischen Christenheit von selber zuwandte, war er verbündet. Aller Augen sahen nach ihm hin; sein Widerstand gegen die Gewalt, sein Leiden, das man um so mehr mitfühlte, da es ein allgemeines war, hatte sein Ansehen unendlich vermehrt und es mit dem Glanze des Märtyrertums umgeben« (Seppelt-Löffler, Papstgeschichte S. 368).

Die Welt sah, was es mit dem Petrusamte war, einfach seinen Früchten nach; sie sah auch die festgefügte Gemeinschaft der katholischen Kirche, trotz der leidigen Tatsache, daß dieser Acker auch Unkraut aufwies. Wir sahen 1918 nicht, was in der Heiligen Schrift stand, und wogegen, die Kirchenleitung betreffend, unser Augsburger Bekenntnis nichts enthielt. Natürlich lasen wir, was in Bibel und Bekenntnis dastand; aber die Decke lag uns auf der Heiligen Schrift wie vor den Augen.

Und nochmals, nachdem das sogenannte Dritte Reich das lutherische Staatskirchentum mit vielen ihm dargebotenen Lutherworten und Gewalt nochmals hatte durchsetzen wollen, kam im Jahr 1945 eine Gottesstunde: daß wir endlich unsere, in lutherisch, reformiert und uniert aufgespaltenen Kirchentümer und ihre

Leitung nach dem Evangelium ausrichten möchten. Das hieß: nicht mehr auf Sand bauen, sondern auf den FELS, der uns den Fels an Seiner Statt gegeben hat; nicht mehr einem bloßen Menschen, sondern auf den ERZHIRTEN vertrauen, der Seiner Herde den Hirten, für jede Generation, nun auch die jetzige geoffenbart und rechtmäßig eingesetzt hat.

Wie 1918, so 1945: »Was geschah da? Nichts geschah« (MBr 235). Und doch wurde ungeheuer vieles getan an Kirchenverfassungsarbeiten, Gesetzen zu gegenseitigen Ämteranerkennungen u. s. f.: nur eben innerhalb des Gesamtbereiches der Kirchengebilde, die sich weder von Luthers Eidbruch noch seinem Gegenbann bei der Verbrennung der katholischen Glaubens- und Rechtsbücher lösten oder lösen ließen.

Die Leitung der einzelnen lutherischen Landeskirchen liegt bei ihren Kirchenpräsidenten mit dem Titel »Bischof« oder »Landesbischof« (so z. B. in Württemberg). Inwieweit solche Landesbischöfe ihr Amt nach der Augsburger Konfession (C.A. 28) führen wollen oder können, ist öffentlich nicht einsichtig. Jedenfalls gilt, daß der Landesbischof von der durchs Kirchenvolk gewählten *Landessynode* gewählt wird. Von dieser gilt z. B. nach der württembergischen »Verfassung der Evangelischen Landeskirche« vom 24. Juni 1920 (mit den Änderungen bis zum 10. Mai 1965 — Auszug, nach dem Handbuch für Kirchengemeinderäte): »Der Landessynode kommt das kirchliche Gesetzgebungsrecht zu.« Wiederum: »Die Landessynode vertritt die Gesamtheit der evangelischen Kirchengenossen« (ebenda, S. 138, 135). Vom Kirchenpräsidenten gilt (ebenda, S. 140 f.): »Dem Kirchenpräsidenten kommt die oberste Leitung der Landeskirche zu. Er vertritt die Kirche nach außen und nimmt die Aufgaben wahr, die ihm in den kirchlichen Gesetzen übertragen sind. Er vollzieht nach Maßgabe der gesetzlichen Vorschriften die Ernennung der Geistlichen und der Beamten der Landeskirche. Anmerkung: Der Kirchenpräsident führt seit 8. Juli 1933 und wiederum seit 20. Januar 1949, ebenso seit 30. März 1962 die Amtsbezeichnung eines Bischofs der Evang. Landeskirche in Württemberg (Landesbischof).«

Blickt man, beim Gang durch die hinter uns liegende Geschichte, auf den einen Gesamt-Kirchenleiter der ganzen, nach den Grenzen ihrer Landesherren abgegrenzten, geistlich aber weithin glaubenseinigen Lutherkirche, eben Luther, zurück, so ist von Confessio Augustana 28 her der Gedanke naheliegend, *wer kraft Amtes es sein könne und sei* (quis est hic), der bei der Umkehr zu Gottes Wort und Christi Recht (Evang. Mt 16, Joh 21 par), die etwa 75 Millionen Mitglieder aller lutherischen Landeskirchen als in Buße und Glauben einige Schar zum HAUPT der Einen Kirche, dem ERZHIRTEN und FELS zu führen und also die Gemeinschaft mit dem Hirten und Fels an Seiner Statt wieder aufzunehmen. Es ist die Gemeinschaft der lutherischen Bischöfe nach C.A. 28! Die meisten sind im Lutherischen Weltbund vereinigt. Dem Aufruhr sollte die Umkehr zum Frieden Gottes entsprechen, wird der Christ denken, der beim einfachen Sinn der Worte des Herrn (Mt 16 par) bleibt.
Hier ist nun zu beachten, was in der Verfassung des Lutherischen Weltbundes geschrieben ist. Im Folgenden das Wichtigste:
»Verfassung. Die geltende Verfassung des Lutherischen Weltbundes basiert auf der von der Gründungsversammlung in Lund (Schweden) am 1. Juli 1947 angenommenen Verfassung. Änderungen wurde von dieser ersten und den folgenden Vollversammlungen beschlossen.
Der LWB (so die amtliche Abkürzung) ist nach Art. 60 ff. des Schweizerischen Zivilgesetzbuches als juristische Person eingetragen; er kann deshalb für die Liegenschaften seiner Mitgliedskirchen und ihrer Werke (Missionsgesellschaften u. a.) als Treuhänder eintreten. Im Falle eines internationalen Konflikts würden solche Liegenschaften unter dem Schutz der neutralen Schweizer Konsularbehörden stehen.
I. Name. Die auf Grund dieser Verfassung gebildete Körperschaft trägt den Namen und Titel ›Lutherischer Weltbund‹.
II. Lehrordnung . . . (hiervon im nächsten Abschnitt).
III. Wesen, Aufgaben und Zuständigkeitsbereich.
1. Wesen. Der LWB ist eine freie Vereinigung von lutherischen Kirchen. Er handelt als ihr Organ in solchen Angelegenheiten,

die sie ihm übertragen. Er übt nicht aus eigenem Recht kirchliche Aufgaben aus. Ebensowenig ist er befugt, für die ihm angehörenden Kirchen Gesetze zu erlassen oder sonst die Selbständigkeit irgendeiner Mitgliedskirche zu beschränken.
2. Aufgaben: In Übereinstimmung mit den vorstehenden Abschnitten soll der LWB
a) gegenüber der Welt die einmütige Bezeugung des Evangeliums von Jesus Christus als der seligmachenden Kraft Gottes fördern;
b) Einigkeit des Glaubens, Bekennens und Bekenntnisses unter den lutherischen Kirchen der Welt pflegen;
c) Brüderlichkeit und gemeinsame Studienarbeit unter den Lutheranern entwickeln;
d) die Aufgeschlossenheit der lutherischen Kirchen für die ökumenischen Bestrebungen, das Bewußtsein ihrer Verantwortlichkeit für diese sowie ihre Beteiligung an diesen stärken;
e) lutherische Kirchen und Gruppen bei ihren Bemühungen unterstützen, die geistlichen Nöte anderer Lutheraner mitzutragen und das Evangelium zu verbreiten;
f) ein Werkzeug der lutherischen Kirchen und Gruppen zur gemeinsamen Bewältigung leiblicher Nöte bilden.
3. Zuständigkeitsbereich. Entsprechend seinem Wesen, seinen Aufgaben und seinem Aufbau kann der LWB für eine oder mehrere Mitgliedskirchen in Angelegenheiten tätig werden, die ihm von diesen übertragen werden.«
Ausführlich ist über Mitgliedschaft, Organisation und die Vollversammlung gesagt. Sodann über die
»VII. Amtsträger. Der Präsident des Weltbundes wird von der Vollversammlung durch Stimmzettel gewählt ... Er ist der oberste offizielle Vertreter des Weltbundes. Er bleibt im Amt bis zum Schluß der nächsten Vollversammlung und kann nicht als sein eigener Nachfolger wieder gewählt werden. Die anderen Amtsträger des WB werden vom Exekutivkomitee gewählt«.
Über dieses folgt ein großer Abschnitt. Da in der Öffentlichkeit vielfach der Generalsekretär bekannt wird, stehe hier sein Auftrag:

»IX. Generalsekretär. Unmittelbar nach Schluß jeder Vollversammlung wählt das Exekutivkomitee einen Generalsekretär, der hauptamtlich und bis zum Schluß der nächsten Vollversammlung tätig ist. Der Generalsekretär ist dem Exekutivkomitee für seine Arbeit verantwortlich. Es ist seine Aufgabe, die Beschlüsse der Vollversammlung und des Exekutivkomitees unter der allgemeinen Aufsicht des Präsidenten durchzuführen. Er erstattet durch das Exekutivkomitee der Vollversammlung des Weltbundes Bericht.«
Weitere Bestimmungen folgen über Nationalkomitees, Kommissionen, Finanzen und Änderungen.
»XIII. Änderungen. Änderungen dieser Verfassung können mit Zweidrittelmehrheit der bei jeder ordentlich einberufenen Vollversammlung stimmberechtigten Anwesenden beschlossen werden, sofern diese Absicht am Tage vorher bekanntgegeben worden ist. Verfassungsänderungen, die so erfolgt sind, treten ein Jahr nach ihrer Annahme durch die Vollversammlung in Kraft, wenn nicht vorher von mindestens einem Drittel der Mitgliedskirchen des Weltbundes beim Exekutivkomitee Einspruch eingelegt worden ist.«
Schwerlich dürfte jemand behaupten, die amtliche Stellung des Präsidenten oder des (viel bekannteren) Generalsekretärs des LWBs sei mit der des anfänglichen Leiters oder Hirten der Lutherkirche zu vergleichen. Für ihn, Doktor Martin Luther, war von ihm selbst wie von seinen nächsten Mitarbeitern, dann weithin von seiner Kirche, zu der amtlichen Sendung als Priester, Professor und Prediger hin die einmalig-außerordentliche, gleichsam prophetische Sendung, unmittelbar von Gott, geltend gemacht und entsprechend von ihm ausgeübt worden. Seine Frage mit Sirach 31: Quis est hic? galt den damaligen Nachfolgern Petri in Rom. Eine heutige oder zukünftige Anfrage nach Genf an den Generalsekretär oder den Präsidenten des Lutherischen Weltbundes, ob er dazu da sei und bereit sei, das Ganze des Luthertums von heute zur Umkehr zum Herrn und seinem Werk, der Kirche, also zur Gemeinschaft in der wahren, felsgebauten Einen heiligen katholischen und apostolischen Kirche

zu führen — kann jemand sie sich vorstellen? Würde der Gefragte die Anfrage als von Gott und dem Haupte der Kirche kommend mit Ja beantworten im Aufblick zu Gott: »Gott, ich bin bereit, sende mich!«, so müßte, denkt man, zu der laut Verfassung des LWBs eng umgrenzten Amtsvollmacht eine wahrhaft göttliche, außerordentliche hinzukommen. Denn der Verfassung nach wären beide genannten Leitenden von jeder einzelnen der Mitgliedskirchen, der jeweiligen Mehrheit in den Synoden, von den Verwaltungskollegien, Oberkirchenräten, und letztlich von den Millionen, welche die Synodalen wählen, abhängig, somit zu prophetisch-amtlichem Handeln unfähig.

Der Weltkirchenrat in Genf als Organisation von Kirchen, die in ihren Bekenntnissen und Lehren getrennt sind, könnte noch weniger als der Lutherische Weltbund die Umkehr »Luthers« (in seinen Landeskirchen) durch einen Vollzug des Hirtenamtes und Lehramtes vollziehen. Gilt das auf Weltebene, so gilt es nicht weniger für die sogenannte Evangelische Kirche in Deutschland (E K i D oder EKD). Sie ist keine Kirche, sondern eine Organisation lutherischer, reformierter und preußisch-unierter Landeskirchen. Deren drei kirchlichen Lehren sind je verschieden, wie im Weltkirchenrat etwa sechs zum Teil gegensätzliche Lehrgestaltungen vorliegen.

Was die *Leitung* betrifft, so ist kein Ansatz sichtbar, in Gottes Namen die Bannmeile der abgetrennten Lutherkirchen zu überschreiten. Das setzte ja voraus oder würde auch erfordern, daß derselbe Bruch der Gemeinschaft in der *Lehre* (etwa ab 1518) geheilt wird.

Gottes Wort und Luthers Lehr: die Gewißheit Luthers von der Wahrheit seiner Lehre als der allein schriftgemäßen bestand als Axiom, unbeweisbarer, unbestreitbarer Grundsatz, bewußt, und in tieferem Grund der unbewußten Existenz seiner Kirche weiter. Dies wurde der lehrende Luther als Luther(tum) in der Geschichte; aber nur vorhanden im negativen Bezug zu der Kirche, die er verließ.

Das Gesetz des Ursprungs waltete von der ersten Generation mit Luther an, in der nächsten nach ihm und fortgehends weiter.

Es »waren die evangelischen Theologen Augsburgischer Confession, die Hofprediger, Pfarrer und Professoren in den deutschen Landesfürstentümern und Reichsstädten«, deren Aufgabe es war, »die im Sinne Luthers ›rechte‹ (sogenannte orthodoxe) Lehre zum Heil der Seelen zu verkünden und mit den Mitteln der damaligen Wissenschaft zu unterbauen. Ihre ungebrochene Überzeugung, daß sie *allein* die helle reine Wahrheit Christi lehrten, war noch voll urwüchsiger Kraft. Aus *diesem* glaubensstarken Bewußtsein schossen die unübersehbar vielen Streitschriften und die großartigen Dogmatiken des 17. Jahrhunderts hervor« (Z. 77). Wie aber sieht es damit im 20. Jahrhundert, jetzt in seinem letzten Viertel aus? Manche dürften urteilen: der Luther von damals als »Luthertum« in Großformat besteht kaum mehr, was weltöffentlich dadurch bekannt ist, daß man vom Weltkirchenrat, dessen Weltkonferenzen, Programmen, auch seinen Fühlungnahmen mit Rom, mehr noch seinen Beziehungen zu politischen Kämpfen in einzelnen Staaten, und wiederum zur UNO, und jetzt zu anderen Religionen, spricht, kaum aber von dem im Genfer Gebäudekomplex des Weltkirchenrates (oder »Ökumenischen Rates der Kirchen«) untergebrachten LWB.

Immerhin, der Lutherische Weltbund hat, wie das »Lutherische Handbuch /Stand: April 1972« zeigt, eine Lehrgrundlage, was vom Weltrat der Kirchen, als einer Organisation mehrerer Bekenntnisfamilien, nicht gilt. »Das Lutherische Handbuch 1972 — deutsche Ausgabe — (heißt es im Vorwort) will nach dem neuesten Stand über die Lutherischen Kirchen, Organisationen und Einrichtungen in der Welt und über Leitung und Struktur des Lutherischen Weltbundes informieren. Einige Angaben der 1971 erschienenen englischen Ausgabe sind mit der vorliegenden Ausgabe überholt.« Und hier nun steht, sogleich nach dem Artikel I: Name, der Artikel II: »Lehrgrundlage«.

»Lehrgrundlage. Der Lutherische Weltbund erkennt die Heilige Schrift des Alten und Neuen Testamentes als die alleinige Quelle und unfehlbare Norm aller Lehre und alles Handelns der Kirche an. Er sieht in den drei ökumenischen Glaubensbekenntnissen und den Bekenntnissen der lutherischen Kirche, insbesondere der un-

veränderten Augsburgischen Konfession und Luthers Kleinem Katechismus, eine zutreffende Auslegung des Wortes Gottes.«
Und im Artikel IV der Verfassung heißt es:
»IV. Mitgliedschaft. Der Lutherische Weltbund setzt sich aus Kirchen zusammen, die die in Artikel II dieser Verfassung festgelegte Lehrgrundlage annehmen.« — Der Schlußsatz heißt: »Die Mitgliedschaft im Weltbund kann durch Beschluß der Vollversammlung oder durch Austritt beendet werden.«
Man kann den Verfasser fragen, ob er dem (grünen) Heft »Lutherisches Handbuch«, das er sich in Genf beschafft hat, nicht zu viel Bedeutung zumesse, zumal die Hauptverantwortlichen seiner eigenen Evangelischen Landeskirche in Württemberg in schwieriger Glaubens- und Missionssache jüngst zwar den Weltkirchenrat in Genf aufsuchten und darüber berichteten, während vom LWB nicht die Rede war. Dennoch verdient m. E. die Lehrgrundlage des konfessionellen Weltbundes, dem wir angehören, unsere Aufmerksamkeit. Denn »nicht nivellieren, sondern profilieren« ist der Weg zum künftigen Einswerden in der Wahrheit. »Nicht Nivellierung, sondern Profilierung des Eigenguts« ist nicht weniger als die Entdeckung des gemeinsamen Wahrheitsschatzes aller Konfessionen der Weg zum Ziel: diese Äußerung des Rottenburger katholischen Domdekans Weitmann wurde berichtet vom methodistischen Pastor Sticher und aufgenommen vom lutherischen Pfarrer und Synodalen Grünzweig in der Evangelischen Landessynodaltagung zu Stuttgart, 13. Mai 1975.
Der eine und andere Leser mag vielleicht zunächst anmerken, was ihm an den Verfassungssätzen des LWBs zur »Lehre« auffiel.
(1) Es heißt, am Schluß von Artikel II, nicht »*die*« zutreffende Auslegung des Wortes Gottes, sondern nur »eine«.
(2) Und in Artikel IV: »Wenn durch Beschluß der Vollversammlung die Mitgliedschaft einer Kirche beendet wird, so hängt das sinngemäß mit deren nun anderer Haltung zu der (früher angenommenen) Lehrgrundlage zusammen.« — Dem freiwilligen »Austritt« entspräche der verfügte »Ausschluß«. Dies ent-

spräche dem klaren Bekennen (gemäß der Rede Ja — Nein): »Wir lehren« — »Wir verwerfen die falsche Lehre« (vgl. die Sechs Bekenntnissätze der Theologischen Erklärung der Bekenntnissynode von Barmen, 1934, wo es insgesamt 7mal »Wir verwerfen die falsche Lehre« heißt).
(Zu 1 und 2): Man kann es wohl verschieden deuten, wenn nicht mehr das absolute Selbstzeugnis, Luther(tum) besitze »die« (= allein) zutreffende Auslegung des Wortes Gottes, gegeben wird. Andererseits dürfte, bei derzeit weltweiter Nivellierung und mancher Preisgabe von bisher heilig gehaltenen Schriftwahrheiten, der Ausschluß wegen (durch Lehrurteil, vgl. Mt 16,19, festgestellter) »falscher Lehre« im großen (nicht nur räumlichen) Gebäudekomplex des »Ökumenischen Rats der Kirchen« als unfreundlicher Akt empfunden werden. Denn hier sind einige Konfessionen unter einem Dach beisammen, die sich früher um der »wahren Lehre« willen, nicht wegen nebensächlichen Randdingen, sondern »um Gottes Ehre willen« hatten voneinander scheiden müssen. Wer aber hat die ihm von allen getrennten Konfessionsfamilien zugestandene, ihnen allen übergeordnete Vollmacht zu den fälligen Lehrentscheidungen?: »Diese Lehren stammen aus der zutreffenden Auslegung des Wortes Gottes; bei jenen (ebenfalls genau bezeichneten) Lehren muß hingegen (abgrenzend, definierend) im Namen Gottes das Urteil abgegeben werden: Wir verwerfen, bzw.: ›Die Kirche Gottes verwirft‹ die falsche Lehre, in welcher Konfessionsfamilie sie sich auch finden mag. Denn Gottes Wahrheit kann sich nicht selbst widersprechen.«
Für uns Mitgliedskirchen im Lutherischen Weltbund dürfte zunächst bedeutsam sein, festzustellen, *wer* in heutiger Zeit in unserer »Körperschaft«, bzw. unserem »Weltbund« die Lehrvollmacht hat und ausübt. Daß es sich um Abstufungen von Vollmacht, in der Leitung (ob auch im Lehren?) handelt, geht insofern aus dem Verfassungstext hervor, als die Gremien nach ihrer Bedeutung abgestuft sind und es 1en Präsidenten und 1en Generalsekretär gibt. Und in den einzelnen Landeskirchen ist je 1 Präsident bzw. Bischof, dazu je die Synode, der Landeskirchenausschuß, Oberkirchenrat u. s. f. Ferner ist z. B. in der Vereinig-

ten evangelisch-lutherischen Kirche Deutschlands (VELKD) ein Leitender Bischof vorhanden.
Wer lehrt entscheidend in unserem lutherischen Bereich?
(1) Es ist nicht bekannt geworden, daß seit dem 1. Juli 1947 der Präsident oder der Generalsekretär des Lutherischen Weltbundes mit einer Lehrentscheidung hervorgetreten wäre. Das gleiche gilt von den LWB-Gremien. Unsere Theologiestudenten sitzen zu Füßen anderer Lehrstühle, hören andere Lehrer, werden nach deren Lehren examiniert, ehe sie ins Amt kommen.
(2) Bei den Professoren an den staatlichen Universitäten, auch den kirchlichen Hochschulen, spricht man von »Lehrstühlen«: dem Lehrstuhl für Altes Testament, Lehrstuhl für Neues Testament, Lehrstuhl für Dogmatik (Glaubenslehre), Lehrstuhl für Kirchenordnungen, Lehrstuhl für Kirchengeschichte u. s. f. Daß Professoren an staatlichen Universitäten die wichtigsten, einflußreichsten Lehrer der künftigen Pfarrer und durch sie der Gemeinden sind, entspricht dem Gesetz des Ursprungs. Luther konnte auch nach seinem Eidbruch der Kirche gegenüber und nach dem Anathema mit dem kirchlichen Lehrverbot, seinen ihm von der Kirche gegebenen Lehrstuhl weiter im staatlichen Schutz ungestört innehaben gegen die Kirche. Der Kurfürst von Sachsen erreichte für seine neue Universität Wittenberg durch den Zulauf zum berühmtesten Professor seiner Zeit Weltruhm und großes Wachstum.
(3) Was wir Studenten von unseren Professoren gehört hatten, das wirkte sich in unserem Predigen und Lehren aus. Der Spielraum für das, was die Pfarrer predigen und lehren, ist ein fast unbegrenzter, entsprechend einesteils dem von den staatlichen Professoren Gehörten, andernteils der »evangelischen Gewissens- und Lehrfreiheit«. Bindung an das spezifisch lutherische Bekenntnis hatten (oder haben noch?) nur wenige Professoren. Eine solche Hineinbindung wäre — »katholisch«, dem »Geist der voraussetzungslosen Wissenschaft« zuwiderlaufend. Allerdings *eine* Grenze war unausgesprochene Voraussetzung: die dem katholischen Lehramt und Dogma gegenüber. Wozu gäbe es sonst an den staatlichen Universitäten je eine *eigene evangelische* und

eine katholische Fakultät bzw. einen katholischen *oder* evangelischen Fachbereich? — Luther war Prediger, *der* Prediger seiner Kirche(n). Er erstritt »die Freiheit vom Gesetz«, und die geistliche Ungebundenheit und Offenheit haben nun ihrerseits die Pfarrer als Prediger auf den Kanzeln; insbesondere jeder einzelne auf *seiner* Kanzel. Dies erweist die Predigtliteratur und, weit mehr noch, die vielfache Erfahrung.
(4) Eine regelnde Lehrvollmacht übt je die Synode einer Landeskirche aus: Sie gestaltet die gottesdienstlichen Bücher. In ihnen ist die Lehre je »unserer Kirche« enthalten. Sie gibt Richtlinien für den Konfirmandenunterricht heraus, läßt das Konfirmationsbuch erarbeiten, es durch neuere ersetzen. Wenn die Kirchengenossen die Synode wählen und selbst mit zwei Drittel der Abgeordneten (bei einem Drittel Theologen) in ihr sind, besteht eine synodale Form von Lehrausübung gemäß dem wechselnden Mehrheitsprinzip (im III. Reich z. B. 51 % der Sitze für die Deutschen Christen im württembergischen Landeskirchentag).
(5) In landeskirchlichen «Gemeinschaften» predigen und lehren Gemeindeglieder, zumeist nach den Lehren geheiligter Persönlichkeiten, Charismatiker mit Prophetengabe, Gabe der Weisheit, Heilungsgabe und anderen.
(6) Die »in der Schrift lebenden«, täglich mit Gottes Wort umgehenden evangelischen Christen wissen sich letztlich unabhängig von Professoren und Pfarrern, wenn sie bei diesen das Brot des Lebens — »Himmelsbrot« (EKG 129) — vermissen. Da bleiben Hausgemeinden übrig, in denen man sich gegenseitig des Heilands Lehre verkündet. Und wer ganz allein steht, sagt unabhängig von Menschen: Gott sei Dank, Er lehrt uns selbst in Seinem Wort!
(7) »Ich hab' meine Bibel«: dieser Satz kann aber auch einem Prinzip Ausdruck verleihen, in dem das »Ich im Glauben« autonom jedem Sichunterordnen unter die apostolische Vollmacht der Kirche Gottes abgesagt hat. Im Munde eines Pfarrers heißt dies, daß er seine Stellung zu den verschiedenen und gegensätzlichen Bekenntnissen selbst regelt und *seine* Ansicht auf seiner Kanzel frei, unter Beiziehung von Schriftworten, predigt.

(8) Die Lehrurteilsvollmacht, rechte Lehre zu lehren, falscher Lehre zu wehren, ist in den Evangelischen Landeskirchen weit gestreut auf jeden einzelnen ihrer Kirchenbezirke. Denn in ihrem Amtsgelübde verpflichten sich z. B. die württembergischen Dekane, in dem ihnen übertragenen Amt darauf Acht zu haben, »daß falscher Lehre, der Unordnung und dem Ärgernis in der Kirche gewehrt werde«. Soll gewehrt werden, so muß zuerst die wahre Lehre dargelegt und, abgrenzend gegen sie, die falsche Lehre dargestellt und verworfen werden. Ist dies einer Anzahl von Pfarrern als Dekanen zur Amtspflicht gemacht, so wird man annehmen, daß zwecks Einheit der Vielen auch über ihre Lehre, bzw. Irrlehre durch einen Träger höherer Lehrvollmacht entschieden wird.

(9) Nach der Augsburgischen Konfession hat die Lehrentscheidungs- und Lehrurteilsvollmacht für seine Kirche der Bischof innerhalb der Bischofsgemeinschaft. Auf die Confessio Augustana sind in unseren lutherischen Landeskirchen der Landesbischof, die Prälaten, die Dekane und alle Pfarrer amtsverpflichtet. Nach der Confessio Augustana ist der Bischof zur aktiven höchsten Lehrvollmacht verpflichtet, und »die Pfarrleute« dazu, dieser sich zu unterstellen. In C.A. 28 steht — hier nur der kleine Kernsatz hervorgehoben —: »Derhalben ist das bischöfliche Amt nach göttlichen Rechten (iurisdictio secundum ... de jure divino): das Evangelium predigen, Sünd vergeben, *Lehr urtheilen,* und die Lehr, so dem Evangelio entgegen, verwerfen, und die Gottlosen, dero gottlos Wesen offenbar ist, aus christlicher Gemeinde ausschließen, ohne menschliche Gewalt, sondern allein durch Gottes Wort. Und diesfalls sind die Pfarrleute und Kirchen schuldig den Bischöfen gehorsam zu sein, laut dieses Spruchs Christi, Lukä am 10,16: Wer euch höret, der höret mich. Im lateinischen Urtext: Hic necessario et de iure divino debent eis ecclesiae praestare obendientiam, iuxta illud Luc 10,16 ...« — Die Augsburgische Konfession einschließlich dieses Artikels 28 von der Jurisdiktion und Lehrurteilsvollmacht des Episkopats ist in den lutherischen Kirchen in Geltung. Aber Tatsachen, öffentliche Meinung und sowohl landeskirchliche als auch staatliche

Rechtsgründe stellen sich der Ausübung der Lehrvollmacht der Landesbischöfe entgegen.
Soweit bekannt, ist in der Pfarrerschaft die von Luther her nachweisbare Überzeugung vorherrschend, daß grundsätzlich kein geistlicher Rangunterschied zwischen den amtlichen Verkündigern des Wortes bestehe. Somit ist die Meinung, daß einem sogenannten Bischof oder Kirchenpräsidenten nur die in jedem menschlichen Gemeinwesen nötigen Leitungsaufgaben äußerer Art zukommen. Immerhin kam es im Kirchenkampf 1933 bis 1945 dazu, daß lutherische Landesbischöfe dem Staat gegenüber, der seine Hoheitsrechte, zum Teil mit lutherischen Begründungen durch die »Deutschen Christen«, durchdrückte, sich auf ebenfalls lutherische Aussagen, in der Augsburger Konfession über das rein kirchliche, gegenüber dem Staat abgegrenzte, aber unbestreitbare Recht des Bischofsamtes berufen haben. »Wie viel wert war uns dabei der Artikel 28!« stellte Landesbischof Wurm im Rückblick fest. Dies galt der Abwehr nach außen, dem Staat gegenüber. Andererseits drang »das Katholische«, was über die Jurisdiktion und Lehrvollmacht der Bischofsgemeinschaft in C.A. 28 steht, nicht in das innere Amtsgefühl des Pfarrstandes ein. Als Beispiel sei ein voll bibelgläubiger, weithin bekannter, Landesbischof Wurm persönlich befreundeter Pfarrer angeführt, der sogar während des Kirchenkampfes im Kreis der Amtsbrüder um der Reformation willen sich dahin aussprach: der Bischof habe sich nicht zwischen die Bibel und ihn zu stellen; nur was ihm selbst, persönlich, zur Wahrheit geworden sei, darin könne er auch dem Landesbischof zustimmen, falls dieser ebenso lehre wie er selbst.
Die künftige Pfarrerschaft einer Landeskirche sitzt unter den Lehrkanzeln der Lehrstuhlinhaber, d. h. der Professoren zumeist staatlicher Universitäten. Er erscheint derzeit undenkbar, daß ein Landesbischof den Inhabern der Lehrstühle im Fachbereich evangelische Theologie auch nur den geringsten Hinweis geben könne, etwa diese oder jene Lehre nochmals am Wort Gottes zu prüfen, ob sie dieses wahr wiedergebe. Vor den Studenten vollends von bischöflicher Lehrgewalt de jure divino zu sprechen,

dürfte kaum jemand in den Sinn kommen. Wir sind es seit vielen Generationen nicht gelehrt worden, daß dieses De jure divino für die Bischöfe um der Ehre des Rechtes Gottes und seines Christus willen zu vollziehen sei. Die Theologielehrstühle sind aber derzeit staatlichen Rechts.

Auch von den landeskirchlichen Synoden und ihren Verfassungsschöpfungen her kam es dazu, daß von der Lehrurteilsvollmacht des Landesbischofs oder Kirchenpräsidenten im klaren Rechtssinn von Confessio Augustana Artikel 28 nicht mehr die Rede sein kann. Wir haben synodalbestimmte Bischöfe.

Die Augsburgische Konfession in ihrem Artikel 28 bekenntnis- und rechtmäßig durchzuführen ergäbe ein katholisches Bild. »Was man da 1530 aus politischen Gründen dem Episkopat zugestand, kann uns nicht mehr binden.« Genau besehen ist tatsächlich in C.A. 28 nicht von synodalen Kirchenpräsidenten künftiger Zeiten gesprochen. Man wollte vielmehr das Bild des wahren katholischen Episkopats zeichnen, der seine kirchliche Aufgabe wahrnimmt, nicht mehr, *damit vermischt*, im Lauf der Jahrhunderte hinzugewachsene, staatliche, fürstliche Regierungsaufgaben.

Verhältnis zu anderen Mächten

Die neuen Kirchen konnten nicht bestehen, wenn sie nicht eine zwar abgewandelte, aber ähnliche Baugestalt (Struktur) annahmen in Liturgie, Leitung und Lehre wie die bisherige und von der bisherigen. Ein Daseinsgesetz war für sie gleichzeitig das vernichtende Urteil über die bisherige Kirche. Ohne dieses radikale, wurzelhafte Nein hätten sie ihre Existenz aufgegeben.

So hart verschlossen die Neugründung der Kirche gegenüber war, so sehr geriet sie in das Kräftefeld anderer Mächte: der des Staates, und der »freier«, ungetaufter Weltanschauungen. Und das durch die Jahrhunderte. Die Geschichte dieser Abhängigkeiten brach gleichsam wie ein reifes Geschwür auf während des Kirchenkampfes im Dritten Reich. Der Staat bezeigte gerade dem evangelischen Kirchentum in seinen Landeskirchen die größte Geneigtheit; das völkische Großziel einer einzigen, romfreien deutschen Nationalkirche gehörte zu den Anfängen im Jahr 1933. Gleichzeitig propagierte sich das »positive Christentum« als juden- und romfreie Weltanschauung. Während aber dann die katholische Kirche mehr nur äußere Verfolgung zu erdulden hatte, konnte in die schon jahrhundertelang staatsangelehnten Landeskirchen der Angriff bis ins Herz getragen werden: keine Hierarchie als Abklatsch der römischen, jeder einzelne Christ nur sich selbst verantwortlich; Vollendung der Luther-Revolution durch Ausstoßung alles fremden Denkens. »Meinen Deutschen bin ich geboren!« — vollenden wir's in endlich ganz befreitem Denken und Fühlen von unserem Blut und Boden aus! Die deutschfeindliche Macht hat ihre Gewalt über das deutsche Gewissen verloren, und die deutschen Menschen können »die äußere Organisation« (Reichsbischof, Gaubischöfe, Kirchengut u. s. f.) ruhig dem Staat überlassen, der ja seine Hoheitsträger keiner fremden Macht unterstellen wird.

In den Sechs Sätzen der Theologischen Erklärung der Bekenntnissynode von Barmen, 1934, steht, rückblickend auf vier Jahrhunderte, für die Gegenwart der Verwerfungssatz: »Wir verwerfen die falsche Lehre, als dürfe die Kirche die Gestalt ihrer Botschaft und ihrer Ordnung ihrem Belieben oder dem Wechsel der jeweils herrschenden weltanschaulichen und politischen Überzeugung überlassen.«

Bei Konfliktsfällen zwischen Staat und Kirche ist beim deutschen Protestanten die Vorentscheidung im Unter- und Unbewußten schon für den Staat gefallen. Unser Luther, von Kurfürst Friedrich dem Weisen auf der Wartburg geborgen! Luther, von Pfaffen verfolgt und dennoch unbesiegt! Die Ehrfurcht vor der Obrigkeit, von der Erinnerung an die Stauferkaiser an, die Treue zu Volk und Staat ist nicht nur blutsmäßig, sondern, höchstgesteigert seit Luther, lebensmäßig und dann schriftbegründet, das Erste in der protestantischen Seelenspitze, im Herzen, im Glauben, dann im Denken und im Handeln. Damit muß dann die Kirche im Einklang sein, als Zweites, aber im tiefsten Grund unnötig: Hier steh *ich*.

Vermochten nun die Bekenner von Barmen diese jahrhundertealte Macht, diesen inneren Bann zu brechen? Sie redeten in der Abwehr der neuen völkischen Staats-Weltanschauung deutlich: spachen 7 Verwerfungssätze aus. Und schon im Bekenntnissatz I kommt der Ausdruck »die Kirche« vor. Und wieder: »Die christliche Kirche«, »die Kirche« (III). Dann »die verschiedenen Ämter in der Kirche« (IV), nochmals »die Kirche« (IV), »die Kirche« (V) und »der Auftrag der Kirche«, »die Kirche« (VI).

Aber die Kirche (Einzahl), von der man sprach, war in sich bekenntnismäßig gespalten in lutherische, reformierte und (preußisch-)unierte Kirchen. Und dann doch wieder Einzahl: unter dem Vorzeichen »deutsch«. »Die [1.!] *Deutsche* [2.] Evangelische Kirche ist nach den Eingangsworten ihrer Verfassung vom 11. Juli 1933 ein Bund der aus der Reformation erwachsenen, gleichberechtigt nebeneinanderstehenden Bekenntniskirchen. — Uns fügt dabei zusammen das Bekenntnis zu dem einen Herrn der einen, heiligen, allgemeinen und apostolischen Kirche. — Gemeinsam dürfen und müssen wir als Glieder lutherischer, reformierter und unierter Kirchen heute in dieser Sache reden. Gerade weil wir unseren verschiedenen Bekenntnissen treu sein und bleiben wollen, dürfen wir nicht schweigen, da wir glauben, daß uns in einer Zeit gemeinsamer Not und Anfechtung ein gemeinsames Wort in den Mund gelegt ist. Wir befehlen es Gott, was dies für das Verhältnis der Bekenntniskirchen untereinander bedeuten mag. — Wir bekennen uns angesichts der die Kirche verwüstenden und damit auch die Einheit der Deutschen Evangelischen Kirche sprengenden Irrtümer der Deutschen Christen und der gegenwärtigen Reichskirchenregierung zu folgenden evangelischen Wahrheiten: ...«

Treu bleiben wollen: diese Treue gilt, je nach getrennten Kirchen, den verschiedenen Bekenntnissen. Also mehreren Spaltungserscheinungen. Reicht die Treue nicht weiter zurück als bis zu der

Zeit, da die infolge Treu- und Eidbruchs entstandene Hauptspaltung begann, die dann zu den weiteren Spaltungen in Glaube, Bekenntnis und Kirchengestalt führte? Freilich, man fühlte sich auch wiederum evangelisch eins — allerdings ohne die katholische Kirche in ihrer Einzahl zu erwähnen — im »Bekenntnis zu dem einen Herrn der einen, heiligen, allgemeinen und apostolischen Kirche«.

Schon im Bekenntnissatz I erscheint ein Herrenwort, das von der Vollmacht handelt. »Wahrlich, wahrlich ich sage euch: Wer nicht zur Tür hineingeht in den Schafstall, sondern steigt anderswo hinein, der ist ein Dieb und ein Mörder. Ich bin die Tür; so jemand durch mich eingeht, der wird selig werden (Joh 10,1.9).« Aber man beachtete im Blick auf »Jesus Christus, wie er uns in der Heiligen Schrift bezeugt wird« nicht, was er über die Einheit, Stufung und Spitze der Leitungs- und Lehrvollmacht geoffenbart und ins Leben eingeführt hat. In den »Dieben und Räubern (Mördern)« sah man *die anderen*, den vom Staat geförderten Reichsbischof samt weiteren »Bischöfen« in der »Deutschen Evangelischen Kirche«. Ob der Schöpfer der Kirche, der seit Anfang bestehenden wirklich Einen, heiligen, allgemeinen und apostolischen, wirklich einen Gesamthirten und seine Mithirten gesetzt hat, wird nicht gesagt. Hätte man dem Wort des Herrn geglaubt, so hätte man es jetzt bekennen müssen. Aber man sprach nur von einer ungegliederten »christlichen Kirche«: »sie ist die Gemeinde von Brüdern«. Die »verschiedenen Ämter« werden nicht als vom Herrn gesetzte (also nicht von Menschen, sondern von Gott kommende) bekannt, sondern man leitete sie von unten, von Menge und Mehrzahl der Gemeinde, ab, als »Ausübung des der ganzen Gemeinde anvertrauten und befohlenen Dienstes«. Wir alle sind »billigerweise Petrusse« (vgl. C L III, 294), der Sand stellt den Fels dar.

Dem Staat blieb natürlich nicht verborgen, welche »Spaltpilze« [Landesbischof Wurm, VfL 56] diese »Kirchen« durchsetzten, deren Bekenntnis zu der einen, heiligen, allgemeinen und apostolischen Kirche entweder ein bloßes Lippenbekenntnis darstellte oder dem Irrglauben entsprang, diese wahrhaft eine Kirche schwebe

als unwirkliches Gedankending unsichtbar über den realen lutherischen, reformierten und (preußisch-staatsgesetzlich-)unierten Kirchen als der »Gemeinde von Brüdern«.
Bekannt ist, daß die »Bekennende Kirche« sehr bald zerfiel. Die auf Spaltungs-Ersatzkirchen oder -Gemeinden beschränkte Treue reichte nicht aus. Den Schaden unserer Zerbrüche in lutherische, reformierte und unierte Bekenntnisse und Bekenntniskirchen vermochte niemand zu heilen, ohne vorher jenen radikalen, wurzelhaften Eidbruch und Treubruch gegenüber der durch Gott geschaffenen und vorhandenen Einen, heiligen, allumfassenden (katholischen) und apostolischen Kirche zu erkennen und dann in Buße, Glauben und neuem Gehorsam zu dem Gott, der treu ist, umzukehren.
Man versteht zunächst nicht, warum die guten Ansätze zur Selbsterkenntnis, die in den Barmer Bekenntnissätzen enthalten sind, nicht zum Besseren und Vollbiblischen weiterverfolgt wurden. Die Wirkung war, vollends von 1945 an, soweit ersichtlich, eher eine verstärkt »antihierarchische«, wobei viele »die Gemeinde von Brüdern« gemäß einer »derzeitigen politischen Überzeugung« (die an ihrem, dem politischen Ort, zweckmäßig sein kann) anders gestaltet sehen, als es die *eine* Bruderschaft der felsgebauten Kirche des Neuen Testaments ist. Kann man, bei einiger Selbstprüfung, anders sagen als:
Der Treubruch, der Bann wirkt.
Wenn das so ist, so mußte er sich vor allem in unserer Schriftauswahl und Schriftauslegung auswirken, gerade weil es unser Ruhm ist, »die Kirche des Wortes Gottes« zu sein.

Luthertradition und Heilige Schrift

Wir sitzen in der Schrift. — »Schriftlästerer«.

Wir sitzen *in* der Schrift — die andern *daneben*; in Luthers Wort ist des Herrn Christus Wort: diese Selbstgewißheit war die das neue Kirchenwesen erhaltende Hauptkraft.
Nichts von dem Segen sei bestritten, sondern immer Gott dafür gedankt, daß dem evangelischen Kirchenvolk *die Bibel* durch Luthers Übersetzung und weithin auch seine guten Auslegungen lange Zeiten hindurch vertraut wurden. Evangelische Christen, die mit Ernst Christen sein wollen, sind Bibelleser, vielfach gründliche Bibelkenner, »bibelfest«. Und diese Luthergestalt: der Reformator steht aufrecht, hält die offene Bibel und weist mit der deutenden Hand hinein, lebt nicht nur durch viele Denkmäler bei uns. Man kann an Luther gar nicht denken, ohne an die Bibel zu denken. Ebenso ist der Schatz der Lieder des Liederdichters mit biblischer Wahrheit gefüllt. Durch viele seiner Predigten, im Volk noch bis in einige Generationen vor uns als »Postillen« verbreitet, wurde ungezählten evangelischen Christen Gottes Wort lieb gemacht und wurde der Leitstern ihres Lebens. Man muß Kraft aufbieten, um diesem Segen gegenüber überhaupt noch an — Luthers *Auswahl* aus der Bibel und die Fehldeutungen erinnern zu können, die mit seinem Eidbruch zusammenhängen und uns über wichtige biblische Wahrheiten die Decke gelegt haben, die kein Mensch heben kann.
Luther *der* Ausleger — die andern sind die »Schriftlästerer«. »Wider die neuen Romanistischen Ketzer und Schriftlästerer« bietet er Hohn und Haß auf. Hat er einen Romanisten vor sich, so macht er ihn zum öffentlichen Schädling, einen »Lästerer«, »der die heiligen Gotteswort nit höher acht und handlet, als hätt sie ein Stock- oder Geldnarr in der Fastnacht für ein Märlin erdichtet.« Seiner eigenen Sendung ist er so in höchstem Grade selbstgewiß wie seiner eigenen Rechtfertigung, wonach er an einen Richter Christus nicht zu denken braucht [oder aber, in Anfechtungen, gar nicht darf]. »Dieweil denn mein Herr

Christus und sein heiliges Wort, so teuer mit seinem Blut erkauft, für ein Spott- und Narrenrede wird geacht, muß ich den Ernst fahren lassen und versuchen, ob ich auch narren und spotten gelernt habe. Du weißt ja, mein Herr Jesu Christe, wie mein Herz steht gegen solche deine Erzlästerer, da verlaß ich mich auf und laß es walten in deinem Namen, Amen. Sie werden dich je einen Herren bleiben lassen, Amen« (MBr 136 f.).
Er schilt den Gegner aus, als hänge dieser sich an Luther »wie Kot an das Rad«; sagt, daß »der böse Geist solcher Menschen Fürnehmen darzu braucht«, Luther an besseren Dingen zu verhindern. Er tut die Gegner mit Schanden ab ihres »hoffärtigen« Vornehmens wegen, »als wären sie würdig gewesen, mit mir zu handeln in der Schrift« (MBr 137).
Das Luthertum trug als der »Luther in der Geschichte« Luther solche und ungezählte ähnliche Hochmuts-Äußerungen nicht nach. Auch einzelne offensichtliche Fehlauslegungen übersah oder unterstützte man. Dem »religiösen Genie« gegenüber ging es vielen wie Spener: »nicht der Buchstabe, sondern das Fluidum Luthers packte ihn« (Z 168). Dahinter stand für die Bewunderer Luthers, nicht nur einen Herder, der neue Wert: persönliche Bibellektüre in persönlicher Religion als die grundsätzliche Leistung der Reformation. »Weil der freie Gebrauch der Bibel des Protestanten Pflicht sei, darum, so folgerte er, dulde der Protestantismus keine Lehre und Meinung als Glaubensvorschrift... In der Kirchenautorität erblickte er das der Freiheit entgegengesetzte Prinzip, und Luther, sagte er, sei ihm lieb, weil er es umgeworfen habe« (Z 336 f.).
»Wir lasen die Schrift mit den Augen Luthers«, ist das Eingeständnis mehr als eines lutherischen Theologen, der den großen Ausleger nicht mehr nur blind bewunderte. *Wir* — also wieder eine Gemeinschaft, eine Kirche: die Luthers, aufgrund seiner maßgebenden Schriftauslegung. »Siehe nu, treibe und hilf treiben das Evangelium, lehre, rede, schreib und predige, wie Menschengesetz nichts seien!« (MBr 203). Das »Menschengesetz« galt den Papisten. War aber Luther nur Christi Mund, und kein Mensch, dessen Lebensgesetz das seiner Kirche wurde?

Mehr und mehr anerkennen katholische Theologen unserer Zeit die große, für die Gesamtchristenheit wichtige Leistung der protestantischen Schriftforscher. Was die besten Exegeten dieser vierhundert Jahre aus dem Edelgestein der Heiligen Schrift gegraben haben, blieb nicht im Dunkel. Ein Werk z. B. wie das Wörterbuch zum Neuen Testament (WBzNT) ist auch für die katholischen Exegeten unentbehrlich geworden. Aber weiter: evangelische und katholische Bibelanstalten bzw. Bibelwerke arbeiten schon gemeinsam; es gibt schon gemeinsame Bibelausgaben. Daß es dann einmal auch Bibeln mit gemeinsamen *Erklärungen* geben dürfte, kann man sich denken. Damit ist man dann an der Wegscheide von Wahrheit und Irrtum angelangt. Oder doch nicht? Eine verbreitete Stimmung, auf beiden Seiten, möchte die alten Wahrheitsstreitigkeiten weit hinter uns lassen und sich an den schon gemeinsamen, undogmatischen Überzeugungen genügen lassen. »Um die christliche, d. h. mitmenschliche *Arbeit* geht's, nicht um alten Dogmenstreit, der niemand satt macht!«
Umgeht man aber die Wahrheitsfrage, so bleibt es dabei: der Eindruck, den die irrigen Teile der Schriftauslegung Luthers bis heute ausüben, kommt in seiner Kirche, besonders in deren Selbstaufrechterhaltung gegenüber der Kirche der »Schriftlästerer«, mit der er brach, einer Macht gleich, und zwar einer durch das Gewicht vierhundertjähriger Wiederholung von Luthers Gedankengängen erfahrenen und geübten Macht. Menschliche Kraft reicht nicht aus, daß Menschen seiner Kirche sich von der Übermacht des Gewaltigen in seinem Fluidum befreien.
Das ehrliche Wahrheitsfinden käme dann in Gang, wenn man sich nicht mehr nur damit begnügte, viele einzelne, etwas schiefe, zeitgebundene oder auch irrige Auslegungen gelegentlich in Fachkreisen namhaft zu machen (man kann das aber auch in Bibelstunden ab und zu erleben), sondern wenn man sie, um der Ehre des Wortes Gottes und um des Heiles der Menschen willen, zusammenstellte. Auch der fromme Spener hat manche irrige Auslegung gesehen; er wollte dadurch einer unbiblischen Rangerhöhung Luthers absagen. Man erinnere sich an sein Wort: »Ich will jetzo nicht sagen von der Auslegung der Schrift, sonderlich in

den Propheten, wie es oft dem lieben Mann gemangelt und er den Sinn des Geistes vielmals nicht getroffen ..., sondern auch in andern Stücken hat sich manches Menschliches und Natürliches mit untergemischet, damit ja ein offenbarer Unterschied bliebe zwischen den unmittelbar erleuchteten und allen übrigen Lehrern, sie haben Namen wie sie wollen. Daher wir auch alle anderen Schriften nicht mit blindem Gehorsam anzunehmen haben ...« (Z 155 f.).

Auch eine Aufreihung vieler Stellen dessen, *was* Luther, ohne den Sinn des Geistes zu treffen, also fehl *ausgelegt* hat, dürfte uns nicht aus der Macht des Bannkreises herausholen. Spener hat auch an der herrlichen Bibel*übersetzung* des »lieben Mannes« bemerkt, daß »gleichwohl unterschiedliche Stellen von ihm also vertiret seynd, davon klar gezeigt werden kann, daß einmal solches des Textes Meinung nicht seye ...« (Z 156). Das für uns jetzt noch Wichtigere dürfte aber dies sein, daß er der Frage, w e r D. Martin Luther im Gefüge der Vollmacht vom Herrn sei, sich zugewendet hat. Auch an unseren Lehrern war er bereit, »einige Dinge an ihnen mit Mitleiden zu tragen«, gerade auch bei Luther (Z 156). »Falsch aber ist, daß wir ihn zu unserem Lehrer, welchen wir zum Haupt einer Partei haben wollten, gemacht und also ihm in einigen Stücken um seiner Autorität willen angehangen hätten [, den] wir beinahe zu einem neuen Apostel gesetzt hätten ... Daher: ob dieses oder jenes wahr und zu halten seye oder nicht [was er lehrte], ist sogar die Autorität Lutheri nicht genug ...« (Z 157).

Ohne die der ganzen Kirche entgegengestellte *Autorität* Luthers wäre seine neue Kirche nicht zustandegekommen.

Man muß anerkennen: wer mit solcher lebenslangen Hingabe an die Schrift lebt, die Bibel seinem Volk übersetzt, ihren seligen Inhalt in Liedern kraftvoller Schönheit in die Seele seiner Deutschen, und darüber in weite Lande hinaus, singt, dem darf an dem gottgegebenen Maß seiner echten Zeugniskraft innerhalb des erlösten Volkes Gottes (der Christenheit) nichts geschmälert werden. Damit allein verblieben wir jedoch innerhalb unserer längstgewohnten Tradition. Wie aber weiter?

Te totam applica ad Textum, Ecclesia!

(1) Man kann, um sich etwas zu klären, ein Wort Bengels beachten und sinngemäß erweitern; er gab seine Mahnung den Bibellesern (1734): »Te totum applica ad textum: rem totam applica ad te«. Wende dich als Ganzen (mit Leib und Seele, mit deinem ganzen Dasein) zum Text in der Heiligen Schrift, und die ganze Sache, die ganze Schriftwahrheit wende auf dich an! Dies gilt dem einzelnen Bibelleser. Schwerlich aber dürfte einer allein die ganze Gottesoffenbarung im Wort Gottes Heiliger Schrift ganz ergründen, durchdringen, verstehen und auf sich anwenden können. Die Offenbarung Gottes handelt nicht zuerst von einzelnen. Ehe der einzelne die Schrift liest, hat die Kirche Gottes sie gelesen, erforscht und auf sich und ihre Glieder angewendet. In der Hingabe der Kirche und ihrer Glieder, hervorragender wie einfacher, war der Heilige Geist am Werk. Nicht einem einzelnen, und wäre er ein Prophet, ist der Schatz der Wahrheit Gottes für alle Geschlechter in Raum und Zeit übergeben und anvertraut worden. Keine noch so große Hingabe des einzelnen reicht zu. Löste ich mich aber dazu noch aus der Gemeinschaft heraus, in die ich hineingetauft worden bin, so muß mein Persönliches, Beschränktes und mein Sündiges, besonders im Michherausstellen über die Gemeinschaft, mir den Blick verengen und schon meiner isolierten Ganzhinwendung etwas Irriges, weil Ichhaftes, beimischen. Gerade weil wir aber uns innerhalb dieser Kirche vorfanden, die Kirche des Wortes (des für alle Zeiten wahren Wortes Gottes) sein sollte, müssen wir, um nicht das edle Gesunde am Leib zum Schwinden (Vergessenwerden) auszuliefern, den Schnitt wagen und den Erbwahn fahren lassen, Luthers und seiner Kirchenmänner Autorität blindlings als der Vollmacht der Kirche Gottes ebenbürtig oder gar überlegen einzuschätzen. Unser »gleich auf gleich« der alten Kirche gegenüber entspricht nicht dem biblischen Grundverhältnis der Vollmacht in ihrem Gesamt und in ihrer gestuften Gliederung.

(2) »Ich fordere Schrift, Schrift, Schrift!« derartige Rufe sind uns erbmäßig vertraut. Das kann der Bußruf eines *prophetischen*

Mannes in der Kirche sein. Die Kirche ist erbaut auf den Grund der Apostel *und Propheten* (Eph 2,20). Sie ist eine apostolische, und von den Aposteln empfing die Kirche zur mündlichen Predigt hin das geschriebene Wort, die Schrift. Aber der Herr hat auch verheißen, daß er Propheten senden werde (vgl. Mt 23,34; 1 Kor 12,28 f.; 14,32.37; Eph 4,11; Offb 16,6; 18,20.24; 22,6.9). Auch der einfache Bibelleser kann im Geist verstehen, daß nun in der Geschichte des Neuen Bundes ein Vorgang einsetzte, ähnlich dem Hergang im Alten Bunde. Zwar war »im Gesetz Moses«, der göttlichen Bundesoffenbarung, schon das geoffenbarte Gotteswerk ohne Lücken und Makel enthalten; aber Gott ließ es im Verlauf der Geschichte durch die Propheten entfalten: so wurde der Heils- und Bundeswille Gottes in immer neuer Weise kundgemacht. Wir haben das Bibelbuch Alten Testaments nicht ohne die Offenbarungstaten Gottes durch die Propheten. Im Neuen Testament ist nur *ein* prophetisches Buch enthalten. Aber das ist kein Ende für immer, als wäre Jesu Versprechen, Propheten zu senden, ums Jahr 100 erloschen (ähnlich wie das Petrusamt im Oktober 64). Also hat die Kirche den Wahrheitsschatz, durch viele Propheten aller Generationen von Gott empfangen und der Gemeinschaft dargereicht, nicht abgewiesen, sondern als von Gott angenommen, geprüft und verkündet. Dieser prophetische Wahrheitsschatz konnte nicht schon vor dem Jahr 100 »Schrift« geworden sein. Das exklusive »Ich fordere (allein!) Schrift, Schrift, Schrift,!« wäre ein Maßstab gegen Jesu Verheißung und Erfüllung.

(3) Der Herr selbst, der die Propheten zu aller Zeit seiner Kirche gesandt hat, hat ihr den Heiligen Geist verheißen, der sie in alle Wahrheit leiten wird. Aus den Kundgaben der Prophetengeister spricht der Heilige Geist selbst. Sie unterstellten sich dem apostolischen Amt zur Prüfung der Geister, zur Beseitigung von Beigemischtem. Hatte der Heilige Geist vor Luthers Auftreten die Kirche Gottes preisgegeben und verlassen und sich etwa ihm als dem einzigen Propheten und neuen Kirchengründer zugewandt, dann allerdings war er die alleinige Autorität; und wenn er »die Schrift allein« forderte, so war seine Auslegung die allein

wahre. Er konnte seine absoluten Gewißheiten gerade in seiner Auslegung »der Schrift allein« allem Volke Gottes vorbringen. Aber in der Schrift stand von einer derartigen Autorität eines einzelnen, entgegen der ganzen Kirche (aller Jahrhunderte nach der Augenzeugengeneration [Urkirche]) lehrenden Propheten nichts. Die Verheißung Jesu Christi galt der Gemeinschaft, seiner Kirche und ihren vereinten Vollmachtsträgern. »Wenn aber jener, der Geist der Wahrheit, kommen wird, der wird *euch* in alle Wahrheit leiten.« Die Propheten des Alten Bundes sprachen nicht mechanisch die Worte im Gesetz Moses nach; die Propheten und die Kirche des Neuen Bundes sprachen nicht nur die geschriebenen Schriftworte nach. Die entfalteten Lehren und Ordnungen der Kirche aber, einfach als Menschengesetz, Mescheng'satz, gegenüber der Schrift abzuwerten und ins Feuer zu werfen, konnte nicht aus der Schrift begründet werden. Auch was ein »Reden aus sich selber«: durch die Propheten, Weisen, Schriftgelehrten, die Kirche, scheinen konnte, das konnte gerade der Geistesverheißung Jesu entsprechen. »Denn er — der Heilige Geist in der Kirche — wird nicht aus sich selber reden; sondern was er hören wird, das wird er reden, und was zukünftig ist, wird er euch verkündigen.« Entscheidend für den Geist in der Kirche ist: »Derselbe wird mich verherrlichen; denn von dem Meinen wird er's nehmen und euch verkündigen« (Joh 16,12—14). Nun entsprachen die Lehrsysteme der Schriftgelehrten und Lehrer vor Luther nur in unterschiedlichem Grad und Maß dem Wahrheitsgut vom Heiligen Geiste. Prophetische Sichtung hatte diesen Brüdern gegenüber Recht und Verheißung. Da stand auch Luther ein reichlicher Dienst zu. Aber gerade seine einzigartige Hervorhebung, teils befreiend von viel Mittelmäßigkeit und Mißbräuchen, teils dann aber auch vereinseitigend und in die Grenzen seiner Persönlichkeit und Kirche hineinzwingend, konnte niemals aus der Schrift begründet werden. Man versuche immer wieder, sich *bildhaft* vorzustellen: welchen Platz konnte eine Gestalt wie Luther in der Vollmachtsgemeinschaft und ganzen, vom Apostel im Petrusamt geleiteten (Ur-)Kirche einnehmen? Ist in der Schrift etwas über seinen umwälzenden geistlichen und amtlichen »Ort« in

der Kirche des Neuen Testaments, in einer damaligen Jüngergestalt gleichsam dargestellt, geschrieben? — Wir vermögen die überreichen auf Luther gemünzten allegorischen Schriftauslegungen seiner Anhänger nicht mehr zu vollziehen. Nicht nur ein Spener lehnte sie ab. Denn so werden bekanntlich Sektenhäupter von je ihrer Sekte auf den Podest gestellt. Hier ist also der klare Trennungsstrich zu vollziehen. Sonst wirken unterbewußte, die Versöhnung in der Wahrheit lähmende Metastasen in der Körperschaft unseres Luthertums weiter.
(4) Dagegen könnte gesagt werden: Luther bildet doch einen Halt gegen Auflösungen, die noch weiter gingen als seine eigenen. Das kann anerkannt werden. Deshalb gehört auch der Verfasser zu denen, die sich, befragt, als evangelisch-lutherische Christen bezeichnen. Luther hat so viel Biblisch-Katholisches verkündet und geschrieben, daß z. B. Meißinger seine Lutherbiographie mit dem Titel »Der katholische Luther« begann (allerdings mit den geplanten Fortsetzungen »Der reformatorische Luther«, dann »Der lutherische Luther«). Und der Vf. regte schon vor Jahren an, es möchte von katholischer Seite eine große Ausgabe der Schriften Luthers und anderer Reformatoren veranstaltet werden, die sein und ihr Wahrheitsgut enthält. Dazu dann in Fußnoten und Anhängen die nötige Abgrenzung von seinem und ihrem nur zeitgeschichtlich Wichtiggewesenen und seinem samt ihrem Bruch.
Jedoch wenn man etwa heutigen Männern der Richtung Karlstadt oder Münzer gegenüber auf Luthers Zeugnis als wahres, biblisches, gesamtchristliches hinweist, so wird dagegen angeführt, daß er inkonsequent, ein Halber, blieb, der nicht ganz tat und lehrte, was er begonnen hatte. Was war er? »Ein steckengebliebener Halbrevolutionär mit mittelalterlichen Autoritätsresten, die er nicht abzustoßen wagte.« Außerdem: vielfache Erfahrung zeigt, daß es auch gegenüber nichtrevolutionären lutherischen Kirchenmännern wenig hilft, katholische Worte, etwa über Luthers Anrede an Maria, seine Magnifikatauslegung, seine Äußerungen von ihrer Fürbitte für die Kirche, ihrer Aufnahme in den Himmel, sein bedingtes Ja zum wahren Ober-

hirtenamt nach Johannes 21, anzuführen. Da werden sogleich, mit gleichem, nein »mit viel größerem Recht!« seine Streit- und Verdammungsworte angeführt; »und die gelten, denn sie wurden die wirksamen *Tatsachen* in der lutherischen Kirche!«. Aber er hat doch auch vieles gesagt, was uns zum Wiedereinswerden hilft. »Der Luther, der hat viel geschwätzt« und der hohe Kirchenmann (ein evangelischer Prälat) liest aus den Schmalkaldischen Artikeln, »und die sind doch maßgebender als weiß was für andere seiner Äußerungen!«, Verdammungssätze gegen das Papsttum vor, deren Summe ist: Darum müssen wir hie ... sagen wie im Zacharia der Engel zum Teufel sprach: Strafe dich Gott, Satan. »Das ist der *eigentliche* Luther!«
Somit wird Luthers Autorität — *wer* er eigentlich sei — nur gegen die Autorität oder Vollmacht »des Papsttums«, d. h. der katholischen Kirche zugkräftig, und als eine Art Felsbrocken verwendet, während er nach abwärts in Richtung »Sand« (vgl. Mt 7,26 f.) oder »Baracken« (Baracke ist ein Ausdruck von Landesbischof Wurm für unser Bauwerk) oder »Höllenpforten« (vgl. Mt 16: die zusammenfassende Gegenmacht gegen den Fels) nicht brauchbar ist. Sein Eidbruch hat ihn selbst brüchig gemacht. *Wer* Luther (nach Art und Grad seiner Vollmacht) sei, dies zu erwägen ist nicht alles. *Was* er getan und gelehrt hat, muß ebenfalls, vor allem um seines Guten willen, bedacht werden. Freilich, wenn man nicht vorher klar wurde darüber, wer er seiner Vollmacht nach war, zuerst im Amt katholischer Sendung, dann im Bruch mit der Kirche, hat man keinen Maßstab über die vielfachen Gegensätzlichkeiten in seinem riesigen Schrifttum und über den Wert, welche seiner Aussagen im zeitlichen Verlauf seines Werdens und Bruches nun die eigentlichen sein sollen. »Ja, der junge, revolutionäre Luther ist unser Mann, aber nicht der spätere starre Kirchenmann!« — Aber vor eurem jungen Revolutionär war ja ein noch jüngerer Luther da, mit seinem Treuwort vor Gott in der katholischen Kirche. »Der nützt uns nichts, der ist durch den jungen Luther widerlegt!«

Rechtfertigungs- und Selbstgewißheit

Was ist die eigentliche Hauptlehre Luthers? Er hat zu vielen Lehrinhalten und zu allen Lebensordnungen der katholischen Kirche Stellung genommen. Wenn aber ein Gewächs *eine* Wurzel hat, so wäre diese festzustellen. Was ist sein neuer Glaube und daraus wachsend seine neue Glaubenslehre samt Kirchengestaltung? Der »Gegner« muß doch diesen neuen Glauben in seiner *Wurzel* bemerkt haben, wird man sagen. Also Cajetan 1518, noch vor Eck 1519. Dieser, Eck, brachte Luthers Absage an die Vollmacht von Papst und Konzil ans Licht, also die Verneinung der Kirche = »des Papsttums«. Und Cajetan: den neuen Glauben, was man Luthers »Rechtfertigungslehre« nennt. Nimmt man keine Doppelwurzel an, sondern eine für Luthers Gewächs, so müßten die Absage an die Gemeinschaft und der neue, eigene Glaube an seine persönliche Rechtfertigung, sein Rechtsein vor Gott, eng zusammengehören; vielleicht zwei Seiten einer und derselben Sache, sogar vielleicht dasselbe sein. So viel ist dem Beobachter Luthers klar: für beides, seine Glaubens- und Rechtfertigungsgewißheit und seine Verneinung der Gemeinschaft der Kirche mit ihrem Amt war er gleich absolut gewiß, trotz oftmaligen »Anfechtungen« oder Anklagen seines Gewissens.
Neuerdings wurde aber »das Katholische, somit Wahre« an Luthers Rechtfertigungslehre herausgestellt; er habe die katholische Wahrheit häretisch entdeckt.
Es liegt nahe, daß man folgert: Weil das *Wer* dem *Was* zeitlich und sachlich, wertmäßig und theologisch, vorausgeht, so muß, wenn Luther verkannte, *wer* die Kirche Gottes ist, auch das irrig sein, *was* er über den Glauben, das rechte Stehen vor Gott, lehrte. — Diese Rangordnung zwischen Wer und Was erhellt durch die Tatsache, daß im Neuen Testament, und schon im Alten, stets die Frage: Wer bist du von Gott für uns? das vor allem, was der Betreffende dann tat und lehrte, Entscheidende darstellt. »W e r sagen die Leute, daß des Menschen Sohn sei? — Und er sprach zu

ihnen, seinen Jüngern: W e r saget denn ihr, daß ich sei?« (vgl. Mt 16,13.15; 26,63 f.).
Je nachdem man sich entschieden hatte, wer er sei, beurteilte man alles das, was Jesus tat und lehrte. Und nur, wer wenigstens eine Spur davon, wer er sei, erahnte, war bereit, ihm nachzufolgen und zu hören, was er predigte und lehrte, auch die Wunder seiner Heilungen für wahrhaft von Gott zu halten.
Für sein Bekenntnis vor dem Hohen Rat, w e r er ist, erlitt er den Schandtod am Fluchholz draußen vor dem Lager.
Wer er in Ewigkeit ist, das erfuhr die Jüngerschaft durch die Erweisungen des Auferstandenen und erfährt die Kirche seit Pfingsten durch den Heiligen Geist mit seinen Gaben und Lebensfrüchten. In diese Kirche des Dreieinigen, lebendigen Gottes ist Martin Luther hineingetauft worden.
Man kann, es muß immer wieder gesagt werden, das Wahrheitsgut der katholischen (= allgemeinen, allumfassenden) Kirche weithin auch bei Luther finden. Zumal beim noch katholischen Luther; aber auch zum Teil noch beim reformatorischen und selbst noch bei dem auf seinen Glauben reflexiv zurückgebogenen lutherischen Luther. Wie sollte es bei der mit Abstand größten Gestalt der damaligen Christenheit anders sein? Und mit welch anderem Baugestein hätte er seine neue Kirche aufbauen sollen, als eben mit dem, das er vorfand und mitnahm! Dennoch entstand aber nicht eine (zwar häretisch entdeckte, aber wahre) zweite katholische Kirche. Daß das nicht eintraf, mußte von seinem neuen, anderen, eigenen Glauben herkommen; von dem, was dann das Spezifikum, Arteigene, gegen die vorhandene Gemeinschaft abgrenzende, sie kritisch abwertende Sondergut seiner Kirche wurde: es ist die *Selbstgewißheit* seines Glaubens, er sei gerechtfertigt. Seine Rechtfertigungs*lehre* wurde es insofern, als er allen seinen Hörern (= seinem erweiterten Selbst) das gleiche Herausgenommensein aus dem Gericht und Urteil Gottes zusprach, falls sie wie er mit kecklicher Gewißheit selbst statuierten, daß dies so sei. Wie bei ihm die Selbstgewißheit, er sei vor Gott im rechten Stand (wenn er die Gerechtigkeit Christi im Glauben an sich riß, und, daß er sie [ob auch als fremde] nun

habe) und die Gewißheit des vernichtenden Nein wider Christi Fels (= den Teufel) sich gegenseitig ergänzten, so mußte er auch in seiner Lehre gerade diejenigen Glaubenslehren verneinen (oder soweit er noch Katholisches beibehielt, verdünnen), die von der spezifisch katholischen allumfassenden Gemeinschaftswirklichkeit Kunde geben: der (dreifach-einen) Gemeinschaft im Himmel und auf Erden und »unter der Erde«, d. h. der mit Christus triumphierenden, der auf Erden pilgernden (kämpfenden) und der im Zwischenzustand leidenden, und von ihrer aller Gemeinschaftsverkehr im Glauben, von unserer Zeit her in die Ewigkeit, und von dieser herein in unsere Zeit.

(1) Der Bruch in Luther und dann durch ihn wirkt bis heute so bannend in unser Innerstes von Geist, Seele und Leib, in unsere Seelenspitze, in unser Glauben, Hoffen, Lieben hinein, daß wir schon z. B. beim Wort »Maria« spontan, automatisch, wie fremdgesteuert, dann aber nicht mehr nur unwillkürlich, sondern »in freier Glaubensüberzeugung und in biblischer Wahrheitsgewißheit« willentlich dagegen sind.

Für Luther war, wohl vor allem durch den Einfluß seines Vaters, Sankt Anna zum »Gespenst« geworden (wenn auch zunächst nur mit Fragezeichen?). Die biblische und dann kirchlich entfaltete Anrede an Maria, die Mutter Gottes, behielt er bei — bis er sie dann, ohne zu wissen, wann, eingestellt hatte. Und entsprechend riet er denen, die ihn in der Sache befragten. — Aber haben wir nun nach mehr als 400 Jahren nicht endlich auch ein selbständiges Urteil, das wir doch unserem Kirchengründer so überreichlich zubilligen (sofern uns nicht auch er passé ist, wie vielen)? Nein, wir hatten es bis dato nicht. Denn »wer Maria sagt, ist katholisch«, und »dazu ist doch Luther wahrlich nicht unser Reformator geworden, daß wir katholisch bleiben oder gar wieder werden sollen. Das sei ferne!« Heilige um ihre Fürbitte bitten, wozu? Jeder ist selbst in seinem Glauben gerechtfertigt.

(2) Von der Oberen Schar (den »Heiligen dort«, EKG 275) nun zur Kirche auf Erden. Luther trennte sich vom Altar Gottes und des geopferten Lammes in der Kirche. Daß wir, die

Gemeinde, als Leib des HAUPTES, mit diesem uns opfern dürfen, als Mitopfer, das ER in sein Opfer mithineinnimmt, ist den Protestanten nicht gepredigt worden. Wozu auch? Wem sollte es nützen, dieses angebliche Mitopfer? Das könnte zu »Maria unter dem Kreuz« passen, durch deren Seele ein Schwert dringen sollte (Lk 2,35) —, aber daß sie in ihres Sohnes Opfer, mitopfernd, eingestimmt hätte, *wo steht denn das?* — »Müssen wir etwa die sein, die Jerobeams Sünde begingen im Bau des andern Altars? (vgl. 1 Kön 12,31 f.; 13,2 ff.; u. ö.). Allerdings, beim ersten Abendmahl war die Gemeinschaft der Jünger nicht ohne den Petrus, der ihnen zum Zusammenhalt im Glauben und in der Liebe gegeben war . . . Insofern ist da bei uns etwas anders. Aber Petrus war ja *der Verleugner*!«

»Letztlich nötig ist der Altar gar nicht. Das *Wort* muß es tun, und daß wir's im Glauben ergreifen. Wer es will, der kann durch die aus der alten Kirche beibehaltenen — eine Zeitlang 4, jetzt noch 2 Sakramente, heilige Handlungen, die Gewißheit seines Glaubens stärken. Was aber den Schwachen erlaubt ist, das brauchen die Starken nicht zu tun. ›Altar‹ paßt eigentlich gar nicht in die wirklich evangelische Kirche; wenn schon für Jesus die mythologische, Gottes eigentlich unwürdige, Opfer-Vorstellung in damaliger Zeit und im Orient geduldet werden kann, so war es ja nur sein Opfer, *damals*, und somit ist der Altar heute nur irreführend. Luther hat ihn mit Recht verlassen. Er war auch ohne das gerechtfertigt. Und so jeder Protestant, jeder selbst!«

Die Ehe hat Luther ebenfalls ihres sakramentalen Charakters entkleidet; wenn Hans und Grete freien, so ist das ein weltlich Geschäft.

Bei den anderen sogenannten »Sakramenten«: der Mensch macht es durch seinen Glaubensakt, daß er seine Gewißheit durch Gebrauch des sinnlichen Mittels (daß man z. B. Brot ißt und Wein trinkt) in etwa stärken läßt; eine Wirkung der Sakramente an sich, als göttliche Wirkung, gibt es nicht; der Glaube macht es, oder, wenn man auch ohne das stark in seiner Glaubensgewißheit ist, braucht man die Steigerung seiner Heilsgewißheit gar nicht.

Und wer ist die Gemeinde, die unter die Kanzel des Wortes kommt? Nach Luther ist jeder, der aus der Taufe gekrochen ist, selbst Papst und Bischof, gemäß dem allgemeinen Priestertum. Wie der Luther den Himmel von den sogenannten Heiligen leergefegt hat (die »stolzen Heiligen« verspottete er), so hat er mit der Priesterherrschaft für alle Zeiten aufgeräumt. Es gibt keine Bevorrechteten mehr, die sich anmaßen, Recht und Macht zu haben, den Richter zu spielen und »Lehre zu urteilen«. Wenn dies eine unserer Gemeinden tut, um einen allzu altgläubigen Pfarrer loszuwerden, da freilich muß des Reformators Schrift gelten: »Daß eine christliche Versammlung oder Gemeinde Recht und Macht habe, alle Lehre zu beurteilen und Lehrer zu berufen, ein- und abzusetzen: Grund und Ursache der Schrift. Martinus Luther.« (Bö 224—228.)

(3) Eine »leidende Kirche«?! Fegfeuer, Purgatorium, Reinigungsort, Zwischenzustand — überholt! Zwar lehrten auch noch einige Mystiker in nachreformatorischer Zeit (auch »Württembergische Väter«) bei uns dergleichen. »Dreimal darf man für einen Verstorbenen beten, mehr taugt nicht, hat der Luther gesagt, gebe das zu, wer's glauben will. Aber zu seiner Rechtfertigungslehre paßt eine solche mythologische Vorstellung nicht. Wer's glaubt, daß er gerettet ist, der ist's auch.« —

Es geht darum, ob das, was »noch« an Glaubensgut aus der Einen, heiligen, katholischen und apostolischen Kirche, auch »noch« durch die späteren katholischen Äußerungen Luthers, bei uns vorhanden ist, gegen die Schluß-Sturzflut der Sturmgüsse (vgl. Mt 7,26 f.) und die von den »unteren« Höllenmächten (vgl. Mt 16,18) abgedämmt werden kann. Evangelische Christen beten dafür.

Es geht aber darum, ob Gott dieses Gebet erhören kann. Immer und überall da, wo wir uns auf Worte und Verheißungen Gottes und unseres Herrn Jesus Christus, unter Anrufung des Heiligen Geistes, daß er uns an Jesu Wort erinnere, berufen können, da gilt: Gott hält, was er verspricht.

Die dämonischen Mächte der Unterwelt, von »unten« andrängend, suchen zuerst den Fels zu überwältigen; und mit ihm die

Kirche, die darauf gebaut ist. Darum gilt Jesu Fürbitte, obwohl alle Jünger durch den Satan gefährdet sind, besonders dem Einen (Lk 22,31 f.) Bruder im Dienstamt der Einheit an der ganzen Bruderschaft. Dies glaubt die heilige Kirche nach der Schrift.

Da Luther durch seine zahlreichen Fehlauslegungen der drei klassischen Primatstellen (Mt 16, Lk 22, Joh 21), besonders Mattäus 16, seinen Vernichtungskampf gegen das Papsttum (das Petrusamt »laut Gottes Wort oder nach göttlichen Rechten, iure divino«) geführt hat, so kann man sich kein erhörliches Gebet vorstellen, in dem man Gott ein falsch gedeutetes Wort, mit anderer Absicht als Jesus, vorhält.

Hier, bei dem »Petrus«, ist nun bemerkenswert nicht nur, daß Luther eine Anzahl irriger Auslegungen oder falschgezielter Anwendungen (neben halbrichtigen und richtigen Exegesen, die er aber nicht befolgte) vorbrachte, sondern daß die Predigerschaft seiner Kirche gewiß nicht in böser Absicht, aber im Banne der Luthertradition zumeist 1. nur die Privatperson mit allen ihren Schwächen; 2. *vor allem* den Verleugner, predigt; und wo 3. etwas von seinem Dienst erwähnt wird, da muß Galater 2 herhalten und dies in der falschen Auslegung, Petrus habe den Glauben verleugnet; während er doch aus »Taktik«, um die Spaltung zu verhindern, den judaistischen Eiferern, gegen seine Glaubensüberzeugung im Augenblick nachgab.

Es liegt doch wohl als Aufgabe vor evangelischer Theologie, dem chaotischen Durcheinander in der Auslegung, Predigt und Tatverwertung der Petrusstellen des Neuen Testaments im lutherischen Bereich nachzuforschen und das Ergebnis für die schriftgläubige Gemeinde verständlich darzustellen. Menschenkraft reicht dazu nicht aus. Denn unser mehr als 400jähriges Nichtentdecken oder Nichtzugebenkönnen des offensichtlichen Schriftirrtums Luthers an der das ganze Werk der Einen Kirche Gottes betreffenden Stelle ist mit menschlichen Gründen der Vernunft und des Verstandes nicht zu erklären. Man muß in Beugung und Buße vor Gott und Menschen bekennen: Hier liegt Wirkung des Eidbruches und Bannes vor. Also Machtentfaltung von den Höllenpforten her. Der »Doktor« unseres Bruders Martinus wäre doch wohl jetzt durch unsere Doktoren »gutzumachen«: gerade an der Stelle seines geschichtswirksamsten Irrtums. An diesem »Doktor«, »Dr. theol.«, »D« hängt's, gleichsam in kürzestem Sinnzeichen. Luther war zum Doktor der Heiligen Schrift und des Apostolischen Stuhls, d. h. in der Verantwortung vor dem vom Herrn gesetzten apostolischen Lehramt, nicht solo für sich, unter Anrufung des Dreieinigen Gottes geweiht, gesegnet und in sein Amt gesetzt worden. Dann aber, nach dem inneren Bruch und öffentlichen Eidbruch, konnte er nicht genug sich rühmen, daß er alles, was er gegen Papst, Teufel, Welt u. s. f. treibe und predige, in seinem Amt als »geschworener Doktor der Heiligen Schrift« predige und tue.

Seinen geschworenen Eid hat er also nicht vergessen.

Mußte er, damit das dem lebendigen Gott eidlich Versprochene nicht frevlerisch, sondern dem Teufel gegenüber zu dessen Strafe gottgeboten, gebrochen sei, darum bis in seine letzten Stunden hinein den Papst für den Antichrist halten und des Papstes Pest und Teufel sein wollen?

Dies zur Wahrheit des *Petrusamtes nach der Schrift*.

Nun zu der *Rechtfertigungsgewißheit* im neuen Glauben von Luthers neuer Kirche.

Als evangelische Christen haben wir die Grundüberzeugung von Eltern und Großeltern her (und von weiter zurück) empfangen und angenommen: »Luther allein hat nach langer Finsternis wieder das helle Licht des Evangeliums gebracht, der Christenheit erstmals seit Urtagen wieder den Heiland und in ihm unsere Erlösung und Rechtfertigung, ohn all unser Verdienst und Würdigkeit, gebracht. Sein Glaube und seine Rechtfertigungslehre sind biblisch, der Glaube der katholischen Kirche wurde von ihm mit Recht verworfen.«

Nun muß um der Gerechtigkeit willen gesagt werden, daß deshalb, weil Luther herrliche Schätze aus Gottes Wort predigte und besang, auf uns wirklich die Frohbotschaft von der Rettung des Sünders, nicht durch Selbsterlösung, sondern durch Gottes Gnade in Jesu Kreuz und Blut, gekommen ist. Weiter ist die

Lehre und sind viele Lebenszeugnisse des Pietismus voll heiliger Gottes- und Nächstenliebe in unser Gesangbuch und das Lehrgut miteingeströmt. Über das haßgesättigt Polemische Luthers gegen das Papsttum war den evangelischen Familien nichts gesagt worden.

Wie schon die Herkunft der Lieder Luthers (als seiner Herzensbekenntnisse) aus Bibelglauben und dem jahrhundertealten Zeugnis der katholischen Kirche zeigt (vgl. das Verzeichnis der Lutherlieder nach ihrer Herkunft: im Anhang zum EKG), kann Luthers Glaube und kann seine Rechtfertigungslehre, von ihren Überspitzungen befreit, als mit dem Glaubensvermächtnis der Kirche durch all ihre Jahrhunderte vereinbar, vielleicht vorwiegend übereinstimmend angesehen werden. Dies die eine Seite.

Aber es liegen andererseits Erfahrungen genug vor, daß doch vom Eigensten des lutherischen Glaubens- und Rechtfertigungsbegriffs, den die Kirche bei Luther als häretisch beurteilte, tiefe und breite Strömungen bis heute ergangen und wirksam sind. Und wenn nur ein Tropfen Gift in einen guten Trunk hineingeträufelt worden ist, gibt es Vergiftungen; Gefahr weiterhin, bis er ausgeschieden sein wird. Ebenso ist auf die Dauer ein Lebewesen nicht lebensfähig, dem ein Grundlebensstoff entzogen wird.

Und hier ist zu sagen: so viel außerordentliche Charakterzüge und Verhaltensweisen bei Luther sichtbar werden, die L i e b e, wahrhaft die eigentliche Liebe zu Gott und Menschen in Jesu geheiligter Liebesnachfolge ist wohl nicht der letztentscheidende Eindruck, den seine sonst so überreiche Persönlichkeit in der Geschichte macht. »Nun, wer verlangt sanfte Liebe von einem Strafprediger und großen Waldrechter, der Mißgewächs ausreutet und dazu die Axt braucht?! Hat Elia den Baalsdienern Liebe zugewandt? Luther war aber, wie viele seiner Zeitgenossen es empfanden, einer entarteten Kirche gegenüber als ein zweiter Elia erschienen.«

Es geht um Luthers Wirkungen in der Geschichte seiner Kirche bis auf uns her; also um »die geistige, geistliche Luft«, die wir in seinem bis hieher nachwirkenden »Ausströmen« atmen. Schon die 95 Thesen, die seinen ersten öffentlichen Großakt »mit Paukenschlag« darstellen, kann man sich schwerlich als im gemeinsamen Erweisen der Liebe zu Gott, vereint mit den Brüdern, die in der Kirche blieben, vorstellen. Es wird niemand behaupten, Luther sei in der Gemeinschaft der Bruderliebe (philadelphia: Röm 12,10; 1 Thess 4,9; Hebr 13,1; 1 Petr 1,22; 2 Petr 1,7; 1 Petr 3,8) mit denen, die die Kirche verteidigten, geblieben. Spott, Demagogie, Haß, und das ist nur eine Andeutung der ganzen Skala seiner den Gegner vernichtend angreifenden Geistes- und Propagandamittel, konnten nicht für die Zukunft in uns die völlige Rechtstellung zu Gott, in der Liebe zu ihm und zu den Brüdern, der *einen* Bruderschaft (1 Petr 2,17; 5,9), ergeben. Wollen wir ohne die Gottes- und Nächstenliebe, ja um Jesu Christi willen auch — Bruderliebe »vor Gott recht sein«, in der Heiligung recht werden, d. h. »gerechtfertigt«? Aber gerade daß Gemeindeglieder meinten, Gott lieben zu können, nicht nur fruchtlos nach Heiligung zu streben in der Gottes- und Nächsten-, auch Bruderliebe; daß sie darum rangen, aus Gottesliebe die Gebote zu halten, durch seinen Gnadenzufluß nun auch in eigener Hingabe des Gehorsams, dieses ganze »vergebliche« »nach Oben« gerichtete Verhalten stellten seit Luther viele Professoren als unmöglich hin in immer noch nicht versiegtem Hohn gegen »die stolzen Heiligen« samt ihrem frommen Selbstbetrug und pharisäischen Glanz vor der Welt. »Wir können nun einmal das Gesetz, die Gebote Gottes, nicht halten; das hat Christus für uns getan. Selbst etwas dazu tun zu wollen, dieser Wahn der Selbstgerechtigkeit lästert ihn. Unsere angebliche Liebe zu Gott hat in dem Vorgang unserer Rechtfertigung nichts zu suchen. Gott braucht diese stets ungenügende Liebe nicht; vor ihm gilt der Glaube allein: seine Gnade zu ergreifen. Was wir sozusagen Gutes tun, das wende man den Menschen zu; mit dem Heilsweg hat es nichts zu tun; es ist Gesetzeswerk, vergänglich, es rechtfertigt nicht. Hinge dein Heil von der Liebe, ob zu Gott (vor allem zu Gott) oder zu Menschen ab, so kämst du nie aus der Unsicherheit zur Gewißheit. Glaub's, ergreif's, daß Christus die ›fremde‹ Gerechtigkeit für uns ist, und du hast das Heil; bist nicht mehr auf dem

schwankenden Boden deines eigenen Gebotehaltens, deiner eingebildeten Liebe, sondern auf dem von deinem Tun unabhängigen sicheren Grund deiner Gewißheit im Glauben!«
Man versteht die konsequenten Lutherschüler, die lehrten, gute Werke seien *schädlich* für die Seligkeit, die Annahme durch Gott, die Rechtfertigung. Denn solche angeblichen Liebeswerke seien Werke des Gesetzes, während doch Christus des Gesetzes Ende ist.
Die Liebe, das Halten der Gebote in der Liebe zu Gott und zum Nächsten, gehört nicht in unser Verhältnis zu Gott; solche Werke der Liebe sind durch Christus aufgehobene, unnötig gemachte und um seiner alleinigen Ehre willen verbotene Gesetzeswerke. Unsere Liebe muß demaskiert werden als Gesetzeswerk, das als wertlos vor Gott und für Gott im Neuen Bund für immer ausgetan ist.
Vielleicht sprechen nicht allzuviele Lehrer dies so klar eindeutig aus. Um so breiter dürfte ein gleichsam unterirdischer Strom zu einer Art Grundwasserspiegel geführt haben, dem selbstverständlichen unkirchlichen Weltleben des Protestantismus. Eine Weltmoral gemäß jeweiliger öffentlicher Meinung hat den Vorrang gewonnen vor der um den Altar des Opfers Jesu versammelten Bruderschaft, deren Gottes- und Bruderliebe sich zur allgemeinen Liebe ausweitet in die Völker- und Menschenwelt hinaus.

Die Liebe als Gesetzeswerk

Aber sollte wirklich im weiteren Gefolge Luthers die Liebe zu Gott als das erste und vornehmste Gebot seine Stelle verloren haben? Kann und muß für diesen Verlust bzw. für eine Verkehrung der Werte eine Wurzel bei Luther gefunden werden?
Über die Liebe als von Luther abgewertetes bloßes *Gesetzeswerk*, das dem Glauben rein nach dem *Evangelium* zu weichen habe, stellte Hacker eine gründliche Forschung an. Vorangestellt hat

er dabei einen Satz des lutherischen Theologieprofessors Paul Althaus in Erlangen, und stellen auch wir ihn unserem Nachdenken voran: »Für die *Rechtfertigung* vor Gott kommen die Werke, also auch die Liebe, nicht in Betracht, wohl aber für den Glauben an die Rechtfertigung, nämlich für seine Gewißheit, rechter Glaube zu sein« (Ha 180, nach Althaus 376). Und dazu Hackers erste Sätze in seinen Vorbemerkungen: »Alle Inhalte und Akte des christlichen Seins werden durch Luthers neues Glaubensverständnis, wenn es konsequent durchgeführt wird, in ihrem Wesen verändert, am meisten die Liebe. Es kommt zu einer Verschiebung der Relationen [Beziehungen], in denen Glaube, Liebe, Werk, Gesetz und Freiheit bisher gelebt und gesehen worden waren. Echter christlicher Glaube lebt in einem Ineinander mit der Liebe; in dem Maße aber, wie der Glaube reflexiv wird, trennt er sich von der Liebe . . . In einem theologischen System, dessen Ausgangspunkt und Mittelpunkt die Reflexivitätsdoktrin bildet, verliert die Liebe unvermeidlich die Stellung, die sie im Evangelium hat« (Ha 152).

Zum neuen Glauben stellt Althaus also fest: »Für die *Rechtfertigung* vor Gott kommen die Werke, also auch die Liebe, nicht in Betracht«. Denke man hiezu das Doppelgebot Evangelium Mt 22,36—40 und an alles, was im Wort Gottes über die Liebe gesagt ist, und bedenke dazu, daß unsere Liebe zu Gott bei dieser Art Rechtfertigungslehre von diesem für wertlos angesehen wird. Nun ist aber dies die Wahrheit: »Gott ist Liebe, und wer in der Liebe bleibt, der bleibt in Gott und Gott in ihm« (1 Joh 4,8.16). Liebe ist Gemeinschaft. Der Gott, der Liebe ist, schenkt uns seine Gemeinschaft und sucht die unsere: daß wir ihn wieder lieben. Ihn nicht zu lieben, wäre nicht die rechte Stellung zu Gott (= Rechtfertigung). Und wie erweist sich unsere Liebe zu Gott? Der Sohn Gottes spricht: »Liebet ihr mich, so werdet ihr meine Gebote halten. Wer meine Gebote hat und hält sie, der ist's, der mich liebt. Wer mich aber liebt, der wird von meinem Vater geliebt werden, und ich werde ihn lieben und mich ihm offenbaren« (Joh 14,15.21). Ist das die unrichtige? oder ist es die rechte Haltung zu Gott, die er als die rechte anerkennt (=

uns rechtfertigt) in seiner unermeßlichen Sünderliebe, mit der er uns in der Liebe so schwache Erstanfänger liebt? Aber Gottes Liebe verzichtet nicht auf die unsere, denn er liebt uns mit göttlicher Liebe. Darum spricht er es uns als das durch Ihn Mögliche in Kraft zu: »Wer mich liebt, der wird mein Wort halten; und mein Vater wird ihn lieben, und wir werden zu ihm kommen und Wohnung bei ihm machen« (Joh 14,23). Nun dazu die Tatsache bei dem neuen Glaubenslehrer Luther, den der unverdächtige Darsteller Professor D. Althaus feststellt: »Für die *Rechtfertigung* vor Gott kommen die Werke, also auch die Liebe, nicht in Betracht...«.
Was aber dann? Denn irgendein Verhalten Gott gegenüber muß es doch geben, und irgend etwas Gutes wollen sogar die Heiden tun. Und auch Luther tat vielen in seiner Anhängerschaft Gutes. Ja, er schrieb einen Sermon über die guten Werke. Dringt von diesen nichts zu Gott? Wenn es doch heißt: »Selig sind die Toten, die in dem Herrn sterben von nun an. Ja, der Geist spricht, daß sie ruhen von ihrer Arbeit; denn ihre Werke folgen ihnen nach« (Offb 14,13). Nimmt denn Gott und des Menschen Sohn im Weltgericht nicht gerade zur Liebe oder fehlenden Liebe Stellung? (vgl. Mt 25,31 ff.). Luther kannte diese Stellen und auch alles andere, was über eines rechten Lebens Hauptaufgabe gesagt ist: »Du sollst lieben Gott, deinen Herrn, von ganzem Herzen, von ganzer Seele und von ganzem Gemüte. Dies ist das vornehmste und größte Gebot. Das andre aber ist dem gleich: Du sollst deinen Nächsten lieben wie dich selbst. In diesen zwei Geboten hängt das ganze Gesetz und die Propheten« (Mt 22,32 ff.). Auch was im Neuen Testament steht, in unserer Lutherübersetzung unter der Überschrift: »Vom Lohn der Nachfolge«, nämlich einem ewigen Lohn bei Gott, für die Jünger als Mitherrscher des ewig erlösten Volkes (vgl. Mt 19,27—29), war Luther bekannt. Dennoch, behauptet er, kommen vor Gott für die Rechtfertigung die Werke, also auch die Liebe, nicht »in Betracht«. Gott betrachtet oder beachtet sie also nicht. Er wertet nicht nach ihnen. Er stellt nicht nach der erwiesenen oder versagten Liebe den Menschen zu seiner Rechten oder Linken.

Wenn die Liebe und das Tun der Liebe aber für Gott nicht in Betracht kommen, für wen kommen sie es dann? Althaus sagt es in seinem 2. Halbsatz: »wohl aber für den *Glauben* an die Rechtfertigung, nämlich für seine Gewißheit, rechter Glaube zu sein« (Ha 180). Für Gott sind sie ohne Belang, aber für den Glauben, genauer den je einzelnen Glaubenden. Er beachtet und betrachtet sie, und in diesem »Betracht«, dieser Selbstbetrachtung, diesem Sich-auf-sich-selbst-Zurückbiegen: in reflexiven Glaubensakten, stellt er fest: so ist's recht, ich habe recht getan, ich bin meines rechten Lebens in meiner Selbstgewißheit, daß ich den rechtfertigenden Glauben habe, gewiß. Zu dieser Selbstgewißheit (immer unter biblischen, von der Kirche verkündeten Formeln »Rechtfertigung« und »Glaube«) ist die ganze Heilsanstalt der Kirche mit ihren Sakramenten eigentlich unnötig. Das Entscheidende vollzieht sich auch nicht zwischen Gott und Mensch: dem Gott, der seine Liebe schenkt und auf die Liebe seines Volkes, des Bundesvolkes im Alten und dann im Neuen Bund, verlangend wartet (wie oft ist dieses Verlangen Gottes schon im Alten Testament geoffenbart!). Die Liebe zu Gott und dessen »Gnadenlohn« oder Liebeslohn für seine um Jesu willen zu Gnaden angenommenen Kinder kommt beim Heilsweg oder bei der Rechtfertigung nicht in Betracht. Das allein Entscheidende ereignet sich (oder auch nicht) im Bewußtsein des Menschen; er ist es, der feststellt (statuiert), ob er *den Glauben*, und dann auch die *Nächstenliebe* hat. Denn nur diese Liebe zählt für das eigene Glaubensbewußtsein!; nicht die Liebe zu Gott, die beim Heilsvorgang, der Rechtfertigung, nicht in Betracht kommt. Der Mensch ist, falls er dann und wann glaubensungewiß wurde, sein eigener Beurteiler; er stellt an seinen guten Werken dem Nächsten gegenüber fest, ob er recht ist. Man kann kaum noch hinzusetzen: recht vor Gott. Denn wenn schon das Gemeinschaftsleben in der Liebe von Gott zum Menschen und vom Menschen zu Gott gemäß dem vornehmsten Gebot, für das Rechtsein des Menschen (oder für sein Bewußtsein, er sei recht, gerechtfertigt vor sich, nicht vor Gott!) nicht in Betracht kommt, wozu soll dann Gott die guten Werke gegen den Nächsten für das ewige

Heil oder die Verwerfung »in Betracht« ziehen? Die Liebe zum Nächsten, gemäß dem anderen Gebot, bleibt dann ihrer Natur nach rein auf der Ebene der Menschen, als Mitmenschlichkeit. Wenn Gott die Liebe zu Ihm nicht ewig wertet, wozu sollte er's mit der mitmenschlichen machen? Es ist auch unnötig, solche metaphysische Grübeleien zu hegen. Denn ob einer in dieser oder jener guten mitmenschlichen Tat recht getan hat, das weiß er selbst. In dieser seiner Gewißheit, ob er irdisch recht getan, muß nur er selbst sicher sein, und dann ist der entscheidende Richterspruch bereits getan: im eigenen Gewissen des einzelnen Menschen je selbst. Da die Kirche hiebei nichts nützt, ist sie entbehrlich. Luther liebte das Wort »Kirche« nicht; er sagte Gemeinde. Was zu damaliger Zeit deutlich, ohne Beiwerk von Bibelsprüchen auszusprechen dem Kirchenvolk als Abgrund der Blasphemie klar geworden wäre: »die Kirche für die Rechtfertigung unnötig«, also das Werk ihres Schöpfers, des Dreieinigen Gottes, unnötig, und die Liebe zu Gott für das »Gerechtfertigtsein«, das Rechtsein vor Gott ohne Betracht, unwichtig; und dieser lieblose Glaube ist allein der wahre (der bisherige christliche aber verdammungswerte Irrlehre): das wurde aus einem Quell zu einem Strom nur irdisch-menschlicher rechter Verhaltensweisen, deren Norm und Gewißheit nur beim je einzelnen liegt, andererseits, bei diesen Millionen von einzelsubjektiven neuen Normen bei der jeweiligen Gesellschaft entnommen wird. Man vergleiche hiezu den 3. Barmer Verwerfungssatz, 1934, der gegen die Lehre der Deutschen Christen gerichtet war. »Wir verwerfen die falsche Lehre, als dürfe die Kirche die Gestalt ihrer Botschaft und ihrer Ordnung ihrem Belieben oder dem Wechsel der jeweils herrschenden weltanschaulichen oder politischen Überzeugungen überlassen.«

»Daß Liebe zu Gott und Nächstenliebe sich *gegenseitig* bedingen und durchdringen, fand in diesem Denken (Luthers) keinen Platz. Den Gedanken an die Liebe zu Gott hat Luther zumindest vermieden. Gelegentlich konnte er sagen: ›Liebe Gott in seinen Geschöpfen; er will nicht, daß du ihn in seiner Majestät liebst‹ (WA II, 189,5). Vor allem kennt Luther die Reue aus

Liebe zu Gott nicht. Durch Melanchthons Apologie (III 7; V 34) ist der Satz, daß der Mensch, den sein Gewissen anklagt, Gott nicht lieben könne, lutherische Kirchenlehre geworden. Der Protestantismus lebt seitdem in dieser Tradition. Liebe zu Gott oder zu Christus ist, außerhalb des Pietismus, weithin unbekannt und wird manchmal sogar ausdrücklich abgelehnt. Bultmann z. B., der Ausgezeichnetes über die Nächstenliebe zu sagen weiß, urteilt: ›Eine direkt auf Jesus gerichtete Liebe gibt es nicht...; eine Liebe, die sich direkt auf Gott richtete, gibt es ... nicht‹ (R. Bultmann, Das Evangelium des Johannes, Göttingen ¹¹1950, S. 404. Vgl. ebendort S. 473—475, 482 und 486 f., wo das johanneische Ineinander von Glaube und Liebe in der Weise mißdeutet wird, als sei bei Johannes ›Liebe‹ bloß eine Chiffre für ›Glaube‹; den Glauben aber versteht Bultmann weitgehend wie Luther, vgl. etwa in seinem ›Ev. des Johannes‹ S. 172: ›Ergreifen der Verheißung‹, ferner im ›Theol. Wörterbuch zum NT‹ VI 219,2: ›je für mich‹.)« (Ha 153 f.). Statt in der Gemeinschaft der Brüder hin zu Jesus und durch ihn zum Vater — gelte nur noch je für mich: Rückbeugung des ›glaubenden‹ Ich zu sich selbst. Bultmann galt einmal als »Vollender der Reformation.«

Kann es, wenigstens einigermaßen, erklärlich werden, daß bei uns die Liebe zu Gott für das rechte Verhältnis zu Gott: = Annahme durch ihn, Gemeinschaftsaufnahme und Gemeinschaft mit ihm = rechte Stellung zu Gott = Rechtfertigung, nicht in Betracht kommen soll, dem gesamten Zeugnis in der Bibel zum Trotz?

Der Herr spricht: »Wer aber mich nicht liebt, der hält meine Worte nicht« (Joh 14,24). »Wer aber sein Wort hält, in dem ist wahrlich die Liebe Gottes vollkommen. — Wer aber seinen Bruder hasset, der ist in der Finsternis und wandelt in der Finsternis und weiß nicht, wo er hingeht; denn die Finsterins hat seine Augen verblendet. — Wer seinen Bruder hasset, der ist ein Totschläger; und ihr wisset, daß ein Totschläger nicht hat das ewige Leben in ihm bleibend« (1 Joh 2,5.11; 3,15).

Und nun stellten auch wohlwollende, Luther in seinem Guten anerkennende Kenner fest, mit welcher Kraft Luther gehaßt hat, und »seit dem gewaltigen Erfolg seiner Schrift an den Adel kannte er seine Macht«: (MBr 163). »Der Haß auf Eck bricht hervor wie glühend-flüssige Lava, die jeder Form spottet« (MBr 164). »Die vielfältige Gehässigkeit oder selbst Demagogie des Vortrags ...« (MBr 142). »In dem Maße (jedoch) wie er allmählich ein Gefühl für seine Situation gewann, wuchs sein Haß auf Rom ins maßlos Groteske ...« (MBr 195). »Bis zuletzt bleibt Luther seinem Hasse auf den ›Babst‹ getreu. Dieser Haß bleibt auch die stärkste von den Kräften, die aus seinem Leben strahlen« (Th II, 354). — Oder zeigt sich vor seinem Ende doch noch eine Umkehr zur Liebe? So viel zu sehen, nicht. »Ins Dämonische gesteigert sind die Gesichte dieses alten Mannes, auf den kein Mensch mehr hört, wenn er nicht gerade gegen Juden oder Papst vom Leder zieht« (Th II, 350). »Ich habe dem Papst das Herz abgebissen« (Th II, 356).

Es geht nicht darum, Luther durch ein sündiges Hochmutsurteil richten zu wollen, sondern um Heil oder Unheil der Millionen in seinem Einflußbereich, der seit der Zeit nach dem II. Vatikanischen Konzil weit über Luthers Kirchen und Weltprotestantismus hinausgreift. Das Wort der Schrift ist nicht hingefallen; es gilt uns allen und jedem einzelnen: »So jemand spricht: Ich liebe Gott, und haßt seinen Bruder, der ist ein Lügner. Denn wer seinen Bruder nicht liebt, den er sieht, wie kann er Gott lieben, den er nicht sieht?« (1 Joh 4,20). Man muß wohl sagen: Wenn Haß auch aus der Finsternis kommt und blind macht, seiner stärksten Kraft, des Hasses, muß der von ihm Befallene doch manchmal auch bewußt gewesen sein: daß er Todsünde ist. Somit konnte er sein eigenes Dasein als Christ nicht von seiner Liebe zu Gott abhängig machen. Darum kam die Liebe zu Gott für seine eigene Rechtfertigung und seine Rechtfertigungslehre nicht in Betracht.

»Aber das ist doch nicht unser ganzer Luther! Von seinem Haß hat man uns nichts erzählt!« Gewiß, man kann viele gute Äußerungen über die Liebe zu den Menschen bei ihm finden. Vor allem Liebe zu »des (= seines) Glaubens Genossen«. Was er Gutes geschrieben hat, soll man stehen lassen. Und es ginge wohl dem einfachen, gläubig evangelischen Christen über die Kraft, das Ungeheure der Gegensätzlichkeiten in Luthers Person, das

Chaotische in seinem Werk auszuhalten. Oft kommt man, insbesondere bei seinem Verhalten Papst Leo X. gegenüber, nicht los von dem Eindruck bewußter Doppelgleisigkeit; kein redlicher Eindruck entsteht. War der Schreiber des Briefes an Leo X. bei der Widmung der »Freiheit eines Christenmenschen« (MBr 149—162), wenn er nicht ein raffinierter Täuscher war, ein in sich gespaltener Mensch? Gingen Jahrhundertmächte streitender Gewalten, wie in Endkämpfen zwischen Gott und Satan, durch seine Seele? »Zwiescheinigkeit«, nicht nur in diesem Brief, muß sogar Meißinger feststellen, wenn er auch in kongenialer Weiträumigkeit der Phantasie und des Verstehenwollens [was er von uns erwartet], ermuntert, »trotz aller Zwiescheinigkeit, die uns an Luther seit den Fünfundneunzig Thesen nicht mehr fremd ist...«, den Brief zu lesen. Er muß aber z. B. auch von der »Treuen Vermahnung zu allen Christen« sagen: »Die Schrift als Ganzes ist von peinvoller Zwiespältigkeit« (MBr 204).
Erwägt man im Licht des Schriftwortes »So jemand spricht: Ich liebe Gott, und haßt seinen Bruder, der ist ein Lügner« die Beziehung von Luthers Verhalten zu seinem Lehren, so erscheint klar: dieser Lügner war er nicht. Darum machte er die Rechtfertigung des Menschen von seiner Liebe zu Gott unabhängig. Beide dürfen nichts miteinander zu tun haben. Würde man die eigene Rechtfertigungsgewißheit, das Bewußtsein, daß man sein Leben nicht verfehlt, vom Urteil Gottes über unsere *Liebe* zu ihm und zum Nächsten, zum christlichen Bruder, zum Feind, abhängig machen, so wäre man nie im *Glauben* gewiß, daß man gerechtfertigt ist. (Oder gewiß, daß man als Hasser verworfen ist?)
In seiner eigensten Glaubenslehre, der Rechtfertigungslehre, dürfte Luther keine Zwiescheinigkeit nachzuweisen sein. Hier war die Wurzel, gleichsam die Stammwurzel des daraus herauswachsenden Gewächses. Mit diesem Ichglauben eins war das Nein gegen die vorhandene Gemeinschaft, die Kirche, »das Papsttum«.
Nicht ein innerstes, wesentlich gleichzeitiges Ja und Nein zum Glauben der Gemeinschaft dürfte für Menschenaugen bei Luther

erkennbar sein. Es handelt sich vielmehr, bei allen Übergängen, die Ja und Nein nebeneinander zeigen, um ein Nacheinander. Zwischen dem Ja und dem Nein liegt ein Bruch.

Vor dem Bruch — nach dem Bruch

Vor dem Bruch.
Bis zum Jahr 1519. »In den Jahren 1515—1516, als Luther seine Vorlesung über den Römerbrief hielt, sah er die Verhältnisse von Glaube, Liebe, Werk, Gesetz und Freiheit noch ganz im Lichte des Neuen Testament und der katholischen Kirchenlehre. Augustins Schrift ›Vom Geist und vom Buchstaben‹ bestimmte sein Denken über diese Dinge. Er trug seinen Studenten vor: ›Der Apostel unterscheidet zwischen Gesetz und Glauben, oder zwischen Buchstaben und Gnade, und ebenso zwischen den Werken derselben. Werke des Gesetzes nennt er diejenigen, die außerhalb des Glaubens und der Gnade getan werden und die aus dem Gesetz, welches durch die Furcht zwingt oder durch Versprechung von Zeitlichem lockt, getan worden sind. Werke des Glaubens aber nennt er diejenigen, die aus dem Geist der Freiheit allein aus Liebe zu Gott getan werden. Und diese können nur von Gerechtfertigten getan werden...‹ (WA 56,248,10; BG I, 210). ›Wenn daher der selige Jakobus und der Apostel (Paulus) sagen, der Mensch werde durch Werke gerechtfertigt, so streiten sie gegen das falsche Verständnis derjenigen, welche meinen, der Glaube genüge ohne seine eigenen Werke; denn der Apostel sagt nicht, der Glaube rechtfertige ohne die *ihm eigenen* Werke..., sondern: ohne Werke *des Gesetzes*. Daher erfordert die Rechtfertigung nicht Werke des Gesetzes, sondern lebendigen Glauben, *der seine Werke wirkt*‹ (WA 56,249,5; BG I, 212).
In seiner Galaterbriefvorlesung, etwa 1517, unterscheidet Luther die verdienstlichen von den nichtverdienstlichen Werken dadurch, daß sie (die verdienstlichen) *in der Liebe getan* sind:

›Das äußere Werk begründet nämlich keinen Unterschied. Der ganze Unterschied aber besteht im Gewissen, in der Meinung, im Geiste, im Vorhaben, in der Absicht usw. Daher sind die Werke (...) [nur] wenn sie (...) in der Hingabe der Liebe getan werden, Verdienste gemäß der Gnade‹...«‹ (L's Vorlesung über den Gal. Br. 1516/17, hsg. v. H. v. Schubert, Heidelberg 1918, S. 61. Scheel Dok. Nr. 761) (Ha 155).
Allein aus der Liebe zu Gott, in der Hingabe der Liebe, (nochmals) in der Hingabe der Liebe, Werke der Liebe: die Liebe ist das Entscheidende, ob wir uns durch Jesus Christus haben in die rechte Stellung zu Gott bringen lassen, d. h. ob wir Gott recht sind; und diese rechte Stellung und dieses Handeln in der Liebe *wertet* der gnädige Gott: das ist mit *Verdienst* gemeint.
»In den Jahren 1515—1517 weiß Luther also noch klar zu unterscheiden zwischen Werken des Gesetzes und Werken der Liebe, und auch der Verdienstgedanke ist noch gemäß der kirchlichen Lehre anerkannt« (Ha 154 f.).
Diese Liebe geschieht in der Freiheit. »›Christliche Freiheit (aber) ist es, wenn das Gesetz sich nicht ändert, aber die Menschen sich ändern, so daß dasselbe Gesetz, das vorher dem freien Willen verhaßt war, angenehm wird, da in unseren Herzen nun durch den Heiligen Geist die Liebe ausgegossen ist‹ (WA 2,560, 21 ff. Vgl. WA 2,574,34).
Solche Werke (der Liebe) sind verdienstlich: ›Wenn sie ... aus der Frömmigkeit der Liebe und aus dem Vertrauen und der Freiheit der schon erworbenen Gerechtigkeit getan werden, so sind sie Verdienste‹ (WA 2,562,31)« (Ha 156).
»Luther sah also damals Glaube, Liebe, Werke, Gesetz, Freiheit und Verdienst noch in einem durch den Heiligen Geist gewirkten Zusammenhang. Die Heilswertigkeit, ja Heilsnotwendigkeit der Werke [der Liebe] hat er noch nicht bestritten; nur das *Heilsvertrauen* auf die Werke bekämpfte er mit Leidenschaft« (Ha 158). Das heißt: die selbstsichere, ichgewisse Haltung des Pharisäers, der spricht: Ich bin reich und habe gar satt und bedarf nichts ... (vgl. Offb 3,17).

Dann kam der Bruch.
Es geht um Gesetz und Freiheit. Im Großen Galaterkommentar (hervorgegangen aus 1531 gehaltenen Vorlesungen und in der Druckbearbeitung seines Schülers Rörer 1535) »sind die Verhältnisse total verschoben. Verdienst« [= Wertung durch Gott für das ewige Heil] »gibt es überhaupt nicht mehr. Die Freiheit des Erlösten sieht Luther nun allein im Gewissen, im Bewußtsein ... ›Denn wer kann es ganz aussagen, was es für eine große Sache ist, wenn jemand mit Gewißheit statuieren kann, daß Gott weder zornig sei noch es jemals sein werde, sondern in Ewigkeit um Christi willen ein wohlwollender und gütiger (faventem et clementem) Vater sein werde? Das ist sicher eine große und unbegreifliche Freiheit ...‹ Und dann folgt sogleich eine von den in diesem Kommentar so häufigen Gewißheitsübungen; denn das ›Mit-Gewißheit-Statuieren‹ ist ›sehr schwierig‹. Daß christliche Freiheit etwas mit Liebe und Handeln zu tun hat, kommt mit keinem Wort zur Sprache. Was hier ›Freiheit‹ genannt wird, ist von den Gewißheits- und Gewissensbefreiungsübungen her gesehen, ein Bewußtseinskampf, ziemlich *un*frei in seinem Wesen«.
»Luther wußte 1519: Dasselbe Gesetz, das als ›Buchstabe‹ das ›Gesetz der Werke, der Sünde, des Zornes‹ ist, das ›alle(s) verdammt‹ — dasselbe Gesetz wird durch die Liebe, die ›durch den Heiligen Geist in unseren Herzen ausgegossen‹ ist (Röm 5,5) zum ›Gesetz des Glaubens, zum Neuen Gesetz, zum Gesetz Christi, des Geistes, der Gnade, rechtfertigend, alles erfüllend‹ (WA 2,499).
Sechzehn Jahre später aber, im Großen Galaterkommentar, hängt der Unterschied zwischen dem ›heiligen, guten, geistlichen, göttlichen‹ Gesetz einerseits und dem verdammenden Gesetz des Zornes andererseits vom Erfolg einer Bewußtseinsverdrängung ab. Keine Rede mehr davon, daß der durch den Glauben Gerechtfertigte durch den Empfang des Geistes der Liebe frei wird, gute Werke zu tun und so das Gesetz und die Gerechtigkeit zu erfüllen. Vielmehr hängt alles davon ab, ob es gelingt, zur rechten Zeit das Gesetz aus dem Bewußtsein zu verdrängen« (Ha 159 f.).

Einfach, für einfältige Christen (vgl. Mt 11,25) gesagt, heißt das: Liebe zu Gott habe ich keine, ich hasse ja; also darf für den göttlichen Urteilsspruch (oder die Rechtfertigung) nichts von meiner Liebe, vielmehr meinem Haß abhängen. Vergesse ich also das Gesetz, das »Du sollst Gott lieben, und deinen Nächsten wie dich selbst« gebietet! Ergreife ich vielmehr Christus und daß mir mein ewiges Heil, ohne Gericht!, zuteil wird, weil ich es kühn glaube! Ich glaub's, darum habe ich's. Immer wieder so denken! und wenn mein Gewissen mich noch so sehr anklagt, immer wieder mit aller Kraft mit Gewißheit feststellen: ich bin recht vor Gott, weil Christus vor Gott recht ist. Das ist ständige schwerste Arbeit, sobald das Gewissen mich des Hasses wegen anklagt. Aber nur: gewiß sein!!!, dann ist es auch so.
Nochmals: alles hängt davon ab, ob es mir gelingt, zur rechten Zeit das Gesetz aus dem Bewußtsein zu verdrängen. »Die Bewußtseinsverdrängung und Bewußtseinsspaltung ist heilswichtig: ›... in Sachen der Rechtfertigung sollst du mit größter Verachtung vom Gesetz« [das heißt von den Geboten Gottes: Du sollst lieben ...!] »sprechen ... Im übrigen aber, außerhalb des Lehrpunktes von der Rechtfertigung (locus justificationis) sollen wir ... ehrfürchtig vom Gesetz denken, ... es heilig, gerecht, gut geistlich, göttlich usw. nennen. Außerhalb des Gewissens sollen wir aus ihm einen Gott machen, im Gewissen aber ist es wahrhaft ein Teufel ...« (WA 40 I, 558, 6.24) (Ha 161). (Einfältig: Weil es mich wegen meines Hasses anklagt.)
Aus den reichen, mit Bibelworten gesättigten Luther-Texten, die Hacker anführt, geht eindeutig hervor, daß Althaus recht hat mit seiner Feststellung: »Für die *Rechtfertigung* vor Gott kommen die Werke, also auch die Liebe, nicht in Betracht« (Ha 180). Wenn man aber an Gott und sein Urteil bei dem, was man Gutes tun will oder tat, nicht denken soll, wer entscheidet dann, ob sie gut sind? »Hier kann nun ein jeglicher selbst merken und fühlen, wenn er Gutes und nicht Gutes tut. Denn findet er sein Herz in der Zuversicht, daß es Gott gefalle, so ist das Werk gut ... Ist die Zuversicht nicht da, ... so ist das Werk nicht gut« (WA 6,206: Ha 161 f.).

»Diese Ansicht hat Luther seit 1520 im wesentlichen festgehalten; auch 1535 fordert er, daß der Mensch die Gottwohlgefälligkeit seiner Werke statuieren müsse (WA 40 I 575 ff.). Und es ist ganz konsequent, daß er, wenigstens 1520, den Glauben selbst — deutlicher gesagt: die psychologische Leistung des Statuierens — das eigentliche gute Werk nennt (WA 6,204 und 209)... (Ha 162).
»Es bedarf eigentlich keiner Ausführungen, um zu zeigen, daß von Liebe her keine Rede sein kann, am wenigsten von Liebe zu Gott. Wenn jemand im Hinblick auf das, was er im Umgang mit einer Person oder in bezug auf diese Person tut, selber statuiert, daß es derselben wohlgefällig sei, so ist das keine personale Beziehung und schon gar keine Liebe. Paulus lehrt 1 Kor 13, daß es die Liebe ist, die alle Werke und auch den Glauben erst vor Gott wesentlich und wertvoll macht. Luther dagegen fordert nicht nur: ›Ein jeder gewöhne sich, mit Gewißheit zu statuieren, daß er in der Gnade sei und seine Person samt (seinen) Werken Gott gefalle‹ (WA 40 I 576,27); er lehrt auch, die Selbstbeobachtung, daß wir gute Werke tun, gebe uns eine nachträgliche Bestätigung, ›daß wir in der Gnade sind‹; denn ›durch diese Zeichen erhalten wir Gewißheit‹ (certi reddimur) (WA 40 I 577, 28). So sind also die Werke dem reflexiven Glauben, der zunächst ihr Gutsein statuieren muß, ihrerseits auch dienstbar. Alles kreist in diesem System um einen Glauben, der den Bezug auf Christi Heilstat und auf Bibelsprüche dazu benutzt, auf das glaubende Ich zu reflektieren. Für die Liebe gibt es hier eigentlich keinen theologischen Platz« (Ha 162 f.).
Althaus hat dies bemerkt. »Er berichtet nämlich (in seinem Buch über die Theologie Martin Luthers), daß mehrere neutestamentliche Stellen über die Liebe ›für Luther auf den ersten Blick in mehrfacher Hinsicht Schwierigkeiten bieten‹ bzw. ›für die Theologie Luthers um ihres Zentralsatzes willen ein Problem bedeuten‹ (Althaus 357 und 372). Er stellt dann dar, wie Luther zu verschiedenen Zeiten die Stellen verschieden gedeutet und ›um den Einklang mit seiner Grunderkenntnis in immer neuen Ansätzen gerungen‹ habe (Althaus 372). Außer Betracht bleibt hier

[bei D. Althaus] — wie an vielen anderen Stellen — der Große Galaterkommentar mit seiner Abwertung der Liebe und seiner Verzerrung des paulinischen Hohen Liedes. Daß ein theologisches System, für dessen ›Zentralsatz‹ die zentralen Äußerungen des Neuen Testaments über die Liebe ›auf den ersten Blick in mehrfacher Weise Schwierigkeiten bieten‹ und ›Ein Problem bedeuten‹, doch wohl schon deswegen den Geist des Neuen Testaments verfehlt, ist Althaus nicht zu Bewußtsein gekommen. Immerhin erkennt er an, daß Luthers Auslegungen jener Bibelstellen in wesentlichen Punkten — falsch sind« (Ha 163 f.).
Luther hatte 1519 ausgeführt, »daß durch die Sendung des Heiligen Geistes die Liebe geschenkt wird und daß derjenige Glaube rechtfertigend sei, der in dieser Liebe tätig ist. 1535 streitet er mit äußerster Erbitterung dagegen, daß der rechtfertigende Glaube von Liebe durchformt sei« (WA 40 II 34 ff.) (Ha 164). Das war ja der Glaube gewesen, den die Kirche in Luthers Lehre vermißte. Nun stellt Luther unter den äußeren Kennzeichen für den Besitz des Heiligen Geistes auch dieses fest: »den Papst und die fanatischen Geister samt ihrer gottlosen Lehre hassen« (WA 40 I 576,25). »Ausführlich legt er dann eine Form seiner Gewißheitstheorie dar, schärft immer wieder ein, daß man ›mit Gewißheit statuieren‹ müsse, den Heiligen Geist zu haben — auf 8 Kleinoktavseiten 11mal certo (certissime) statuere! —, schildert mit unerhörter Eindringlichkeit die Schrecken der Ungewißheit sowie den schweren Kampf um die Gewißheit. Er hat die Gewißheit nicht; er stürzt in grauenvolle Ungewißheit, meint aber, er müsse um des Heiles willen in direktem Zugriff sich die Gewißheit erkämpfen, und in dem Stöhnen dieser egozentrischen Daseinsangst meint er das Abba-Rufen des Heiligen Geistes zu vernehmen. Hier hat das Heilsstatuieren die Liebe nicht ›durchformt‹, aber erdrückt. Ein psychologischer Krampf ist geblieben — der Krampf des Reflektierens« (Ha 164 f.).
So will Luther es schaffen. Er hat nun die Freiheit von der Kirche, von der Liebe in seinem Glauben von der Rechtfertigung. Aber — »anscheinend schafft es der Glaube allein doch nicht:

›Je gewisser wir der Freiheit sind, die uns Christus erworben hat [d. h. je fester unser reflexiver Glaube ist], um so kälter und träger werden wir im Dienst des Wortes, im Beten, im Tun des Guten, im Ertragen von Leiden‹ (WA 40 II 61,15). Da hilft dann — nicht die Liebe, sondern — der Satan: ›Wenn uns nicht der Satan quälte, innen durch geistliche Versuchungen [d. h. Verlust der Vergebungsgewißheit] und außen durch Verfolgung der Gegner . . ., so würden wir vollends sorglos (securi), feige und zu jedem guten Werk untüchtig (ad omne opus bonum reprobi, nach der Vulgatafassung von Titus 1,16) werden und würden so mit der Zeit die Erkenntnis und den Glauben an Christus verlieren . . .‹ (WA 40 II 61,17). Die Verdrängung der Liebe aus der Mitte der Theologie und des geistlichen Lebens führt also zu einer antithetischen Korrelation des Bösen und des Guten — ein Bild der Zerrüttung der Spiritualität« [des geistlichen Lebens vor dem Gott, der Liebe ist] (Ha 166).

Säkularisierung der Liebe

»Da die Liebe zu Gott und den Menschen, vor allem die Liebe zu Gott als erstes und vornehmstes Daseinsgesetz nicht in Betracht kommt, so erfolgt oder ist schon eingetreten — die Säkularisierung der Liebe« (Ha 166—174).
Mit Glaubenstrotz und Befreiermut wirkt Luthers Gestalt; vermißten wir aber Liebe beim kirchlichen Luther? Kaum. Denn auch er kündete Liebe. »In seiner ersten Galaterbriefvorlesung z. B. lehrte Luther Anfang 1517: ›Und es konnte keine vollkommenere Art von Tugend überliefert werden als die Liebe: sie ist das innerlichste aller Werke, das freieste und leichteste‹ (WA 57, 101); sie ist ›ewig‹ (WA 57,101)« (Ha 167). Nachklänge dieser Gedanken kommen auch in späteren Schriften noch vor.
»Der Klang aber, der in der Rede des protestantischen Luther über die Liebe bei weitem vorherrscht, ist ein ganz anderer. Der

Ewigkeitscharakter der Liebe, ihr Ausgezeichnetsein durch eschatologische Endgültigkeit, ragt jetzt nicht mehr ins Diesseits hinein, sondern wird auf das ›künftige Leben‹ beschränkt, wo Glaube und Hoffnung aufhören werden (WA 40 II 79,10.26; 80,8.25). Demgemäß ist die in diesem Leben betätigte Liebe, deren Werke nicht mehr in der Ewigkeit gewertet werden, säkularisiert: sie bleibt dem Diesseits, dem Menschlichen, dem Irdischen, dem Bereich des Gesetzes zugeordnet« (Ha 167 f.). — »Der Reformator will einerseits an der Lehre der Schrift festhalten, andererseits aber auch die Konsequenzen seiner Reflexivitätsdoktrin darlegen; das führt unausweichlich zu Widersprüchen, weil diese Doktrin der Schrift fremd ist. Die Freiheit des Geistes sieht der protestantische Luther nur im Gewissen, in dem der Glaube das Freisein von der Sünde statuiert; das Handeln aus Liebe aber stellt er dieser Freiheit als etwas *anderes*, als Dienst oder Knechtschaft *gegenüber*. Daß die ›Berufung zur Freiheit‹ eben das ›Einander-Dienen in Liebe‹ und der ›Wandel im Geiste‹ (Gal 5,13.16) *ist*, kommt nicht mehr zur Sprache. Dazu stimmt, daß die Liebe für Luther jetzt etwas Äußerliches ist; die Innerlichkeit ist nun allein dem ›Glauben‹ vorbehalten. Mit alledem ist die Liebe, die doch das eigentlich Sakrale des christlichen Lebens ist, von dem Reformator in den Bereich des Profanen, der reinen Weltlichkeit verwiesen — zugunsten der Herrschaft des statuierenden Glaubens« (Ha 168).
Hiefür bringt Hacker Luther-Texte bei aus dem Großen Galaterkommentar, den Jesaiascholien und aus einer Predigt, die der Reformator am 24. November 1532 vor den anhaltischen Herzögen gehalten hat. »Diese Werke sind zwar alle nicht im genauen, von Luther gesprochenen Wortlaut enthalten, sondern in Nachschriften bzw. Druckbearbeitungen seiner Schüler; aber in der Druckbearbeitung des Galaterkommentars hat Luther selber seine eigenen Gedanken wiedererkannt (WA 40 I 33,4; sentio meas cogitationes esse . . .), und Crucigers Druckbearbeitung der Predigt hat er mit den Worten anerkannt: ›Ich halt, er hat's besser gemacht, denn ich's gepredigt habe‹ (MA 6,466). Für unsere Untersuchung ist gerade dieser Überlieferungsstand wert-

voll, da er das erste Stadium der geschichtlichen Wirkung von Luthers Ideen repräsentiert« (Ha 168 f.).

»Der Glaube, welcher Christo glaubt, dient äußerlich (foris) dem Nächsten in Liebe« (WA 40 II 38,1). »Das ganze christliche Leben stellt Paulus ... dar als Glauben gegen Gott innerlich und als Liebe oder Werke gegen den Nächsten äußerlich, so daß der Mensch in solcher Weise vollkommen christlich ist: innerlich durch den Glauben vor Gott, der unserer Werke nicht bedarf« [= auch unserer Gegenliebe nicht?]; »äußerlich vor den Menschen, denen der Glaube nicht nützt, dagegen wohl die Werke oder die Liebe« (WA 40 II 37,26). »Das innere (Leben) hat es mit Gott zu tun, allein im Glauben, durch den der Verheißung geglaubt wird, daß Gott uns umsonst verzeihe wegen des Samens Abrahams, welcher Christus ist. Und dieser Glaube ist nackte Gerechtigkeit vor Gott; ihn rechnet Gott als Gerechtigkeit an ohne alle vorausgehenden oder folgenden Werke. Das äußere Leben aber hat es mit den Menschen zu tun; es besteht im Gebrauch der zweiten Tafel (der Zehn Gebote), deren Summe ist, wie Christus auslegt, den Nächsten wie dich selbst zu lieben. Dieses Leben gebiert eine andere Gerechtigkeit; diese ist nicht die Gerechtigkeit vor Gott, sondern vor den Menschen. Das ist die Gerechtigkeit des Gesetzes, die aus den Werken ist; die andere ist die Gerechtigkeit der Gnade, die aus unverdienter Zurechnung ist (ex gratuita imputatione)« (WA 25,96,15. Nicht in der Nachschrift von WA 31 II: Ha 169 f.).

In seiner Predigt vom 24. November 1532 über Ersten Timotheus 1,5—7 fordert der Prediger, »daß man nicht untereinanderwerfe und menge Glauben und Liebe oder das Leben gegenüber Gott und gegenüber Menschen« (WA 36,372). Die Liebe bzw. die Werke der Liebe sind ›jene Reinigkeit des Herzens in äußerlichem Leben‹ (WA 36,363), ›inwendig‹ dagegen ist der Mensch ›ganz fromm durch den Glauben‹ (WA 36,374). Der Glaube ist es, der ›Christum ... ergreift als den Gnadenstuhl‹ (WA 36,371); »daß (stellt Hacker fest, Ha 171) die Liebe etwas mit Gnade zu tun habe, ist nicht erwähnt.«

»Die Zuordnung der Liebe zum ›äußeren‹ Leben schließt schon

den Gedanken ein, daß sie dem Diesseitigen, dem Irdischen zugehöre. Das gleiche bedeutet auch ihre Zuweisung zum Bereich des Gesetzes; denn das Gesetz hat für Luther einen positiven Sinn nur für die Ordnung der innerweltlichen Dinge. Einige Stellen des Großen Galaterkommentars aber sprechen diese Innerweltlichkeit der Liebe auch noch besonders aus. In Rörers Nachschrift steht der harte Satz: ›Die Liebe glaubt der Lüge, der Glaube der Wahrheit‹ (WA 40 II 49,2) ... Das klingt schon wie eine Persiflage auf das paulinische Hohe Lied der Liebe. Aus der Liebe, die ›alles glaubt‹ (1 Kor 13,7), weil sie in die Ewigkeit hineinragende Vollkommenheit ist (1 Kor 13,8—13), wird bei Luther ein in der steten Unvollkommenheit weltlicher Situationen unentbehrliches Bewältigungsverfahren, das es in Kauf nimmt, auch ›der Lüge zu glauben‹ ...« (Ha 171).
»Der Diesseitigkeit der Liebe entspricht es, daß auch die Verheißung, die ihr gegeben ist, nach Luthers Ansicht — im krassen Widerspruch zu einer Reihe von Stellen im Neuen Testament (1 Kor 2,7—10; Jak 2,5; Jak 1,12; Joh 14,21) sich im Diesseits erschöpft« (Ha 171 f.).
Bei solcher Säkularisierung der Liebe kommt dieser aber doch ein beachtlicher Zweck zu »›Damit (!) die Christen ... die Freiheit nicht mißbrauchen, legt der Apostel ihrem Fleisch die Knechtschaft auf durch das Gesetz der gegenseitigen Liebe, damit sich die Frommen erinnern, daß sie im Gewissen vor Gott frei vom Fluch des Gesetzes, von der Sünde und vom Tode um Christi willen, aber mit dem Körper Knechte sind‹ (WA 40 II 62,13. Ähnlich 82,19). Die Liebe, im Neuen Testament eine Kraft des Geistes, der Freiheit und der Endgültigkeit, kommt also hier — unversehens — in die Nähe der Unfreiheit, des Fluches, der Sünde und des Todes zu stehen, als Gesetzesknechtschaft zur Zügelung des Fleisches. Das ist die Folge davon, daß Luther meinte, das neutestamentliche Ineinander von Glaube und Liebe zugunsten des apprehensiven, statuierenden Glaubens aufheben zu müssen.
Wesentlichster Lebenszweck und Lebensinhalt des Christen bleibt dann nicht mehr, wie im Neuen Testament, die Liebe, sondern das Heilsstatuieren nebst seiner Voraussetzung. Die

Voraussetzung ist das Hören des Wortes. Der Schüler, der Luthers Jesaia-Vorlesung nachschrieb, notierte in seinem Kollegheft: ›Das Christentum ... ist im eigentlichsten Sinne Hören des Wortes‹ (WA 31 II 22,3: Christianismus ... verissime est auditus verbi), und der Druck der Jesajascholien sagt: ›Das Christentum ist allein in das Hören des Wortes zu setzen‹ (WA 25,99,33: Christianismus collocandus est in solo auditu verbi.). Insofern dieses Wort das ›Verheißungswort‹ ist, gilt dann, wie die Jesajascholien sagen: ›Das Christentum ist nichts anderes als beständige Übung in diesem Lehrpunkt, nämlich zu fühlen, daß du keine Sünde habest, obwohl du gesündigt hast, daß deine Sünden vielmehr an Christus hängen‹ (WA 25,331.7. Neque christianismus aliud quam perpetuum hujus loci exercitium, nempe sentire te non habere peccatum, quamvis peccaris, sed peccata tua in Christo haerere ...)« (Ha 172 f.).

Dieses Wertverhältnis von Liebe und *Glauben* ist freilich, weniger schroff ausgedrückt, uns lutherischen Christen erbmäßig von Jugend auf und durch unser Leben hindurch geläufig, zumal es wahr ist: »Luther, auch der protestantische Luther, hat wirklich Großes und Tiefes über die Nächstenliebe gesagt, besonders in Predigten« (Ha 174). Luthers ganz Besonderes aber, sein Neues und Eigenstes, das ihn von der Kirche getrennt hat, ist seine dogmatische Abwertung der Liebe zu Gott. Diese Abwertung kennzeichnet seine Rechtfertigungslehre, seinen neuen Glauben. »Im schroffen Widerspruch zur Heiligen Schrift des Alten wie des Neuen Testaments, wo die Liebe zu Gott und zum Nächsten als das höchste Gebot hingestellt wird (vgl. 5 Mose 6,5; 3 Mose 19,18; Mt 22,37—40; Joh 13,34; 1 Joh 2,7 und einige andere Stellen), erklärt die Predigt [vom 24. 11. 1532]: ›Der Glaube, das ist das rechte Hauptstück und höchste Gebot‹ (WA 36,365). — Seiner Ansicht von der Vorherrschaft eines liebeleeren Glaubens gibt Luther manchmal sehr drastischen Ausdruck. In einer Predigt sagt er: ›Hier mußt du voneinander scheiden Liebe und Glauben. Die Liebe soll nicht fluchen, sondern immer segnen; der Glaube hat Macht und soll fluchen. Denn Glaube macht Gottes Kinder und stehet an Gottes Statt; aber Liebe macht Menschen-

diener und stehet an Knechtes Statt‹ (WA 17 II 53,5)« (Ha 176 f.).
Luther wertete die Liebe vor allem auch in der Hinsicht ab, daß er meinte, sie könne die Reinheit des Glaubens gefährden. Aber solche Gedanken »stehen im Widerspruch zum Neuen Testament, insbesondere zum ersten Johannesbrief, aus dessen ganzem Gedankengang hervorgeht, daß die Bewahrung der Reinheit der Lehre, das Festhalten am überlieferten Glauben, die Liebe zu Gott und die Liebe zu den Brüdern so untrennbar sind, daß sie im gelebten Christentum nur miteinander und ineinander da sind. Darum ist ein Glaube, der sich derart über die Liebe erhebt, wie Luther es da fordert, eigentlich kein christlicher Glaube mehr, und was dabei als Liebe bezeichnet wird, ist nicht die Agape des Neuen Testaments« (Ha 177).
Die Abwertung der Liebe zu Gott ist nach reichlichen Texten Luthers das »Ergebnis seiner Entscheidung für die Selbstsicherung durch das Ich im Glauben« (Ha 174). Die Liebe (nicht zu Gott!, sondern zum Nächsten) bekommt nun aber ihren bezeichnenden Zweck, den Hilfsdienst für den Erweis des Glaubens zugewiesen. »Wenn wir an uns beobachten, daß wir den Nächsten lieben bzw. gute Werke tun, können wir daran erkennen, ›daß wir in der Gnade sind‹; denn ›durch diese Zeichen erhalten wir Gewißheit‹, certi reddimur (WA 40 I 577,29); die Gewißheit« [je meine subjektive Selbstgewißheit] »des Heils oder der Gnade aber wird vom protestantischen Luther mit dem Heil gleichgesetzt« (Ha 180).
Hier führt Hacker den Satz von Althaus an, den wir schon kennen: »Für die Rechtfertigung vor Gott kommen die Werke, also auch die Liebe, nicht in Betracht, wohl aber für den *Glauben* an die Rechtfertigung, nämlich für die Gewißheit, rechter Glaube zu sein.« Und Hacker führt das genauer aus, nämlich über die Nächstenliebe, denn die Liebe zu Gott kommt ohnedies für die Rechtfertigung (den rechten Lebensstand vor Gott) nicht in Betracht. »Die Nächstenliebe hat in diesem System ihren Sinn und Zweck nicht darin, aus dem eigenen Ich herauszuführen, sondern dessen reflexive Selbstsicherung zu stärken: die erste

Reflexion, die das Statuieren des Glaubens ist, soll durch eine zweite, nämlich die Beobachtung der eigenen Nächstenliebe und deren Interpretation als Anzeichen des Begnadetseins, bestätigt und bestärkt werden. Auch die Liebe soll hier also zum eigenen Ich zurücklenken. Daß die Liebe zu Gott in dieser doppelten Reflexion außer Betracht bleibt, ja gar nicht in Betracht kommen kann, ist ohne weiteres verständlich; für sie bleibt hier keine Stelle. Alles kommt darauf an, daß wir ›Gewißheit erlangen‹, certi reddamur, sei es durch die erste Reflexion allein, sei es mit Unterstützung der zweiten, die die eigene Liebe beobachtet. Darum konnte Luther ... sich gelegentlich so aussprechen, daß sein Schüler, der die Jesajascholien herausgab, den Eindruck bekam, das Christentum bestehe in nichts anderem als in dem beständigen Training in der Vorstellung, trotz aller Sünden mit Sicherheit durch Christus das Heil zu haben« (Ha 180).

Die Rechtfertigung in den Griff bekommen?

Die Nachrichten mehren sich: Christen über alle Konfessionen hinweg kommen zusammen, jetzt schon in katholischen und evangelischen Gemeindehäusern und Gotteshäusern. Vor allem eint man sich zu gemeinsamem sozialen Handeln. Ein Katholik sagt: »Sozial handeln können wir auch mit Atheisten; wir Christen sollten aber im Glauben eins werden, um den Menschen auch das geben zu können, was uns Besonderes anvertraut ist.« Eine evangelische Stimme sagt dagegen: »Es gibt keine sogenannten spezifisch christlichen Werke, keine ›guten Werke‹ vor Gott. Das wäre gesetzliches Denken, das dem Glauben widerspricht. Wir haben Gott nichts zu ›bringen‹, vor allem gar kein ›Opfer‹; allein im Glauben werden wir gerechtfertigt. Im sozialen Handeln — der ›Liebe‹, wenn man so sagen will — haben wir vor den Atheisten nichts voraus ...«
Wenn man überzeugt ist, daß die Kirche Jesu Christi als die

Kirche des lebendigen Gottes den Völkern und Menschen etwas Besonderes zu geben hat: das aus Gottes Liebe zu uns kommt und unsere Gegenliebe weckt, so darf man als lutherischer Christ nicht länger übersehen, was mit dem Ursprung des Luthertums auf uns und in uns gekommen ist. Eben dies: Luther hat die Liebe und deren gute Werke unter die rein irdischen, knechtischen Werke, Gesetzeswerke gerechnet, ohne Heilswert, ohne Ewigkeitswert, ohne für die Rechtfertigung, d. h. die richtige Lebensstellung Gott gegenüber, etwas zu bedeuten. Man fragt: Konnte ihn, neben vielen anderen Stellen, nicht wenigstens das Hohe Lied der Liebe des Apostels Paulus umstimmen? Aber gerade der Hinweis darauf »war ihm ärgerlich. Im Großen Galaterkommentar heißt es: ›Zum Beweis dieser ihrer verderblichen und pestilenzialischen Auslegung [daß nämlich der Glaube nichtig sei, wenn er nicht liebedurchformt sei] führen die Gegner die Stelle I. Kor. 13 an: Wenn ich mit Zungen der Menschen und der Engel rede, usw., aber keine Liebe habe, bin ich nichts. Diese Stelle ist, so meinen sie, ihre eherne Mauer. Aber sie sind Menschen ohne Verstand, daher verstehen und sehen sie nichts bei Paulus, und durch jene falsche Auslegung haben sie nicht nur den Worten des Paulus Unrecht getan, sondern auch Christus geleugnet und alle seine Wohltaten verdunkelt. Sie ist daher wie höllisches Gift zu meiden, und es ist mit Paulus zu schließen, daß wir durch den Glauben allein, nicht durch den liebedurchformten Glauben gerechtfertigt werden‹ (WA 40 I 239,23). —
Warum eiferte aber Luther gegen die Lehre vom ›liebedurchformten Glauben‹ und damit auch gegen die Fülle des Evangeliums?« (Ha 182). »Der wesentliche Grund, weshalb Luther das Untrennbare trennte — den Glauben von der Liebe — und das Unvereinbare verknüpfte — die Liebe mit dem« [judaistischen] »Gesetzeswerk im Sinne des Paulus — ... war ... ein ganz einfacher Gedanke: Der Glaube ›rechtfertigt deshalb, weil er den Erlöser Christus selbst *ergreift*‹ (WA 40 I 164,20). Es ist sehr auffällig, daß dieses Verbum ›ergreifen‹, apprehendere, da, wo Luther vom rechtfertigenden Glauben spricht, immer wiederkehrt (Hacker gibt viele Nachweise »aus unzähligen« Stellen;

z. B. fünfzehnmal apprehendere auf den Seiten WA 40 I 228–236), oft geradezu geballt, mehrmals in einem Sinnabschnitt, manchmal zusammen mit Wörtern wie ›haben‹, ›besitzen‹. In dieser aufdringlichen Häufigkeit verrät sich das eigentliche Anliegen Luthers: er will den Urheber der Rechtfertigung in sich haben, will ihn besitzen, um sich dadurch die Rechtfertigung zu *sichern*« (Ha 184), während diese, wenn Liebe dazu gehöre, immer ungesichert sei, denn man könne in diesem Leben nicht vollkommen lieben, also gäbe es dann gar keine Rechtfertigung. »Der Ort aber, wo er das Heil durch das ›Ergreifen‹ des Glaubens besitzt, ist das Bewußtsein ... *Was* er aber im Bewußtsein hat«, *das* hat er sicher und nur das. »Dann ergreift, hat, besitzt der Mensch den Urheber der Erlösung und damit diese selbst« (Ha 184 f.). [Er wird zu einem *Was*, Genus neutrum.]
»Das ist«, sagt Hacker, »Psychologismus, jedoch kein reiner Subjektivismus. Denn die Reflexion stützt sich auf Bibelworte« — im Unterschied von »den sogenannten Schwärmern«. »Das heilsrelevante [= subjektiv heilssichere] Bewußtsein ist in Wort und Satz gebunden, geformt. Dadurch wird sein Inhalt leichter verfügbar. Luther brauchte diese Verfügbarkeit, weil er in Gewissensnöten das Heil, das er mit der Gewißheit ineinssetzte, in energischer psychischer Anstrengung zurückholen wollte. Das heilige Wort vom Heil auf sich beziehend, will er das Heil in seinem Bewußtsein und damit in seinem Sein befestigen« (Ha 185).
Aber ist das »Ergreifen« nicht auch im Sinne der Liebe zu Gott, als mystischer Ausdruck engster Gemeinschaft von Person zu Person, möglich? Gewiß. Hacker führt Gregor von Nyssa an. Dieser spricht auch von »ergreifen«, aber bei ihm ist es ein Ausdruck für die *Liebe zu Gott*. »Im Großen Galaterkommentar dagegen ist das ›Ergreifen‹ des ›Glaubens‹ ausdrücklich in einen Gegensatz zur Liebe gestellt: ›Die Unschuld Christi und sein Sieg ... kann nicht durch den Willen der Liebe ergriffen werden, wohl aber durch die Vernunft, die durch den Glauben erleuchtet ist‹ (Ea innocentia et victoria Christi non potest apprehendi voluntate dilectionis, sed ratione illuminata fide, WA 40 I 444,12. Vgl. WA 40 II

25,11: fides est in intellectu). Da wird deutlich, daß Luther die Liebe deswegen ausschloß, weil er eine Methode der Heilssicherung wollte, durch die das Heil bewußtseinsverfügbar werden sollte. Denn die Liebe, die ihre Gewißheit oder Sicherheit nur im Vollzug der interpersonalen Relation« [= liebenden Gemeinschaft zwischen zwei Personen, oder mehreren], »die sie ist, nicht dagegen in einer Reflexion hat, kann nicht einen Gegenstand in der Weise bewußtseinsverfügbar ergreifen und besitzen wie der apprehensive Glaube, der sich in einer Reflexion auf sein Subjekt ein Wort vorhält« (Ha 185 f.). Luther wollte kein selbsterfundenes Schwärmerwort, sondern er führt viele Schriftworte an.

Aber »in dem Willen, das Heil oder die Gnade« [Heil = ewige Errettung vor dem Gericht, Summe der Rechtfertigung] »bewußtseinsverfügbar zu haben, liegt also der wesentliche Grund für die Ausschließung der Liebe aus dem Mittelpunkt der Theologie und Spiritualität« [des geistlichen Lebens], »nicht in Schriftworten, an die sich Luther gebunden gefühlt hätte. Wir haben schon Belege gefunden, und es läßt sich vielfach aufweisen, daß er sehr willkürlich mit Schriftstellen verfuhr, wenn es darum ging, seine eigenen Erfahrungen als Norm zu erweisen oder Anliegen des reflexiven Glaubens zu wahren« (Ha 186).

Wenn das so ist, dann mußte gerade Luthers reichliches Zitieren von Bibelworten zugunsten seiner unbiblischen Lehre von der Rechtfertigung ohne die Liebe zu Gott zum Schaden ausschlagen für die Tausende seiner Studenten, die dann als Pfarrer sein Evangelium in die Lande hinaustrugen; für seine Predigthörer, für die Leser seiner Predigten und Schriften durch Jahrhunderte. Denn im lutherischen und noch weithin im protestantischen Raum hat Luther seine Autorität eben um der Schrift willen, die er als der geschworene Doktor der Heiligen Schrift wahr auslegt. »Wer sollte ihm diesen Preis, diese Ehre (vgl. Röm 2,7) bestreiten?«

»Hat er denn nicht das Verdienst Christi gerühmt, das uns aus Gnaden angerechnet wird!« Die *Anrechnung* (imputatio), die wir im Bewußtsein ergreifen, ist unsere Seligkeit. Nach Worten

eines Lutherschülers, die Hacker anführt (WA 39 II 191,18) »liegt es an der ›Imputation‹ Gottes, daß der Glaube ohne Liebe rechtfertigt«. Und Luther selbst fügte hinzu und hob hervor, worauf es ihm wesentlich ankam: »Wir müssen *gewiß* sein, daß wir sein heilig« (WA 39 II 192,3). »Weil das Heil an der *Gewißheit* hängt und weil diese das Eigentliche des *Glaubens* ist, darum rechtfertigt der (reflexive) Glaube ohne Liebe« (Ha 186 f.).
Bedenkt man diese Heilslehre bzw. Rechtfertigungslehre und Glaubenslehre Luthers nicht: Das Heil ohne die Liebe (Glaube aber als liebelose Selbstsicherung im Bewußtsein), »so bleibt unverständlich, warum Luther gerade wegen der Rechtfertigungslehre so heftig gegen Rom stritt. Der Große Galaterkommentar sagt: ›Wenn der Papst uns konzediert, daß Gott allein aus reiner Gnade durch Christus Sünder rechtfertigt, so wollen wir ihn nicht nur auf den Händen tragen, sondern ihm auch die Füße küssen‹ (WA 40 I 181,11)« (Ha 188).

Lehrentscheidungen der Kirche

»Aber ›der Papst‹ hat das längst nicht bloß konzediert, sondern als Lehre der Kirche Christi verkündet, und zwar nicht erst auf dem Konzil von Trient, sondern schon tausend Jahre vor Luther, nämlich in der Person Bonifatius' des Zweiten, der den Streit um den Semipelagianismus dadurch beendete, daß er 531 die Beschlüsse der im Jahre 529 abgehaltenen zweiten Synode von Orange bestätigte« (Ha 188). Hacker führt die kirchlichen Lehrentscheidungen an:
Auszüge aus der Entscheidung Bonifatius' II.: »Wer sagt, wie die Vermehrung, so sei auch der Anfang des Glaubens, ja selbst die fromme Glaubensbereitschaft, wodurch wir an Den glauben, der den Gottlosen rechtfertigt, und wodurch wir zur Wiedergeburt der heiligen Taufe gelangen, nicht in uns kraft eines Gnadengeschenks, d. h. durch Eingebung des Heiligen Geistes, der

unsern Willen vom Unglauben zum Glauben, von der Gottlosigkeit zur Gottergebenheit bringt, sondern auf natürliche Weise: der erweist sich als ein Feind der apostolischen Glaubenssätze...« (Denz. 178; Neuner-Roos 698). »Wenn jemand behauptet, er könne durch die Kraft der Natur irgendein Gut, das zum Heil des ewigen Lebens gehört, bedenken, wie es sich gebührt, oder es erwählen, oder der Heilsbotschaft, d. h. der Predigt des Evangeliums, zustimmen ohne Erleuchtung und Eingebung des Heiligen Geistes, ... so wird er vom Geiste der Häresie getäuscht...« (Denz. 180).
Und aus einem Dekret des Konzils von Trient:
»Wer behauptet, daß der Mensch durch seine Werke, die durch die Kräfte der menschlichen Natur oder in der Lehre des Gesetzes vollbracht werden ohne die göttliche Gnade, welche durch Jesus Christus ist, vor Gott gerechtfertigt werden könne, der sei ausgeschlossen« (Denz. 811; Neuner-Roos 738).
Wenn Luther, stellt Hacker fest, »nichts weiter getan hätte, als jene Lehre« [der Kirche Gottes] »wieder bekannt zu machen, so wäre er ein wirklicher Reformator geblieben und nie aus der Kirche« [ausgetreten bzw.] »ausgeschlossen worden. Erst durch die Reflexivitätsdoktrin kommt Luthers ›Rechtfertigungsartikel‹ in Gegensatz zur Lehre der Schrift und der Kirche; ohne Betonung der Reflexivität ist dieser Artikel nichts anderes als die seit dem Ende des Streites um den Semipelagianismus in der Kirche gültige Lehre« (Ha 189).
Wodurch trennte sich also Luther von der Kirche und ihrer Auslegung der Schrift?
Wenn für die Rechtfertigung vor Gott die Werke, also auch die Liebe, nicht in Betracht kommen (Luther, nach Althaus), so kommt erst recht der Gedanke an Lohn der Liebe, ewiger Lohn der Liebe bei Gott, nicht in Betracht. Und dies, obwohl, wie jeder aufmerksame Bibelleser, der die reichen Stellen vom Lohn liest, feststellen kann, daß der Lohn bei Gott eine klare Schriftwahrheit ist.
Luther kämpfte anfangs mit Recht gegen eine veräußerlichte Gnadenlehre, bei welcher ein Selbstvertrauen auf eigene Werke

entstehen konnte und entstanden war. Es gab zu seiner Zeit Theologen, »welche lehrten, der Mensch könne aus seinen eigenen Kräften Gott über alles lieben. Von dort aus konnte sich die Gleichsetzung der Liebe mit einer eigenen Leistung des Menschen in Luthers Denken gebildet haben« (Ha 191.202). Jedoch wäre es diesen Lehrern gegenüber »angemessen gewesen, den Gnaden- und Geschenkcharakter der Liebe wie des Glaubens und das biblische Ineinander von Glauben und Liebe zu betonen« (Ha 202). Luther aber kam zu einer Totalabwertung des ewigen Heilswertes der Liebe: aufgrund seines neuen Glaubensbegriffs. Kein Lohn der Liebe, kein Heilswert der guten Werke bei Gott, keine »Verdienste« haben bei diesem Glauben mehr einen Platz. »In der westlichen Kirche hat man den Ewigkeitscharakter der guten Werke seit Beginn der lateinischen Theologie damit bezeichnet, daß man sie merita, ›Verdienste‹, nannte. Daß das Verdienst nur deswegen *für* die Ewigkeit sein kann, weil es *aus* der Ewigkeit ist, hat Augustinus in seiner bekannten klassischen Formulierung ausgedrückt: ›... all unser gutes Verdienst wird durch die Gnade gewirkt, und wenn Gott unsere Verdienste krönt, krönt er nichts anderes als seine Geschenke‹ (Ep 194,5,19. MPL 33,880). Diese Lehre hatte durch den Brief ›Worte des apostolischen Gebotes‹, den Papst Coelestin I. im Jahre 431 an die gallischen Bischöfe sandte (Denz. 141), schon im Altertum maßgebliches Ansehen erhalten; sie wurde am 13. Januar 1547 durch das Konzil von Trient als kirchlich verbindlich bestätigt: ›Es sei ferne, daß der Christ auf sich selbst vertraue oder sich seiner selbst rühme und nicht des Herrn, dessen Güte gegen alle Menschen so groß ist, daß er will, daß das, was sein Geschenk ist, ihre Verdienste seien‹ (Denz. 810)« (Ha 190).
In seiner Schrift De servo arbitrio, Vom geknechteten Willen, engte aber Luther die Möglichkeit eines durch die Gnade befreiten Willens »derart ein, daß seine Lehre auf die Behauptung einer *absoluten* Unfreiheit des menschlichen Willens hinausläuft« (Ha 191). Ein durch die Gnade zur Liebe befreiter Wille, dessen Werke Gott aus der Unendlichkeit seiner Vaterliebe den Kindern belohnt, die doch alles, auch ihr gutes Werklein, ihm verdanken

— es ist aber seiner Liebe Lust, den Kindern den Wert dieser ihrer Liebe ewig aufzunehmen und aufzuheben —: diese Liebe und Gegenliebe hat in Luthers System des eigenen, heilstatuierenden Glaubens keinen Platz. Daß das Handeln des Christen in diesem geschenkten, frei bejahten, Liebesgeist »eine wirkliche Freiheit, eine Freiheit des Seins, der Liebe und des Handelns wäre, wird ausgeschlossen durch den in der Folge ausgeführten häßlichen Vergleich: ›So ist der menschliche Wille in die Mitte gestellt wie ein Reittier: wenn Gott darauf sitzt, will er und geht, wohin Gott will ... Wenn der Satan darauf sitzt, will er und geht, wohin der Satan will ...‹ (WA 18,635). ›In den Dingen, die zum Heil oder zur Verdammnis gehören‹, spricht Luther dem Menschen jede Freiheit ab; da ist der Mensch nach seiner Lehre ›gefangen, unterworfen und ein Knecht entweder des Willens Gottes oder des Willens des Satans‹ (WA 18,638)« (Ha 198).
Daß gute oder böse Taten *Folgen* haben, konnte Luther natürlich nicht leugnen. Aber das persönliche Liebeshandeln Gottes, der sein Kind in Liebe anerkennt und dessen eigenes Tun in seinem kleinen Wert wertet, aufwertet, ja übervoll wertet: zu neuer Liebe, größerer Seligkeit — das ist im System des geknechteten Willens nicht drin.
»Eben deswegen spricht Luther von sequela« [Folge]. »Dies Wort bezeichnet nichts als äußerliches, mechanisches, unabänderliches Aufeinanderfolgen (›necessitas sequelae‹, sagt Luther)« (Ha 199). Necessitas heißt: Unausweichlichkeit, Unvermeidlichkeit, natürliche Folge, Zwangsläufigkeit. Davon spricht auch die Welt und wer vom heiligen Liebesbund Gottes mit der Menschheit in Jesus nichts weiß oder wissen will. Wieso aber Luther? »In der theologischen Mitte seines Systems fehlt die Liebe. So verwandelt sich das lebendige, gnadenhafte, personale Gewertetwerden der Werke in eine leere, impersonale, mechanische Folge. Die Entpersonalisierung, die von der Reflexivitätsdoktrin bewirkt wird, ist auch in der Leugnung des Verdienstgedankens erkennbar« (Ha 196).
Und Hacker beklagt, indem er mehrere bekannte protestantische Theologen der Jetztzeit anführt, die bannhafte Wirkung Luthers

in ihrer Breitenstreuung und Tiefenwirkung bis heute.«Nicht wenige Prediger der Evangelischen Kirche stehen bis heute unter dem Bann der Gedankengänge Luthers über Verdienst und Lohn. Bibelworte, die vom Lohn oder vom Gericht sprechen, werden in der Predigt meist übergangen oder verunwesentlicht. Der ›Schatz im Himmel‹ ist ein unvollziehbarer Gedanke geworden. Texte, welche Ermahnungen« (zur Entfaltung der Liebe in vielen Tugenden) »enthalten, werden fast regelmäßig zu bloßen Ermunterungen des ›Glaubens‹ umgedeutet. Theologen meinen die neutestamentlichen Schriften dafür entschuldigen zu müssen, daß sie nicht ganz frei vom Lohngedanken sind — pointiert ausgedrückt: daß nicht einmal Paulus ganz auf der Höhe Luthers stehe. Ein Lutherforscher kritisierte das Apostolische Glaubensbekenntnis, weil es den Artikel vom Gericht enthalte...« (Ha 200).

Scheel war es, der besonders deutlich das biblische Zeugnis vom Richteramt Christi und den Glaubensartikel von seinem Wiederkommen zum Weltgericht einfach als mittelalterliche *Gerichtsidee* abwertete. »Daß dem Tode das Gericht folge, umgab den plötzlichen Tod mit schwereren Schrecken denn sonst den Tod und ließ nach eigenen Nothelfern Ausschau halten« (O. Scheel, »Martin Luther« Bd. 2, 3.—4. Aufl., Tübingen 1930, S. 263; Ha 327). Warum darf es das biblisch-kirchliche Glaubensbekenntnis vom Richter und Gericht nicht geben, so wenig wie die Schätze im Himmel und den Gnadenlohn? Scheel schrieb: »... so klar und bestimmt liegt die *letzte Ursache der Seelenpein* des Erfurter Klosterbruders vor uns: die den Gottesgedanken beherrschende *religiöse Rechtsordnung* des Katholizismus... Hatte der Sünder in der Taufe das Christentum als Gnadenreligion kennengelernt, so erlebte es der Getaufte hinfort als *Gesetzesreligion*. Entscheidend ist..., daß die Werke unter den Gesichtspunkt der Vergeltungsordnung treten... Ein anderes Evangelium, dem Paulus aufs äußerste widerstanden hatte, wurde mit seinen eigenen Worten gepredigt... Die sittlich-religiöse Ordnung wurde eine Rechtsordnung. Durch den frühkirchlichen *Gerichtsgedanken*, der in das apostolische Symbol (Glau-

bensbekenntnis) aufgenommen wurde, erhielt sie einen Stachel der Unruhe und einen Ansporn zum Eifer« (a.a.O. 263 und 145; Ha 327 f.).
Demnach würden wir im Apostolischen Glaubensbekenntnis (das wir, seit es besteht, mit der Katholischen Kirche gemeinsam und nun seit Advent 1974 im deutschen Sprachbereich auch [mit einer Ausnahme] im gleichen Wortlaut bekennen) — ein anderes Evangelium bekennen, das es gar nicht gibt (vgl. Gal 1).
Zu solcher Luther-Nachwirkung in seinem Bannkreis bemerkt Hacker: »Es ist erregend zu beobachten, wie die Religion des Kleinen Katechismus« (in dessen Erklärung Luther den Artikel vom Gericht wegläßt) »bei dem Lutherforscher gewirkt hat. Er ist überzeugt, die Aufnahme des Gerichtsartikels ins Apostolische Bekenntnis widerspreche dem Evangelium, wie es Paulus verkündet hat. Daß zu eben diesem *Evangelium* nach Römer 2,16 auch die Ankündigung des Gerichts gehört und daß derselbe Paulus deswegen einen Satz niederschreiben konnte wie: ›Wir müssen alle offenbar werden vor dem Richterstuhl Christi, damit jeder [den Lohn] empfange für das, was er durch den Leib getan hat, es sei gut oder böse‹ (2 Kor 5,10) — das scheint Scheel ganz zu vergessen. ›Seelenpein‹ ist nach seiner vereinfachten Darstellung die Folge einer Anerkennung des ganzen apostolischen Glaubensinhalts. Daß Seelenpein in Geduld und Demut, in Liebe, Hoffnung und Vertrauen überwunden werden kann, *ohne* daß der ›Gerichtsgedanke‹ aufgegeben oder verdrängt wird, weiß er anscheinend nicht« (Ha 327 f.).
Man versteht nun von da aus, daß Otto Scheel den Eidbruch bzw. die Mehrzahl von Eidbrüchen Luthers rechtfertigt, die er einer Kirche gegenüber vollzog, die ihn zwar getauft hatte, aber ihm dann ein anderes Evangelium predigte, worauf schon der Apostel Paulus das Anathema gelegt haben würde, was dann Luther in seinem Bannstrahl des Feuergerichts vor dem Elstertor tatsächlich ausgeführt hat.
Luther hat die Liebe zu Gott für unsere Rechtfertigung vor Gott nicht mehr in Betracht kommen lassen, und er hat die Nächstenliebe den Gesetzeswerken weltlicher Art zugeordnet, säkulari-

siert. »Säkularisierung (schreibt Hacker) oder Säkularismus ist der letzte Schritt vor dem bekenntnismäßigen Unglauben, dem Atheismus. Am Anfang dieser Entwicklung steht, als Folge des reflexiven Glaubensverständnisses, die Trennung des Glaubens von der Liebe ... ›Die Trennung von der Liebe ist der Tod des Glaubens‹, mors fidei est separatio caritatis, hat schon Bernhard von Clairvaux seinen Mönchen gepredigt (Sermo super Canticum Canticorum 24,8, in: S. Bernardi Opera, Romae 1957, Bd. 1 S. 161)« (Ha 202).

Aus Luthers »Eifer um das Haus Gottes wurde eine Kraft der Verweltlichung, die sich in einigen Jahrhunderten voll ausgewirkt hat« (Ha 203).

Die kirchliche Lehre vom *Glauben*, von der Liebe und vom Gnadenlohn (Verdienst) guter Werke vor Gott, bedeutet dagegen, »daß, weil in der Liebe die Neue Schöpfung oder die Ewigkeit in die Zeit hineinragt, das in der Liebe getane Werk seinerseits auch in die Ewigkeit eingegangen ist (vgl. Augustinus, Ennaratio in Ps. 85 n. 5: stans in terra in caelo es, si diligas Deum« [auf der Erde stehend bist du im Himmel, wenn du Gott liebst]); »sie ist ein Ausdruck dafür, daß das Heil der Welt wirklich da ist, daß ›eschatologische Existenz‹ in der Freiheit des Heiligen Geistes aufweisbare Wirklichkeit ist (...). Sie zeigt, ... daß die Personalität« [Personhaftigkeit, Gemeinschaft von Person zu Person(en)] »der Gott-Mensch-Beziehung ganz erkannt ist. Denn Werten ist ein personaler Akt, und was als Verdienst gewertet wird, ist per definitionem« [seinem Begriff nach] »ein personales Verhalten zu Gott — nämlich Liebe« (Ha 202 f.).

Die Heilige Schrift — »ihr eigener Ausleger«

In seinem Autodafé vor dem Elstertor hat Luther dem schriftwidrigen, antichristlichen Lehramt der Kirche das Urteil gesprochen und das Ende gemacht. Er ist Doktor der Heiligen Schrift, nicht mehr von einem Lehramt abhängig. Dieses braucht man nicht. Die Schrift legt sich selbst aus.
Wie hat sich diese Überzeugungstat Luthers in der Geschichte ausgewirkt? So, daß es auch jetzt noch als der reformatorische Grundsatz ausgesprochen wird: Die Schrift ist ihr eigener Ausleger und muß es bleiben (vgl. VfL 463). Nur so könne das reformatorische Kleinod »Die Schrift allein« weiterhin Kern und Stern der evangelischen Kirche bleiben. In die geöffnete, aufgeschlagene Bibel wies und weist Luther hinein, in nichts anderes. So zeigen ihn seine Standbilder. Oder er pocht mit der Faust auf das noch geschlossene Bibelbuch, was besagt: Die Schrift allein! dabei soll es bleiben! Verschwunden sind für uns ihre irrigen und anmaßenden Ausleger!
Freilich — die Schrift legt sich zwar selbst aus, ist ihr eigener und alleiniger Ausleger; aber genau besehen ist ja auch Luther ein Ausleger. Die Schrift ihr alleiniger Ausleger *und* Luther als ihr Ausleger. Da aber »das biblische, reformatorische Evangelium« (vgl. VfL 464) das richtige ist, so ist es doch wieder *allein* die Schrift selbst, die sich in Luthers Person und dann seiner Kirche als ihr eigener Ausleger auslegt.
Wie Dr. Luther, so nahmen auch im Fortgang der umwälzenden Ereignisse andere Ausleger die Schrift für ihre Lehren und neuen Gruppen in Anspruch, und stets war es »die Schrift allein«, von der nun auch diese Lehrgebilde ausgingen. Manche Christen taten es dann noch genauer Martin Luther gleich: sie lehnten mit den alten auch die neuen Ausleger bzw. Kirchengründer ab, denn sonst war ja wieder etwas neben »der Schrift allein« da. Ich und meine Bibel; sie legt sich mir selbst aus — das erst ist die konsequente Reformation, das heißt Luthers Vorbild befolgen.
Die immer neuen Spaltungen und Aberspaltungen, alle mit dem

Lutherprinzip der Schrift allein, die sich selbst auslegt, aber vielfach gegensätzlichen Lehren und Verfassungen, noch dazu den konsequenten Allein-Protestanten, sind bekannt. Woher aber kommt es, daß wir den Urquell dieser Verirrungen nicht zugeben? Würde man durch ein offenes Geständnis die eigene Kirchenexistenz und radikale Ichgewißheit preisgeben? Wer wollte einer lutherischen oder anderen der jetzt 286 Kirchenleitungen innerhalb der Genfer Ökumene zumuten, ihr Schriftprinzip und Daseinsrecht zu »hinterfragen«? Paßt hier vielleicht das asiatische Sprichwort: Man kann den Tiger nicht um sein Fell bitten?

Nichts von all dem Guten, was die großen Scharen der gläubigen Bibelleser in den reformatorischen Kirchen aus dem Worte Gottes in der Heiligen Schrift empfingen, ging ihnen verloren, wenn sie dem Wort gehorcht haben. Wo der Same des Wortes Gottes Frucht brachte, bleibt dieser Segen. In unserer Selbstprüfung geht es aber darum, ob je das »Ich im Glauben« das Recht von Gott hat, zu behaupten: »Wenn ich auslege bzw. wenn meine Kirche auslegt, dann legt sich darin die Schrift selbst aus.«

Bei *anderen* Kirchen stellt man verhältnismäßig leicht fest, daß sie diese und jene Schriftstellen einseitig auslegen; überbetonen, ohne das »Wiederum steht geschrieben« (vgl. Mt 4,7.10) zu beachten; daß sie offensichtlich unerlaubte Auswahl – »Häresie« – treiben, ohne es zu merken. Würde man einen der Brüder in der befreundeten anderen Kirche schonend darauf hinweisen – käme das wohl an? »Wieso will denn das andere Mitglied im Weltkirchenrat mehr Recht haben als unseres?! Nein, lieber Bruder, prüfe mal erst deine eigene Kirche. Vielleicht meint Ihr, bei Euch sei die Schrift ihr eigener Ausleger – aber Ihr seid's, nicht die Schrift!« – Daß man die *eigene* Vollmacht hinterfragt hätte, wurde nicht bekannt.

Unsern lutherischen Kirchen Schriftauswahl nachzuweisen, ist leicht. Von seinem Rechtfertigungsverständnis aus konnte Luther manche biblischen Bücher nicht brauchen; er mußte sie – wenn er sie auch nicht entfernte – etwas mehr in den Hintergrund stellen oder abwerten. Dies bei den Büchern, die er zu »Apokryphen«

degradierte; jenes beim Jakobusbrief und der Offenbarung Johannis. Wenn der Glaubensgewisse weiß, daß er vor Gott nicht ins Gericht muß, da unsere Gerechtigkeit stets nur eine fremde, die Christi ist, so ist das Gebet für Entschlafene ohne Sinn, auch wenn im Zweiten Makkabäerbuch (2 Makk 12,44—46) von solchem Gebet der Liebe gesagt ist. Die »stroherne Epistel« des Jakobus mit ihrem Zeugnis vom Heilswert der Liebeswerke vor Gott paßte nicht zur Rechtfertigung ohne die Liebe. In der Offenbarung Johannis, besonders Kapitel 2 und 3, ist es der himmlische Allherrscher und Richter, der zu jedem Vorsteher der Sieben Gemeinden spricht: »Ich weiß deine Werke.« Auf diese kommt es an; sie zeigen, ob die Gemeinde tot oder halbtot (lau) oder lebendig ist. Von reflexiver Glaubens-Ichgewißheit kein Wort. Aber davon: »Ich habe wider dich, daß du die erste Liebe verlässest. Gedenke, wovon du gefallen bist und tue Buße und tue die ersten Werke. Wo aber nicht, werde ich dir bald kommen und deinen Leuchter wegstoßen von seiner Stätte, wo du nicht Buße tust« (Apk 2,4 f.). Von den Toten aber, die in dem Herrn sterben von nun an, sagt die Stimme vom Himmel: »daß sie ruhen von ihrer Arbeit, denn ihre Werke folgen ihnen nach« (Apk 14,13).

Nun sind einerseits die Fehlauslegungen Luthers und anderer Kirchenleiter von Gelehrten erkannt; andererseits finden sich altkirchliche, katholische Wahrheiten überraschend da und dort bei uns — aber die Kraft, sie in *Lehrvollmacht* vom Herrn zu vereinen, fehlt. Wer sollte sie über die eigenen Kirchengrenzen hinaus haben und ausüben? So hielt man weithin das reformatorische Schriftprinzip fest und war dadurch gedeckt: »Unser menschliches Wissen ist Stückwerk, aber wir gründen allein auf der Schrift! Rom dagegen nicht. Mag bei uns mancher Schatz noch nicht ans Licht gehoben sein, wir bleiben doch allein an der Schrift und in der Schrift. Der Grundirrtum der katholischen Kirche aber ist — und darum hatte Luther letztlich doch recht! —, daß sie über die Schrift, die sich selbst auslegt, hinaus Dinge lehrt, die nicht in der Schrift stehen. Die Schrift ist auf unserer Seite! Darum wich unser Dr. Martin Luther als echter Doktor der Heiligen Schrift keinen Millimeter vor seinen Feinden. Mit der Bibel in der Hand bekennt er's und wir mit ihm: ›Das Wort sie sollen lassen stahn!‹ (EKG 201)«.

Es ist bekannt, daß die Katholische Kirche für Wahrheiten, die nicht buchstäblich in der Schrift stehen, die Tradition als Quelle angibt. Die Kirche und ihre Verkündigung der Offenbarungswahrheit Jesu Christi waren längst da, ehe das Neue Testament als Kanon der Schriften des Neuen Bundes in der Kirche entstand. Durchaus nicht alles, was die Apostel gepredigt haben, wurde aufgeschrieben. Die Kirche weiß im Heiligen Geist, daß Wahrheit, die von Anfang an weitergegeben und auch im Lauf der Geschichte entfaltet worden ist, wirkliche Wahrheit von Gott ist, darum mit dem, was auch noch schriftlich festgehalten worden ist, gleichen Zeugniswert von Gott hat.

Was sind dies für Wahrheiten, die nicht *buchstäblich* in der Bibel stehen und doch in katholischer Glaubenswelt zum Heil gelehrt und erfahren werden? Es ist geläufig, hierbei an »die Heiligen« zu denken, an ihr Mitopfer mit Jesus, dem Lamm Gottes; an Maria; an Erscheinungen Marias, an Wallfahrtsorte, Wallfahrten, an Privatoffenbarungen, an Bilder, die verehrt werden, an Kreuze und das Kreuzeszeichen, den Rosenkranz; an Mönche und Nonnen; an Gelübde auf Zeit oder Lebenszeit ...

Wer sollte die Vollmacht von Gott haben, Lehren dieser Art zu verkünden? *In der Schrift steht*, daß der Heilige Geist die Vollmacht hat und das göttliche Werk treibt, die Kirche in die ganze Wahrheit zu führen, in alle Wahrheit zu leiten. Es ist dies die Wahrheitsfülle von Gott und Gottes Sohn, die erst nach Jesu Erdenleben in der Zukunft allmählich enthüllt werden wird. »Ich habe euch noch viel zu sagen; aber ihr könnt es jetzt nicht tragen. Wenn aber jener, der Geist der Wahrheit, kommen wird, der wird euch in alle Wahrheit leiten.« Das ist aber nicht etwas erst später fremd Herzugekommenes. Nichts, was nicht schon mit dem WORT, Jesus Christus, in die Welt gekommen ist. Denn er, der Geist der Wahrheit, »wird das, was er hören wird, reden, und was zukünftig ist, wird er euch verkündigen« (vgl. Joh 16,12 ff.). Es ist von der Zukunft die Rede, die am ersten

Pfingstfest beginnt. Die Angeredeten, denen das »euch«, »ihr« gilt, ist die Gemeinschaft der einen Kirche, in deren Mitte der Petrus kraft seiner Leitungs- und Lehrsendung mit Vollmacht vom Vater und Sohn und Heiligen Geist steht (Apg 2), und seine Mit-Botschafter der Gottesherrschaft mit ihm. Wenn auch abgetrennte Teile der einen Bruderschaft, besonders wenn sie schuldlos abgetrennt wurden, Anteil an Lehren des Geistes empfangen —: entsprechend der Gebrochenheit der Gemeinschaften ist aber nicht »alle Wahrheit« zu erwarten; denn diese ist nur der Gesamtkirche, die Jesus »Meine Kirche« nennt, verheißen. Die »Gefäße« getrennter Gruppen sind zu klein für den Schatz, den Gott gibt und geben wird. Wen als Einzelnen ein Strahl von der Fülle der Geisteswahrheit getroffen hat, dem wird die Decke von der Schrift weggenommen und ebenso die von deren Fehlverständnis, als gleiche die lebendige Wahrheit einem Gewächs ohne Knospen. In Wirklichkeit ist an das Senfkorngleichnis zu denken; ebenso wie bei diesem kleinsten Korn entfaltet Gottes Lebensgeist in der Kirche die Samen oder Knospen der Wahrheit in den Zeiten und Stunden, die Gott dafür bestimmt und zum Fortschreiten der Reichsgenossen in der Heilsgeschichte zugemessen hat.

Wer sind aber die Glieder der Kirche, in denen der göttliche Lebensgeist solche »Knospen des Wahrheitsbaumes« zum Sichöffnen anhaucht? In der Schrift Alten und Neuen Testamentes ist viel darüber zu lesen. Hier nur kurz dies: in der Schrift steht das offenbarende Versprechen des Herrn: »Siehe, ich sende zu euch Propheten und Weise und Schriftgelehrte« (Mt 23,34). Man kann die Schrift nach ihrer menschlichen Seite erforschen und bleibt doch ohne Weisheit von Gott und prophetischen Blick für das Lebensentfalten des Heiligen Geistes. Die Berufungen und Gaben sollen sich ergänzen. »Eure Söhne und Töchter sollen weissagen — prophetisch verkünden — und eure Jünglinge sollen Gesichte sehen, und eure Alten sollen Träume haben; und auf meine Knechte und Mägde will ich in jenen Tagen von meinem Geist ausgießen, und — nochmals! — sie sollen weissagen« (Apg 2, 17 und 18; Joel 3,1—5).

Auch Kinder können Weisungen des Heiligen Geistes empfangen, Visionen und Auditionen haben. In der Schrift steht Jesu Aussage von der Offenbarung seines Vaters an die Unmündigen (Mt 11,25). Sein Lobpreis an den Vater, in dem er das Unfaßliche des Nichtbegreifens der sonst Weisen und Klugen bewältigt, galt nicht nur damals. Die vom Heiligen Geist angerührten Gotteskinder, »Brüder und Schwestern« Jesu, Glieder Seiner Kirche, zu allen Zeiten, in allen Völkern und in allen Lebensstufen haben die Erweisungen, die ihnen zuteil wurden, der Kirche kundgetan. Diese hat durch ihr Lehramt geprüft, Geister unterschieden und irdisch Beigemischtes ausgeschieden. Schon der Petrus am Pfingstfest hat die Ausübung seines Predigt- und Lehramtes ergänzt durch seine vollmächtige Entscheidung über das »Trunkensein« der Jünger. »Diese sind nicht trunken, wie ihr wähnet« — vielmehr ist das von Gott durch den Propheten Joel Versprochene an ihnen hier und jetzt erfüllt (Apg 2,15 f.).
In der Schrift ist genug darüber geschrieben, wer die Vollmacht hat, Jesu Worte für die Zukunft auszulegen und die Kirche in alle Wahrheit, die lebendig ist, einzuführen.
»Steht also, wenn man das Gleichnis von den Knospen bejaht, tatsächlich etwas von ›den Heiligen‹ da?« Ja. Nur stichwortartig sei genannt Jesu Offenbarungsaussage: »Ihr in mir und ich in euch« (Joh 14,20) und sein Zukunftswort: »Wahrlich, wahrlich, ich sage euch: Wer an mich glaubt, der wird die Werke auch tun, die ich tue, und wird größere als diese tun, denn ich gehe zum Vater« (Joh 14,12). So geschahen dann »unglaubliche« geistleibliche Wunder vieler Heiligen. Wer in ihnen entfaltete Geisteskundgaben der Offenbarungswunder Jesu erkennt, erahnt etwas von dem Geheimnis: »Noch viele andere Zeichen tat Jesus vor den Jüngern, die nicht geschrieben sind in diesem Buch. — Es sind auch viele andere Dinge, die Jesus getan hat. Wenn sie aber sollten eins nach dem andern geschrieben werden, achte ich, die Welt würde die Bücher nicht fassen, die zu schreiben wären« (Joh 20,30; 21,25). Die Wundererweisungen der künftigen Geschichte der Kirche sind also wie die Geisteswahrheiten, die von ihm und vom Vater stammen, Gotteswunder. Die Empfän-

ger seiner Verheißungen sind aber nicht tote Werkzeuge, sondern sind Personen, an denen die Schriftwahrheit, Gottes Wort erfüllt ist: »Ihr sollt heilig sein, denn ICH bin heilig« (Lev 11,45; 1 Petr 1,16 und öfter). Daß sie täglich in der Vergebung durchs Blut Jesu leben und ihren Schatz in irdenen Gefäßen tragen, ist ebenso Wahrheit, die in der Schrift steht. »Wo in der Schrift steht von einem ›Mitopfer‹ der Heiligen und Geliebten mit dem Lamm Gottes bei seinem Opfer? Fehlt etwas an diesen?!« Darauf ist zu sagen, daß buchstäblich in der Schrift steht: »Nun freue ich mich in den Leiden, die ich für euch leide, und erstatte an meinem Fleisch, was noch mangelt an den Trübsalen Christi, seinem Leibe zugut, welcher ist die Kirche« (Kol 1,24). Aber nicht nur in diesem Verse »steht es da«, sondern im ganzen Neuen Testament, sofern aus dem Weizenkorn, das in die Erde fiel, gleiche Frucht, hundertfältig, gewachsen ist. Diese Mitgeopferten sind keine »stolzen Heiligen«, sondern sie sind lebendige Zeichen und Zeugen der Herrlichkeit des Menschensohnes (Joh 20,23 f.).

»Soll dann etwa auch das, was die katholische Kirche und die Orthodoxen über Maria lehren, aus der Schrift zu erheben sein?« Sein Ja auf diese Frage hat der Verfasser in einigen Schriften begründet. Werten wir freilich, noch über Luthers Abwertung einiger Bestandteile der Schrift hinaus, auch das Evangelium nach Mattäus 1 und 2 sowie Lukas 1 und 2 als der kritischen Forschung nicht standhaltende Legenden oder Mythen ab, so sind kraft traditionell ererbten Schriftprinzips die »Knospen und lebendigen Achseltriebe« aus dem Lebensbaum der Wahrheit ausgebrochen. Was der Rabbi von Nazareth für eine Mutter hatte, ist dann unwichtig; daß er eine hatte, wird nicht bestritten. Das »gottselige Geheimnis«, daß das WORT Fleisch ward, der Kern des Christenglaubens von der wahren Gottheit und Menschheit — in Maria — ist damit wie eine verdorrte Knospe stillschweigend zu Boden gefallen, auch wenn man das Apostolische Glaubensbekenntnis noch als Formel ab und zu rezitiert.

»Und gerade bei den ›Gesichten‹, den angeblichen Marienerscheinungen, sind ausgerechnet Kinder und Jugendliche die ›Seher‹ und ›Hörer‹ gewesen. Was ist es da mit der Glaubwürdigkeit, auch wenn schließlich das ›Lehramt‹ zustimmte gemäß der Schrift?!« In der Schrift steht das Gebot Jesu, des Sohnes Gottes: »Sehet zu, daß ihr nicht jemand von diesen Kleinen verachtet. Denn ich sage euch: Ihre Engel im Himmel sehen allezeit das Angesicht meines Vaters im Himmel« (Mt 18,10). Es waren »die Kinder, die im Tempel schrien und sagten: Hosianna dem Sohn Davids«. Den darüber Entrüsteten sagte Jesus: »Ja! Habt ihr nie gelesen (Ps 8,3): ›Aus dem Munde der Unmündigen und Säuglinge hast du Lob zugerichtet‹?« (Mt 21,15 f.).

Wer schriftgemäß an das Walten des Heiligen Geistes, der »Schöpfer Gott« ist, glaubt; wer die Schrift bejaht, daß die Kirche auf den Grund der Apostel *und Propheten* erbaut ist (Eph 2,20) und wer auf die Weisheit hört nach der Schrift (vgl. Sir 24; Mt 11,19; 23,34; Röm 11,33; 1 Kor 2,7; Eph 1,17; Kol 2,3; Jak 1,5; 3,17; Offb 5,12; 13,18; 17,9): der findet keinen Grund in der Schrift, um die von der Kirche verkündete katholische Wahrheit als »schriftwidrig« abzuweisen.

Wir sitzen in der Schrift — die andern sind die Schriftlästerer: mit diesem Selbstruhm ist es auf die Dauer nichts. Aus der Losung »Die Schrift allein« konnte man ein totes Buchstabenprinzip machen, dadurch aber, unter Verneinung der in der Schrift geoffenbarten Vollmachtsordnung der Kirche, andere, neue, eigene Kirchen zu bauen versuchen, unter Verwendung mehrfacher, zum Teil gegensätzlicher Auswahl von Schriftworten. Wir aber, über die Luthers Ich in seinem Schriftprinzip als Traditionsmacht, ja als ein Bann hereingekommen ist, sollten für das unbewußte Vorhaben der Existenzsicherung unserer Kirchen Jesu Wort, in der Schrift (Mt 15,13 f.) neu, sinngemäß annehmen: »Alle Pflanzen, die mein himmlischer Vater nicht pflanzte, die werden ausgereutet. Lasset sie fahren! Sie sind blinde Blindenleiter ...«

Von Luther, dann von seinen Schülern, z. B. auch einem Brenz her (der eine ganze Reihe von Schriften des Neuen Testaments abwertete) übernahmen wir's, die lebendigen Schriftentfaltungen der Kirche als bloße *Menschen*satzungen abzutun. Aber noch mehr: Luther fällte das Urteil, es sei dabei der Antichrist und der Teufel, Satan, Satanissimus am Werk. Nun, öffentlich sagen das gegen Rom nur noch wenige Fanatiker, z. B. in Irland. Aber in vielen Seelen bewußt evangelisch-treuer Kirchenmitglieder ist Luthers Teufel- oder Antichristurteil noch vorhanden; und plötzlich bricht es aus ihnen heraus, wenn man auf »die schriftwidrigen katholischen Zusätze zur Heiligen Schrift«, zum Beispiel auf Maria zu sprechen kommt. Andere sagen: »Nun, diese Verteufelungen Luthers brauchen wir nicht mehr ernst zu nehmen.« Hier ist von der Schrift her zu fragen: Waren die Verteufelungen Jesu (vgl. Mt 10,25; 11,18) durch seine Feinde ohne Wirkung? Auf sie selbst nämlich; denn in ihrem Neid und Haß des Teufelsvorwurfs gegen Jesus wurden sie dem hörig, dessen Anti-Reich nicht gespalten ist (vgl. Mt 12,26). Wo man Schriftauswahl treibt und andere dadurch verführt, da ist der Versucher, der Teufel am Werk, wie die Versuchungsgeschichte (Mt 4,1—11), die in der Schrift steht, klar zeigt. Und die Schrift zeigt: man gehört entweder zum Fels — oder zu den Höllenpforten; neutral können wir nicht bleiben.

Wir haben Grund und Ursache, sowohl die Teufel- und Antichristaussagen als auch das Generalurteil der Lüge zu erwägen. »Nun müssen *sie* lügen oder die *Schrift*. Die Schrift aber kann nicht lügen«: mit diesem Urteil »aufgrund der Schrift« hat Luther als Verkünder des Wortes Gottes — Evangelium Mt 16 — unter Absage an die Lügenkirche »die Grundlage der kirchlichen Gemeinschaft« für seine Kirche gelegt. Wie ein Bann, eine Macht, ein Zwang zu der zwar nicht bewußten Lüge, aber Zwang, zwecks geistlicher Existenzsicherung unserer »wahrhaft allein schriftgemäßen« Kirchen, liegt jene verwirrte Urpredigt noch auf unserer Generation. »Nun, wer wird denn eine Lutherpredigt von anno Dazumal, 1522, so übertrieben ernst nehmen? Das heißt doch Mücken seihen. Mag also Rom bei der Stelle Mt 16 nicht geradezu gelogen haben; *wir* sagen ja heute im ökumenischen Dialog nicht: Ihr lügt. Lassen wir doch Vergangenes ruhen, statt es hervorzuzerren!« Es ruht aber nicht, sondern es wirkt. Auf ökumenische Weise wohl am stärksten dazu, daß die große Zahl der seit dem 16. Jahrhundert entstandenen Kirchen die Urfrage nach Wahrheit und Recht von Gott für die beiden Seiten, die katholische Kirche und unsere Kirchen im Weltkirchenrat, ausklammern. Dies ergibt dann ökumenische Veranstaltungen auf gleicher Ebene, von Kirche zu Kirche. Statt des Ernstes der Beugung vor Gottes Offenbarung und Recht, statt der Entscheidung zwischen der Lüge und der Wahrheit, ergibt sich dann ein Schein von Versöhnung und Friede — wo doch zwischen dem Lügner von Anfang (Joh 8,44) und Jesus Christus nicht Friede ist.

Geht es hierbei um die großen Entscheidungen im Bereich der Herrschaft Gottes, so sind bei einer Selbstprüfung auch die kleinen Dinge nicht außer acht zu lassen. In vielen Gesprächen um die Schriftwahrheit der zahlreichen Petrusstellen tritt immer wieder das Behagen der Selbstzufriedenheit hervor, daß man 1. nichts vom Amt und 2. fast nichts vom Charakter des Simon gelten läßt. Hat man schließlich doch nicht alles von dem leugnen können, was in der Schrift von Herrenworten an ihn dasteht — die Summa endet dann, in vielen Variationen, zuletzt dann so, daß es unserem Konto guttut: »Und er hat verleugnet.« Damit bleibt man dann »gut lutherisch« und hat mit dem Reformator nicht nur dem Petrusamt der Geschichte das Urteil gesprochen, sondern schon dem Petrus in der Schrift »das Hütlein abgezogen«.

Dieses alles liegt als Same und wachsende Pflanze (vgl. Mt 15, 13) seit dem Anfang unserer Spaltung vor. Es ist in unseren Kirchen und ihrer Organisation »drin«. Das »Nun *müssen* sie« zeigt eine Art selbstwachsender Saat an. Man kann es in menschlichem Erwägen als natürliche und logische Folge, als sequela necessitatis feststellen. Aber damit ist der volle Blick auf Gott noch nicht gewonnen. In der Buße vor ihm und seinem Wort, wie es in der Schrift geschrieben steht, müssen wir an sein Gericht, seinen Zorn und seine Strafe denken und uns Ihm ausliefern. Man kann, dem Sinn des Geistes gemäß, auch auf Verkehrungen in der Schriftauslegung kraft irrigen Schriftprinzips anwenden, was der Apostel Paulus im Brief an die Römer dreimal (1,24.26.28) schreibt: »Darum hat sie auch Gott dahingegeben.« »Deshalb übergab sie Gott . . ., da sie die Wahrheit Gottes gegen die Lüge

vertauschten.« In Schlatters »Erläuterungen zum Neuen Testament« (Stuttgart 1921, 2. Bd., S. 18 und 19) finden sich Worte, die sinngemäß auf Luthers Urteilsspruch »Nun müssen sie lügen« angewendet werden können. »Seine verirrten Triebe reißen ihn mit tyrannischer Macht fort«, jetzt aber zur Selbsterforschung auf unserer Seite. Der Mensch in seiner Irrtumssünde »hat einen Zwingherrn gefunden und seinen Willen an ihn verloren«. »Er hat das Licht der Wahrheit verschmäht, so muß er im Finstern sein und die Lüge haben.« Er hat eine klare Schriftwahrheit »verworfen, so bekommt er nun einen verwerflichen, entarteten Verstand. Die Gerechtigkeit der göttlichen Vergeltung besteht darin, daß sie dem Menschen nichts antut, was dieser nicht zuerst Gott angetan hat. Sie beugt des Menschen eigenes Handeln auf ihn selbst zurück . . .«
Wer es unverdient erfahren hat, daß Gott ihm unser ererbtes Schriftprinzip als ein schriftwidriges gezeigt hat und ihn durch Seine Güte zur Umkehr treibt (Röm 2,4), für den ist es die Last, das Leiden, daß die Treuesten in den evangelischen Gemeinden gerade ins irrige, schriftwidrige Pseudoschriftprinzip die Hingabe ihrer Treue an den Herrn setzen. »Ich habe nichts im Wort« (= der Hl. Schrift) heißt es da gegen die gesamte entfaltete katholische Wahrheit der Kirche. Müssen sie schuldlos den Preis bezahlen, der für den Thron der kirchenfreien Schriftprofessur zu entrichten war? Mußte ihnen die Treue zum Evangelium, wie es ihnen in der reformatorischen Auslegung verkündigt wurde, zum Eisernen Vorhang werden, der sie vom vollwahren Evangelium und damit von der felsgebauten Kirche des Neuen Testaments scheidet?
Aus Theologenmund war zu hören: »Die vom Petrus geleitete Kirche des Neuen Testaments oder Urkirche auf gesetzliche Weise zum Urbild der Kirche aller Zeiten zu machen, heißt statt des Evangeliums wieder das Gesetz aufrichten. Diesen gesetzlichen Zwang lehnen wir ab. Die ganzen Skrupel wegen ›Untreue gegen die Schrift‹ gehen uns nichts an. Luther wich dem Gesetz nicht einen Millimeter; wir tun's auch nicht!«

Gesetzlosigkeit

»›Ich fordere Schrift!‹ — dieser Ruf Luthers verhallte bei der Kirche seiner Zeit ungehört; sie hielt an ihren Menschensatzungen fest, verkehrte das Evangelium weiterhin ins Gesetz«: diese Urüberzeugung kam bei uns auf Kind und Kindeskinder. Daß *die Kirche* es war, die ihm die Bibel in die Hand gegeben hatte, als sie ihn ins Amt setzte, war uns kein Begriff. Und ebensowenig war uns berichtet worden, daß die Kirche durch Cajetan 1518 ihm bezeugt hatte, was Glaube und Glauben aufgrund der Schrift in der Kirche ist. Und wie hätte man »Luthers Sieg über Eck in Leipzig 1519« in die Reihen der Jubiläen einreihen können, wenn man bekannt hätte, daß *Eck* es war, der das Evangelium von der Vollmacht und Einheit der Kirche wahr ausgelegt hat!

So kam beides auf uns: die Verbreitung der Heiligen Schrift im Volk; sie wurde vielen Millionen in vielen Generationen *das* Buch, Wort Gottes, Quelle des Heils. *Und* als ihr negatives Gegenstück erschien den Bibelgläubigen die Kirche mit ihren Menschensatzungen und ihrer Verkehrung des Evangeliums ins Gesetz.

Wenn aber die Gestalt der Kirche des Neuen Testaments Bestandteil des »Gesetzes Christi« (1 Kor 9,21), also bleibende Gabe seiner Liebe ist, damit wir allezeit und an allen Orten innerhalb der Gemeinschaft der Liebe leben dürfen, dann mußte das Verwechseln des Gesetzes der Liebe in Jesus Christus mit bloßer Menschensatzung in die Richtung der Gesetzlosigkeit treiben, zwangsläufig. Der Anfangsbruch in und durch Luther mußte sich dann zu weiteren Brüchen weiterverästeln, was nicht nur in den Glaubenslehren, sondern in der Lebensgestaltung eine Bruchlandschaft ergab.

»Das Evangelium ist kein Gesetz, es enthält keine Moral! Am allerwenigstens eine Moral, die von einer Kirche uns aufgedrängt wird, die selbst nur aus dem Mißverständnis darüber lebt, was sie selbst ist. Wir sind zur Freiheit befreit!«

»Es gibt nun einmal kein Gesetz mehr, seit Christus des Gesetzes

Ende ist. Gegenteilige Stellen bei Mattäus (Mt 5,17 f., auch Röm 3,31; Jak 1,25 u. a.) können nur als jüdischer Rest gedeutet werden, der durch eine gewisse Richtung der Gemeindetheologie ins N.T. hineinkam. Keine Moral! Kein Gesetz mehr! Das muß auch den Zehn Geboten gegenüber mit allem Nachdruck festgestellt werden.«
»Das gilt ganz klar auch von dem sogenannten 6. Gebot. Die Ehe ist nach Martin Luther ein weltlich Ding. Das Zwangsgesetz einer lebenslänglichen Einehe-Bindung, gar mit darauf vorbereitender Enthaltsamkeit, kann auf moderne Menschen keinen Eindruck mehr machen. Luther ging da übrigens indirekt voran. Sein Mönchsgelübde war *auch* auf Lebenszeit gegeben — er hat es als widerevangelisch zerrissen, wie auch sein Eidbruch dem Gesetz der Freiheit entsprach, zu der wir durch Christus befreit sind. Daß man die bürgerliche Eheschließung mit kirchlicher Hochzeitsfeier auf sich zu nehmen habe, steht übrigens nicht in der Bibel. In Summa: man bleibe uns mit Moral vom Halse!«
Parolen dieser Umdeutung der Heiligen Schrift oder des Verzichts auf sie sind weithin öffentliche Meinung geworden, bis hin zu einer Art Norm, die für normale Menschen zwingend ist. Dieser sogenannte moderne Mensch ist, nach Verwerfung der Gebote Gottes und der sittlichen Lebensordnung in der Heiligen Schrift sich selbst Gesetz geworden — in der Gesetzlosigkeit. »Man sucht das Lebensideal im Leichten, Sinnlichen, Gefälligen und Instinkthaften. Mit welch peinlichen Konsequenzen, läßt sich nur zu leicht von allen erkennen.« Diese Feststellung aus dem Munde von Papst Paul VI. (29. Nov. 1975) erinnere an die von Johannes XXIII. über die Spaltung: »Die Verantwortung ist geteilt.« So ist auf jeder Seite die Selbstprüfung geboten. In der Hoffnung auf den Sieg der Herrschaft Gottes und im Vertrauen auf das Erbarmen des Heilandes wagt man auch die Einsicht auf unseren lutherischen Anteil an den Sünden der Zeit. Verwirft man Treuverpflichtungen auf Lebenszeit, so hat man dadurch zunächst Bürden abgeworfen, das lästige Joch abgeschüttelt, es sich leichter gemacht. Was Luther hierbei betrifft, so hat Kierkegaard dazu einiges gesagt, zum Beispiel Folgendes:

»Übrigens, je mehr ich von Luther sehe, desto mehr überzeuge ich mich davon, daß er ein verwirrter Kopf war. Das war da ein dankbares Reformieren, das darauf hinausläuft, Bürden abzuwerfen und das Leben leicht zu machen — so kann man leicht Freunde zu Hilfe bekommen.«
»Allein der Vers Luthers: ›Höre mich, du Papst!‹ usw. ist mir fast ekelhaft weltlich. Ist das eines Reformators heiliger Ernst, der, bekümmert um seine eigene Verantwortung, weiß, daß doch alles wahre Reformieren in Verinnerlichung besteht. Ein solcher Vers erinnert so ganz und gar an den Feldruf von Journalisten. Und dieses unselige Politische, dieses Den-Papst-stürzen-Wollen, das ist und bleibt doch Luthers Verwirrtheit. Aber in unserer Zeit ist es nun doch offenbar, daß, was hervortreten soll, die Seite von Christus ist, daß er das Vorbild ist. Nur gilt es vom Mittelalter zu lernen, dessen Verirrungen zu meiden. Aber die Seite ist es, die heraus soll, denn das Lutherische mit dem Glauben ist nun geradezu wie ein Feigenblatt geworden für das unchristlichste Sichdrücken« (aus Sören Kierkegaard, Die Tagebücher 1834—1855, Auswahl und Übertragung von Th. Häcker, Leipzig ²1941, S. 346 f.).
»Oft fällt mir ein, wenn ich auf Luther sehe, daß eine große Mißlichkeit mit ihm ist: ein Reformator, der das Joch abschütteln will — ist eine bedenkliche Sache. Just daran lag es auch, daß er auf der Stelle *politisch* eitel genommen wurde; denn er hat selber ein confinium [innere Nachbarschaft] zur Politik, wie es auch der Fall ist mit seiner ganzen Position: nicht die ›Masse‹ anzugreifen, sondern einen einzelnen Hochstehenden.
Darum wurde der Kampf für Luther auch so leicht. Das Schwere ist just, leiden zu müssen, weil man die Sache für andere schwerer machen soll. Wenn man kämpft, um Lasten abzuwerfen, so wird man natürlich auf der Stelle von einer ganzen Meute verstanden, deren Interesse es ist, daß Lasten abgeworfen werden. Hier ist also nicht das richtige christliche Kennzeichen: Doppelgefahr. Luther nahm in gewissem Sinn die Sache zu leicht. Er hätte es einleuchtend machen sollen, daß die Freiheit, für die er kämpfe (und in diesem Kampf hat er recht), dazu führt, das Geistes-

leben unendlich mehr angestrengt zu machen, als es vorher war. Hätte er streng darauf gehalten, so hätte so ungefähr niemand mit ihm halten wollen, und er hätte die Doppelgefahr bekommen; denn niemand hält mit einem — um das Leben strenger zu bekommen.
Aber nun schwenkte er rasch ab. Jubelnd, politisch jubelnd, bemächtigte die Mitzeit sich seiner Sache, ging mit: Luther will den Papst stürzen — bravo! ich danke, das ist ja auch rein politischer Spaß.« Bei voller Ehrerbietung vor Luther — daß er Reformator gewesen sei, meint Kierkegaard nicht, wenn er es von Sokrates sagt: »nur du verstandest, was es ist, Reformator sein, und verstandest dich selbst darin, es zu sein, und warst es« (ebenda S. 435 f.).
Luthers Eid und Eidbruch, Bruch seines Gelübdes und Bann haben Kierkegaard, der in der lutherischen Staatskirche Dänemarks um die Einübung in das Christentum rang, so viel mir bekannt, nicht beschäftigt. Bruchauswirkungen größten Stils, Umfunktionierungen, Schriftauswahl und Gesetzlosigkeit mit dem Zwang öffentlicher Meinung waren damals noch nicht vorhanden. Jetzt sind sie es.
Durch die offen hervortretende, dazu noch Schriftworte mißbrauchende Gesetzlosigkeit sind heute viele unter uns erschreckt. In der Schrift ist über diese Sünde genug zu lesen (z. B. in Mt 7,23; 13,41; 1 Joh 3,4; Mt 23,28; 24,12; Röm 4,7; 6,19; 2 Kor 6,14; 2 Thess 2,3.7; Tit 2,14; Hebr 1,9; 10,17). Die Sünde ist der Leute Verderben; in der neuen Amoral der Gesetzlosigkeit kann es aber mit dem Leugnen der Gebote Gottes auch den Begriff der Sünde nicht mehr geben. In den Seelen und Gewissen ist etwas wie ein geschwürebildender Giftstoff am Werk. Wir müssen uns fragen: Kann Heilung vom Herrn einsetzen, solang wir zwar die Gesetzlosigkeit verwerfen, Vorstufen aber bei Luther feiern? Hier den Zusammenhang nicht sehen kann ein Bann sein. Wir wollen für uns und unsere Kinder den rechten Weg, und gehen bisher der Erkenntnis aus dem Weg, daß einer jener Wegzeiger am Anfang falsch zeigt: in eine Richtung, die von dem Wort Gottes und dem Recht seines Christus wegführt.

Recht und Gesetz

Gottesrecht und Menschenrecht

Für einen evangelischen Christen ist es m. E. nicht nebensächlich, zu erwägen, ob Luthers Eidbruch Rechtsschädigungen bis heute erbracht hat oder nicht.
In seiner Kampfschrift »An den christlichen Adel deutscher Nation« schrieb Luther: »Die Juristen und die Theologen nehme ich für mich in Anspruch und sage zum ersten, daß es gut wäre, wenn das geistliche Recht von dem ersten Buchstaben an bis an den letzten von Grund aus vertilgt würde...« (Bö 122). Wie gesagt, so getan: im Juni 1520 schrieb er's, im Dezember übergab er die Rechtsbücher der Kirche, die das geistliche Recht enthielten, dem Feuer zum Gericht.
»Er hat aber doch die Bibel nicht verbrannt — sollte es um ›das geistliche Recht‹ so sehr schade gewesen sein? Um die Linie zu unsrer Zeit auszuziehen, was weiß oder hat der gläubige Christ davon, sagen wir, was es mit Kirchenrecht, ›Kirchenverfassung‹, Kirchenordnungen usw. für eine Bewandtnis hat? Mag damals das etwa Entsprechende, die Kirchenverfassung (bzw. die Rechtsbücher darüber) draufgegangen sein; im Glaubensleben hat sowieso niemand etwas von Kirchenrecht oder gar kanonischem Recht, Jurisdiktion, geistlichem Recht und dergleichen. Die evangelische Kirche brauchte jedenfalls seit dem Elstertor nichts mehr vom kanonischen Recht.«
Die letztgenannte Ansicht stimmt, z. B. nach den Forschungen von Zeeden, nicht. Dies zeigt sein Buch »Katholische Überlieferungen in den lutherischen Kirchenordnungen des 16. Jahrhunderts«, Münster i. W. 1959. In die neuen Kirchenordnungen wurde nicht weniges aus dem alten kirchlichen (kanonischen) Recht übernommen.
Wenn diese kirchenrechtlich erheblichen Tatsachen auch nur den Männern des Kirchenrechts bekannt sind, so kann der einfache evangelische Christ in den Lutherischen Bekenntnisschriften —

mit dem genauen Titel »Die symbolischen Bücher der evangelisch-lutherischen Kirche« — lesen, daß durchaus nicht alle erwähnten Canones der katholischen Kirche abgewertet worden sind, sondern einige offenbar in ihrem guten Kern oder ganz anerkannt werden. Zum Beispiel verbieten die Canones, einem ketzerischen Papst zu gehorchen (SyB 335). Die Canones lassen auch die Ordination der Ketzer gelten (SyB 323). Die Canones verordnen die Behandlung der Ehesachen durch die weltliche Obrigkeit, wenn die Bischöfe säumig sind (SyB 343). Die Canones verkünden den Lasterhaften und Sakramentsverächtern den Bann (SyB 165). Und leider werden die alten Canones nicht gehalten (SyB 68).
Man kann sagen: »Gut, mag das sein. Aber all dies, was mit Recht zu tun hat, ist etwas nur Äußerliches: ob die Kirchenverfassung so oder so gestaltet ist und welcher Art auch immer sie sein mag. Wird man auch nur *einen* evangelischen Christen finden, der all diese äußeren Rechte, Gesetze, Ordnungen, selbst Verfassungen, denen dem Begriff nach Dauer zukommt, für sein Glaubensleben und seine persönliche Nachfolge Jesu wichtig nimmt oder gar braucht?! Im Gegenteil, das Hängen am Äußerlichen zieht vom inneren Leben des Glaubens eher ab, jedenfalls einen evangelischen Christen. Geistliches Recht, das riecht katholisch und nach der durch Christus mit Recht beseitigten Gesetzesfrömmigkeit. Äußerliche Dinge sind menschlich, aber nicht göttlich. Der Luther hat, mag er auch etwas grob dreingeschlagen haben, doch mit Recht Schluß gemacht mit ›solchen Lehren, die nichts als Menschengebote sind‹, wie Mattäus 15 Vers 9 geschrieben steht. Genau wie er das ganze Gesetz und die sogenannten guten Werke mit Recht ein für allemal beseitigt hat!«
Äußerungen dieser Art sind herkömmlich und geläufig. Zum Zweck der Gewissenserforschung, ob wir in einer Tradition stecken, die Gottes Recht antastet, sei an Gedanken evangelischer Wahrheitszeugen über Gottes Recht an uns, über das echte Werk und über Gesetzeswerke erinnert.
Michael Hahn (1758–1819) sagt anläßlich eines Reformationsfestes seiner württembergischen Landeskirche zum Text 2. Pe-

trusbrief 1,12—21: »Auch die besten Dinge sind in dieser Welt dem Mißbrauch ausgesetzt; sie dürfen aber deswegen dem rechten Gebrauch nicht entzogen werden. So ist es auch mit der Reformation durch Doktor Martin Luther. Sie wird von vielen mißverstanden und mißbraucht ... Es ist eine unrichtige Auffassung, wenn man aus dem Spruch des Apostels Paulus, ›daß der Mensch gerecht werde ohne des Gesetzes Werke, allein durch den Glauben‹ (Röm 3,28) schließen will, daß der Glaube mit den Werken überhaupt nichts zu tun habe. Man darf aus Glauben und Werken nicht zwei ungleichwertige, verschiedene Dinge machen, von denen das eine sehr notwendig, das andre aber ganz unnütz sei. Sie sind, wenn man die Sache recht betrachtet, unzertrennlich, da eins die Frucht des andern ist. Es ist ein Mißverständnis, wenn man aus dem Jakobusbrief und dem Brief Pauli an die Römer einen Gegensatz herausfinden will. — Aus dem Römerbrief geht deutlich hervor, daß Paulus nur wider die Gesetzes-Werkheiligkeit geeifert hat. Er wollte zeigen, daß durch des Gesetzes Werke kein Mensch gerecht und selig werde (Gal 2,16; Ephes 2,8.9). Wir müssen bedenken, daß Paulus für Judenchristen schrieb, die immer wieder durch Beobachtung des mosaischen Gesetzes eine eigene Gerechtigkeit aufzurichten trachteten. Dadurch hinderten sie den Glauben an den verherrlichten G o t t m e n s c h e n, und damit Gott selbst. Dieser Glaube ist ein Geistesleben, also eine geborene Erb- und Glaubensgerechtigkeit, die vor Gott gilt; denn aus dieser anererbten Glaubensgerechtigkeit fließt die eigentliche, wahre Lebensgerechtigkeit. Ich denke, man sollte hiernach einsehen, daß Paulus wahre Glaubenswerke nicht vom Glauben trennt, nicht verachtet und geringschätzt und sie nicht zur Seligkeit für ganz unnötig erklärt. — So wenig Paulus, der hocherleuchtete Apostel, wider die aus dem Glaubens- und Geistesleben fließende Gerechtigkeit geeifert hat, ebensowenig tat dies Luther. Er bekämpfte nur die sich im Papsttum eingeschlichene Werkheiligkeit« (Ausgewählte Betrachtungen aus Joh. Mich. Hahns Schriften, 2. Aufl., Stuttgart 1926, S. 418 f.). Hahn fand aber viel »schrecklichen Unverstand« bei den lutherischen Kirchengenossen vor, die in ihren

»mißverstandenen und falschen Begriffen« doch, was Hahn nicht wissen konnte, und in ihrer Neigung zur Gesetzlosigkeit, sich nicht nur unverständig auf Lutherwirkungen beriefen und deshalb Heiligung und zur Seligkeit nötige gute Werke ablehnten.
So viel zu »Gesetz«. Nun zu »Recht«. Gibt es, wie es das Sein und Leben im Gesetz Christi gibt (vgl. 1 Kor 9,21), auch Recht, das es mit Jesus Christus, Gottes Sohn, und mit Gott zu tun hat, Gottesrecht, ius divinum? Wieder sei an einen der Württembergischen Väter gedacht. Immanuel Gottlieb Kolb (1784—1859) sagt (in den Nachgeschriebenen Gedanken zu Hebr 2,14—18: im »Kurzen Lebensabriß« ..., 10. Auflage Stuttgart 1926, S. 672): »Das Recht, welches der Herr an uns hat, ist ein doppeltes: wir gehören ihm schon deswegen, weil er uns erschaffen hat, aber mehr noch, weil er sich für uns schlachten ließ und sein teures Blut vergoß, damit wir wiederhergestellt würden.«
Das Recht, welches der Herr an uns hat, ist ein bleibendes Recht vom Anfang der Kirche an durch alle Zeiten. War dieses nicht berührt, als Luther das geistliche Recht der Kirche vernichtete? Bestand nicht zwischen dem Recht Gottes und dem geistlichen Recht ein irgendwie gearteter, wenn auch von den Menschen nicht ganz durchgehaltener Zusammenhang? So wäre mit der Vernichtung der menschlichen Seite am geistlichen Recht der Kirche auch an die göttliche Seite darin gerührt. Denn der verherrlichte Gottmensch ist es, der als der Erhöhte einen Anteil an seinem göttlich-menschlichen Recht auf Menschen dieser Erde gelegt und zwecks ihrer Sendung zum Heil der Welt gnadenhaft unlöslich mit ihnen verbunden hat. Denn er spricht: Gleichwie der Vater mich gesandt hat, so sende ich euch (Joh 20,21).
Geistliches Recht ist Gottes Recht an uns, und ist kraft der Allmacht seiner Neues schaffenden Gnade das Recht der Sendung, das der Herr auf seine Kirche gelegt hat. Geistliches Recht ist das Wunder der Verbindung von göttlichem und menschlichem Recht, für dessen Wahrheit und Wirklichkeit der Gottes- und Menschensohn im Himmel und auf Erden bürgt.

Weil der evangelische Christ mit Bibel und *Gesangbuch* lebt, kann er mit Gewinn die Lieder, in denen etwas von »Recht« vorkommt, auf die Wahrheit des gottmenschlichen Rechtes durchdenken. Hier nur wenige Hinweise. Wenn Jesus Christus es ist, der »dem Tod genommen all sein Recht und sein Gewalt« (EKG 76), soll dann kraft Seiner Allgewalt im Himmel und auf Erden (Mt 28,18) seine Kirche nicht sein Recht annehmen und uns zum Schutz gegen Sünde, Tod und Teufel anwenden? Die Kirche und jede Gemeinde spricht: »Dir sei Dank allezeit, weil du mich lehrst die Rechte deiner Gerechtigkeit« und verspricht: »Ich will dein' Rechte halten« (EKG 190): sie formen und durchdringen das Gemeinschaftsleben des Volkes Gottes. Es gehört zum geistlichen Leben der Christen, diese Rechte Gottes an sich zu erfahren und sie andern zu bezeugen.

Das Gottesrecht seiner heiligen Liebe, in der Gnadenzeit vor dem Weltgericht des Christus, bekennt die Gemeinde in dem Missionslied (EKG württ. Teil, 475) »Licht, das in die Welt gekommen«. Wolle Gott die ganze Welt in seinen Wunderschein hineinziehen, »eh die Zeit erfüllet ist, wo du richtest, Jesu Christ«. Er möge das Bundesvolk wieder bauen »nach der Bundesschriften Zucht«, d. h. nach Altem und Neuem Testament. Gottes Stimme ergehe neu über alle Völker (Ps 19,4), seine Gesetze sind Gaben seiner rettenden Liebe. »Es sei keine Sprach noch Rede, da man nicht die Stimme hört, und kein Land so fern und öde, wo nicht dein Gesetzbuch lehrt. Laß den hellen Freudenschall siegreich ausgehn überall!«

Liegt in der Bibel ein reiches Zeugnis von Gottes Recht und Gerechtigkeit und vom heiligen Sendungsrecht seiner Kirche im Dienst seiner rettenden Liebe vor, so kann einer evangelischen Gemeinde neu und umfassender aufgehen, warum zu den Wundern der Liebe Gottes auch das Recht gehört, und zwar e i n R e c h t , das die ganze Gemeinschaft der weltweiten Kirche umschließt und innerlich durchdringt. Wer bekennt (mit EKG württ. Teil, 469) »Ich glaube, daß die Heiligen im Geist Gemeinschaft haben«, der bejaht auch die Wahrheit dessen, was von Gott ist: »E i n Himmel, e i n e Seligkeit, e i n Vorbild und e i n

Hoffen, e i n Recht, ein Vaterherz im Leid, ein Segen steht uns offen; uns führt e i n Weg dem Himmel zu, wir hoffen alle e i n e Ruh allein durch e i n e n Glauben.«
Hier ist auch Gottes Gesetz und Gebot nicht verbannt. Denn: »wer seiner Brüder Lasten faßt, lernt das Gesetz erfüllen, wo Christus uns zum Vorbild geht; dies königlich Gebot besteht in einem Wörtlein: Liebe«.

Vernichtung des geistlichen Rechts

Den weltöffentlichen Bruch mit der Kirche hat Luther durch sein Feuergericht über das geistliche Recht der Kirche, und über das höchstverantwortliche Petrusamt im »Papsttum«, das dieses geistliche Recht durch die Jahrhunderte und jetzt vertrat, endgültig vollzogen.
Gottes Recht wollte er damit nicht antasten, im Gegenteil. Aber er unternahm es, den gesamten bisherigen menschlichen Anteil an der sichtbaren Kirche nach Glauben und Kirchenverfassung, wie dieser als Bestand vorlag, als unbrauchbar, ja sogar als christusfeindlich, zu vernichten. In seiner (so gemeinten) Richtertat hat er das geistliche Recht in seiner Verbindung von göttlichem und menschlichem Recht als bloße Menschensatzungen, »der Menschen G'satz« durch das schärfste denkbare Strafurteil vernichtet.
Bei gelungener Zerreißung oder Zerspaltung von göttlichem und menschlichem Recht, Sein und Gemeinschaftswesen wäre aber — so können wir Heutigen erkennen — der Neue Bund Gottes mit den Menschen und deren gottgeschenkte und gottgebotene Mitarbeit an der Gemeinschaft, der Ordnung und dem gesamten Dasein der Kirche, am Ende gewesen. Denn nicht nur über den Papst, sondern über die ganze Kirche »des Antichristen« mit ihrem auf das gottmenschliche Recht in dem Gottes- und Menschensohn Jesus Christus gegründete geistliche Recht war das Endurteil in den Flammen gesprochen.

Nun befand sich Luther aber mit seinen Auslegungen der Heiligen Schrift über das Petrusamt: die vom Herrn geschenkte und königlich gebotene menschliche Mitarbeit des Felsen mit Ihm, dem FELSEN, des Hirten mit dem göttlichen ERZHIRTEN, nicht im Recht. Und sein schriftwidriger Irrtum, den er seinen Tausenden von Studenten, dem künftigen evangelischen Pfarrstand, und der Wittenberger Gemeinde als den einfachen Sinn des Wortes Gottes predigte, ist nicht aus der Welt geschafft. Wenn Gottes Wort die Wahrheit ist und Jesus als der Sohn des lebendigen Gottes nichts Unnötiges, Mißverständliches oder Falsches mit seinem Wort vom menschlichen, nun von Gott und Seinem Christus göttlich ermächtigten Fels und Hirten in die Menschheit gebracht hat, so müssen bei der Absage an des Herrn Rechtsspruch und Offenbarungswort die Höllenpforten bei uns in der neuen, fels- und hirtenlosen Kirche Luthers, einen großen Machtgewinn und »Rechte« über uns bekommen haben.
Wenn dazu nun die Richtertat vor dem Elstertor, an des Herrn Statt ausgeübt, wider Christi Wort war, so war sie auch gegen das Recht des Königs gerichtet, der für die Wahrheit zeugt. Er hat des Rechtes Thron inne. In seinem königlichen Walten setzte er in seiner Reichsgemeinschaft, der Kirche, Einen zum Zeichen und Zeugen des Einsseins aller ein. Wer dieses Dienstamt des Leitens innehat, ist dazu gesetzt, das Recht, welches der Herr an uns alle hat, zu proklamieren, uns die Rechte Seiner Gerechtigkeit zu lehren. In dem *einen* Recht des Sohnes Gottes, das uns alle zur Gemeinschaft Seiner aus Gnaden angenommenen Brüder und Schwestern umschließt, ist auch sein nicht staatlich-weltliches, sondern geistliches Recht mitenthalten. Derselbe, der dem Tod all sein Recht und seine Gewalt genommen hat, hat auch den Einbruchspforten der Unterwelt, Dämonen und höllischen Geistern den Fels zum Verschlußstein eingesetzt; er und die auf den Fels erbaute, durch den Hirten und Bruder zusammengehaltene Gemeinschaft wird von den Mächten des Bösen nicht überwältigt werden. — In dieser Gemeinschaft muß nach Gottes Willen jedermann sein Recht werden. Daher die 3fache Liebesfrage des Herrn und sein göttlicher 3facher Rechtsspruch an den Einen für

alle. Das königliche Gesetz der Liebe ist das Gnadenrecht der Freiheit für alle Kinder Gottes. Es ist das ewige Gesetz Christi. Auch der getaufte katholische Christ, Mönch, Priester, Doktor und Professor der Theologie, insbesondere der Bibelauslegung, hatte sein Amt empfangen; nicht nur wie irgendein menschlich-ziviles »nach menschlichem Recht«, sondern, weil der Herr im Neuen Bunde auch Schriftgelehrte sendet, »nach göttlichem Recht«, d. h. in göttlichem, durch die Kirche Gottes vermitteltem geistlichem Auftrag.

Luther ragt an Gewalt der Persönlichkeit weit über alle seine Mitamtsträger hinaus. Gott konnte ihn dazu ersehen haben, wirklich »die Aufsätze der Ältesten« (vgl. Mt 15,2), sofern sie beim kirchlichen Betrieb den einfachen Gehorsam gegen Gottes Gebote und die Liebe überwucherten, auch mit der Axt des groben Waldrechters fällen und »den Wald durchforsten«, was in Jahrhunderten nicht so gelungen war. Aber man konnte in nunmehr 450 Jahren keinen Schrift- oder Rechtsgrund göttlichen Rechtes aufbringen dafür, daß Luther, und wir mit ihm zum Nachfolger Petri sagen sollten, wie der Engel zum Teufel sprach: Strafe dich Gott, Satan!

Entsprechend den zahlreichen Gedenktagen aus dem Leben und Werk des Reformators kann man, ja muß man, von der Schrift und dem Recht Gottes her sich auch diese großen Tage der »Schichtverwerfungen« oder »Grabenbrüche« zur Gewissensklärung ins Erinnern bringen. Dabei sei immer aufs neue gesagt: Weil Gott der Herr aller Geschichte, so auch der Reformationsgeschichte ist, dessen Zulassungen Seinem erhabenen Heilswillen dienen, so geht es nicht um ein Schwärzen des Gotteingegebenen, Großen, wahrhaft Evangelischen bei Martin Luther; sondern es geht um uns: damit wir nicht gebannt auf die angeblichen »Menschensatzungen der andern«, d. h. der Allgemeinen Kirche, hinstarren, wodurch dann unser — doch auch menschlicher Beitrag zum Leben mit Gott in kirchlicher Gemeinschaft um so schriftwahrer und im geistlichen Sinn selbstverständlich berechtigt erscheint.

Dieses »Gebanntsein«, als Hineingebanntsein in die Selbstbehauptung einer »neuen, anderen Kirche rein auf dem Grund des Evangeliums«, unter Nichtaufhebung des lutherischen Strafgerichts über die Allgemeine Kirche, ist als ein *innerer*, oder vom Gegenpart des Felsen (Mt 16) stammender Bann verstanden. Man könnte dabei den vom Nachfolger Petri aufgrund der Bindevollmacht wirklich und öffentlich vollzogenen Bannspruch vom 3. Februar 1520 behandeln, als sei eine übers subjektive Empfinden oder Nichtempfinden des Betroffenen und seiner Anhängerschaft hinausgehende Wirkung nicht mehr von Belang. War dieser Ausschluß aus der antichristlichen Gemeinschaft unberechtigt, so konnte man darüber hohnlachen oder ihn einfach mit Nichtbeachtung strafen. Stand aber eine Vollmacht göttlichen Rechtes, im Namen des Dreieinigen Gottes ausgeübt, dahinter, so konnte es nicht anders sein, als daß dieses Gebundenwerden eine Strafmacht Gottes hervorrief für künftiges Rechtsgestalten, Gesetze-erlassen, sogar für die Verfassungsbildung selbst, für das Grundverhältnis der »Ämter« untereinander und zu den Gemeinden, kurz für das ganze Gemeinschaftsleben, dessen Grundordnung mit den Lebensordnungen.

Da weitaus die Mehrzahl der Mitglieder der Lutherkirche(n) den Bruch mit der Allgemeinen Kirche Gottes nicht freiwillig bzw. gar nicht selbst vollzogen hat; da Luther das Sakrament der Taufe in Gemeinschaft mit der Kirche beibehielt; und aus noch weiteren Gründen der überreichen Gottesgnade, wie der Kenntnis Gottes von den Mißbräuchen vorher, so blieb die Gnade, ein N o t r e c h t zu bauen, uns nicht versagt. Jedoch — wenn das Rechts- und Gerichtswort des Herrn vom »Binden« kein leerer Schall ist, so muß ein Gebundensein, ein Gehemmtsein, ein Bruchstückhaftes, vielleicht bis zu einer Sisyphusarbeit beim Rechtsbauen, vor allem ein über Bruchstücke Nichthinauskommen (vieler Weiterspaltungen) von uns als eine Strafe erkannt und mit der Bitte um seine Vergebung vor Gott gebracht werden.

Man kann die objektive, tatsächliche Wirkung eines im Namen Gottes rechtmäßig verhängten Bannes natürlich verachten. Ein Beispiel sei angeführt. Absichtlich nicht aus unserem engeren

Bereich. Aber es ging dabei um einen Bannspruch gegen einen Mächtigen, der dem Christus in seiner Kirche und in seinem bevollmächtigten »Fels« Hohn gesprochen und dabei Gottes Recht über Seinem Fels und Sein Wachen darüber (vgl. Jer 44, 27) nicht in Anschlag gebracht hatte.

Anathema

Das nun anzuführende Beispiel werde in Beziehung gesetzt zu dem geschichtlichen Faktum, daß Luther das geistliche Recht der Kirche als Doktor der Heiligen Schrift im Feuergericht vernichtet und daß ihn dafür das Anathema des Papstes getroffen hat. Von diesem (Doppel-)Geschehen sei jetzt der Sinn, genauer Rechtssinn ins Auge gefaßt. Wir wissen, daß das Geschehen und dann Geschehene, das Faktum, seitdem, je nach dem Standort oder Standpunkt der verschiedenen Beurteiler verschieden bis zu gegensätzlich aufgefaßt wird. Der *Sinn* wird von uns Menschen, in diesem Fall insbesondere von uns Christenmenschen in getrennten Gemeinschaften nicht einheitlich gedeutet. Was war aber das *Sein* dieses Anathema, das es von Gott hatte und hat? Ein Gedankengang von Theodor Häcker aus »Der Christ und die Geschichte« (Leipzig 1935 — man beachte die Jahreszahl! — Kapitel 6, Die Methode der Geschichte, S. 112—116) sei beigezogen. Um den Urteilsspruch des Anathema nach seinem *Sein und Sinn* zu erhellen, geht er von dem Einen Urteilsspruch und Urteilsvollstrecken aus, das für die Menschheit aller Zeiten entscheidend ist, dem Urteil über Jesus. Er sagt:
»Die römischen Soldaten waren Zeugen der Kreuzigung Christi, als eines Faktums innerhalb der Sphäre rein physischer, krimineller, im besten Fall *politischer* [vgl. 1935, die Kirche wird rein politisch beurteilt] Dinge und Vorkommnisse. Wie anders stellte dieses Faktum sich dar für Maria und Johannes und die heiligen Frauen, die unter dem Kreuze waren! Es gibt also für bestimmte

identische Fakta Zeugen verschiedener Seins- und Verstehensordnungen, die weltenweit voneinander getrennt sind, deren Zeugnis aber, als auf *dasselbe* Faktum gehend, einander stützen und ergänzen. Das ist ein sehr wichtiger Satz für alle Methode der Geschichte, geltend für die Heilige und die profane Geschichte. Entscheidend aber ist der Zeuge, der in sich die Fülle des Verstehens hat, habe er nun dieses Verstehen aus sich selbst oder sei es ihm eingegeben und eingegossen. Er ist der Richter über den Zeugen niederer oder verständnisärmerer Art; denn die Geschichte ist ein Prozeß nicht bloß im Sinne eines neutralen procedere [Voranschreitens], sondern im juristischen. Am Ende der Geschichte fällt ja Gott nicht bloß ein Seinsurteil, dieses natürlich auch, es ist ja die Voraussetzung aller Urteile überhaupt, das Seinsurteil ist ja vor dem juristischen, sondern ein Urteil als Herr der Geschichte, als höchster Gesetzgeber und Richter. Die Urteile über die Fakta der Geschichte sind also hierarchisch gegliedert und ergänzen einander und bewegen sich jeweils in unterscheidbaren Sphären. Es ist nicht so, daß eine sogenannte neutrale, oder sagen wir gleich wissenschaftliche objektive Feststellung dessen, was geschieht, unmöglich oder verächtlich wäre und abzuweisen, ganz gewiß nicht, im Gegenteil, aber es ist so, daß es gewissermaßen doch wieder Material wird, das ergriffen wird von immer höheren Potenzen des erkennenden Geistes. Es ist hinwiederum dann nicht so, als ob das wissenschaftlich objektiv konstatierte Faktum starr und in sich geschlossen wäre und ihm nur von außen, wie ein Etikett, bald der, bald jener Sinn angeheftet würde, sondern es ist so, daß das geschichtliche Faktum in lebendiger Kommunion steht mit dem weniger *sinngebenden* als *sinnfindenden* höheren Erkenntnisgeist; daß das Faktum sich immer mehr und höher offenbart. Hätte der Mensch wirklich und nicht bloß schwatzhaft in phantastischem und *nichts*sagendem Gerede die Macht, der Geschichte aus eigener Willkür einen oder den Sinn, welchen er eben mag, erst zu geben, so daß sie ihn dann auch wirklich hat, so würde das fast einer Schöpfung aus dem Nichts gleichkommen, die ihm doch als Kreatur versagt ist. Stammt das Sein der Schöpfung vom Schöpfer, dann auch ihr Sinn, denn Sein und Logos sind eins. *Im Sein ist auch sein Sinn;* kann ich diesen *real* ändern nach Belieben, dann auch jenes. Aber ich kann das nicht. Die Macht des Menschen kann Ja sagen oder Nein, aber sie kann nicht real ein *anderes* ›Ja‹ sagen, als der Schöpfer gesagt hat. Alles, was damit nicht eins ist, ist ›Nein‹ und ein Nichts.

Was ich konkret meine, findet sich an manchen Stellen der Werke eines der großen Bürger der Schweiz, Carl Hiltys, der tief in den christlichen Sinn der Geschichte eingetaucht ist. Es findet sich aber im besonderen an einer Stelle der Grammar of Assent des englischen Kardinals Newman. Es heißt dort: ›W e n n e i n P a p s t einen großen Eroberer e x k o m m u n i z i e r t und dieser daraufhin zu einem seiner Freunde sagt: Meint er denn, die Welt sei um 1000 Jahre zurückgegangen? Meint er denn, meinen Soldaten werden die Waffen aus den Händen fallen?‹ — Und wenn im Laufe von zwei Jahren bei dem Rückzug über die Schneefelder Rußlands, nach dem Berichte zweier zeitgenössischer Geschichtsschreiber, ›Hunger und Kälte die Waffen den Händen der Soldaten entwanden‹, ›die Waffen aus den Händen der Tapfersten und Kräftigsten fielen‹ und ›die Soldaten, zu schwach, sie vom Boden aufzuheben, sie im Schnee liegen ließen‹ — ist nicht dieses, wiewohl kein Wunder, doch ein so spezielles Zusammentreffen, daß es mit Fug ein g ö t t l i c h e s G e r i c h t genannt wird? Das ist das Urteil nicht eines katholischen, sondern eines protestantischen Geschichtsschreibers. — Völlig klar wird hier, was ich meine. Der Feldzug Napoleons nach Rußland, der Rückzug und die Vernichtung seines Heeres sind simple, wissenschaftlich unwiderlegbar festgestellte und bezeugte Tatsachen der Geschichte. Da ist niemand, der sie bestreiten könnte oder je bestritten hätte. In wie viele Sphären des Sinnes oder der Interpretation gehen diese Fakta ein! Militärischer Art, politischer, geopolitischer, wirtschaftlicher, rassen-, völker-, individualpsychologischer Art, die alle eine riesige Umständlichkeit für sich haben, zusammenhängend sind in sich selber, ontologische und logische Geschlossenheiten haben, ehe da einer kommt und sie interpretiert als d i e K o n s e q u e n z

des Anathema eines Papstes! Wohlverstanden: die Gesetzmäßigkeiten des Geschehens militärischer, politischer, geopolitischer, wirtschaftlicher, rassen-, völker-, individualpsychologischer Art bleiben dadurch ja vollkommen gewahrt, so wie beim Tode eines christlichen Märtyrers in der Arena die biologischen, psychologischen, charakterologischen, soziologischen Gesetze gewahrt blieben, auch wenn die letzte *sinnvolle* Erklärung für den Tod des Märtyrers, die Inkarnation und die dadurch bewirkte Liebe zu Christus und der freiwillige Entscheid war, Gott mehr zu gehorchen als den Menschen, auch dies gemäß einer Seinsordnung, die von ihm, dem Geschöpf, vollkommen unabhängig ist.« (Haecker führt, im Jahr 1935!, noch ein weiteres Beispiel der theologischen Geschichtserklärung Newmans an: in ihm »wird der Sinn der Geschichte der *Juden* und ihres Schicksals unter den Völkern dieser Erde aus den letzten Gründen und mit Hilfe der Offenbarung selber erklärt«.)
Bei einer theologischen Geschichtserklärung wäre es doch wohl so: Der Mönch und Bibelprofessor hat das *Sein* der Kirche, das ihr Schöpfer als felsgebautes geschaffen und bis jetzt erhalten hatte, aufgrund falscher Bibelauslegung verneint; daraufhin mußte der mit dem Fels- und Hirtenamt Betraute den Sprecher dieser Seinsvernichtung »binden« (nach Mt 16), und die Kirche (nach Mt 18) hat es eins mit ihm getan. Wenn das Binde-Urteil von Gott bestätigt wird (nach Mt 16 und 18), kann das, was vor Luther so noch nicht da war, d. h. das Sein seiner neuen Kirche, keinen Bestand haben. — Nun ist die Seinswirklichkeit auf Erden auch eine Rechtswirklichkeit, denn ihr Schöpfer ist der Rechtsschöpfer und ewige, auch alle Zeit richtende und das niedergetretene Recht in ihr wieder aufrichtende Richter der Kirche und der Welt. Zwei Urteile sind gesprochen worden: zuerst das Vernichtungsurteil vor dem Elstertor, und danach das Anathema des Nachfolgers Petri. Nur eines der beiden Urteile erging vor Gott zu Recht und wird von Gott zu Seiner Zeit bestätigt werden (vgl. Mt 16 und 18: auf Erden — im Himmel). Falls Gott den Felsenbau bestätigt sowohl nach seinem Sein als nach seinem Recht, dann können die felslosen Neubauten weder dem

Platzregen, Gewässer samt den Winden (vgl. Mt 7,27) noch den Angriffen von seiten der Höllenpforten (Mt 16) länger als die von Gott zugelassene Zeit standhalten.

Einsichtige auf protestantischer Seite sprachen bekanntlich davon, daß in der Reformation nach Absage an das bisherige Recht ein N o t r e c h t geschaffen werden mußte. Hierzu gehört auch das Einbauen von Teilen des Kanonischen Rechts. Aber es wurden und werden auch anhaltende Bemühungen kirchenjuristischen Denkens eingesetzt zu dem Zweck, den zum Teil jungen Grundordnungen und Verfassungen unserer Kirchen einen hohen geistlichen Rechtswert zuzuerkennen. Man spricht dann den, auf Grund jenes Rechts-Autodafés über die bisherigen Ämter der Kirche geschaffenen neuen Notrechts-Ämtern gleichen geistlichen Rang wie den Ämtern der katholischen Kirche, freilich ohne das Petrusamt, zu.

Quia tu conturbasti

»Quia tu conturbasti Sanctum Domini, ideoque te conturbet ignis aeternus« sprach Luther bei seinem akademischen Akt, Urteilsspruch und Feuergericht vom 10. Dezember 1520. Der evangelische Lutherforscher Meißinger sei nochmals zitiert, wenn er über diesen Lutherspruch schreibt (MBr 171): »Es war eine geistvolle Stegreifkombination aus Jos 7,25 mit Marc 1,24 und Apg 2,37. Daß Sanctus Domini Christus meint und nicht etwa Luther, braucht nur für Begriffsstutzige angemerkt zu werden; aber diese sind ja bei Kontroversen von jeher die Mehrheit gewesen.« — Nehmen wir an, Luther habe nach Mk 1,24 und Apg 2,37 für den Herrn Jesus Christus, des lebendigen Gottes Sohn, nur den geringeren Titel »der Heilige Gottes« gebraucht, so konnte das furchtbare, für die Ewigkeit gültige Urteil (ignis aeternus — ewiges Feuer, nach Offb 19,20 und 20,14, der feurige Pfuhl, der mit Schwefel brennt, das ist der andere Tod) — konnte ein solches Urteil auch der im höchsten Amt an Christi Statt stehende Mensch fällen? Im Sende-, Seins- und Rechtswort des

Herrn an den (und die) »Binder und Löser« (Mt 16 und 18) ist eine solche absolute Vernichtungsvollmacht für die Ewigkeit nicht enthalten. Auch der Irrlehrer, den das Anathema traf, genießt nach Preisgabe seines gemeinschaftsschädigenden Irrtums wieder die Gemeinschaft in der Kirche des lebendigen Gottes.
Das Feuer im Holzstoß galt nur dem Papier, der kleinen Rolle der Bannandrohungsbulle; das ewige Feuer galt dem, der sie gesandt hatte.
Nun zu Josua 7,25. Als Überschrift über diesem Kapitel Josua 7 steht in der Lutherbibel: »Achans Diebstahl am Verbannten bringt Unglück über das Volk und wird mit Steinigung bestraft.« Vers 25: »Und Josua sprach [zu Achan]: Weil du uns betrübt hast, so betrübe dich der Herr an diesem Tage. Und das ganze Israel steinigte ihn und verbrannte sie [Achan samt Familie und dem gestohlenen Banngut] mit Feuer. Und da sie sie gesteinigt hatten, machten sie über sie einen großen Steinhaufen, der bleibt bis auf diesen Tag. Also kehrte sich der Herr von dem Grimm seines Zorns« (Jos 7,25 f.). Hier, bei der Vorbildshandlung, heißt es: *uns* betrübt; das sind Menschen, die jetzt das Urteil vollstrecken werden, der prophetische, gottgesandte Anführer und Richter des Gottesvolkes und dieses mit ihm. Beim Feuergericht vom 10. Dezember 1520 stand auch einer und eine Schar mit ihm, aus seinen Studenten und Amtskollegen, Doktoren, Professoren.
Dem genauen Sinn von conturbasti, Zeitwort conturbare, muß man wohl nachgehen. »Betrüben« heißt es im Ursinne nicht. Wenn einer jemand betrübt hat, so kann dieser auch wieder Trost finden, ob von andern Menschen, oder von dem selbst, der ihn betrübt hat.
Conturbo, conturbare heißt: verwirren, in Verwirrung und Unordnung bringen, verstören, am häufigsten wohl: zerstören.
Bei der Tat Luthers wurde etwas, und gemeint damit: jemand nicht nur verstört, sondern zerstört. Dieser Sinn schwingt jedenfalls mit, wenn man sich die Szene vor Augen hält.
Wenn nun der »Rechts«-Akt Luthers zu Unrecht geschah, so kann man sich als die Folgen nicht nur mechanisch-sachliche und

rein menschliche vorstellen, sondern muß (nach Josua 7,26) von Gott verhängte Strafen annehmen. Und hierfür sind, da Gott all die Mißstände und ihre Vertreter, gegen die sein Knecht Luther sich empörte, kennt, doch wohl die milderen Bedeutungen von conturbare anzunehmen. Demnach wäre in die neue Notrechts-Wirklichkeit etwas Verwirrendes hineingekommen von Anfang an. Also schon von da an, wo Luther die Kirchengewalt an den Adel der deutschen Nation übertrug. Turba, wovon conturbare kommt, heißt »die lärmende Unordnung einer Menge, die Verwirrung, das Getümmel, Gewühl, der Tumult, Lärm, Spektakel. Dann (metonymisch): eine ungeordnete Menge, ein Haufe, Schwarm, zunächst von der Menschenmenge auf der Straße, im Lager usw., insbesondere vom großen Haufen...« Durch das Lesen auch nur von einigem aus der Literatur über die Unmasse von Mühen der praktischen Kirchenjuristen und dann der theoretisch systematisierenden Kirchenrechtslehrer, in all den verschiedenen, nach Staatsformen und neuen Glaubens-Konfessionen neben- oder gegeneinander bestehenden Kirchengebieten, dazu im zeitlichen Auf und Ab, kann der evangelische Kirchengenosse, wenn er je sich daran macht, nur v e r w i r r t werden. Da heißt es wohl bei ihm nicht nur: Was ist Wahrheit?, sondern: Was ist da noch Recht?! Menschen und Kirchentümer sicherten »in gutem Glauben« zur Existenzsicherung ihr Recht.
Auch die Arbeiter am Notrecht: Fürsten-Kanzler, Lenker der Freien Reichsstädte und alle in deren Dienst stehenden Juristen taten, ihrem Gewissen unter Gottes Wort, soweit es ihnen gepredigt war, folgend, unerläßliche Arbeit zur Weiterführung des Gemeinschafts- und Gesellschaftslebens je in ihren Staats- und Kirchengebieten. Die Überzeugungstreue echter Rechtswahrer mit ihrer schwierigen Arbeit soll nicht angetastet, sondern im Gegenteil besonders gewürdigt werden, insofern sie härteste Arbeit auf dem Baugerüst tun mußten, wobei doch der eine und einzige Bau, von dem der Herr in seiner Willenskundgabe für alle Zukunft »Ich will bauen« spricht, nicht erstehen durfte. Was kam dabei heraus? Nicht die Kirche. Nur »Baracken« (Landesbischof D. Wurm).

Immer wieder Notrechtsarbeiten

Das Staatsrechts-Gerüst als Notrecht um die Teilbauten der evangelisch-lutherischen, reformierten und preußisch-unierten Landeskirchen ist im Jahr 1918 gefallen. Und wieder setzten neue Notrechtsarbeiten für Kirchenverfassungen und praktische Gesetzesordnungen ein, je für die verschiedenen Landeskirchen, und für deren Zusammenschlüsse. Unnötig zu sagen: die evangelischen Kirchenjuristen konnten und durften nicht entgegen dem von den Theologen gepredigten und gelehrten »Wort« über das, was Kirche im Sinn der Bibel sei, ihr Rechtsgebäude für diese Kirchen als Körperschaften des öffentlichen Rechts errichten. Das neu zu schaffende Recht und die entsprechenden Verfassungen, Ausführungsbestimmungen und Gesetze sollten den Interessen der betreffenden Landeskirchen dienen. Geistlich gesehen wurde für diese autonomen Kirchen das Recht autonomes Recht. Entsprechend der Ur-Fehlauslegung des Wortes Jesu Christi über die Einheit und Leitung Seiner Kirche mußten die Rechtsneubauten einen Unrechts-Widerstand wider Christi offenbaren Rechtsspruch über seine Kirche, ihre Wesensgestaltung gemäß dem Glauben und über die Gemeinschaft ihrer Ämter enthalten. Der Kirchenkampf in Deutschland während des Dritten Reiches, 1933—1945, war ein Kampf, den auf evangelischer Seite die Landeskirchen um die Gestaltung ihres Glaubenslebens gemäß der Bibel und je ihrem Bekenntnis führten. Dem Anfang unserer Landeskirchen gemäß hatte der Staat anfangs weithin Zustimmung gefunden, einmal aus unserer Gewöhnung an unser Ursprungsgesetz, sodann weil »das Äußere wie Verfassung u. s. f. nichts mit dem Inneren des geistlichen Lebens zu tun habe. An die Stelle der Reformationsfürsten, die sich als die »vornehmsten Glieder der Kirche« empfanden, waren freilich moderne Staats- und Partei-»Hoheitsträger« getreten, die unsere zerspaltenen Kirchen als für die Einheit des Staates schädlich beurteilten. Viele Bekenner widersetzten sich im Bekenntniskampf der Umklammerung durch den Staat und sein weltliches Recht. Die-

ser strebte dann die sogenannte »Endlösung«, d. h. Vernichtung an.
Der Abwehrkampf der Bekennenden Kirche hat bald eingesetzt. Er ist als ein Stück großer Geschichte des Ringens um Erhaltung des gottgegebenen Rechtes der Kirche zu verzeichnen. Rechtszeugen wurden Wahrheitszeugen, wurden teilweise Blutzeugen. Der Kampf der Bekennenden Kirche um das Recht stand unter der Losung: »Im Reiche dieses Königs hat man das Recht lieb« (Psalm 99,4). Der Band Dokumente und Zeugnisse darüber (Tübingen-Stuttgart 1946) hält wenigstens das Wichtigste davon fest. Die vier Bekenntnissynoden von Barmen, Dahlem, Augsburg und Bad Oeynhausen (Mai 1934 bis Februar 1936) waren, da es um die gemäß dem Wort Gottes zu bekennende Gemeinschaftsgestaltung ging, zugleich Rechtssynoden. Wer soll die Landeskirchen, freilich in lutherische, reformierte und unierte getrennt, leiten? Der staatsgenehme Reichsbischof mit seinen Deutschen-Christen-Bischöfen? Oder die Vorläufige Kirchenleitung der Bekennenden Kirchen? Große, hingebende Rechtsarbeit im Gehorsam gegen Gottes Wort wurde erbracht; aber die unerkannte Tatsache blieb, daß Bekennende Brüder dem grundlegenden Offenbarungs- und Rechtsspruch des Schöpfers der Kirche gegenüber im gleichen schrift- und rechtswidrigen Traditions-Irrtum verhaftet blieben. Weder im gespaltenen Bekenntnis noch in einem zwiespältigen Recht fanden diese (nun wieder) Notbauten nachhaltigen Bestand.
Das eindrucksvollste Zeugnis für Gottes Recht erbrachten nicht die Vorläufigen Notrechtsbauten, sondern einzelne Männer und Frauen, die durch ihr Eintreten für das allgemeine, vom Schöpfer gegebene Menschenrecht und für das Christusrecht, das zur Freiheit der Söhne und Töchter Gottes befreit, das Leiden fürs Recht und sogar den Schandtot als angebliche Rechtsbrecher, nämlich des Rechtes des gottlosen, antichristlichen Parteistaates und des Henkers, auf sich genommen haben. Da wurde es vor Gott erfahren, was im Wort Gottes Psalm 16 und 89 verkündet wird: »An den Heiligen, so auf Erden sind, und den Herrlichen, an denen hab ich all mein Gefallen. Gerechtigkeit und Gericht

ist deines Stuhles Festung, Gnade und Wahrheit sind vor deinem Angesicht. Sie werden über deinen Namen täglich fröhlich sein und in deiner Gerechtigkeit herrlich sein.«
Der Blutzeugen für das Recht Gottes an seine Menschen und deren Recht, in Freiheit Gott zu dienen, ist eine große Schar, Wir glauben sie in der »Wolke der Zeugen«.
Aber nun wurde die Macht gottwidrigen äußeren Zwanges zu Kirchenverfassungen des Unrechtes gegen den Schöpfer-Gott und den Christus von unseren Landeskirchen der DEK weggenommen: 1945. Wieder setzten notwendige neue Rechts- und Verfassungsarbeiten ein. Der Grund-Rechtsspruch des Sohnes Gottes für seine einzige Kirche, der die Antwort des Sohnes an den VATER für Dessen Offenbarung des Sohnes an einen Menschen für alle enthält und also die inkarnatorische Baugestalt der Kirche EIN CHRISTUS — ein Fels, proklamiert, wurde von den neuen Schöpfern der Verfassungen und dann der vielen Einzelgesetze in den bekenntnis-uneinigen Landeskirchen nicht beachtet. Da nun aber das Einheitgestalten auf Erden wie mit Naturgewalt aufgebrochen ist und mit der Macht eines Naturgesetzes in der Menschheit immer stärker wirkt, so wurde — um vom evangelischen Kirchenwesen in der deutschen Bundesrepublik zu sprechen — die Rechtsarbeit für noch einheitlichere Grundordnung, Verfassung, Gesetze betreffs Lehre, Leitung und Liturgie mit Tatkraft und unablässigem Einsatz von menschlichen Energien, Zeitaufwand und Geldmitteln unternommen, 1945 und die Jahrzehnte seither. Dabei ist hoch zu werten die Einsicht, daß das organisatorische Gebilde der EKD (bisher DEK) keine Kirche ist, und weil bekenntnisuneins, nicht sein kann. Dennoch wird unablässig an der EKD-»Kirchwerdung« gearbeitet. Der Zweifel dürfte aufbrechen, ob man dabei dem Schöpfer und Haupt der Kirche sein Recht gebe, wenn man seinen Grundrechtsspruch, als sei er rechtsunerheblich, unbeachtet läßt.
Wenn unser autonomes Kirchenwesen die Gewißheit seines Selbst, d. h. seiner Existenzsicherung, davon hat, daß uns eine Decke auf der Schrift liegt und vor dem Gesicht hängt, so entspricht dieser Tatsache unsere Glaubens- und Rechtsblindheit

— beides: der Wahrheits-Offenbarung und dem Schöpfer-Rechtsspruch Jesu Christi von seiner Kirche, ihrer Einheit und Leitung, gegenüber. Wieder muß man sich davor hüten, irgendwelchen Maßgebenden freien bösen Willen zuzuschreiben, als wollten sie immer in jetziger eigener Wahl den Irrweg (vgl. Ps 95,10). Die Bahnen sind durch die Tradition in uns eingefahren, sowohl dem Recht Gottes als seiner Wahrheit gegenüber. Aber wenn auch subjektiv niemand »immer den Irrweg will«, so wird doch, um an Luthers Begriff vom geknechteten Willen zu erinnern, der Gemeinschaftsgeist, oder die »moralische Person«, dieses »allzumal Einer, Luther(tum)« von einer fremden Macht den Rechtsirrweg geführt. Die ganzen Gemächte neben und gegen die Kirche von Anfang bis heute verdanken ihr Sichbehaupten, Sichselbstgewiß- und -Genugsein: »Wir sind eine autonome Kirche«, also Kirche nach unserem eigenen Gesetz, einer dem Willen nicht unterworfenen Fehlsteuerung mit weitverzweigten Abarten.
Noch stehen wir unter der Geduld Gottes: so hofft wohl jeder, dem der Star gestochen ist. Wie lange noch?
Wer wollte freien Willens Gottes Wahrheit durch Ungerechtigkeit gefangen halten (vgl. Röm 1,18)?
Setzen wir den Fall, die *Gemeinde* eines Landes (Landeskirche) mit all ihren Gliedern, die mit Ernst Christen sein wollen, hätte schriftforschend wie die Gemeinde zu Beröa, Apg 17 erkannt, daß der Hirte vom Evangelium Johannes 21 uns vom Herrn gegeben und zu Rom vorhanden ist — hätte deren *Landesbischof* das Recht, seine Landeskirche von der Union mit der römisch-katholischen Kirche abzuhalten? Eine Bitte würde wohl lauten: Das Recht, welches der Herr an uns hat, möge Ihm nicht entzogen bleiben!
Oder hat er, wenn ihm das Wort und göttliche Recht des Christus am Evangelium aufging, Recht und Pflicht, den Glaubensgehorsam zu erbringen, seine Herde den Weg des Friedens zu führen?
»An sich schon, wenn man in Mattäus 16 ›göttliches Recht‹ sieht. Aber — utopisch, sich so etwas verwirklicht vorzustellen!«

IV Der Eid macht aller Widerrede ein Ende (Hebr 6,16)

Um echtes Bekenntnis — Homologia — nach dem
Neuen Testament

Das Gottesvolk des Neuen Bundes ist den Völkern das einhellige Zeugnis und Bekenntnis von Gott und seinem Heil schuldig. Keine gegeneinander zerstrittenen oder kalt voneinander getrennten Bekenner geben den Eindruck oder »guten Geruch Christi« (2 Kor 2,15), der auf Jesus und sein Evangelium aufmerksam und danach verlangend macht. Bekenntnis heißt im Wortlaut des Neuen Testaments: Homologia, das ist: *gleiche Rede;* alle Bekenner bekennen die gleiche, sich nicht widersprechende, wahre und für alle bestimmte Wahrheit. Zuerst müssen die Christen unter sich im Glauben eins sein, Brüder im Frieden, »allzumal Einer in Christus«, Gleichbekenner; dann ergeht ihre Homologia, das christliche Glaubensbekenntnis in neuen Zungen. Die Bibel- und alten Bekenntnisworte werden nun zu Lebenswahrheiten für das Heute der Menschheit entfaltet und auf alle ihre Verhältnisse anwendbar.

Das Nachdenken ist uns nicht erlassen: ob Luthers Eidbruch und der Bann samt Gegenbann, vor 450 Jahren geschehen, noch Wirkung hat für oder gegen unsere, des Luthertums, Fähigkeit, als Bekenner zu der gesamtkirchlichen Homologia mitzuwirken.

Man kann das Nachdenken wohl mehr von der Seite angehen: W e r kann wahrhaft Bekenner im Sinn der Homologia sein? oder von der Seite, w a s der Inhalt des einen Bekenntnisses der alle Getauften umfassenden Kirche Jesu Christi sei.

Es sei versucht, jetzt nicht davon auszugehen, *was* (trotz gemeinsamer Anerkennung der drei altkirchlichen Symbole [Glaubensbekenntnisse]) der neue Glaube Luthers für das Verhältnis zum alten Glauben bedeute und ob er dem Inhalt der Homologia nicht entspreche; sondern in Selbstprüfung zu fragen: »W e r ist hiezu tüchtig?« (vgl. 2 Kor 2,16), nämlich die Homologia vor Gott und vor der Welt öffentlich abzulegen.

»Die biblische Homologia hat sich ursprünglich aus dem Kultus und der Liturgie entwickelt; hier ist sowohl das Bekenntnis der menschlichen Schuld als auch die biblische Lobpreisung Gottes zu Hause« (Otto Michel, WBzNT V, 202; dazu im Folgenden 199—220).

Eine Reihe alttestamentlicher Psalmen sowie andere hymnische Stücke sind Dankopferpsalmen. Im Kult steht das ganze Bundesvolk vor Gott, dankopfernd, wie auch in Buße um Vergebung flehend. Innerhalb des Bundesvolkes, das durch seine Priester und Hirten im besonderen Sinn vor Gott vertreten wird, erbringen auch einzelne Glieder des Bundesvolkes ihr Dankopfer oder ihr Sündenbekenntnis. »Wohl sündigte ich und kränkte das Recht — aber ER erlöste mein Leben...« (vgl. Hi 33,26—28). »Beim *Dankopferfest* werden die Gelübde eingelöst« (ebd. 202). Am Großen Versöhnungstag steht der Hohepriester für das ganze Volk vor Gott mit dem Schuldbekenntnis. Auch jeder einzelne im Bundesvolk ist täglich Bekenner: »Den Namen des Herrn anrufen bedeutet so viel wie sich zum Herrn bekennen. Der ›Name‹ umfaßt auch die Taten und den Ratschluß Gottes« (ebd. 204). Der einzelne steht nicht allein, sondern ist Bekennender innerhalb des ganzen Bundesvolkes. Dessen Lenker sind als erste zu Bekennern verpflichtet. »Selbst ein gottloser König wie Manasse demütigt sich vor Gott und spricht unter dem Druck des göttlichen Gerichts ein Bußgebet (vgl. 2 Chron 32,12.13.18). ... Hier erscheint das menschliche Bekenntnis nicht so sehr als persönliches Zeugnis von einem machtvollen Handeln Gottes, sondern vielmehr als Anerkennung der richterlichen Majestät Gottes und der eigenen Sündhaftigkeit. Es ist ein vergebliches Unterfangen, die Sünden zu verheimlichen: ›Schäme dich nicht, die Sünden zu bekennen, und wolle nicht die Strömung des Flusses bezwingen‹ (Sir 4,26.28). Gemeint ist offenbar, daß Gott die Wahrheit durchsetzen wird« (ebd. 205). Wiederum, nach empfangener Vergebung, folgen dankende Bekenntnisse zu Gott.

Im Neuen Testament heißt »bekennen« (homologein) ein Dreifaches. »1. zusichern, zusagen; zugeben, zugestehen. 2. gerichtlich: eine Aussage machen, im forensischen Sinn: Zeugnis ablegen. 3. feierliche Glaubensaussagen machen, bzw. sich im Glauben zu etwas bekennen« (ebd. 206, 207, 209).
(Zu 1) Wenn jemand im Vollsinn bekennt, dann gilt: »ein derartiges feierliches homologein (Bekennen) bindet den Sprecher an sein Wort« (206). Gott ist der Bekenner, der seinem Volk in Abraham die Verheißung zugesagt (= bekannt) hat (Apg 7,17). Der Bekenner ist ein Schwörender. »Denn als Gott dem Abraham die Verheißung gab, schwur er bei sich selbst, da er bei keinem Größeren zu schwören hatte, und sprach (1 Mos 22,16. 17): Wahrlich, ich will dich segnen und mehren« (Hebr 6,13 f.). Der Gegensatz zu bekennen ist leugnen. So wird vom wahren Vollbekenner verstärkend gesagt, daß er nicht leugnet. »Und dies ist das Zeugnis des Johannes, da die Juden zu ihm sandten von Jerusalem Priester und Leviten, daß sie ihn fragten: Wer bist du? Und er bekannte und leugnete nicht; und er bekannte...« (Joh 1,19 ff.), wer er nicht sei, und wer er in Wahrheit sei. Was der Bekenner über Jesus Christus sagt, ist feierliche Aussage des Glaubens, Proklamation im Sinn der christlichen Verkündigung (207).
(Zu 2) »Der forensische Sinn des homologein (Bekennens) ist vielleicht in der neutestamentlichen Überlieferung der wichtigste« (207). Der Jünger sei vor den Menschen, in der Öffentlichkeit, und insbesondere, wenn er vor Gericht gestellt wird, ein Bekenner und kein Verleugner! (vgl. Mk 8,38). »Wer mich bekennet vor den Menschen, den wird auch des Menschen Sohn bekennen vor den Engeln Gottes. Wer mich aber verleugnet, der wird verleugnet werden vor den Engeln Gottes« (Lk 12,8.9). Hier erscheint auf Erden der Jünger als Bekenner, im Himmel, vor den Engeln, wird Jesus der Bekenner sein. Entsprechend wird dem Verleugner sein Lohn. »Im Jüngsten Gericht wird dies bekennende oder verleugnende Jüngerwort von dem Menschensohn als dem Weltenrichter vergolten (Lk 12,8), bzw. von Jesus als dem eschatologischen Zeugen vor dem Vater bestätigt

oder aufgedeckt (Mt 10,32). In allen Sprüchen wird auf die Korrespondenz« [Entsprechung] »zwischen dem menschlichen Verhalten hier auf Erden und dem eschatologischen Wort des Richters bzw. Zeugen Wert gelegt« (208). »Entscheidend ist die Korrespondenz ... Homologein« [Bekennen, das Tun des Bekenners] »bezeichnet ... ein proklamatorisches Geschehen, in dem die konkrete Beziehung des Menschen zu Jesus in einer bindenden und gültigen Form zum Ausdruck kommt. Damit wird dem Bekenntniswort des Jüngers hier auf Erden eine endgültige Bedeutung zuerteilt. Apk [Offenbarung Joh] 3,5 nimmt in einem Siegerspruch dieses Jesuswort auf ... Ähnliche Aussagen Jesu, in denen er von sich als dem eschatologischen Zeugen und Richter spricht, finden sich auch sonst, z. B. Mt 7,23 (unter Verwendung einer synagogalen Bannformel) [statt griechisch in deutsch:]: Und dann werde ich ihnen bekennen: Ich habe euch nie gekannt (vgl. Mt 25,12). Jesus sagt in diesem Zeugenwort jede Gemeinschaft mit dem Jünger auf« (208).
Im Johannesevangelium wird gezeigt: wer sich öffentlich zu Jesus als dem Messias bekennt, wird aus der Synagoge gestoßen (Joh 9,22; 12,42). »Die Verweigerung des öffentlichen Bekenntnisses in der Stunde der Anfechtung, die aus Furcht geschieht, ist ähnlich wie das Verleugnen. Vorausgesetzt ist, daß ein öffentliches Bekenntnis zu Christus Ehre bei Gott einträgt, während die Verleugnung oder das Versagen des Bekenntnisses darin begründet wird, daß man Ehre bei den Menschen sucht (Joh 5,44; 12,43). Ehre bei Gott und Ehre bei den Menschen schließen sich aus ...« (208 f.). — »Ein gerichtliches Geständnis meint auch Apostelgeschichte 24,14 ...« (209): Paulus ist der Bekenner.
(Zu 3) Wer wahrhaft ein Glaubender ist, der ist auch ein Bekenner. »Paulus spricht in Römer 10,9—10 (in Auslegung von Dt — 5. Mose — 30,14) von der Zusammengehörigkeit von Bekenntnis und Glauben: ›Wenn du dich mit dem Munde zum Herrentum‹ [Herr-Sein] ›Jesu bekennst, wenn du mit deinem Herzen glaubst, daß Gott ihn von den Toten erweckt hat, wirst du gerettet werden. Denn mit dem Herzen glaubt man und empfängt

man die Gerechtigkeit, mit dem Munde bekennt man zur Rettung‹. Glaube und Bekenntnis werden auch sonst bei Paulus eng miteinander verbunden (2 Kor 4,13); aus dem Glauben erwächst das Bekenntnis und das Wort der Verkündigung ... In besonderer Weise steht aber das Bekenntnis unter der eschatologischen Verantwortung (2 Kor 4,14) und unter der Verheißung der eschatologischen Rettung (Röm 10,9.10). Daß das Bekenntnis eschatologisches Heil schenkt, entspricht der synoptischen Überlieferung« [dem Evangelium nach Mattäus, Markus und Lukas] (209).

»In die frühchristliche Bekenntnisbildung gehört vor allem der Sprachgebrauch der *Johannes-Briefe*. ›Verleugnen‹ (griechisch: arneisthai) wird hier zum Ausdruck für die Bestreitung eines christologischen Lehrsatzes, ›homologein‹ (Bekennen) dagegen bezeichnet die Annahme und Verkündigung einer bestimmten antihäretischen These. Lügner ist, wer bestreitet, daß Jesus der Christus sei; Antichrist ist, wer den Vater und den Sohn bestreitet (1 Joh 2,22) ... Homologein ist ein Jasagen zu einem bestimmten christologischen Verständnis, arneisthai (Verleugnen) dagegen das Bestreiten einer erkannten kirchlichen Wahrheit ... In diesen johanneischen Thesen liegt offenbar eine *feierliche, proklamatorische Aussage*: sie wollen Ausdruck für eine bestimmte Wahrheit, für die allein mögliche Verbundenheit mit Christus sein. Das antihäretische und das kultisch-liturgische Verständnis des homologein (Bekennens) sind aufs engste miteinander verbunden« (210).

Dieses Bekennen der wahren Bekenner der kirchlichen Wahrheit ist nicht intellektualistisch mißzuverstehen; die wahren Bekenner, und nur sie, haben wahre Gottesgemeinschaft (vgl. 1 Joh 4,15). Den Bekennern stehen die Verführer feindlich gegenüber. »Es klingt in 2 Joh 7 apokalyptisch, daß Irrlehrer ›ausgezogen‹ sind, die das christologische Kerygma« [Bekenntnis und Verkündigung über Christus] »nicht annehmen (= die nicht Bekennenden, hoi mä homologountes). Die Homologia« [das wahre Bekenntnis] »hat also Scheidungskraft« (210). Bekenner der ganzen Wahrheit — oder Irrlehrer = Verführer stehen einander

gegenüber. Johannes will »durch eine feste Formulierung des Kerygmas den Irrtum der falschen Lehre überwinden, den Gegner zur Entscheidung stellen und eine alte Wahrheit in einer neuen Situation so proklamieren, daß ihre volle Heilsbedeutung zum Ausdruck kommt. Im Bekenntnisakt geht es immer um die ganze Wahrheit, die in einzelnen Bekenntnisformeln bezeugt wird. Obwohl das Bekenntnis als feierliche Proklamation scheidet und unterscheidet, bleibt es doch Lobpreis und Anerkennung des Werkes Christi, wird also nicht Ausdruck für die Selbstbehauptung der Kirche« (210). [Die Kirche ist ja sein, des Christus, Werk; er ist es selbst, der sie »behauptet«, der sie und die kirchliche Wahrheit vor dem Überwältigtwerden schützt.] »Bekenntnisse im antihäretischen« [vor Willkürauswahl und Spaltung bewahrenden] »Sinn sind nur der Form nach neu, in der Sache bleiben sie konkrete, in feierlicher Proklamation sich entfaltende kirchliche Wahrheit« (210).
Im Folgenden zeigt nun Michel auf, wie der zusichernde Sinn, der gerichtliche Sinn und der Sinn feierlicher Glaubensaussage (1—3) beim Bekenner in eins vereint sein können und es auch sind.
Denn Jesus Christus selbst ist der Ur-Bekenner auf Erden. »Tatsächlich ist ja auch *Jesu Zeugnis im Prozeß als Bekenntnis* aufgefaßt worden (1 Tim 6,13: [deutsch] der unter Pontius Pilatus das gute Bekenntnis bezeugt hat), wobei das falsche Zeugnis der Gegner (Falschzeugnisgeben Mk 14,56) und das Verleugnen des Jüngers (Mk 14,48) das gute Bekenntnis (kalè homologia) Jesu Christi (Mk 14,62, vgl. Mk 8,29) in ein helles Licht rückt. Die kalè homologia = das von Gott verordnete, von Gott angenommene und bestätigte Bekenntnis besteht in der feierlichen und verbindlichen Aussage, daß Jesus der Christus, der Sohn Gottes sei (Mk 14,62, vgl. Mk 8,29; Mt 16,16; Mk 15,39; Mt 27,54; Joh 11,27).
Dieses Christusbekenntnis, das gerichtlich vor der Obrigkeit gesprochen ist, ist Urbild des forensischen Bekenntnisses, zu dem auch der Christ in der Nachfolge berufen ist (Mt 10,32; Lk 12, 8), ist Vorbild der öffentlichen Aussage, zu der sich der Zeugnis

Ablegende verpflichtet weiß (Joh 1,20; 9,22; 12,42), ist aber auch Grundbestandteil des liturgisch-kultischen Taufbekenntnisses, das beim Empfang des Sakramentes und der Ordination feierlich zitiert wird« (211).
Zum Begriff des Bekenntnisses gehören Öffentlichkeit, Verbindlichkeit und Endgültigkeit.
»Auch hier — bei Taufe und Ordination — spielt das Moment der *Öffentlichkeit* (1 Tim 6,12: vor vielen Zeugen; Mt 10,32: vor den Menschen, vor meinem Vater; Lk 12,8: vor den Engeln Gottes), der *Verbindlichkeit* (der Apostel greift durch sein Gebot [paranggello — ich gebiete dir] auf das abgelegte Bekenntnis des Timotheus zurück, 1 Tim 6,12.13) und der *Endgültigkeit* (Mt 10,32; Lk 12,8; 1 Tim 6,12 f.) eine entscheidende Rolle. Gerade weil Timotheus das ihn verpflichtende Bekenntnis abgelegt hat, ist er zur Weitergabe der Verkündigung, zum Halten des Gebotes und zum untadeligen Wandel bis zur Erscheinung des Christus verpflichtet« (211).
»Oft ist das Bekennen *Antwort auf eine Frage*; auch beim Empfang der Taufe erfolgt das Bekenntnis als Antwort auf die Frage des Täufers« (211). — Auch evangelische Christen erinnern sich daran, daß das Apostolische Glaubensbekenntnis ursprünglich ein Taufbekenntnis ist; bei der Spendung der Taufe wird es auch in unserem Gottesdienst von der Gemeinde öffentlich gesprochen. Was führt Michel nun zum *»Petrusbekenntnis«* aus, das uns schon als Überschrift zu Evangelium Mattäus 16,13—20 geläufig ist? Er schreibt (211 f.): »In dem von Mattäus berichteten Lehrgespräch zwischen Jesus und seinen Jüngern 16,13—20 (...) ist Jesus selbst der Fragende ... Das echte Bekenntnis: (deutsch) ›Du bist der Christus, der Sohn des lebendigen Gottes‹ (Mt 16, 16) ist Antwort auf eine Befragung, Verwerfung anderer menschlicher Möglichkeiten, Erkenntnis des Heiligen Geistes, Offenbarung (apokalypsis), Verpflichtung zur Nachfolge, Schriftauslegung in Vollmacht, letztes abschließendes Wort wie eine Unterschrift und Versiegelung. Wenn auch in jeder Lage der Jünger persönlich gefragt wird, so spricht er doch im Namen und Auftrag stellvertretend für die Gemeinde. So sehr das Wort des

Petrus persönliche Gabe Gottes in einer bestimmten Situation ist, so wird es doch *zum Wort der Gemeinde:* Petrus spricht als erster unter den Jüngern, als Glied der messianischen Gemeinde« (211 f.). Dies ist die Ekklesia, die Kirche, Meine Kirche (wie der Herr sie nennt).
Die urchristliche Verkündigung und Lehre (Kerygma und Didachè) wird bezeugt und bekannt. Für jeden Bekenner gilt: all den Tatworten: »ausrufen, das Evangelium verkünden, bekennen, bezeugen« u. s. f. »ist ein proklamatorischer Charakter eigen, der ein Verpflichtet-Sein und eine Verpflichtung, eine Bindung und einen Anspruch zum Ausdruck bringt« (212).
»Alle diese Begriffe gehen auch von einem Ereignis in der Geschichte aus« (213) — Jesus Christus ist DER BEKENNER und treue Zeuge. »Hinter jedem Bekenntnisakt steht Christus selbst als der ›treue Zeuge‹ (Apk 1,5), der als Vorbild der Geschichte, als Träger des Geistes Gottes und als eschatologischer Zeuge und Richter das Bekenntnis der Gemeinde trägt« (212). Es wird entweder schon in der Abhandlung Michels liegen oder ergänzend gesagt werden dürfen: der Herr steht hinter jedem Bekenner, schon ehe dieser sein erstes Wort des Bekenntnisses sprechen wird. Und, da die Kirche früher als der einzelne ist: der Herr steht hinter seiner Kirche, die Bekennende Kirche ist. Und, da Gott der Vater Einem von allen Gliedern der künftigen Kirche zuerst die Offenbarung gab und ihn (auf Jesu Frage) zum Bekennen erweckte, so stand Gott Vater und sein ewiger Sohn hinter dem ersten der Bekenner, der nun durch Jesu Rechts- und Machtspruch der Fels und Halt der ganzen Bekennerkirche geworden ist. Diese ist die »eschatologische Gemeinschaft zum Lobpreis Gottes« (Michel S. 213).
Nochmals zum Bekennen in seiner »kultisch-gottesdienstlichen Bedeutung«, wo bekennen und preisen eines sind. »Bezeichnend ist z. B. *der paulinische Sprachgebrauch* in Römer 15,7—13; Paulus selbst ist kultisch-liturgischer Vorbeter, der sich mit den Völkern im Lobpreis zusammenschließt. Alle Ausdrücke wie exhomologeisthai, psallein, euphrainesthai, (ep-)ainein (preisen, Loblieder singen, sich freuen, loben und danken) entstam-

men dem Alten Testament, besonders dem Psalter. Alle Schriftgattungen werden zu einem feierlichen Zeugnis miteinander verbunden ... Im Jüngsten Gericht wird jede Zunge *Gott bekennen* (...), wobei gerade dies Bekennen verschiedene Bedeutung annehmen kann. Nach Philipper 2,11 wird jede Zunge das Herrentum Christi anerkennen, zur Ehre Gottes, des Vaters. Daß ein derartiges Bekenntnis zur Ehre (griech: doxa) Gottes geschieht, entspricht der Form und dem Inhalt der Homologie. Ganz ohne Zweifel erinnert dies Bekenntnis an die gottesdienstliche Feier der Gemeinde und an das im heiligen Geist gesprochene Christusbekenntnis (1 Kor 12,3). Wo also Glieder der Gemeinde dies Christusbekenntnis sprechen, werden sie zu Vorboten dieser alles umfassenden himmlischen und kosmischen Szene. Der irdische Kahal« [die heilige Volksversammlung Israels, namentlich als Kultusgemeinschaft] »weitet sich aus zum Kahal der Endzeit« (214).
So werden auch nach der Offenbarung Johannis »feierliche Lobgesänge die Herrlichkeit Gottes und seines Christus beschreiben (4,8.11; 5,9—10.12.13; 11,15.17—18; 12,10—12; 15,3—4; 19,1 f. 5.6—8). Auch diese Lobgesänge sind Homologie ... Ein himmlischer Kahal spricht oder singt zur Ehre Gottes, aber seine Worte und Gesänge werden zu einer bestimmten Form der Verkündigung für die streitende Gemeinde. Auch diese geprägten und geformten Gesänge wollen Ausdruck des Geistes Gottes sein; sie sind Unterpfand für den Endsieg und Trost in der gegenwärtigen Anfechtung. Darum ruft auch die Homologie zum Einstimmen in den Jubel: 12,12 (freut euch!), 19,5 (lobpreiset!), 19,7 (laßt uns freudig sein und jubeln!). Auch der Christus selbst als der Erlöser steht inmitten der Gemeinde, betet zu Gott und verkündigt seinen Namen den Brüdern (Hebr 2,12 = Ps 22,23). Psalter und überhaupt das Alte Testament liefern also weithin die Form und den Inhalt der Homologie. In den gleichen Zusammenhang weist der Lobgesang der Engel (Lk 2,14) in der Geburtsgeschichte Jesu sowie der Segensspruch des Simeon (Lk 2,29—32)« (214 f.). Und »auch der *Jubelruf Jesu* nach Mattäus 11,25; Lukas 10,21 spricht von einem Jubel im Heiligen Geist.«

Das Bekennen stellt einen weitverzweigten Vorgang im Alten und im Neuen-Bundes-Volk dar. »Wird Jesaia 45,23 von Paulus in Philipper 2,11 als Lobpreis Gottes verstanden, so drückt dasselbe Zitat in Römer 14,11 das eschatologische Sündenbekenntnis aus, das jeder einzelne vor dem Richterstuhl Gottes ablegen muß. Allerdings wird wohl mit dem Sündenbekenntnis Gebet und Lobpreis Gottes verbunden sein. Das öffentliche Sündenbekenntnis ist seit der Täuferpredigt Merkmal der von Gott geforderten Umkehr (metanoia) und ein Teil des Taufaktes (Mk 1,5; Mt 3,6; Apg 19,18 . .) . . . (215).
Abschließend zum *Hauptwort* Homologia: Bekenntnis. »Homologia ist freier Akt des Bekenntnisses zum Evangelium oder liturgisch-geformte Bekenntnisüberlieferung der Gemeinde. Der Begriff ist schon bei *Paulus*, 2. Korinther 9,13, Antwort auf das Evangelium des Christus, Gehorsam gegen seine Botschaft, Zustimmung zu seinem Anspruch und Ausdruck der Verpflichtung. Die Gemeinden werden die Gabe der Korinther als ein derartiges offenes Zeugnis und Bekenntnis anerkennen und Gott darüber preisen ... Es ist ein einzelner, freier Akt der Bruderliebe, der zur homologia gegen das Evangelium werden kann; homologia ist auch hier doppelseitig: sie beantwortet Gottes Handeln in der Gemeinde und ist selbst Zeugnis der Gemeinde vor der Öffentlichkeit« (215 f.).
Nun zum Tatbestand im *Hebräerbrief*. Er »mahnt, ... am Bekenntnis festzuhalten (3,1; 4,14; 10,23). Die Homologia des Hb [= im Hebräerbrief] ist also eine fest umrissene, liturgisch fixierte Tradition [Überlieferung], zu der die Gemeinde sich halten soll. Man hat dabei an ein kirchliches Glaubens- oder Taufbekenntnis gedacht, an das die Hörer sich einmalig gebunden haben ... oder aber an eine kultisch-liturgische Lobpreisung, die etwa mit den verschiedenen Christusprädikaten (3,1; 4,14 f.) in Verbindung steht. Dann wäre die homologia des Hb identisch mit der eucharistia« [Dankerweisung], »die in der Gestalt eines hymnischen Christusbekenntnisses im Herrenmahl ihren festen Platz hat (Hb 1,3; 13,15). Liturgische Zusammenhänge zwischen Hb und 1 Cl [dem Ersten Clemensbrief] (36; 61,3; 64)

sind wahrscheinlich. Jedenfalls ist homologia auch im Hb bindendes Wort, feierlicher Ausdruck der Verpflichtung und des Verpflichtetseins, Antwort der Gemeinde auf die Verheißung Gottes. Aber das ist das Neue und Eigentümliche im Hb, daß von einer feststehenden und zu bewahrenden homologia die Rede ist, die das Glaubensgut der Gemeinde als lebendiges Wort zusammenfaßt« (216).
Und nun zu den Pastoralbriefen, besonders den *Briefen an Timotheus*. 1 Tim 6,12 f. schildert eine urchristliche Gemeindeversammlung, in der *Timotheus* vor vielen Zeugen *das gute Bekenntnis* (tän kalän homologian) abgelegt hat. Offenbar ist an die Feier der Ordination gedacht, in der das gute Bekenntnis vor der Gemeinde gesprochen wird. Vielleicht erinnert der nun folgende Wortlaut an dies gute Bekenntnis; denn der Brief spricht in einer feierlich-liturgischen Formel von Gott, der das All in das Leben ruft (...), und von Jesus Christus, der selbst vor Pontius Pilatus das gute Bekentnis abgelegt hat (...). Sowohl die forensische Form des Bekenntnisses als auch die liturgisch-kultische Ausgestaltung klingt hier an. Bei Taufe und Ordination hat diese feierliche Verpflichtung vor vielen Zeugen ihren festen Ort... Auch der Hymnus 2 Tim 2,11—13 erinnert an die Sprache und den Anschauungskreis von Mattäus 10,32 f.: Der Christus, der selbst zum Bekenntnis rief, der selbst das Bekenntnis ablegte, ist und bleibt treu. ›Verleugnen wir ihn, so wird auch er uns verleugnen; sind wir untreu, so bleibt er doch treu; er kann sich ja nicht selbst verleugnen.‹ Vielleicht ist auch auf den Zeugenbegriff in diesem Zusammenhang Gewicht zu legen (1 Tim 6,12; Hebr 12,1; Apk 1,5). Auch die martyres [Zeugen] sind ein Unterpfand der Öffentlichkeit und Feierlichkeit der Szene; sie hören die Verpflichtung an und nehmen sie entgegen. Sie werden auch am Jüngsten Tag für oder gegen den Bekenner sprechen. —
Daß das Bekenntnis nicht vom konkreten Gehorsam entbindet, sondern ihn im Gegenteil fordert, ist der Sinn von Jk [*Jakobusbrief*] 2,14 ff. (pisteuein = homologein / glauben = bekennen)!« (O. Michel, 216 f.).

Worms 1521 — Augsburg 1530

Die neuen Kirchen Luthers verzeichneten ein besonderes Ereignis, um als Bekennende hervorzutreten (andere, ebenfalls neue Kirchen, ihrerseits): es war auf dem Reichstag in Augsburg, 1530.
Wer hat die Lutherkirchen in Bevollmächtigung als Bekenner vertreten? Und noch vorher, wer waren die Auftraggeber, das neue lutherische Bekenntnis abzufassen? Die Auftraggeber waren der Kurfürst von Sachsen, sechs weitere Fürsten und zwei Freie Reichsstädte, Nürnberg und Reutlingen. Wer das Bekenntnis verfaßte, ist bekannt: der Wittenberger Professor Melanchthon. Wer hat es verantwortlich unterzeichnet?
»Caesareae Maiestatis Vestrae fideles et subditi
Ioannes Dux Saxoniae Elector
Georgius Marchio Brandenburgensis
Ernestus Dux Luneburgensis
Philippus Landgravius Hessorum
Joannes Fridericus Dux Saxoniae
Franciscus Dux Luneburgensis
Volfgangus Princeps ab Anhalt
Senatus Magistratusque Nurnbergensis
Senatus Reutlingensis.«
Das Bekenntnis wurde auf dem Reichstag am 25. Juni 1530 verlesen. »Nicht im Rathaussaale, wo sonst die Reichstagsverhandlungen abgehalten wurden, sondern ›auf der Pfalz in der undern großen Stuben‹ (so berichtet der kaiserliche Herold Kaspar Sturm), d. h. der Kapitelstube des bischöflichen Palastes, wo der Kaiser wohnte, kam man am Sonnabend, den 25. Juni, nachmittags 3 Uhr, zusammen. Die beiden sächsischen Kanzler, Dr. Greg. Brück und Dr. Chr. Beyer, der eine mit dem lateinischen, der andere mit dem deutschen Exemplar des Bekenntnisses, traten in die Mitte des Raumes, während die evangelisch gesinnten Stände, soweit sie offen zur evangelischen Sache sich zu bekennen den Mut hatten, sich von ihren Sitzen erhoben. Der

Kaiser wünschte den lateinischen Wortlaut verlesen zu hören« [dies war der Urtext]. »Nachdem aber Kurfürst Johann daran erinnert hatte, daß man auf deutschem Boden sei, und er hoffe, daß der Kaiser die Verlesung in deutscher Sprache gestatten werde, wurde dies bewilligt. Hierauf verlas Dr. Beyer das Bekenntnis. Es währte gegen zwei Stunden, aber er las so klar und deutlich, daß auch die vielen, die keinen Zutritt erhalten hatten, im Hofe jedes Wort verstanden. Dann wurden die beiden Exemplare überreicht. Das lateinische nahm der Kaiser selbst an sich, das deutsche übergab er dem Reichserzkanzler, dem Kurfürsten von Mainz, und verbot zugleich die Veröffentlichung des Bekenntnisses« (SyB XIX und XX).
Das Bekenntnis wurde über das deutsche Reichsgebiet hin veröffentlicht und verbreitet und von einer großen Anzahl von Fürsten und Reichsstädten unterzeichnet. »Und als uns zum Theil von solchem christlichen Werk Bericht einkommen, haben wir darob nicht allein ein gutes Gefallen gehabt, sondern dasselbe auch mit christlichem Ernst und Eifer zu befördern uns von wegen unsers tragenden und von Gott befohlenen Amts schuldig geachtet« = »... pro ratione muneris et officii divinitus nobis commissi promovendum nobis esse iudicavimus« (SyB, 9).
Wer es war, von dem und dessen Neugründung her »der Adel deutscher Nation« Bekenner in Augsburg wurde (mündlich: der Staatsmann Dr. Beyer), ist klar. So empfing Luther den Bericht über den Akt der Bekenner: auf die nahe Feste Coburg, im Gebiet seines Beschützers, des Kurfürsten von Sachsen. »Unmittelbar nach der Übergabe ging auch eine vollständige Abschrift an Luther ab. Obwohl er sicherlich manches anders, namentlich schärfer ausgedrückt haben würde, auch allzugroße Nachgiebigkeit darin fand (Pro mea persona plus satis cessum est in ista Apologia [für meine Person ist mehr als genug gewichen = zugegeben) in dieser Verteidigungsschrift] ...) und gelegentlich klare Auslassungen ... besonders über ›den Papst, den Antichrist‹ vermissen konnte, spendete er gleichwohl der ganzen Arbeit den gleichen Beifall wie dem früher eingesehenen Bruchstück und sah darin Psalm 119, Vers 46 erfüllt, jenes Schriftwort,

welches schon die ersten in Augsburg angefertigten Abschriften und dann ständig die gedruckten Ausgaben des Bekenntnisses als Motto trugen. Und er konnte später sogar einmal — ganz gelegentlich sagen: Catechismus, tabulae, Confessio Augustana mea, was freilich nur als möglichst kräftige Zustimmung zum Inhalt des Bekenntnisses gedeutet werden darf« (SyB, XXI).
Es sei jetzt nicht zum Inhalt der Confessio Augustana, also das *was* in ihr gelehrt wurde, Stellung genommen. Vielmehr sei der Blick auf die Personen gerichtet, *wer* die Bekenner waren und welche Vollmacht jeder von ihnen vorlegen konnte. Denn es ist klar: Bekenner standen gegen Bekenner.
Die durch den Bruch von Abgrundstiefe getrennten Hauptbekenner waren der in Augsburg nicht mit dem Mund sprechende *Luther* und der hier ebenfalls nicht mündlich bekennende *Kaiser Karl V.* Der eine wie der andere Hauptbekenner hatten schon auf dem Reichstag zu Worms, 1521, je ihr Bekenntnis abgelegt, vor allem je ihre Vollmacht vorgelegt. Um unser »grundlegendes Bekenntnis von Augsburg« unter Gottes Wort für unser Hier und Jetzt neu zu bedenken, ist es unerläßlich, noch einmal den Blick auf die beiden Hauptbekenner, und zwar in Worms, zu richten.
Über Luther als den Bekenner von Worms und sein Bekenntnis vor Kaiser und Reich besteht eine große, weitläufige Literatur. Und, mehr als Literatur, ungleich wirksamer, bildhaft, in das Geschichtsschauen des Volkes eingezeichnet, wirkt er selbst als der Eine, Gewaltige, der es mit allen und gegen alle aufgenommen hat. Er war es und im Luthertum ist er es, der sein unüberwindliches Wort spricht: »Hier steh ich, ich kann nicht anders, Gott helfe mir! Amen.« Dieser Wortlaut »lebt«. Genauer muß, nach Beachtung alles dessen, was er an den zwei Tagen 17. und 18. April 1521 erklärt hatte, sein Schlußwort vom 18. als des Bekenners abschließende Vollmachtserklärung erwogen werden, die lautet:
»Wenn ich nicht durch Schriftzeugnisse oder einen klaren Grund widerlegt werde — denn allein dem Papst oder den Konzilien glaube ich nicht, da es feststeht, daß sie häufig geirrt und sich

auch selbst widersprochen haben —, so bin ich durch die von mir angeführten Schriftworte bezwungen. Und solange mein Gewissen durch die Worte Gottes gefangen ist, kann und will ich nichts widerrufen, weil es unsicher ist und die Seligkeit bedroht, etwas gegen das Gewissen zu tun. Gott helfe mir. Amen.«
Soweit Luther.
Nun zum Kaiser.

Das Bekenntnis des Kaisers, Karls V.

»Am Morgen des 19. April 1521 bat der Kaiser die Stände des Reiches zu sich; auch die beiden päpstlichen Nuntien waren anwesend. Die reichsrechtlichen Folgerungen aus dem ›Hearing‹ Luthers (vom 17./18. April) sollten beraten werden. Als die Stände um Bedenkzeit einkamen, wandte sich Karl ihnen zu, in seiner Hand hielt er ein Blatt, und sagte: Gut, ich will Euch aber zuerst meine Meinung zu erkennen geben. Ich habe nachgedacht und überlegt, wie es hier niedergeschrieben ist. Es ist französisch (burgundisch) abgefaßt, doch lasse ich es Euch auf Deutsch vorlesen«:

I

Ihr wißt, Ich stamme ab
von den allerchristlichsten Kaisern
der edlen deutschen Nation,
von den katholischen Königen Spaniens,
den Erzherzögen Österreichs,
den Herzögen von Burgund,
die alle bis zum Tod
treue Söhne der Römischen Kirche
gewesen sind;

immer
Verteidiger des katholischen Glaubens,
des heiligen Gottesdienstes,
Kirchenrechts,
der Kirchenordnungen
und der christlichen Lebensordnung
zur Ehre Gottes
Mehrung des Glaubens
und zum Heil der Seelen.
Nach ihrem Heimgang
haben sie uns dank angestammten Rechts
als Erbe hinterlassen
die genannten heiligen katholischen
Verpflichtungen
um ihnen gemäß zu leben und
zu sterben
nach ihrem Beispiel —
ihnen gemäß
haben wir als wahre Nachahmer
dieser unserer Vorgänger
kraft der Gnade Gottes
bis hier (und heute) gelebt.

II

Aus diesem Grund
bin ich fest entschlossen,
alles aufrechtzuerhalten
was meine genannten Vorgänger
und ich
bis zur Stunde aufrechterhalten haben:
besonders aber
was meine genannten Vorgänger
verordnet haben
sowohl auf dem Konstanzer Konzil
als auf anderen:

denn es ist gewiß,
daß ein einzelner (Ordens-)Bruder irrt
mit seiner Meinung,
die gegen
die ganze Christenheit ist
sowohl während der vergangenen
tausend und mehr Jahre
als auch in der Gegenwart;
dieser Meinung nach
wäre die ganze genannte Christenheit
immer im Irrtum gewesen
und würde es (noch heute) sein.
Deshalb habe ich mich entschlossen
alles in dieser Sache daranzusetzen:
meine Königreiche und Herrschaften,
meine Freunde,
meinen Leib, mein Blut,
mein Leben und meine Seele.
Denn es wäre eine große Schande
für mich und für Euch,
die edle und gerühmte deutsche
Nation,
die wir durch Privileg
und einzigartiges Vorrecht
berufen sind zu Verteidigern
und Schutzherren
des katholischen Glaubens,
wenn zu unserer Zeit
nicht allein Häresie
sondern (schon) Häresieverdacht
oder eine Minderung der christlichen
Religion
nach uns bliebe
in den Herzen der Menschen,
zu unserer und unserer Nachfolger
ewigen Unehre.

III
Und nachdem wir die hartnäckige
Antwort gehört haben,
die Luther gestern
in unser aller Gegenwart gegeben hat,
Erkläre ich Euch
daß es mich reut,
so lange gezögert zu haben,
gegen den genannten Luther
und seine falsche Lehre vorzugehen;
und ich bin fest entschlossen,
ihn ferner nicht mehr zu hören;
vielmehr möchte ich,
daß er sofort
gemäß dem Wortlaut des Mandats
zurückgeführt werde,
in Beobachtung des Textes seines
Freigeleits:
(aber) ohne zu predigen
und ohne das Volk zu unterweisen
in seiner schlechten Lehre,
und ohne es darauf anzulegen,
daß eine (Volks-)Bewegung ausbreche.
Und wie ich oben gesagt habe,
bin ich fest entschlossen,
mich (zu ihm) zu verhalten
und gegen ihn vorzugehen
wie gegen einen notorischen Häretiker.
Euch aber ersuche ich
daß Ihr Euch
in dieser Sache
als gute Christen erweist
wie Ihr es ja zu tun gehalten seid
und wie Ihr es mir versprochen habt.
Verfaßt mit eigener Hand
an diesem 19. April 1521   (unterzeichnet): Carolus.

Dem Werk »Der Reichstag zu Worms von 1521/Reichspolitik und Luthersache, im Auftrag der Stadt Worms zum 450-Jahr-Gedenken in Verbindung mit A. Ph. Brück, L. Petry, H. Steitz, hsg. v. Fritz Reuter, Worms 1971, ist entnommen der Wortlaut von Luthers Schlußerklärung, S. 118 f. — Der Abhandlung *»Das Bekenntnis des Kaisers«* von Hans Wolter, S. 22—236, ist der Akt des Bekenners, S. 229, entnommen; ebenso die Übersetzung des Bekenntnisses S. 226—229. An wenigen Stellen übersetzte d. Vf. anders, jedoch in Würdigung der Hinweise in Wolters Anmerkungen 26 und 27. — Dem Kommentar Wolters (S. 229 und 236) ist Folgendes entnommen.

(I) Der Kaiser appellierte an die gemeinsame Verantwortung in seiner Stellung des Sprechers als Repräsentant des christlichen Abendlandes (»der ganzen Christenheit«). »Die edle deutsche Nation (tam religiosa nacio, wie Hadrian VI. sie in seinem Schreiben an den Nürnberger Reichstag von 1522 nennen wird) führt die Reihe an, die spanische hat im Kampf gegen die Ungläubigen ihr Christentum bewährt, Österreich in Mission und Abwehr desgleichen, Burgund aber galt von jeher als das Herzland katholischer Reform (mit Cluny und Citeaux)« (S. 230).

Was verstand der Bekenner und zur Treue entschlossene Verteidiger des Glaubens unter »Glauben«? »Als Glauben versteht der Kaiser hier das Gesamt des kirchlichen Lebens in Kult und Recht, in Ordnung und Brauch. Diese auf den ersten Blick überraschende Entfaltung des konkreten Glaubensbegriffs erklärt sich wohl am besten aus der Tatsache, daß die Kritik Luthers eben an diesen vier Problemkreisen angesetzt hatte. Damit wäre Karls Betonung der Treue zum kirchlichen Kult, zum päpstlichen Recht (décrets), zu den geltenden Kirchenordnungen (ordonnances) und dem heiligen Brauchtum eine indirekte Antwort auf die Worte (De captivitate Babylonica) und Taten (Verbrennung der Rechtsbücher vor dem Elstertor in Wittenberg) des Reformators« (230).

Zur Ehre Gottes — als Beweggrund für diese Lebenstreue seiner Vorfahren »fügt Karl lapidar in einem beinahe hymnischen Dreiklang bei, es sei geschehen zur Ehre Gottes, zur Mehrung

des Glaubens, zum Heil der Seelen. — Die Kaiser, Könige und Fürsten dienen (so wie Karl es sieht) keinem subjektiven Heilsbedürfnis, sondern erscheinen hineingebunden in den objektiven Dienst am Heil der Welt, der sich vollzieht im Gottesdienst (zur Ehre Gottes), im Missionsdienst (zur Mehrung des Glaubens, verstanden als eine Ausweitung der Grenzen des Gottesreiches bis an die Enden der Erde« [vgl. das Missionsevangelium Mt 28,18—20]) »und im Dienst an der Christenheit als Ganzer (zum Heil der Seelen)« (231).
Diese Lebenstreue war dem Kaiser »auch wohl vom sorgfältig vorbereiteten und bewußt vollzogenen Ritus der Aachener Krönung her präsent« (231).
Nach ihrem Tod — diesem von Gott ihm auferlegten Sendungsauftrag »weiß sich Karl verpflichtet, weil er« ihn »dank angestammten Rechts (par droit naturel) im Erbgang übernommen hat. — Der Erbe tritt in die Gesamtheit der dem Erblasser zustehenden Rechte und Pflichten ein. Er setzt die Rechtspersönlichkeit des Erblassers fort« (231). Es besteht und bleibt die Identität des geheiligten Pflichtenkreises. Das Wort »Nachahmer« (das in der Übersetzung für ›imitateur‹ gebraucht ist) besagt fast zu wenig, wenn es nur rechtlich verstanden wird. »Denn die ›imitatio‹ ist für den Schüler Hadrians von Utrecht« [der spätere Papst Hadrian VI. war als Bischof der Erzieher des jungen Karl gewesen], »der aus dem Raum der ›devotio moderna‹ kam, mit jener geistlichen Intensität gefüllt, die verbunden ist mit und gespeist wird von dem Ruf zur Nachfolge Christi (imitatio Christi). Daher verweist Karl auch darauf, daß er dies alles nur kraft der Gnade Gottes (par la grace de dieu) habe leben können. Vielleicht liegt in dieser knappen Bemerkung ... eine leise, aber unüberhörbare Entgegnung auf den von Luther so lebhaft betonten Primat der göttlichen Gnade« (231).
(II) *Aus diesem Grund* — ist der Kaiser entschlossen, nichts von seiner eidlichen Treuverpflichtung vor Gott fahren zu lassen, »nichts preiszugeben vom überkommenen Erbe und den darin enthaltenen Pflichten. Er will also keinen Bruch der bis jetzt eingehaltenen religiös-politischen Linie zulassen« (232). Das

Reformkonzil von Konstanz war für Karl »der Erweis für die kaiserliche Sorge um das Heil der Christenheit, weil sein Vorgänger Sigismund sein Zustandekommen herbeigeführt hatte — so wie Karl sich später für (das Konzil von) Trient einsetzen sollte« (232).

Denn es ist gewiß — der Bekenner Karl »ist kein Theologe und will mit dem folgenden kurzen, aber für seinen Gedankengang überaus wichtigen Absatz seines Bekenntnisses keinen Beitrag zum fundamentaltheologischen Gespräch leisten. Er ist aber überzeugt davon, daß die *ganze* Christenheit im Glauben nicht irren kann, weder in der Vergangenheit noch in der Gegenwart. Das Wort des Vinzenz von Lérins klingt nach: was immer, was überall, was von allen geglaubt wird, kann nicht falsch sein. Daher legt sich die Vermutung nahe (für den Kaiser ist es sichere Gewißheit), daß die Meinung eines einzelnen (auch noch so gelehrten Theologen) in die Irre geht, wenn sie sich in Gegensatz stellt zu diesem Gesamtbewußtsein der Christenheit. — Dahinter steht die Überzeugung des Kaisers, daß Christus seine Kirche nicht über Generationen hin habe im Irrtum leben lassen können. Der Angriff des ›einzelnen Bruders‹ richtete sich ja nicht gegen auswechselbare Bräuche, sondern gegen den Kern und die Substanz tausendjähriger Glaubenseinsichten, gegen das Glaubensverständnis der gesamten Christenheit.« Bloße Meinung (opinio) — 2mal nimmt der Kaiser diesen Ausdruck »opinion« — ist nicht Gewißheit (certitudo) (232).

Deshalb habe ich mich entschlossen, alles daranzusetzen: für die Treue zur Kirche in ihrer Geschichte und zu der »als verbindlich erkannten Glaubensgewißheit« will Karl den ganzen ihm möglichen Einsatz leisten (233).

Es wäre eine große Schande: »Karl wendet sich nun erneut den Ständen zu, um sie einzubeziehen in die Verantwortung, die er gerade als Kaiser (und deshalb nicht außerhalb des Reiches, sondern in Zusammenarbeit mit ihm) zu tragen hat und wie sie ihm ja von den Ständen selbst in der Wahlkapitulation (vom 3. Juli 1519) auferlegt worden war (›Zum ersten, daz wir in zeit solicher kuniglicher wirde, ambts und regierung die cristenheit und den stul zu Rom, auch bebstliche Heiligkeit und die kirchen als derselben advocat in guetem bevelch und schirm haben ... sol‹).« Der Kaiser ist der »Advocat«, Rechtsbeistand und Verteidiger der vom Nachfolger Petri geleiteten Kirche. Sie ist ihm anbefohlen. Aber er nicht als Einzelner, sondern zusammen mit der edlen deutschen Nation, ist er durch Erbpflicht und Erbrecht »verpflichtet zu Verteidigung und Schutz des katholischen Glaubens. Das Versagen aber würde dann gegeben sein, wenn sie es zulassen würden, daß Häresie ungestört die Herzen der Menschen eroberte ... Schande war schon dann zu befürchten, wenn auch nur ein Schatten von Häresie, oder auch nur eine Minderung der christlichen Religion durch die Nachlässigkeit von Kaiser und Reich der Christenheit (›die Herzen der Menschen‹) zugemutet werden würde.« Die Unehre träfe auch die Nachfahren. »Die Entscheidung wird also ganzheitlich verstanden, sie entspricht einer übernommenen und weiterzugebenden Verpflichtung. Denn wie der Kaiser (und das Reich) ein sittlich bindendes Erbe übernahmen, so werden sie es weitergeben. Handeln sie als ›imitateurs‹, so müssen sie ihrerseits ein zeichenhaftes Beispiel setzen, an dem sich die kommenden Generationen ›zum Heil der Seelen und zur Ehre Gottes‹ ausrichten können« (233 f.).

(III) *Und nachdem wir die hartnäckige Antwort gehört haben:* der Bekenner gibt nun seine Entscheidung bekannt, »die er aber nicht isoliert von der engagierten [mitbeteiligten] Zeugenschaft der Stände formuliert, denn er erinnert eingangs an das gemeinsame Erlebnis der Begegnung mit dem Reformator. Karl erklärt den Ständen und damit in aller Öffentlichkeit, d. h. vor dem angemessenen Forum einer kaiserlichen Aussage, daß es ihn reue, so lange mit einem wirksamen Einschreiten gegen Luther und Luthers Lehre gezögert zu haben. Darin liegt wohl auch ein verschleierter Vorwurf gegen eben diese Stände, deren monatelanger Widerstand das Zögern des Kaisers mit verursacht hatte. Der Kaiser teilt mit, daß er nie wieder Luther anzuhören gewillt sei. Wieder taucht das Wort ›délibéré‹ auf. Für Karl ist das ›Hearing‹ vorbei, alles weitere mag sich auf niedrigeren Rängen abspielen (der Kaiser wird wohl schon früh von den Plänen weiterer Besprechungen Kenntnis gehabt haben). Aber auch für alle Zukunft verzichtet Karl auf persönlichen Kontakt mit Luther« (234).

Euch aber ersuche ich: »das Bekenntnis des Kaisers schließt ab mit einem eindringlichen Appell an die Stände, nun ihrerseits zu einem Entscheid zu kommen. Es ist ein Appell an das Gewissen der Fürsten, sich als gute Christen zu erweisen, d. h. nun auch sich selbst zu distanzieren von dem Mann, den der Kaiser als notorischen Häretiker der Reichsacht verfallen lassen will...« (235).

Verfaßt mit meiner Hand: »Karl betont mit dieser Randbemerkung die Selbständigkeit seines Bekenntnisses und wollte diese Tatsache auch dem Reichstag nachdrücklich vor Augen geführt haben. Alle Zeugenberichte heben nämlich dies ›mit aigner Hand‹ so uniform hervor, daß man deutlich spürt, wie ungewöhnlich dieser Vorgang erschienen sein muß. — Die Schweigsamkeit des Herrschers bei öffentlichem Auftreten hatte vielfach zeremonielle Gründe. Wenn diese jetzt beiseite geschoben wurden, mußte der Anlaß ein entsprechendes Gewicht haben. Nicht nur das Drängen Aleanders [des päpstlichen Nuntius'], der Zeitverlust der sich hinziehenden Verhandlungen, die wiederholten Hinweise des kaiserlichen Botschafters in Rom auf sich steigernde Sorge des Papstes mochten genügen; man darf wohl annehmen, daß die beiden Verhöre Luthers in Anwesenheit des Kaisers auf diesen einen auch emotional so starken Eindruck hinterließen, daß er sich unter ihrem unmittelbaren Einfluß zu dem spektakulären Schritt seines Bekenntnisses bewogen fühlte. Bekenntnis stellte sich gegen Bekenntnis, in beiden Fällen wurde es zu einer Erklärung von weltgeschichtlichem Rang« (Wolter, 235 f.).
Bekenner gegen Bekenner.

Confessio Augustana

Luther war in Worms 1521 persönlich, mündlich, Bekenner seines Glaubens bzw. seiner Vollmacht gewesen: nämlich seiner Glaubensgewißheit an seine Vollmacht mit der Schrift gegen die bisherige Kirche. Jetzt, 1530, stand er im Hintergrund, war aber doch (auf der Feste Coburg) räumlich nahe, in seiner neuen Kirche aber gleichsam selbst gegenwärtig, als der kursächsische Staatsjurist Kanzler Dr. Beyer die Confessio verlas.
Deren *Vorrede* war zwar auch, wie die Confessio selbst, von Melanchthon verfaßt worden; sie wurde aber in letzten Verhandlungen zwischen einigen Fürsten abgelehnt. Er hatte darin den katholischen Bischöfen »die volle Jurisdiktion zuerkannt« (SyB, XVIII). »Melanchthons Einleitung wurde gänzlich beiseitegelegt. An ihre Stelle trat die von dem Kanzler Brück deutsch redigierte und von Justus Jonas ins Lateinische übersetzte Vorrede« (SyB, XVII).
Der Kaiser wird angeredet. Es wird auf sein Reichstagsausschreiben eingegangen, wonach wir »alle unter *einem* Christo sind und streiten, also auch alle in *einer* Gemeinschaft, Kirche und Einigkeit leben sollen«. (Die Türkengefahr gilt es gemeinsam abzuwehren). Die protestantischen Fürsten und Reichsstädte wollen zur Beseitigung des Glaubenszwiespaltes bereit sein. Mit des Kaisers eigenen Worten: »wie wir alle unter *einem* Christo sind und streiten, und Christum bekennen sollen«, erklären sie ihren guten Willen. Sie erinnern an die Reichstagsverhandlungen der letzten Jahre und an die Erklärung des Kaisers, »nicht den Reichstag in Sachen der Religion beschließen zu lassen, sondern beim Papst um ein Konzil anhalten zu wollen. Eben deshalb erbieten sich die Evangelischen ›zum Überfluß‹ zu einem freien christlichen Konzil, indem sie die Appellation an ein solches erneuern« (SyB, XVII f.). »So erbieten gegen Eure Kaiserliche Majestät wir uns hiemit in aller Unterthänigkeit und zum Überfluß, in berührtem Fall ferner auf ein solch gemein, frei, christlich Concilium . . .«

Wer sind nun, laut Augsburger Bekenntnis samt Vorrede, die besonderen Dienstämter innerhalb der einen Gemeinschaft der Kirche? In der Vorrede werden »unsere Pfarrherren und Prediger« genannt. »Gern hätte Melanchthon den Bischöfen, wie er das in seiner [abgelehnten] Einleitung getan hatte, die volle Jurisdiktion zuerkannt, konnte aber nicht durchdringen« (SyB XVIII). Wie konnte man aber die Bischöfe verschweigen, dagegen den Papst nennen? Bei der politisch ausgerichteten Kanzler-Vorrede ist das verständlich. Es geschah im Blick auf den Kaiser. Zur Konsolidierung der neuen landesherrlichen Kirchenwesen galt es Zeit zu gewinnen. Man zielte weiter auf ein freies Konzil; nur der Kaiser konnte es vom Papst erreichen.
In dem eigentlichen Glaubensbekenntnis, Teil I: Artikel 1—21, »Artikel des Glaubens und der Lehre«, ist verschiedentlich von der Kirche und der Gestalt der Vollmacht, den Ämtern in ihr die Rede. Vornean steht das Predigtamt. Artikel 5: Vom Predigtamt »Solchen Glauben zu erlangen (nämlich »von der Rechtfertigung«, Artikel 4) hat Gott das Predigtamt eingesetzt.« (Lateinischer Text: De Ministerio Ecclesiastico.)
In Artikel 7, Von der Kirche (De Ecclesia) heißt es: »Es wird auch gelehret, daß alle Zeit müße eine heilige christliche Kirche sein und bleiben, welche ist die Versammlung aller Gläubigen, bei welchen das Evangelium rein geprediget und die heiligen Sacrament laut des Evangelii gereicht werden (una sancta ecclesia). Denn dieses ist gnug zu wahrer Einigkeit der christlichen Kirche«: Wortpredigt und Sakrament. Keine gleichförmigen Zeremonien. Von einem Amt der Einheit laut dem Evangelium (Mt 16 par) ist nicht die Rede.
Im Artikel 8, »Was die Kirche sei« wird gesagt, daß die Sakramente kräftig (= wirksam) seien, »obschon die Priester, dadurch sie gereicht werden, nicht fromm scheind, wie denn Christus selbst anzeigt Matt 23,2: Auf dem Stuhl Mosi sitzen die Pharisäer etc. — Hier sind also Priester genannt.
Im Artikel 14 »Vom Kirchenregiment (De Ordine Ecclesiastico)« heißt es: »Vom Kirchenregiment wird gelehret, daß niemand in der Kirchen öffentlich lehren oder predigen, oder Sacra-

ment reichen soll ohne ordentlichen Beruf. De ordine ecclesiastico docent, quod nemo debeat in ecclesia publice docere, aut sacramenta administrare, nisi rite vocatus.«
Über dieses »rite vocatus«, diesen »ordentlichen Beruf«, dazu andere Sätze zur Vollmacht von Ämtern, wurde im Lauf der Zeit viel gerätselt und eine Menge geschrieben, ohne daß aus den unbestimmten Ausdrücken etwas Klares hätte gewonnen werden können. Ist der »Ordo ecclesiasticus« eine von Gott stammende und durch ihn geheiligte Gemeinschaftsordnung der Ämter untereinander: in der Kirche, die »perpetua mansura«, alle Zeit hindurch die bleibende ist? Ist es so, dann gehen die Dienstämter bis auf die Urkirche zurück und sind im Wort der Schrift ihren Grundzügen nach bezeugt; sind dann im Gang der Kirchengeschichte lebensgemäß entfaltet und bis jetzt erhalten worden. Oder begannen die Ämter mit »ordentlichem Beruf« erst seit Luther und den neuen Kirchen? Denn er hatte ja mit den Rechtsbüchern der bisher immerwährenden Kirche auch das über die Gemeinschaftsordnung ihrer Ämter Festgelegte im Autodafé vernichtet. Andererseits — woher hatte dann er selbst, D. Martin Luther, seinen ordentlichen Beruf? Er war in gottesdienstlichen Feiern mit Eidesablegung in den Ordo ecclesiasticus der immer dauernden Kirche hineinberufen worden. Erst durch den Eidbruch wurden die neuen Kirchen und ihre Ämter möglich.
Die auffallende Kürze des Artikels von diesem Ordo ecclesiasicus — Kirchenregiment — könnte, unausgesprochen, auf ein ausgestaltetes, aber preisgegebenes Etwas hinweisen. Tatsächlich bekannte Melanchthon sich in der Apologie zur Confessio Augustana, wiederum im Artikel 14, dazu: daß in der Kirche — Einzahl! — nur *die* predigen und die Sakramente verwalten dürfen, »so recht gebührlich berufen sein, das nehmen sie (= die Unsern) an, wenn wir den Beruf also verstehen, von Priestern, welche nach Inhalt der Canonum geordiniert oder geweihet sein. Von der Sache haben wir uns etlichemal auf diesem Reichstage hören lassen, daß wir zum höchsten geneigt sind, alte Kirchenordnung und der Bischöfe Regiment, das man nennet canonicam politiam, helfen zu erhalten ...«. Dieses in den Canones nach geistlichem,

kirchlichem Recht enthaltene Ämtergefüge soll anerkennen, was wir lehren. Die Bedingung wurde nicht erfüllt; so ergibt sich's, daß wir »müssen die Bischöfe fahren laßen und Gott mehr gehorsam sein und wissen, daß die christliche Kirche da ist, da Gottes Wort recht gelehret wird. Die Bischöfe mögen zusehen, wie sie es verantworten wöllen, daß sie durch solche Tyrannei die Kirchen [Einzahl!] zerreißen und wüst machen«.
Da es nur eine Kirche gibt (Artikel 7), so ist es die unsere. Diese steht davon ab, die ordinatio canonica der bisherigen falschen Kirche aufrecht zu erhalten. Das »conservare politiam ecclesiasticam et gradus in ecclesia« (Apologie zur C.A., Art. 14) ist vorbei. Man hat keine kirchliche Ämterordnung mit Graden, d. h. Vollmachtsstufen [Papst, Bischofsgemeinschaft, Bischöfe, Priester, Lehrer = Doktoren...] mehr. Die Entwicklung in anderthalb Jahrtausenden ist nicht mehr als vom Heiligen Geist geleitete Entfaltung der Kirche des Neuen Testaments anerkannt; sie hat mit dem Glauben, den man bekennt, nichts zu tun. Im Teil II, Artikel 22—28, = »Artikel, von welchen Zwiespalt ist, da erzählt werden die Misbräuch, so geändert seind«, kommen die Bekenner von Augsburg dann doch wieder auf das Bischofsamt zu sprechen, und zwar, in auffallendem Kontrast zum kürzesten Glaubensartikel 14, im längsten Artikel der ganzen Confessio Augustana, Artikel 28: »De Potestate Ecclesiastica, Von der Bischofe Gewalt«. Hier wird gegen das »unordentliche Gemeng« der beiden Gewalten, der weltlichen und der geistlichen, bei den katholischen Bischöfen, die zugleich Reichsfürsten waren, vorgegangen und klar im biblischen Sinn unterschieden. Die Unsern haben dabei aber gelehrt, »daß man beide Regiment und Gewalt um Gottes Gebots willen mit aller Andacht ehren und wohl halten soll als zwo höchste Gaben Gottes auf Erden«. Nur keine Vermengung mehr, was die Bischöfe zu Tyrannen werden ließ.
Jetzt wird die geistliche »höchste Gabe Gottes auf Erden«, d. h. die kirchliche Vollmacht (potestas) oder »Gewalt-Amt« der »Bischofe aus göttlichen Rechten« beschrieben:
»Derhalben ist das bischöfliche Amt nach göttlichen Rechten:

das Evangelium predigen, Sünd vergeben, Lehr urtheilen, und die Lehr, so dem Evangelio entgegen, verwerfen, und die Gottlosen, deren gottlos Wesen offenbar ist, aus christlicher Gemeinde ausschließen, ohn menschliche Gewalt, sondern allein durch Gottes Wort. Und diesfalls sind die Pfarrleute und Kirchen schuldig den Bischöfen gehorsam zu sein, laut dieses Spruchs Christi, Lukä am 10,16: Wer euch höret, der höret mich.« Im lateinischen Text ist die Bischofs-Amtsgewalt mit *Jurisdiktion* bezeichnet: »De iurisdictione episcoporum.« Und sie ist »iure divino«, göttlichen Rechts. Sie wird aus dem Evangelium abgeleitet; denn diese Ableitung aus dem, was im Evangelium geschrieben und zu verkündigen ist, ergibt das ius divinum: »Porro secundum evangelium seu, ut loquuntur, de iure divino«. Kraft ihrer Vollmacht von Gott können und müssen die Bischöfe »Lehre urteilen«, das heißt Lehrentscheidungen treffen mit richterlichem Urteilsspruch. Dies im notwendigen Doppelbezug: die wahre Lehre festzustellen und sie gegen Irrlehre abzugrenzen. Es ist dies deutlich das »Binden und Lösen« von Evangelium Mattäus 18. Doch wird dieser Bestandteil des Evangeliums, der schon dem Wortlaut nach verbunden ist mit dem vorausgehenden Herrenwort Mattäus 16, an den Einen (der auch innerhalb der Gemeinschaft von Mt 18 ist), nicht beigezogen, sondern der allgemeinere Spruch des Herrn Lukas 10,16, der aber seinerseits eng mit Mt 16 und 18 zusammengehört.

Wie konnte, so fragt man, dieses Bekenntnis zur Lehrvollmacht des Episkopats abgelegt werden, zu dessen göttlicher Sendung gemäß dem Evangelium, zu den Stufen der Vollmacht — daß *die Pfarrer* göttlicher Rechtsordnung gemäß den Bischöfen hiebei *gehorchen* sollen? Luther war doch auch Pfarrer! Galt nur ihm und seinen Mitgenossen diese als von Gott her notwendig bezeugte Gehorsamsverpflichtung nicht? »Hic necessario et de iure divino debent eis ecclesiae praestare obedientiam iuxta illud Luc. 10,16« — im deutschen Text sind die Pfarrer (Pfarrleute) *mit ihren Gemeinden* genannt, die den Bischöfen notwendig nach göttlicher Rechtsanweisung gehorchen sollen.

So *wäre* es mit der göttlichen Rechtsvollmacht des Episkopats —:

wenn sie das annähmen bzw. angenommen hätten, was Luther kraft seiner Glaubensgewißheit über die Rechtfertigung lehrt in C.A. Artikel 4 — sogleich nach dem Artikel 3: Von dem Sohne Gottes. Und darum folgt, direkt an das Evangelium Lukas 10,16 anschließend, die Schriftbegründung dafür, daß die Bischöfe irren, weil sie »etwas wider die heilige göttliche Schrift lehren oder ordnen«. Als Schriftstellen sind angeführt Mattäus 7,15, von den falschen Propheten, sodann Galater 1,8: »So auch wir oder ein Engel vom Himmel euch ein ander Evangelium predigen würde, denn das wir euch gepredigt haben, der sei verflucht.« Dazu 2. Korinther 13,8 und 10: Wir haben keine Macht wider die Wahrheit, sondern für die Wahrheit. Item: Nach der Macht, welche mir der Herr zu beßern, und nicht zu verderben gegeben hat. »Also gebeut auch das geistlich Recht 2 q. 7. in cap. Sacerdotes und in cap. Oves [Kapitel »Priester« und »Schafe«]. Und S. Augustin schreibt in der Epistel wider Petilianum: Man soll auch den Bischöfen, so ordentlich gewählet, nicht folgen, wo sie irren, oder etwas wieder die heilige göttliche Schrift lehren oder ordnen.«

Weil die heilige göttliche Schrift und deren Auslegung durch Luther in eins gesehen, der bisherigen Kirche aber das andere Evangelium und das Verflucht zuerkannt wird, konnten die Augsburger Glaubensbekenner kein Ja zum Evangelium hinsichtlich der Vollmachtsgestaltung durch den Herrn ablegen.

Andererseits zog man den Kirchenvater Augustinus bei, dessen Orden Luther durch den Bruch seines Gelübdes verlassen und den er dezimiert hatte. Sein Satz über irrlehrende Bischöfe ist katholisch. Vor dem Elstertor war das den Heiligen verstörende geistliche Recht vernichtet worden — jetzt aber, im Augsburgischen Glaubensbekenntnis, wird bekannt: »Also gebeut auch das geistlich Recht«; und es stimmt mit der Schrift überein. Wenigstens hier.

Um ein »Freies Konzil«

Und auch in der nachdrücklichen Bezugnahme der lutherischen Fürsten und Reichsstädte auf ein vom Kaiser beim Papst anzuregendes und durchzusetzendes Allgemeines Konzil konnte doch, meint man, indirekt eine Art Ja auch zum Petrusamt stecken. Denn im Urbild aller Konzilien, dem Apostelkonzil zu Jerusalem (Apg 15), war der Petrus als solcher anwesend und wirkend. »Wie selbstverständlich hat Petrus z. B. auf dem sog. Apostelkonzil ... das erste Wort! Apg 15« (vgl. Dr. Martin Haugs Feststellung über das Vollmachts-Auftreten des Petrus auf dem Apostelkonzil: Verfassung der Kirche des Neuen Testaments, S. 46; VfL 399).
»Ein solch gemein, frei, christlich Concilium«, wie Luther es sich dachte und es forderte, konnte aber doch wohl nicht dem Papst »das erste Wort« zugestehen und sich damit unter die Leitung »des Antichristen« stellen. Ein zugkräftiges Schlagwort war freilich dieses gemeine freie Konzil; daß Luther im Ernst ein wahres Konzil damit angestrebt habe, rühmte auch Mathesius in seinen Lutherpreispredigten. Aber (so stellt Meißinger fest: M 248 f.): »so wenig wie Luther selbst oder irgendeiner seiner Parteigänger hat sich Mathesius die entscheidende Frage vorgelegt, was man unter dem Schlagwort eines ›gemeinen freien Konzils‹ ganz eigentlich und positiv zu verstehen habe. Schon seit der Leipziger Disputation erkannte Luther keine Autorität mehr an als die Heilige Schrift — aber in welcher Auslegung? In der e i g e n e n, die ihm, vermöge einer weltgeschichtlichen petitio principii [eine bloße Behauptung als Beweis für das Behauptete aufgestellt] mit der Schrift selbst identisch war, und der er sich selbst ›unterwarf‹. Ein Konzil im Lutherischen Sinne mußte also wenigstens in seiner Mehrheit aus Leuten bestehen, die sich ebenfalls dieser Auslegung unterwarfen, und die übrigen Teilnehmer erwartete ein Anathema, das in seinen Folgen wohl recht drastisch gewesen wäre, auch ohne Scheiterhaufen.
Das Konzil sollte auf deutschem Boden stattfinden und von der

weltlichen Obrigkeit, das heißt also von dem Kaiser einberufen werden, eine durchaus naive Zumutung an Rom, die geistliche Hauptstadt der abendländischen Christenheit. Grundsätze für die Auswahl der Delegierten hat Luther niemals ausgearbeitet, außer daß er auch Laien dabei haben wollte, also mit großer Wahrscheinlichkeit Leute seiner Partei. Falls die anderen Nationen das Konzil beschickten, konnte er hoffen, auch innerhalb dieser Delegationen die überall mehr oder weniger verbreitete antirömische Opposition mitzureißen und zuletzt die römische Partei zu exkommunizieren oder sie zu Zugeständnissen zu nötigen, die gleichbedeutend gewesen wären mit der Vernichtung einer Tradition von anderthalb Jahrtausenden. Dann war Luther das faktische Oberhaupt der abendländischen Kirche.

Diese phantastische Idee hatte reale Aussichten höchstens unmittelbar nach dem Erscheinen der Schrift an den Adel, wo sie zum erstenmal breit in die Erscheinung tritt, also im Sommer 1520. Sie hatte keinerlei Aussichten mehr bereits nach dem Erscheinen der grundstürzenden Schrift *De captivitate Babylonica ecclesiae* (Spätherbst 1520), und vollends nicht mehr seit Worms, das heißt seit dem Wormser Edikt [1521] und der Versteckung Luthers auf der Wartburg. Von da an machte die Konsolidierung des altgläubigen Widerstandes so rasche Fortschritte, daß Luthers Hoffnung auf ein gemeines ›freies‹ Konzil praktisch nur noch eine Fiktion war ...« Also etwas Erfundenes, Erdichtetes.

Wer hat die Fiktion, bewußt oder unbewußt, gezielt oder naiv, jedenfalls aber tatsächlich aufrechterhalten? Meißinger fährt fort: »und somit hat eine gründliche Lutherbiographie vor allem die heikle Frage zu beantworten, warum die Fiktion dennoch aufrecht erhalten wurde.« Für den Biographen-Prediger Mathesius gibt er mildernde Umstände an: »Kein handfester Lutheraner kann eine gerechte Lutherbiographie schreiben. Nirgends liest sich Mathesius öder als in seinen Deklamationen gegen das Konzil von Trient, in seinem Lob der von Sophismen strotzenden Schrift Luthers ›Von Conciliis und Kirchen‹ und in seinen Prophezeiungen von einem baldigen Untergang der ›roten Hure Babylon‹« [= Rom] (M 249).

Stand also Luther hinter dem Augsburger Bekenntnis, das kein Bekenntnis zum Evangelium Jesu Christi hinsichtlich seines Werkes, der felsgebauten Kirche enthielt, so fanden er und seine Mitbekenner der neuen Kirche bald darauf die Freiheit, in zusätzlichen Bekenntnissen das Teufelsverdammungswort gegen den Nachfolger Petri zu »bekennen«. Der Doktor der Heiligen Schrift tat es in den Schmalkaldischen Artikeln und, ihm nach, Melanchthon im Tractatus de Potestate et Primatu Papae. Die Auslegungen des Evangeliums Mattäus 16 dürfte kein ernsthafter evangelischer Exeget unserer Zeit mehr bejahen, »daß aber stehet: Und auf diesen Fels will ich meine Kirchen [ist nach heutigem Deutsch Einzahl] bauen, da muß man je bekennen, daß die Kirche nicht auf einiges Menschen Gewalt gebauet sei, sondern sie ist gebauet auf das Amt, welches die Bekenntnis führet, die Petrus thut, nämlich: daß Jesus sei der Christ und Sohn Gottes. Darum redet er ihn auch an als ein(en) Diener solches Amts, da diese Bekenntnis und Lehre innen gehen soll und spricht: Auf diesen Felsen, das ist, auf diese Predigt und Predigtamt« (Art. Smalc. Tract. de Pot. et Prim. Papae, 25; SyB 333). Luther-Melanchthon bekannten also anders, als Jesus bekannt hat. Statt des Einen für alle, von dem der Sohn Gottes redet, nicht nur redete, sind zweierlei Dinge genannt: die Predigt, und das Predigtamt, *das* die Bekenntnis führet, eine Sache also, ein *Was*. Und ein *Wer:* Personen im Amt: das sind die lutherischen Prediger insgesamt. Sie alle miteinander sind in der neuen Kirche der Fels. Auch »diese Predigt« ist der Fels. Also zwei, drei oder Tausende von Felsen. Man vergleiche hierzu: Luthers Predigt am Peter- und Paulstag 1522 mit seinem Verdikt gegen »die zwei Felsen«.

Die vielen Tausende von Predigern im Predigtamt der neuen Kirche, der »Kirche des Wortes (Gottes)«, der »evangelischen« Kirche, hatten also ihr Amt vom Kirchengründer, Doktor der heiligen Schrift, auf eine irrige Auslegung des Evangeliums begründet bekommen. In den viereinhalb Jahrhunderten haben Ungezählte von ihnen die Bekenntnis geführt: in ihrer Predigt verkündet, daß Jesus sei der Christus und Gottes Sohn. Sie blieben mit diesem Bekenntnis gewissermaßen auch der wahren und einzigen Kirche von Anfang an, deren alte Glaubensbekenntnisse sie nicht verwarfen, treu. Jedoch, mit der Person Jesu, des Sohnes Gottes, unlöslich verbunden ist sein Werk: die Kirche, die nicht ohne den Ersten der Lehrer und Richter in der Lehre, mit Lehrentscheidungen und Urteilen über Lehrer, vorhanden ist. Jesus hätte sinnlos, unnötig geredet, wenn das Ganze der Personengemeinschaft in der einen Bruderschaft und das Ganze dessen, was die ins Amt Gesetzten predigen, lehren und bekennen (das Vollbekenntnis), auch ohne den alle und alles zusammenhaltenden Fels an des Christus Statt vor dem Schicksal des Hauses auf dem rinnenden Sand in Sturm, Wettern und bei Urfluten von »Unten« bewahrt bleiben könnte. Man wird in sinngemäßer Anwendung von Apostelgeschichte 17,30 — und auch 31 — eingestehen und bekennen müssen: Die Zeit unsrer Unwissenheit zwar hat Gott übersehen; nun aber gebietet er uns evangelischen Christenmenschen, daß wir alle an allen Enden Buße tun. Das heißt: unter Gottes uns eröffnetem Wort umdenken, umsinnen und umkehren.

Daß ausgerechnet über einem Riesenheer von eifrig schriftforschenden Predigern, Doktoren und Professoren der evangelischen Theologie, dazu den Millionen bibellesenden, das Wort Gottes liebenden Gemeindegliedern die Decke über dem Evangelium vom Fels liegen blieb, ist mit menschlichen Gründen noch nicht erklärt worden. Die Decke über der Schrift und den Herzen (vgl. 2 Kor 3,13—15) gleicht der Macht eines Bannes. Zwei Mächte sind im Kampf miteinander: der Fels vom Herrn und die Höllenpforten. Man kann nicht neutral bleiben, sondern muß sich auf eine Seite schlagen. Hier gilt: »Bauet auch ihr euch als lebendige Steine zum geistlichen Hause«, dem einen, das es gibt: das der lebendige STEIN auf Seinen Fels gebaut hat (vgl. 1 Petr 2,4.5; Mt 16).

Um das Bischofsamt

Mit der Existenz der neuen Kirchen Luthers ist gegeben, daß es den lebendigen Fels von Evangelium Mattäus 16 nicht geben darf. Hielt man dafür um so treuer daran fest, daß eine Gesamtheit derer, die nach Mattäus 18 »binden und lösen«, besteht? Zunächst, auf grund des Augsburgischen Glaubensbekenntnisses Artikel 28 könnte man es erwarten. Hier bekannte unsere Seite, daß zwischen der geistlichen, eigentlichen »Gewalt« der Bischöfe und ihrer ihnen nur geschichtlich zugewachsenen landesherrlichen, also politischen, scharf zu unterscheiden sei. Aber nun wurden gerade die neuen Landeskirchen erst recht an ihre Landesherren gebunden, wie schon deren Unterschriften unter die Confessio Augustana zeigt. Die höchste Stufe des Kirchenregiments kam den Landesherren zu, monarchisch den Fürsten, demokratisch in den Freien Reichsstädten. Der Landesbischof des evangelischen Württemberg zum Beispiel war bis 1918 der König. Und die Lehrgewalt der Bischöfe über die Pfarrleute samt ihren Gemeinden hat man im Bekenntnis mit Gottes Wort begründet.
Die Landeskirchen haben nunmehr nichtstaatliche Bischöfe nach rein landeskirchlichem Recht. Bekennen die lutherischen Landesbischöfe sich zu ihrem Lehramt über Pfarrer und Gemeinden? Und üben sie ihre Lehrentscheidungsvollmacht nach C.A. 28 aus? Hier ist aber festzustellen, daß derzeit die Synoden der einzelnen Landeskirchen die Jurisdiktion auch über den Kirchenpräsidenten — mit dem Titel Bischof — haben. Dies in Anlehnung an Demokratie und Parlamentarismus. »Wer wird das Bischofsamt so — katholisch hinaufsteigern?! Das Predigtamt ist das Neue, Reformatorische; es ist ›das Amt des höchsten Gewalts‹, wie Luther Mt 16 letztlich doch recht ausgelegt hat!«
Was teilen nun die Synoden als Jursidiktionsinhaber den Gemeinden aus dem Augsburger Bekenntnis mit? Den Artikel 28 oder die Artikel 5, 7, 8 und 14?
Ein Beispiel. In dem an wahrhaftigem Christuszeugnis reichen

»Evangelischen Kirchengesangbuch — Ausgabe für die Evangelisch-lutherische Kirche in Bayern« vom Jahr 1957, jetzt im Gebrauch, ist (nach dem Kleinen Katechismus D. Martin Luthers) »Die Augsburgische Konfession« abgedruckt (S. 706—715). »Dieses grundlegende Bekenntnis der evangelisch-lutherischen Kirche wird in einer verkürzten und an verschiedenen Stellen sprachlich behutsam geglätteten Fassung hier wiedergegeben.« Hier heißt es:
»28. Von der Gewalt der Bischöfe. Unsere Kirche hält unbedingt fest an der Unterscheidung der beiden Regimente, die Gott gegeben hat, des geistlichen und des weltlichen Regiments. Das geistliche Regiment besteht in dem Befehl und in der Macht, das Evangelium zu predigen, Sünde zu vergeben und zu behalten, die Sakramente zu reichen und zu handeln, die Lehre, die dem Evangelium zuwider ist, zu verwerfen, die Gottlosen, deren gottloses Wesen offenbar ist, aus der christlichen Gemeinde auszuschließen. Ihm ist keine menschliche Gewalt gegeben. Es wirkt allein durchs Wort. Das weltliche Regiment schützt nicht die Seelen, sondern Leib und Gut gegen äußerliche Gewalt mit dem Schwert und irdischen Strafen.
Beide Regimente stammen von Gott. Sie dürfen nicht miteinander vermengt werden (Luk 12,14; Joh 18,36; 2 Kor 10,4). Die geistliche Gewalt soll nicht in das Amt der weltlichen, die weltliche Gewalt soll nicht in das Amt der geistlichen Gewalt greifen. Wo das geistliche Regiment etwas gegen das Evangelium lehrt oder tut, haben wir den Befehl, daß wir ihm nicht gehorchen (Mt 7,15; Gal 1,8; 2 Kor 13,8). Wo es Kirchenordnungen und Zeremonien einführt, dürfen sie nicht wider das Evangelium sein. Damit in der Kirche keine Unordnung und kein wüstes Wesen sei, soll man sich um der Liebe und um des Friedens willen unter sie fügen.«
In der geglätteten Fassung hat man (wer?) 1. den Bischöfen ihre Lehrvollmacht weggestrichen. Der Passus »Lehr urtheilen«: d. h. Lehrentscheidungen treffen und *aufgrund davon* Irrlehrer von ihrem Amt auszuschließen, vor allem: die wahre Lehre *vor* allen anderen Predigern und Lehrern, und *für* sie alle, und damit

möglichst wenige zu Irrlehrern werden, weil sie nämlich einen Bischof in Vollmacht göttlichen Rechtes vor sich haben — dieser Passus »Lehr urtheilen« fehlt. Damit wird aber auch »die Lehre, die dem Evangelium zuwider ist, zu verwerfen« illusorisch. Denn zuerst muß der bevollmächtigte Lehrer mit Lehrgewalt an Gottes und Christi Statt da sein, der die göttliche Lehre verkündet; erst als solcher kann er in Vollmacht iure divino gegenüber dem Irrlehrer betreffs seiner »Lehre, die dem Evangelium zuwider ist«, richtend und auch zurechtbringend handeln. Dies an des Guten Hirten Statt, der seine Herde vor dem Lügner und Würger schützt.

2. Auch das »iure divino«, in dem Gottes Recht über dem Dienstamt der Bischöfe bezeugt ist, wurde weggelassen, d. h. es fehlt im Gesangbuch, das die Gemeinde als ihr wichtigstes Glaubensbuch nach der Bibel gebraucht.

3. hat man (wer?) verkürzt, aus dem Augsburgischen Glaubensbekenntnis, das am 25. Juni seinen eigenen Gedenktag hat, weggelassen die Stelle, welche die Pfarrerschaft angeht: »Und diesfalls sind die Pfarrleute und Kirchen schuldig, den Bischöfen gehorsam zu sein, laut dieses Spruchs Christi, Lukä am 10,16: Wer euch höret, der höret mich.« Die Pfarrer und ihre Gemeinden dürften gemäß C.A. 28 wissen: wenn wir auf die Bischöfe in ihrer Lehrvollmacht vom Herrn hören, so hören wir (mittels ihres Lehr-Dienstes) auf ihn selbst, unsern Herrn. Das fiel also weg.

(Von einem lutherischen Landesbischof wurde ein Fall berichtet: daß ihn in einer wichtigen Sache der geistlichen Ordnung trotz allem seinem Einsatz seine Synode überstimmt hat — was er hinnahm. — Ein anderer Fall war z. B. der: Ein lutherisches Kirchenblatt brachte eine üble Polemik gegen Rom. Der beim lutherischen Landesbischof zu Gast weilende katholische Bischof sah dieses Blatt und zeigte es seinem Gastgeber. Der: »Würde ich dagegen vorgehen, so könnte mich meine Synode absetzen.«)

Auch in der Evangelischen Landeskirche in Württemberg wurden der Landesbischof und die Pfarrer auf das Augsburgische Glaubensbekenntnis dienstverpflichtet. In dem »Handbuch für Kir-

chengemeinderäte« (hsg. im Auftrag des Oberkirchenrats v. W. Ullrich, Stuttgart 1966) wird aus dem Artikel 28 zwar auch das »Lehre urteilen« genannt »und die Lehre, so dem Evangelium entgegen, verwerfen«. Aber weg bleibt die Folgerung: »Und diesfalls sind die Pfarrleute und Kirchen schuldig den Bischöfen gehorsam zu sein...« Dafür steht der Satz der Gleichordnung als wichtig da: »Die Bischöfe und Pfarrherren haben Recht und Macht, Ordnungen zu verfügen, ›damit in der Kirche keine Unordnung oder wüstes Wesen sei. Doch also, daß die Gewissen nicht beschwert werden, daß man's für solche Dinge halte, die not sein sollten zur Seligkeit...‹ — Dabei ist Voraussetzung, ›daß die Bischöfe nicht Macht haben, etwas wider das Evangelium zu setzen und aufzurichten‹« (S. 126 f.). Das Kirchengemeinderatsgelübde (gültig seit 1947) enthält den Satz: »Ich will... darauf achthaben, daß falscher Lehre, der Unordnung und dem Ärgernis in der Gemeinde gewehrt werde« (S. 134).
Mitglieder von Kirchengemeinderäten (in jeder Gemeinde) gibt es Tausende innerhalb einer vom Landesbischof geleiteten Landeskirche. Sie alle verpflichteten sich, daß falscher Lehre gewehrt werde; somit haben sie, wie z. B. der bayrische Landesbischof, zwar kein Lehramt, aber ein Irrlehre-Abwehramt. In welchem Verhältnis diese Tausende von Ämtern der Gemeindeglieder in den Kirchengemeinderäten zu einem eventuell übergeordneten solchen Amt des Landesbischofs stehen, ist nirgends deutlich zu ersehen.
Ohne auf die Geschichte der 450 Jahre im Gefolge des Augsburger Glaubensbekenntnisses, daneben den verschiedenen anderen Bekenntnissen, vor allem dem Schweizer reformierten Bekenntnis, eingehen zu können, sei der Blick ganz kurz auf die jüngste Vergangenheit im Land der Luther-Reformation geworfen: auf den Kirchenkampf als *Bekenntniskampf* während des sogenannten Dritten Reiches (1933—1945).
In dem Band I der »Zeugnisse der Bekennenden Kirche« (hsg. v. Erik Wolf, Tübingen—Stuttgart, 1946) ist »Der Kampf um die Kirche« dargestellt. Der Titel heißt: »Wir aber sind nicht

von denen, die da weichen (Hebr 10,39).« Mit der Kirche, um deren Leitung und Lehre die Bekenner kämpften, ist die DEK, Deutsche Evangelische Kirche, gemeint, deren »Reichskirchenverfassung« vom 11. Juli 1933 stammt. Als erstes Dokument für die Entstehung der Bekennenden Kirche ist abgedruckt »Ein Wort an alle, die unsere Deutsche Evangelische Kirche lieben (Botschaft an die Gemeinden, Eisenach, am 24. Juni 1933)« von Pastor Friedrich von Bodelschwingh. »Wir wünschen (so heißt es darin) eine junge, lebendige Kirche, in der geistliche Dinge geistlich behandelt werden, und in der Bekenntnis und Verkündigung frei bleiben von allen politischen Machtmitteln. — Der Kampf um diese innerlich freie Kirche des Evangeliums geht weiter. — Unsere Hoffnung steht nicht bei Menschen, sondern bei dem lebendigen Gott; und der Grund unserer Kirche bleibt unerschüttert« (S. 22). Soweit Bodelschwingh.
Es ging den Bekennern um den »Willen, von der unverkürzten biblischen und reformatorischen Grundlage aus Gestalt und Leben der Kirche [= der Deutschen Ev. Kirche, DEK] zu erneuern« (S. 23). Nun hatten der Reichsbischof und seine Deutsch-Christen-Mitbischöfe ihre Treue zu den reformatorischen Bekenntnissen öffentlich bekannt. Da sie außerdem für ihre staatstreue, Rom- und Juden-feindliche Überzeugung sich predigend und in vielen Schriften reichlich auf Luther beriefen, desgleichen auf die reformatorisch-kirchlichen Kampfbekenntnisse, die sich an die Confessio Augustana angeschlossen hatten, so mußten die Bekenner nicht nur den Kirchenkampf um die wahren Vollmachtsträger der Kirchenleitung führen, sondern zugleich den Bekenntniskampf um das richtige Verständnis und die rechte Auswahl aus der Menge von Lehr-Aussagen in den Bekenntnisschriften. Und dies nicht nur in den lutherischen, sondern auch den reformierten, vielleicht auch etwas »glättenden« preußisch unierten Kundgebungen. »Es genügt nicht, von der Unantastbarkeit der Bekenntnisse zu reden, sondern es gilt, die *gegenwärtige Gültigkeit der Bekenntnisse* anzuerkennen und sie als Maßstab für die Verkündigung ernst zu nehmen. Die Bekenntnisse der Kirche sollen nicht als tote Museumsstücke ver-

ehrt werden, sondern als klassische Zeugnisse des reformatorischen Glaubens für Lehre und Leben der gegenwärtigen Gemeinde richtungweisend sein. Eine der dringendsten Aufgaben dieser Vergegenwärtigung der Bekenntnisse besteht darin, *die grundlegenden Gedanken des Evangeliums über den Staat* und über das Verhältnis von Staat, Volk und Kirche lebendig und wirksam zu machen...«

»Die Reinheit der Lehre muß der neuen Kirche ein zentrales Anliegen sein... Die Verpflichtung der Geistlichen auf das Bekenntnis der Kirche soll nicht eine Angelegenheit der äußeren Form und Sitte, sondern vielmehr die Grundlage der Verkündigung sein. Die Bekenntnisverpflichtung der theologischen Lehrer ist als Voraussetzung für die Berechtigung zum kirchlichen Lehramt zu fordern. Die Lehre der Kirche beansprucht unbedingte Autorität; eine Kirche, die das Wort ›Irrlehre‹ gegenüber Verfälschungen ihres Glaubens nicht mehr auszusprechen wagt, hat den Anspruch, Trägerin der Wahrheit zu sein, preisgegeben«: so in der Kundgebung der Jungreformatorischen Bewegung, Berlin, am 14. Juli 1933.

Auf ungezählten Versammlungen während des Bekenntniskampfes wurden derartige Stimmen laut. Wenn aber das reformatorische Bekenntnis, oder deren Mehrzahl, dazu noch außer den lutherischen die reformierten Bekenntnisse als »Maßstab für die Verkündigung« des Wortes Gottes proklamiert wurden, so war doch wohl nicht nur bei den Deutschen-Christen-Bischöfen die Vor- und Überordnung des reformatorischen Verständnisses bzw. der mehrfachen Verständnisse vor das Wort der Heiligen Schrift festzustellen, jedenfalls soweit im Wort Gottes auch das in Wahrheit »grundlegende« Wort des Herrn über seine Kirche und über die Vollmacht zum Leiten und Lehren enthalten ist.

Es ist bedrückend, sich anhand der Dokumente und Berichte das notwendig Vergebliche des Rufens, Bekennens, Verwerfens der Irrlehre, des Einsatzes vieler Getreuer in Hingebung bis in Leiden und Tod klar zu machen. Gewiß ist vor Gott kein wahres Lebensopfer vergeblich; es empfängt himmlischen Lohn und zu

Gottes Stunde auch irdische Frucht. Schon das Bedenken, warum dann die Bekennende Kirche sich spalten mußte, kann ein Hebel zum Umdenken werden und ist es wohl für manche geworden. Es sei hier auf das biblische Zeugnis der vier Bekenntnissynoden von Barmen, Dahlem, Augsburg und Bad Oeynhausen, mit dem klaren »Wir verwerfen die falsche Lehre« der Staats- und Gesellschafts-Vergötzung nicht näher eingegangen. Es sind dies bleibende, zum Teil aber auch wieder vergessene Einsichten.

Wo man aber auf den vom FELS gelegten Fels zu sprechen kam, wie (um nur ein Beispiel zu nennen) auf der Bekenntnissynode von Augsburg, 1935, da blieb, das Evangelium Mattäus 16,18 wie eine leere, tote Hülse liegen: im »Wort an die Gemeinden, ihre Pfarrer und Ältesten«. Zwar bekannte man als Bekennende Kirche innerhalb (oder halb außerhalb) der DEK, Deutschen Evangelischen Kirche, auch etwas Umfassenderes. »In Einmütigkeit mit der ganzen christlichen Kirche bekennen wir nach der Heiligen Schrift den einen wahren lebendigen Gott ... Jesus Christus spricht: ...: Ich habe die Schlüssel der Hölle und des Todes (Offenbarung 1,17.18). Die Kirche aber, die von diesem Glauben lebt, ist nicht Menschensache, sondern Gottes Werk. Daher bezeugen wir die Unüberwindlichkeit der Kirche«, und dafür wurde das Evangelium Mattäus 16 angeführt. Aber nur zum Teil: »Jesus Christus spricht von seiner Gemeinde: ›Die Pforten der Hölle sollen sie nicht überwältigen‹« (S. 56).

Weil eine Spaltungsmacht auf uns allen lag, wäre es ungerecht, die den Bekennern in den Mund gelegte Überzeugung: »Wir aber sind nicht von denen, die da weichen« zu mißachten. Gott kennt die Gewissen. Und es gilt im Blick auf die Bekenner von 1933 bis 1945, zuhöchst von den Blutzeugen: »Gedenket der Lehrer, welche euch das Wort Gottes gesagt haben (Hebr 13,7)«: so lautet das VI. Buch der Zeugnisse der Bekennenden Kirche, mit dem Untertitel »Stimmen aus der Gemeinde für ihre geistlichen Führer«. Ein weniges daraus: Bei einem Bittgottesdienst in München am Abend des 11. Oktober 1934 betete die Gemeinde: »Vater im Himmel, siehe doch an die Kirche, die du gebaut hast!« Der Landesbischof, D. Meiser, bekannte, er sei nicht gewillt, »das mir von unserer Kirche übertragene bischöfliche Amt von mir zu legen (ein Rauschen von freudiger Zustimmung ging durch die Kirche). Nun kommt es auf die Tat an. Von dir, Gemeinde, wird jetzt die Tat der Treue gefordert« (S. 12 f.). — Von der »Gemeindebewegung in Württemberg« wurde über die Vorgänge in Stuttgart am 14. und 21. Oktober 1934 berichtet (S. 15): »Am Sonntag, dem 21. Oktober, zogen etwa fünftausend evangelische Gemeindeglieder Stuttgarts nach den Gottesdiensten vor das Haus des in der Wohnung gefangengehaltenen Landesbischofs D. Wurm, wo sie Choräle sangen. ... Die Menge rief jetzt: ›Unser Landesbischof ist und bleibt D. Wurm!‹ und: ›Gebt das Evangelium frei!‹«

Erstmals im Jahr 1946, also 12 Jahre später, zeigte Landesbischof D. Wurm sein beginnendes Verständnis für das Petrusamt der Einen Gesamtkirche. Und am 11. November 1949 gab er es [in einem Brief an den Dekan von Tübingen], dem Vf. zu, daß »die Leitung der Kirche durch die Nachfolger des Petrus auf dem römischen Bischofsstuhl als nicht schriftwidrig zu betrachten« sei. Für den Kirchen- und Bekenntniskampf von 1933 bis 1945 war aber diese wahre Schrifterkenntnis des überragenden Mannes nicht fruchtbar geworden.

Aus wohl allen Landeskirchen der damaligen Deutschen Evangelischen Kirche sind herrliche Zeugnisse ganzer Gemeinden und vieler einsam stehenden Gemeindeglieder voll wahren biblischen Bekennermutes bekannt geworden. Nicht nur ihrer Lehrer, auch ihrer selbst sollen und dürfen wir bleibend gedenken.

Dies Wenige sei hier über den Bekenntnis- und Kirchenkampf der Jahre 1933 bis 1945 angemerkt.

Mit nur ein paar Sätzen sei auf die Glaubenskämpfe dieser unsrer unmittelbaren Gegenwart hingewiesen. Wieder ist ein Losungswort »Das Bekenntnis«. Die »Bekenntnisbewegung Kein anderes Evangelium« ist in vielen Zügen den entstehenden Notgemeinschaften im Bekenntniskampf jener zwölf Jahre ähnlich. Der Hauptunterschied dürfte zunächst der sein, daß jetzt kein Würgegriff eines mehr und mehr antichristlich gewordenen Partei-Staates abzuwehren ist. Wir haben in der deutschen Bundesrepublik volle Religions- und Bekenntnisfreiheit. Der Kampf um das volle, unverkürzte, nichtentleerte Evangelium geschieht innerhalb unserer eigenen Reihen. Viele befürchten, daß dieser Kampf gefährlicher als jener werden wird. Das reformatorische Verständnis der Schrift, gerade wegen unserer Bindung an »die reformatorischen Bekenntnisse« (ob lutherisch, ob reformiert, oder vereinheitlicht), verbindet bis jetzt beide um die Wahrheit ringenden Seiten.

Artic. Smalc. und Tract. — keine Homologia

Es dürfte inzwischen zweifelhaft geworden sein, ob man einfach »die reformatorischen Bekenntnisse« als Einheit betrachten und sie vollends in ihrer Uneinigkeit als unsern Maßstab für die Auslegung der Schrift beibehalten kann.
Was »Bekenntnis« und »Bekennen« heißt, ist der Kirche darin kundgegeben, was die biblischen, vor allem neutestamentlichen Zeugen über »Homologia« und »homologien« verkünden.
Es wäre gründlich zu erforschen, inwieweit die Confessio Augustana einer Homologia entspricht; ob und inwieweit der Verleser und die unterzeichneten politischen Größen, sodann Melanchthon, und hinter und vor ihnen allen Luther im Sinne des biblischen »homologein« Bekennende waren.
Konnte man aber an der Confessio Augustana manches redliche Merkmal von Homologia feststellen und sich darüber freuen, so dürfte der Nachweis, die Schmalkaldischen Artikel als »Luthers Testament« samt angehängtem Tractatus Melanchthons seien Homologia, nicht erbracht worden sein. »Wenn somit«, schrieb der evangelische Kirchenrechtler Dr. iur. Walter Molt, Kirchengemeinderat der Markuskirche in Stuttgart (VfL 140), »die Zeitbedingtheit der CA durchaus anzuerkennen ist, so ist aber

der Tractatus erst recht eine zeitbedingte Schrift, nämlich eine Kampfschrift, ein Propagandaaufruf, wie er in der politischen Geschichte unmittelbar vor Beginn der Feindseligkeiten erlassen zu werden pflegt... Zunächst wurde gerüstet. Dann hat Luther die Schmalkaldener Artikel und Melanchthon als Anhang dazu den Traktat verfaßt. Welcher Zeitgeist damals herrschte, beweist, daß Luther zu den sehr üblen Karikaturen auf Papst und Kurie Verse verfaßt hat, die man heute nicht gut evangelischen Familien zum lesen geben könnte. Mehr noch: der auf den Tod kranke Luther hat vor der Abreise aus Schmalkalden seinen Freunden zugerufen: ›Der Herr erfülle Euch mit seinem Segen und mit Haß wider den Papst!‹ ... Wir Heutigen dürfen uns mit Recht dagegen wehren, daß Schriften, die aus diesem Geist erwachsen sind, die Geistlichen unserer Kirche bei der Verkündigung des Evangeliums binden sollen.«

Quis est hic? (Sirach 31,9)

ÖRK, EKD, LWB, VELKD

Wie sollen wir wieder zu dem wahren Einen Glauben kommen, um dann mit Einem Munde Gottes Wahrheit zur Rettung der ohne ihn verlorenen Menschheit bekennen zu können? »Wo ist der? so wollen wir ihn loben; denn er tut große Dinge unter seinem Volk« (Sir 31,9).
Einst brauchte es nur wenige Jahre, um die Christenheit zu spalten. Derzeit zählt man neben 613 Millionen Gliedern der katholischen Kirche 272 Millionen Protestanten, darin enthalten 75 Millionen Mitglieder lutherischer Kirchen. Die Heilung der Spaltung und Aberspaltungen braucht um ein Vielfaches länger. Die Bemühungen um das Wiedereinswerden in der einen Kirche Jesu Christi begannen sichtbar schon auf dem Religionsgespräch von Hagenau, im Juni 1540, das mit Wissen Kaiser Karls V.

stattfand. Evangelische Teilnehmer waren J. Brenz, M. Butzer, W. Capito, C. Cruziger d. Ä., F. Myconius, A. Osiander und U. Rieger. Die Religionsgespräche von Worms und Regensburg schlossen sich an. Viele einzelne evangelische Männer traten dann mit Einheitsbestrebungen hervor. Die bekanntesten Namen sind wohl Leibniz (1646—1716), Gottfried Arnold (1666—1714), Friedrich von Hardenberg — Novalis — (1772—1801). Die weltweiten Einigungsbewegungen erfolgten in neuester Zeit. Den Auftakt bildete die Weltkonferenz für praktisches Christentum in Stockholm, 1925. Es folgten Lausanne, 1927, wo man sich dem Thema »Kirchenverfassung und Glaube« zuwandte. Die vielen weiteren Einheits-Weltversammlungen, veranstaltet vom Ökumenischen Rat der Kirchen oder Weltkirchenrat, jüngst die in Nairobi, seien hier nicht aufgezählt.
Dort 1 Mann in wenigen Jahren, und folgends noch viel größere Protestanten - Millionenzahlen als die genannten; denn der getauften Christen Zahl in den Generationen der Jahrhunderte kommt hinzu.
Gott kennt auch die Scharen der Beterinnen und Beter um das Einswerden; er kennt jede gute Absicht und Tat. Dennoch, das Erflehte trat nicht ein. Konnte es nicht eintreten?
»Wenn ein neuer Luther käme!« war nicht nur einmal zu hören. »Wenn Luther heute leben würde — einem Papst Johannes XXIII. gegenüber; da wäre es zu keiner Spaltung gekommen!« so hörte man während des Konzils, wo über 100 amtliche Delegierte der getrennten Kirchen, Orthodoxen und Evangelischen verschiedener Konfessionen, als Beobachter und außerhalb von Sankt Peter auch als Mitberatende teilgenommen haben. Und immer wieder, wenn die Sprache auf Luther und den Papst kommt, auch jetzt während der Amtszeit von Papst Paul VI., trauen Leute aus dem Volk »dem Luther, wenn der da wäre!« das Gelingen unter Gottes Gnade und Kraft zu. Und, da Gott ein Gott der Wunder ist, warum sollte er das Wunder der Wiedervereinigung nicht tun? »Er könnte einen neuen Luther schicken!« Er hört und erhört doch Gebet. Aber gebetet wurde ja, noch abgesehen von den Betern der katholischen Kirche und

von den orthodoxen Christen, bei uns über vier Jahrhunderte hindurch, früher mehr von einzelnen Christen, seit einem halben Jahrhundert von »ganzen Kirchen« mit ihren leitenden Ämtern und Millionen Gemeindegenossen.

Das Konzil (1962—1965) hat die Einheitshoffnungen eine Zeitlang auffallend bestärkt. In dem Konzilsdekret »Von der Wiederherstellung der Einheit«, 1964, steht der Satz (Abschnitt 4): »Es ist klar, daß die Vorbereitung und die Wiederaufnahme solcher Einzelner, die die volle katholische Gemeinschaft wünschen, ihrer Natur nach etwas von dem ökumenischen Werk Verschiedenes ist; es besteht jedoch kein Gegensatz zwischen ihnen, da beides aus dem wunderbaren Ratschluß Gottes hervorgeht.«

Manche evangelische Christen haben seit 1964 wohl eine Zeitlang gehofft, ihre Landeskirche werde »einen Schritt tun«, der ihrer Anwesenheit (durch Delegierte) auf dem Konzil nun, nach vorwärts, entspräche, nicht nur mit öffentlich so reichlich bezeugten Gesten und Reden der Verbundenheit, sondern mit der Tat wirklichen Bezeugens neuer biblischer Erkenntnis, die zur glaubenseinigen Kirche nach dem Urbild der Kirche des Neuen Testaments weist; und nicht nur weist, sondern auch führt. Da das »Zurückgeworfenwerden« und amtliche Ausweichen auf »nur menschlich Soziales« ihr Vertrauen auf »die Kirchen(führer)« schwinden ließ, vollzogen sie ihrerseits persönlich den Schritt, aber in umgekehrter Richtung als Luther, der ihn ebenfalls als E i n z e l n e r getan hatte. »Etwas anderes gibt es auch nicht.« Und Roms Angebot an ganze Kirchen? »Das Angebot wurde gemacht; Nachfrage — ist keine.«

Vielleicht ist die Zahl derer bei uns nicht ganz klein, die überlegen, wer bei uns in Weltprotestantismus und Weltluthertum die Vollmacht zu einer Gesamt-Neuausrichtung hat oder bekommen könnte, so daß wir dann doch auf das empfangene »Angebot« positiv mit einer einstimmigen »Nachfrage« eingehen könnten. Das hieße: Wer kann heute der »Luther in seiner Vollhinkehr zu Gottes Wort« sein?

Der eine oder andere mag denken: Der *Weltkirchenrat* oder

Ökumenische Rat der Kirchen kann es sein. Dieser selbst aber weiß es und sprach es oft genug aus: er ist keine Kirche einheitlichen Glaubens, vielmehr sind im ÖRK etwa sechs im Bekenntnis selbständige Konfessionsfamilien mit derzeit (1975) 286 Mitgliedskirchen vertreten.
Die *EKiD* kann es noch weniger sein, da sie ja nur in einem Teil des deutschen Lutherreformationslandes vorhanden und nach ihrer Grundordnung keine Kirche (einheitlichen Bekenntnisses) ist. Eine ähnliche Organisation besteht in der DDR.
Der *Lutherische Weltbund* ist nach seiner Verfassung vom 1. Juli 1947 »eine freie Vereinigung von lutherischen Kirchen. Er handelt als ihr Organ in solchen Angelegenheiten, die sie ihm übertragen. Er übt nicht aus eigenem Recht kirchliche Aufgaben aus. Ebensowenig ist er befugt, für die ihm angehörenden Kirchen Gesetze zu erlassen oder sonst die Selbständigkeit irgendeiner Mitgliedskirche zu beschränken.«
Die *VEKLD*, Vereinigte evangelisch-lutherische Kirche Deutschlands, steht in einem ähnlichen Verhältnis zu den Mitgliedskirchen wie der Lutherische Weltbund zu den seinen. Er kann seiner Organisationsordnung nach nicht in Vollmacht für seine Kirchen handeln.

Jede einzelne Landeskirche

Somit kommt es nur den einzelnen Landeskirchen als autonomen zu, mit Beziehung auf die Gesamtchristenheit zu handeln. Wer könnte in solcher Landeskirche kraft einer Vollmacht für alle in Richtung künftiger Einigung nach Jesu Willen Schritte tun? Ein außerordentliches Format wie Luther kann sich niemand geben. Ist aber einiges von seinem »ordentlichen Beruf« innerhalb einer lutherischen Landeskirche nachzuweisen, das den Hebel zum Handeln bilden könnte?
Luther war ein getaufter Christ, er war Mönch, war geweihter

Priester, war Doktor, Professor, war Prediger und Seelsorger. Man kann von diesen einzelnen Vollmachtsarten her sich nach einem neuen, nun der Spaltung absagenden »Luther« umsehen.
Ein getaufter Christ, Glied einer Landeskirche, ist auch »Persona in Ecclesia«, Person in der alle Getauften umfassenden Kirche. Für diese seine Person kann er handeln und, wenn ihm eine Wahrheit der Schrift neu aufging, seine Familie dafür zu gewinnen suchen. »Ich und mein Haus wollen dem Herrn dienen.« Aber er weiß, daß er keine amtliche Verantwortung für andere Mitchristen hat.
Ein Mönch hat geistliche Aufgaben auch der Gesamtgemeinschaft gegenüber. In den lutherisch-protestantischen Kirchengebieten wurden aber dem Urbild Luthers und der Katharina von Bora entsprechend Klöster und Gelübde ausgefegt. Das neue, reformierte Kloster in Taizé kann eine Wende bezeichnen. Seit dem 20. Juli 1975 legen im Östanbäcks Kloster zu Sala die Mitglieder Gelübde bei der Mönchsweihe ab; dies in der lutherischen Kirche Schwedens.
Einen geweihten Priester haben wir nicht.
Doktoren der evangelischen Theologie haben wir; eine kleinere Anzahl mit dem »D«-Zeichen wie bei Luther; derzeit den Rang der Ehrendoktoren bezeichnend.
Doktoren mit dem Zeichen »Dr.« der Theologie gibt es zahlreiche, in allen Fachbereichen. Viele von ihnen werden Dozenten, zum Teil dann auch Universitätslehrer, Professoren. Ihr Amt wird durch Forschung und Lehre bestimmt; es ist in Deutschland, dem Land der Reformation, ein staatliches Amt mit dem Sondervorrecht der Universitäten als Gelehrtenrepubliken. Hierin liegt eine doppelte »Freistellung« der Landeskirche und ihrer Jurisdiktion gegenüber.
Prediger in ihrer Landeskirche sind: der Landesbischof, die Prälaten, theologischen Oberkirchenräte, Dekane, Pfarrerinnen und Pfarrer, Vikarinnen und Vikare. Der ordinierte Pfarrer und Prediger, in den genannten Formen, ist der für seine Gemeinde verantwortliche Seelsorger. Zu fragen wäre, ob der Pfarrer einer Gemeinde, der als Prediger das Evangelium von der Einheit und

Leitung der Gesamtkirche (Mt 16 par) im wahren Sinn verkünden und darnach handeln will, die Anerkennung des Petrusamtes heute als Hirte für seine Gemeinde vollziehen kann oder muß. Aber er empfing seine Ordination und damit seinen ordentlichen Beruf durch ihm amtlich übergeordnete Vertreter seiner Landeskirche. So liegt der Gedanke nahe, daß der Pfarrer sich für zweierlei Taten nicht zuständig hält: 1. für ein Kommen zum Hirten vom Evangelium Johannes 21, nur mit seiner Gemeinde. Und 2. ein Kommen mit der ganzen Landeskirche, deren Hirte er ja nicht ist.

So bliebe ihm wie auch anderen Gliedern seiner Landeskirche nur die Bitte an den Landesbischof und seine Mitverantwortlichen übrig, sie möchten das dem Evangelium Entsprechende tun. Als der für die volle Verkündigung des Evangeliums in seiner Gemeinde Verantwortliche muß er aber die Bitte an den Landesbischof dringend machen, um nicht an seiner Gemeinde vor Gott schuldig zu werden. Zudem ist auch der Hirte einer Einzelgemeinde mitverantwotlich für seine Amtsbrüder und die ganze Landesgemeinde.

Als ein solcher Pfarrer brachte der Vf. seiner Kirchenleitung gegenüber zwar keine eigentliche Bitte vor; er legte aber die Schriftgründe für das biblisch vertretbare Petrusamt und unsere kommende Versöhnung mit ihm in einer kleinen Borschüre vor. Was zu tun sein wird, geht nicht nur eine einzige unter allen Landeskirchen an. Es ergab sich der »Lehrprozeß um Mattäus 16«. Hierbei erging seitens des Spruchkollegiums in Stuttgart die Lehrentscheidung, daß es ein bleibendes Petrusamt nach Mt 16 nicht gibt, und das Urteil des Amtsverlustes und des Verlustes der Rechte des geistlichen Standes für den Pfarrer (vgl. VfL und VfSR).

»Bis daß ihr den Bann von euch tut« (Josua 7,13)

Stehe auf und heilige das Volk!

Seit der Lehrprozeß um Mattäus 16 begann, kurz nach Ostern 1946, war viele Jahre lang Zeit, um die Fehlauslegung (mit ihren Folgen?) von uns zu tun. Aber wir taten es nicht, konnten es nicht.
Auch das wurde, zumal über unsere Führenden, gesagt: Sie wollen nicht.
Mir ist es verwehrt, vom Nichtwollen jemandes zu sprechen. Eher: »Wir können bis jetzt nicht wollen.« Eine Macht sperrt sich unserem Wollen und Können entgegen. Jene Grundentscheidungen Luthers samt allen folgenden Nach- und Mitentscheidungen bildeten, wenn man den Vergleich anwenden darf, ein Gespinst um uns her. Oder, da die 450-Jahr-Tradition nichts Weiches mehr ist, die harte Kugel des neuen Gemächtes will, begreiflich, nicht selbst platzen. Entsprechend mag es bei den anderen neuen Kirchen sein. Mit anderem Bild, nun wieder zur Lutherkirche gewandt: über uns alle ist es wie eine Glasglocke gestülpt. Nehmen wir an: es marschieren auf der Ebene unter der Glasglocke eine Menge Lebewesen nach vorn, gemeint: der Einheit der Kirche des Neuen Testamentes, zu. Einige erreichen durch ihren Eifer bald einen Vorsprung vor den anderen. Jetzt! jetzt werden sie zur Einheit der Kirche durchstoßen, sind ja — ihre Äußerungen zeigen es an — dicht daran. Aber an der Glaswand angelangt, biegen sie, dieser entlang, um und sind wieder bei den anderen. Ja, manche bogen dann, immer dem Rand der Glocke entlang, noch weiter zurück als frühere Weggenossen.
Wer aber dies beobachtet, sollte auch etwas Selbstkritik üben: sich prüfen, ob denn etwa der Betreffende selbst dem Evangelium gehorche?! In dieser Sache also: ob denn *er* dem Herrn gemäß seinem Evangelium Mattäus Kapitel 16 und 18 gehorsam sei?! Diese Selbstprüfung wurde dem Vf. schon kurz, nachdem er sich öffentlich zur dauernden Gültigkeit des Evangeliums vom Fels

des Herrn (Mt 16) bekannt hatte, im Gewissen auferlegt, und er meinte, er sei dem Evangelium (Mt 16) gehorsam. Jetzt aber brach, ohne daß Menschen ihn mahnten, es in seinem Gewissen mit ansteigender Stärke auf: d u s e l b s t g e h o r c h s t d i e s e m E v a n g e l i u m (Mt 16,18 f.; 18,15—20) n i c h t ! Es genügt nicht, wie bisher in Schriften lehrmäßig auf das bleibende Petrusamt hinzuweisen. Man muß dieses Amt dadurch anerkennen, daß man es in Anspruch nimmt. Dann kann sein Inhaber die ihm vom Herrn verliehene Binde- und Lösevollmacht im greifbaren Fall betätigen. Nehme ich es nicht in Anspruch, so setze auch ich, wie in 450 Jahren die Millionen der Unsern und ich selbst bisher, einen Riegel gegen die Wirksamkeit des Ersten Dieners Jesu in dem Amt an allen. Somit ist der Dienst dieses Amtsträgers im Glauben an Jesu Wort zu erbitten, und erst diese Bitte erweist den Gehorsam gegen den Herrn und sein Wort.

In der Hoffnung, daß das ganze Evangelium einschließlich Mt 16, 18f.; 18,15—20 seine Kraft an uns erweisen wird, legt der Vf. seinen Brüdern und Schwestern noch Folgendes vor.

Da es hierbei um Eidbruch und Bann geht, im Ziel also um Heilung des Bruches durch Beseitigung der Macht des hemmenden Bannes, so seien zuerst einige Schriftworte über den Bann und seine Beseitigung angeführt: im vertrauten Wortlaut der Lutherübersetzung, Ausgabe von 1937, wie wir Gemeindeglieder als »das Fußvolk«, die Bibel lesen.

»Und laß nichts von dem Bann an deiner Hand hangen, auf daß der Herr von dem Grimm seines Zorns abgewendet werde und gebe dir Barmherzigkeit und erbarme sich deiner und mehre dich, wie er deinen Vätern geschworen hat« (Dtn = 5. Buch Mose 13,18).

»Die Kinder Israel können nicht stehen vor ihren Feinden, sondern müssen ihren Feinden den Rücken kehren; denn sie sind im Bann. Ich werde hinfort nicht mit euch sein, wo ihr nicht den Bann aus euch vertilget.

Stehe auf und heilige das Volk und sprich: Heiliget euch auf morgen. Denn also sagt der Herr, der Gott Israels: Es ist ein

Bann unter dir, Israel; darum kannst du nicht stehen vor deinen Feinden, bis daß ihr den Bann von euch tut.
Und welcher gefunden wird im Bann, den soll man mit Feuer verbrennen mit allem, was er hat, darum daß er den Bund des Herrn übertreten und eine Torheit in Israel begangen hat« Josua 7,12.13.15).
»Erinnere mich: Laß uns miteinander rechten; sage an, wie du gerecht sein willst. Deine Voreltern haben gesündigt, und deine Lehrer haben wider mich mißgehandelt. Darum habe ich die Fürsten deines Heiligtums entheiligt und habe Jakob zum Bann gemacht und Israel zum Hohn« (Jesaia 43,26—28).
»Und es wird *ein* Tag sein — der dem Herrn bekannt ist — ... und wird kein Bann mehr sein ...« (Sacharja 14,7.11).
»Ich habe gewünscht, verbannt zu sein von Christo für meine Brüder ...« (Römer 9,3).
»Und es wird kein Verbanntes mehr sein ...« (Offb 22,3).

Ein Bibelleser wird vielleicht sagen: »Hier im Wort sind Geheimnisse des Glaubens ausgedrückt, denen man mit ein paar Sätzen der Anwendung auf den Streit und die große Kluft in der Christenheit: Fels — oder keiner, nicht gerecht wird. Am ehesten könnte der Josua-Bericht über Achans Diebstahl, sinngemäß und nur in Geistesleitung, auf die Streitfrage angewendet werden.«
Das hieße: Wir haben als »Luther«(tum) etwas vom heiligen Offenbarungsgut weggenommen. Es ist in *einem* Griff nach zwei Seiten gewandt geschehen, nach der Seite des Wer und des Was im Glauben: die Vollmacht des *Vorstehers* der Gemeinschaft der Liebe in Einem Glauben wurde auf die Seite geschafft, und die *Liebe zu Gott* und den Menschen im Vorgang unserer Rechtfertigung wurde in Abgang dekretiert. Das »Ich im Glauben« stellte sich über das von Gott zuvor gegebene »Wir im Glauben« in der felsgebauten, allumfassenden Kirche; und es »ergriff im Glauben kraft eigener Heilsgewißheit«, ohne sich dem Gericht Gottes gemäß dem Maßstab der *Liebe zu Ihm* und den Menschen zu stellen, selbst seine eigene Rechtfertigung.
Falls dies geschah, zerriß durch diesen Raub die Gemeinschaft des

gemeinsamen Glaubens in der Bruderliebe auf Erden; und der Selbstgewißheit des Menschen, ohne die Liebe zu Gott und die Himmel und Erde verbindende Liebesgemeinschaft, war die Gasse geöffnet.

Was geraubt wird, das wird nicht einfach vernichtet, sondern es wird benützt. Wie bekannt, wurde Luther das Haupt seiner Kirche; andererseits konnte nun jeder Doktor wie Doktor Luther die Hand auf die Bibel legen und sie, ohne Gemeinschaft mit der Allgemeinen Kirche in Geschichte und Gegenwart, nach dem Maßstab weltlicher Wissenschaft auslegen. Weiterhin ist aber »jeder, der aus der Taufe gekrochen, Papst und Bischof« — jedes Ich also absolut autonom und in seinem Urteil der höchste Vollmachtsträger, sein eigener Richter in erster und letzter Instanz vor der Christenheit. Alle haben nun als Raub, was Gott Einem zuerteilt hat. Daß das mit den Gekrochenen »eine Torheit in Israel«, sogar nach dem Maßstab von Vernunft und Verstand ein Unsinn ist — ging uns viereinhalb Jahrhunderte lang nicht auf. Eine solche »Kirche« hat die Selbstauflösung in sich. Ehrlicherweise gibt man dann zu: bei dieser freipersönlichen Selbstgewißheit, ein rechter Mensch oder ehemals scholastisch ausgedrückt: ein gerechtfertigter zu sein, braucht man keine Kirche mehr. Der »Rabbi von Nazaret« war auch ein guter Mensch in seiner Art, für seine Zeit. »Gott« kann man als eine »Chiffre für Mitmenschlichkeit« noch sagen. »Weil aber mit dieser ›chiffre‹ so veraltete scholastische Vorstellungen verbunden sind, so verzichtet man ehrlicherweise besser auf solch ein Geheimzeichen. Dechiffrieren wir's!«

Mag es eine Minderheit sein, die ihre Meinung so offen ausspricht. Ihr Einfluß durch die Massenmedien ist doch groß. Viele Eltern klagen über einen Religionsunterricht, bei dem die Kinder kaum etwas vom Evangelium hören, wie es noch unsere reformatorischen Väter verkündet haben. Dafür haben hier die »ja nun allmählich allerlei eingerissenen Irrlehren im allgemeinen Trend der Linksabweichung« ihren Boden mit üppigem Wachstum. Diese Klage über die Irrlehren stammt nicht etwa von Gliedern der Gruppe »Bibel und Bekenntnis«, sondern von Professor D. Hermann Diem, dem Vertreter des Fachbereiches Evangelische Theologie der Universität Tübingen in der Württembergischen Evangelischen Landessynode (6. Landessynode, 19. Okt. 1965, Sitzungsbericht S. 1020).

Dem Evangelium gehorsam?!

Wenn einige Menschen auf einer Eisscholle in einem Strom hinabtreiben, so ist der Unterschied nicht groß, ob man etwas weiter hinten oder etwas weiter vorne steht, ob man stehen bleibt oder stromaufwärts läuft. In anderem Vergleich: wie wollen bei einer Seilschaft im Gebirge einer oder zwei für die schon Abrutschenden den Stand und Halt gewinnen? Die Frage ist: kann unserem Luthertum als ganzem geholfen werden? Worte der Heiligen Schrift fallen einem dabei ein; auch die, in denen von der Torheit, in Israel und an Israel begangen, die Rede ist. Jeremia kündigt den Verantwortlichen Gerichte Gottes an, »darum daß sie eine Torheit in Israel begingen und predigten falsch in Meinem Namen, was Ich ihnen nicht befohlen hatte. Solches weiß Ich und bezeuge es, spricht der Herr« (Jer 29,23). Im Neuen Bundesvolk falsch predigen fordert nicht weniger Gottes Gericht heraus. Aber Gott straft auf andere Weise als im Alten Bundesvolk, etwa zur Zeit Josuas: »Und welcher gefunden wird im Bann, den soll man mit Feuer verbrennen mit allem, was er hat, darum daß er den Bund des Herrn übertreten und eine Torheit in Israel begangen hat« (Jos 7,15).
Nur Umkehr, Buße und der Anfang zu neuem Gehorsam des Glaubens kommen für die unter uns, denen die Schrift geöffnet wurde, in Betracht. Man darf aber nicht bei dem Anfang stehen bleiben.
Hier setzte nun dem Vf. gegenüber sogleich, als er das Herrenwort vom Felsbau als nie vergehendes bekannt hatte, die Kritik ein sowohl von katholischer als auch von evangelischer Seite.

»Wer Mattäus 16 wie Sie bejaht und mit Worten bekennt, der muß auch tun, was er bekannt hat:
Er soll zur römisch-katholischen Kirche konvertieren!«

Warum tat er es nicht? Weil er überzeugt war: Wenn das Evangelium (Mt 16 und alle Petrusstellen; Solowjew zählte allein in den Evangelien und der Apostelgeschichte 171 auf: vgl. VfL, 33) gilt,
(I) so gilt es uns allen. Das heißt allen getauften Christen, dem Weltluthertum, meiner Landeskirche in Württemberg. Unserem Landesbischof, damals 1942 D. Theophil Wurm, berichtete ich sogleich. Mein Bischof wertete die ihm vorgetragene Auslegung nicht von vornherein als eine schriftwidrige ab. Als ich sie öffentlich vortrug (Ostern 1946), schrieb mir mein Bischof u. a.: »Lieber Herr Pfarrer! Sie haben mir mehrere Exemplare Ihrer Schrift ›Herr, bist Du es‹ zugestellt. Das Berechtigte Ihrer Darlegungen sehe ich darin, daß die seit Luther vielfach übliche Auslegung, die den Felsen auf den Glauben des Petrus und nicht auf die Person des Petrus bezieht, in der Tat dem Text nicht gerecht wird...« (ganzer Brief in VfL, 33). Er ermahnte mich, weiter in der Heiligen Schrift zu forschen. Und nach sieben Jahren hat er mir zuerkannt, »die Leitung der Kirche« [= Gesamtkirche Jesu Christi] »durch die Nachfolger des Petrus auf dem römischen Bischofsstuhl als nicht schriftwidrig zu betrachten«: 11. November 1949 (vgl. VfL, 215, 218).
(II) Die gottesdienstliche Handlung bei meiner Ordination (gemäß »Kirchenbuch II«) enthielt nicht *ein* Wort gegen diese Schriftauslegung, sondern war mit ihr ganz zu vereinen. Das Sende-Evangelium vom Einen und Ersten in der Sendungsgemeinschaft (Mt 16 par) war nicht durch Fehlverwendung auf »das Predigtamt« aller Prediger [Tractatus] bezogen. Vielmehr verblieb ihm innerhalb aller Gesendeten des Herrn »bis an der Welt Ende« Mattäus 28,18—20, das in unserem Ordinations-Formular als umfassendes Sende-Evangelium verkündet wird, seine ihm unausgesprochen offengehaltene Stelle. Dieses unsern Gemeinden feierlich verkündete Evangelium würde aber dann in

seinem Vollsinne ohne unerlaubte Auswahl verkündet und befolgt werden, wenn wir von dem »Berg der Sendung« den mitangeredeten Botschafter im alle zusammenhaltenden »Petrus«-Amt nicht mehr wegverweisen, sondern ihm in seinem Amt, wie es auch Dr. Martin Haug für die Urkirche festgestellt hat, uns um des Herrn willen unterstellen werden.
Für diese Sicht (I und II) suchte der Vf. seine Amtsbrüder in unserer Landeskirche zu gewinnen, mündlich und in Schriften.
Von bekannter katholischer Publizistenseite wurde mir aber vorgehalten, der Verfasser von »Herr, bis du es?« habe sich zwar seinem Reden oder Schreiben nach zum Evangelium (Mt 16 par) bekannt, aber, was den Tatgehorsam betreffe, bleibe er »zwischen Tür und Angel stehen«. Das heißt: nur ein Lippenbekenntnis, kein Glaubensgehorsam mit der Tat gegenüber dem Herrn.
Diese Kritik, in vielen Wiederholungen, nicht nur von Publizistenseite, mußte bis zur Kundgabe des Konzils-Dekrets Unitatis Redintegratio, 1964, ertragen werden. Erst von da an war auch das mir im Gewissen Gezeigte durch die katholische Kirche anerkannt: Die Versöhnung zwischen ganzen Kirchen und kirchlichen Gemeinschaften und der vom Nachfolger Petri und dem Gesamtepiskopat, der mit ihm in Frieden und Gemeinschaft lebt, geleiteten katholischen Kirche ist »**das ökumenische Werk**«.
Insofern war sich der Vf. keines Ungehorsams gegen das Wort des Herrn im Evangelium bewußt. In meinem Gewissen wurde mir lange Zeit hindurch nichts Gegenteiliges gesagt. Denn die Entscheidung, bei den Unsern zu bleiben (wozu mein Bischof mich von Anfang an gemahnt hatte), bis wir dann gemeinsam den Schritt der Versöhnung in der Wahrheit tun, war ja nun auch vom Konzil anerkannt. Wir werden gemeinsam kommen können!
Dennoch — woran liegt es, daß wir doch »**nicht können**«? Warum fanden wir keine Kraft zu einer Tat, trotz ernsten Betens vieler, und obwohl doch auch die Weltöffentlichkeit merkte, daß, soweit sie von Luther etwas wußte, dessen Antichrist- und Teufelzeichnung nicht stimmte? Mehr: Kirchenpräsidenten und

Theologen der nichtkatholischen Ökumene machten Höflichkeits-Besuche beim Papst, die auf künftig mehr zu deuten schienen.
Bei seinem Besuch in Genf (10. Juni 1969) hatte Papst Paul vor dem Weltkirchenrat, den er besuchte, kurz und bescheiden sein Amt durch Schriftworte dargelegt, es gleichsam, auch für die gemeinsame Weltmission, brüderlich liebend, angeboten. Niemand widersprach ihm, niemand stimmte zu. Von diesem seinem Angebot an konnte es unsrerseits in der Gehorsamshaltung gegenüber dem Evangelium von der Leitung nur voran oder rückwärts gehen.
Die Christenheit bekennt, daß das Evangelium eine Dynamis, eine Gotteskraft ist zum Heil. So sind auch wir Evangelischen überzeugt, daß die Gotteskraft im Evangelium niemand, der es annimmt, auf seinem Toten Punkt stagnieren läßt. In dieser Sicht kommt dem Besuch Papst Pauls beim Weltkirchenrat in Genf tiefe Bedeutung zu.
Paul VI. hat die Arbeit des Ökumenischen Rates der Kirchen ausdrücklich gewürdigt. Die Vertreter der verschiedenen Konfessionsfamilien hatten in ihrem weltweiten Dienst gewiß schwere Aufgaben, hatten Nöte und Probleme genug; sie haben Stärkung durch den Herrn nötig. Keiner aber nahm auf des Herrn Wort bezug, durch das er Einen beauftragte, die Brüder zu stärken (Lk 22,31 f.). Wenn es so ist, daß der Herr selbst darauf wartet, daß die Brüder Sein Angebot im Einen Bruder (Hirten, Fels) annehmen? Daß sie ihn, den Ersten in der einen Bruderschaft, also bitten: »Stärken Sie uns!«
Wenn nur Angebot ist, aber kein Daraufeingehen, so kann der Anbietende die Kraft seines Dienstamtes der Einheit an denen nicht ausüben, die desinteressiert sind oder wenigstens ihr inneres Ja (um all der Konsequenzen und unvorstellbaren sich dann auslösenden Ereignisse willen — was wird das für einen Aufruhr geben?) nicht frei bekennen. Irgend eine, wenn auch noch so bescheidene, Zustimmung war nötig, ein: »Ja, wir nehmen mit Dank an, wir bitten Sie im biblischen Sinn; führen Sie Ihre soeben nur angefangene Aussage über Ihr Amt laut Neuem

Testament bitte uns näher aus, und wir werden unsern Kirchenverbänden gern berichten!« Nur so, meint man, konnte ein Pfad zur Gemeinschaft für die Kirchen begonnen und gangbar gemacht werden.
Wenn ihn doch jemand aufgrund des Evangeliums bäte...!
Es hat ihn niemand gebeten.
»Wer kann auf so eine primitive Idee kommen, daß sie so etwas hätten tun sollen?! Eine Utopie! D a s k o n n t e n s i e d o c h n i c h t !«
Zudem hatte sich bisher keiner durch Wort oder Schrift zum Petrusamt bekannt; vielleicht war es ihnen wirklich noch nicht aufgegangen.
Ungleich schwerer ist die Verantwortung, nicht zu bitten, für jemand, der sich durch Wort und Schrift zum Amt nach Evangelium Mattäus 16 (par) bekannt hat. Hat *er* denn nichts zu bitten, wenn er nun Jahrzehnte lang hilflos wünscht, es möchte bei den Unsern der Gehorsam des Glaubens an dieses Evangelium aufgerichtet werden?
Der mit dem Amt von Mattäus 16 Betraute ist der Erste derer, die »binden und lösen« müssen. War er nicht also auch dazu da, um meinen Maßgebenden und mir zugleich zu helfen, nämlich uns zu unsrer Lebensaufgabe vom Herrn her zu stärken? Hatten die Leitenden im Weltkirchenrat, einschließlich des Lutheraners, den Petrusnachfolger trotz seinem Angebot (am 10. Juni 1969 in Genf) nichts gebeten, so hatte ich es *auch* nicht getan. Wer eine Hilfe vom Herrn ausschlägt, wundere sich nicht, wenn ihm die Kraft zum Können, zum ganzen Werk fehlt.
Zudem war im Evangelium auch eine Stufenordnung gegeben, wenn etwa ein Gemeindeglied von einem andern, und wohl auch mehreren, Unrecht erlitt: wie das, was zwischen ihnen lag, beseitigt werden kann und soll. Mattäus 18, 15 bis 17.
Darüber hatte ich als Verurteilte bald, nachdem mir mein Amt genommen worden war, mit einem der württ. ev. Kirchenleitung nahestehenden Mann gesprochen, der mich nach wie vor für einen Bruder im biblischen Sinn hielt; er war mein Dekan gewesen: Johannes Hermann. — Aber, sagte er, hier handelt es sich

doch gar nicht darum, daß gesündigt wurde! Es ging doch um die wahre Lehre. Was soll dann das »Sündigt aber dein Bruder ...« (von Mt 18) in diesem Fall? — »Gewiß (war meine Antwort) geht es in diesem heutigen Fall nicht um persönliche Sünden meiner Richter und Verurteiler gegen mich persönlich. Da bin ich ein ärgerer Sünder als Ihr (Röm 3,23). Es handelt sich also um eine *sinngemäße* Anwendung. In unserem Konfirmandenbüchlein (›Konfirmationsbüchlein der evg. Kirche Württembergs‹) lernten wir in Frage 16: Was ist die Sünde? ›Die Sünde ist das Unrecht oder die Übertretung des Gesetzes. 1. Joh 3,4.‹ Nun wurde im Lehrprozeß eine Setzung (Mt 16) im Gesetz des Christus (vgl. 1 Kor 9,21) übertreten; lag darin nicht Unrecht?«
Da Dekan Hermann der Vorsitzende des »Ausschusses für Lehre und Kultus« in der Synode war, so war m. E. nun ein Schritt über den Rang des Spruchkollegiums hinaus gemacht: hin zum Jurisdiktionsträger unserer Landeskirche, der Synode. »Nein!« sagte er, »das mit Mattäus 18 paßt hier nicht.« Mein Ansinnen kam ihm so grotesk vor, daß er nur staunte. Dann fragte er mich aber, ob er von dieser Unterredung bei der Kirchenleitung Gebrauch machen dürfe. Ja!

Bitte an den Lutherischen Weltbund und den Leitenden Bischof der VELKD

Der weitere Verlauf des Ringens um die wahre Auslegung des Evangeliums zeigt ein Doppeltes, das von einander nicht zu trennen war. 1. Der Betroffene legte in Wort und Schrift Jahre hindurch Gründe für Inhalt und Dauer des Amtes von Mattäus 16 par vor. 2. haben, ohne daß ich bat, immer wieder evangelische Brüder und Schwestern sich für Milderung oder Aufhebung des Urteils verwandt. Ebenso ergingen durch mich selbst immer wieder Bitten an unsere Kirchenleitung; freilich blieb es bei dem Lehrurteil.

Obwohl unsere autonome Landeskirchen-Leitung keine lutherische Instanz über sich hat, blieb mir die Hoffnung, lutherische Bischöfe würden eventuell mit einer Bitte, die Lehrentscheidung samt Urteil zu überprüfen, auf unsern Herrn Landesbischof zutreten, zumal sich die Kirchenführer persönlich kannten. So wandte ich mich — es war am 25. Mai 1967 — an Bischof Lilje, genauer »An den Lutherischen Weltbund, zu Hd. des Deutschen Nationalkomitees und dessen Vorsitzenden, Herr Landesbischof D. Dr. H. Lilje, Hannover, und zugleich an die Vereinigte Evang.-luth. Kirche Deutschlands und deren Bischöfe, zu Hd. des Leitenden Bischofs, Herrn Landesbischof D. Dr. Lilje, 3 Hannover, Calenberger Str. 3.«

»Am 4. August 1953 hat das Spruchkollegium meiner Landeskirche eine L e h r e n t s c h e i d u n g betr. Evang. Mattäus 16, 18 f. gefällt und durch dieses L e h r u r t e i l mich, den damaligen Pfarrer von Möttlingen (Schwarzwald), aus dem Amt und Stand eines evangelischen Pfarrers entfernt.

Meine biblisch-kirchliche Überzeugung, die ich bekennen muß, ist nach wie vor die: Im Gefüge aller Sendevollmachten vom HERRN ist auch das Leitungs- und Lehramt des Ersten im Boten- und Vorsteherkreis (Petrusamt) iure divino oder durch Gottes Wort vorhanden. Gehorsam gegenüber dem alleinigen HERRN der Kirche sollen wir dem Bischof von Rom diejenige Vollmacht zuerkennen, die dem Sinn der Herrnworte (Mt 16, Joh 21 und aller Petrusstellen im Neuen Testament) entsprechend nicht nur dem Apostel und Augenzeugen zugesprochen, sondern wie die anderen Sendeworte eine durch Gottes Wort dauernde ist.

Schon bald nach dem 4. 8. 1953 ergingen von verschiedenen Seiten Bitten, das Urteil zu überprüfen bzw. aufzuheben. Persönlich bin ich guter Zuversicht, daß die maßgebenden Männer meiner Landeskirche, insbesondere Herr Landesbischof D. Dr. Eichele, alle Gerechtigkeit erfüllen wollen.

Doch bekennen wir im Augsburgischen Glaubensbekenntnis Artikel 28 uns zur G e m e i n s c h a f t der Bischöfe, der Lehrurteilsvollmacht des Gesamtepiskopats. Darum wende ich mich

hiermit an die in der V E L K D und im Lutherischen Weltbund zusammengeschlossenen Bischöfe mit der Bitte: Sie möchten uns für die Überprüfung der L e h r e n t s c h e i d u n g samt ergangenem Urteil auf Grund von Gottes lebendigem Wort Ihre gerechte Hilfe zuteil werden lassen.«
(Beilagen: *E. Kaufmann*, o. ö. Prof. d. evg. Kirchenrechts an d. Universität Marburg, ›Glaube — Irrtum — Recht...‹ Stuttgart 1961; O. *Weitbrecht*, Pfarrer i. R., Ein Wort zum Fall B./An die Württ. Evang. Landessynode, Tübingen, 14. 3. 1967; *R. Baumann*, ›Primat und Luthertum‹, Tübingen 1953, und »Prozeß um den Papst«, ebenda 1958.)

Da die Antwort von Herrn Landesbischof D. Dr. Lilje, vom 12. Juli 1967, nicht als vertraulich bezeichnet wurde und ihr anderseits über einen Einzelfall hinaus grundsätzliche Bedeutung zukommt, stehe sie hier unter Weglassung eines herzlich gehaltenen persönlichen Satzes:
»Ihr Schreiben an das Deutsche Nationalkomitee des Lutherischen Weltbundes bzw. an die Vereinigte Evangelisch-Lutherische Kirche Deutschlands geht von einer doppelten Voraussetzung aus:
1. Der Lutherische Weltbund und mit ihm auch sein Deutsches Nationalkomitee stehen auf dem Boden des lutherischen Bekenntnisses. Wenn im Lehrverfahren einer Gliedkirche des Weltbundes ein Pfarrer wegen seiner falschen Lehre vom päpstlichen Primat sein Pfarramt verloren hat, so deshalb, weil das Spruchkollegium dieser Kirche sich an das lutherische Bekenntnis gehalten hat, in welchem der Anspruch eines päpstlichen Leitungs- und Lehramts eindeutig abgelehnt ist. Dazu ist zu sagen, daß es weder dem Lutherischen Weltbund noch einer seiner Gliedkirchen zusteht, die gemeinsame publica doctrina« [öffentliche Lehre] »aller lutherischen Kirchen abzuändern, nach der der Papst nicht ›iure divino oder aus Gottes Wort das Haupt der Christenheit‹ ist (Art. Smalc. S. 427); sonst würde an einem ganz entscheidenden Punkt die Lehrgrundlage verlassen, die sie als lutherische Kirche kennzeichnet.

2. Ebenso wie der Lutherische Weltbund keinerlei theologische Möglichkeit hat, in die dem lutherischen Bekenntnis gemäß erfolgte Lehrentscheidung der württembergischen Landeskirche einzugreifen, ebensowenig hat er eine Möglichkeit, die Entscheidung des Spruchkollegiums der württembergischen Landeskirche juristisch anzufechten. Eine Änderung der gegebenen Lage ist für die württembergische Landeskirche rechtlich unmöglich, solange Sie, sehr verehrter Herr B., nicht selbst den Anlaß beseitigen, der zu dem mit juristischen Gründen nicht anfechtbaren Entscheid des Spruchkollegiums geführt hat. Sie selbst müßten die Voraussetzung schaffen und die in Ihren zahlreichen Veröffentlichungen vertretene Lehre vom Primat des römischen Papstes widerrufen, eine Lehre, die von allen nicht-katholischen Konfessionen abgelehnt wird.«

Auch eine Unterredung beim Lutherischen Weltbund in Genf am 6. September 1972 und eine solche bei dessen Zweigstelle in Straßburg, 13./14. Oktober 1972, samt weiterem Briefwechsel erbrachten trotz inzwischen erschienenem »Malta-Bericht«, Rom und Genf 9. Februar 1972, keine Hilfe im Sinn von Evangelium Mattäus 18, 15—18.

Brief an den Papst Paul VI.

». . . so sage es der Kirche!«, Evangelium Mattäus 18,17.

In diesem Schriftabschnitt ist wohl mehr an die Einzelgemeinde gedacht. Aber für die Gesamtkirche wie für die Landesgemeinden, Ortsgemeinden und Hauskirchen ist immer nur ein und dasselbe Wort im Urtext verwendet: ecclesia. Sinngemäß konnte in der vorliegenden Sache nicht meine ehemalige Gemeinde Möttlingen gemeint sein, auch nicht unsere Martinsgemeinde in Tübingen, zu der wir gehören. Sondern nur die Gesamtkirche,

und zwar, dem Evangelium Mattäus 16,19 und 18,18 entsprechend, für Lehrentscheidungen, bei denen es um die Kirche Jesu Christi geht, die Leitung der Gesamtkirche.
Den Gesamtepiskopat auf Erden zu erreichen war mir nicht möglich. Ein Konzil, bei dem er versammelt ist, war nicht in Aussicht. So kam, einmal für jetzt, nur der Erste oder, wie noch Luther bei seiner Prophezeiung 1519 ihn nannte, »Der oberste Bischof« in Frage. Freilich, mein Vorhaben kam mir selbst befremdlich vor; derart außergewöhnlich, daß lange der Zweifel in mir war, ob so ein Brief zustandekommen könne.
Es lag nahe, zu denken: der Papst wird jetzt, wo Rom mit ganzen Kirchen und kirchlichen Gemeinschaften, vermittelst des Einheits-Sekretariates, schon in Kommissionen zusammenarbeitet, es ganz ungelegen, »inopportun« finden (vgl. 2 Tim 4,2), einen einzelnen Lehrurteilsfall anzurühren. Das wäre geeignet, ausgerechnet jetzt die Versöhnung im großen Stil nur unnötig zu stören. Aber der Papst braucht meine Eingabe, wenn sie je zustandekommt, doch erst später, zu einer Zeit, wenn es ihm opportun erscheint, zu berücksichtigen. Kamen auch nicht gerade häufig Kirchenführer der Unsern zu ihm, so konnte sich doch einmal eine Begegnung ergeben, und er konnte im freien Gespräch wohl auch eine freundliche Anfrage an irgend einen lutherischen Kirchenführer richten. Oder an den neuen Generalsekretär des Lutherischen Weltbundes, Dr. Mau aus USA, von dem es hieß, er werde wie sein Vorgänger Dr. André Appel, dem Papst seinen Besuch abstatten.
Aber — nochmals kam die das seltsame Unterfangen bremsende Überlegung: war es dann nicht doch näherliegend, zu Dr. Mau selbst nach Genf zu fahren und ihn um das für unsere lutherische Landeskirche und deren wahre Schriftauslegung hilfreiche Eingreifen zu bitten?
Nein, das war alles ein unnötiges Herumraten. Nicht nur Landesbischof Lilje, sondern die Verfassung des Lutherischen Weltbundes zeigte mir, daß nichts zu machen war.
Nur das Evangelium selbst, so oft es sich mir als Gotteskraft erzeigte, ließ mir keine Ruhe. Sorge dich nicht um andere Leute,

was sie tun oder lassen werden; auch nicht um Wind und Wellen.
Tu das Deine, sei dem Evangelium gehorsam!
Es wurde inzwischen Pfingsten 1975. Das erste Pfingstfest ereignete sich nicht ohne das Dabeisein des Jüngers im Petrusamt. So kam es, ohne daß es so geplant gewesen wäre, in den Pfingsttagen zu dem folgenden lateinischen Brief an den Nachfolger Petri. (Vielleicht holpriges Latein. Aber der Papst wird ihn schon verstehen. Aus dem Deutschen hätte er ihm erst übersetzt werden müssen. So hieß es, ihn lateinisch abzufassen.)
Zunächst wird also der lateinische Wortlaut wiedergegeben. Dann folgt eine erst jetzt gefertigte Übersetzung ins Deutsche. Und eine Erläuterung schließt sich an.

Richard Baumann
D-74 Tübingen,
Vöchtingstr. 31.

In Dominica Pentecostes
(18. V.) Anni Sancti 1975.

P a u l u s VI., Catholicae Ecclesiae Episcopus,
electe, sancte, dilecte, salvus sis!

A p p e l l a t i o n e m hanc vobis afferre audeo.
Baptizatus (Mt 28,19) enim persona in Ecclesia sum (C I C, 87).

C r e d o cum Ecclesia una sancta catholica apostolica voloque servare omnia, quaecumque Jesus Christus apostolis mandavit (Mt 28,20), quae servata ac explicata sunt in doctrina ab Symbolo Apostolico usque ad Constitutiones Concilii Vaticani II et PP Pauli VI. Credo Populi Dei (30. VI. 1968) porroque.
Ordinatus pastor evang.-lutheranus der Evang. Landeskirche in Württemberg obligatus sum Confessioni Augustanae (1530): docere »nihil, quod discrepet a Scripturis, vel ab ecclesia catholica vel ab ecclesia romana« atque »diligentissime cavere, ne qua nova et impia dogmata in ecclesiis nostris serperent«.

R e v o c o igitur opiniones in veram doctrinam Lutheri Lutheranorumque immixtas, quas Ecclesia Dei Vivi, columna et firmamentum veritatis (1 Tim 3,15) in potestate Petri Fratrumque (Mt 16,18.19; 18,18) impia dogmata vel errores designavit.
Oneratus in conscientia sum hoc facto: Lutherus sacramentum dictum scilicet iuramenta quae iuraverat (4. et 19. Okt. 1512) non reddidit, sed potestatem a Jesu Christo traditam Petro negavit; nosque Lutherani adhuc iniuriae participes sumus sive probatione sive oblivione.

R o g o proinde instanter Vos, Catholicae Ecclesiae Episcopum, una cum Episcoporum Collegio: nobis subsidio venire, ut coram DEO hominibusque ab Anathema soluti simus atque simus liberati et ab interno vi novissima impia dogmata docente et ab violentia sectarum perditionis (2 Petr 2,1).
Exclusus a ministerio ecclesiastico (Pfarramt) sum ex 4. 8. 1953 per iudicium virorum novem (Spruchkollegium) ob eam causam: quod ab Dominica Resurrectionis 1946 confessus eram:
»Petri successor non exclusus est
a ministerio ecclesiastico de iure divino;
etiam iste ex mandato evangelii (cf. C.A. 28)
minister Chrisit est,
dispensator mysteriorum Dei (1 Kor 4,1),
qui pro Christo legatione fungitur (2 Kor 5,20) in
ministerio reconciliationis (2 Kor 5,18);
iste solus est per Christum pastor populi Dei (cf. Jo 21,15 ff.),
›petra‹, cui Christus tradidit claves regni
coelorum (Mt 16,18.19);
primus omnium, qui ligant ac solvent (Mt 16,19; 18,18);
frater qui fratres confirmat (Lk 22,32);
qui habet administrationem (cf. 1 Kor 4,1) unitatis
Unae Ecclesiae (cf. »Dienstamt der Gemeinschaft«: Genava 10. VI. 1969 PP Paulus VI.):
in Summa Vicarius pro Christo est
secundum omnia Logia (Verba) Jesu Christi
uni omnium discipulorum semel in perpetuum adiudicata.«

A p p e l l o ad Catholicae Ecclesiae Episcopum secundum Evangelium (Mt 18,15—17) rogans spectationem iudiciumque:
an decretum (Lehrentscheidung, Lehrurteil) d. 4. 8. 1953 secundum Evangelium factum sit
aut contra Evangelium.
Vae enim nobis, si in christiana Communione nostra homines sumus, qui veritatem Dei in iniustitia detinent (cf. Rom 1,18). Non contra, sed secundum Evangelium, totum clarum, nos Christiani evangelici et renovationem Spiritus Sancti et reconciliationem ante altare Domini Dei nostri accipere possumus —: itaque appellationem proferre audeo [griech.:] καιρῷ γὰρ ἰδίῳ

manifesto hoc in Anno Sancto 1975.

>Gratia Domini nostri Jesu Christi
>cum spiritu vestro!

>R. Baumann

Am Pfingstfest, dem 18. Mai des Heiligen Jahres 1975

P a u l u s VI., Bischof der Allgemeinen (katholischen) Kirche,
Auserwählter, Heiliger und Geliebter,
Gott schenke Euch Heil und Wohlergehen!

Die folgende B e r u f u n g wage ich Euch vorzulegen.
Als *Getaufter* (Mt 28,19) bin ich ja eine Person innerhalb der Kirche, habe die kirchliche Mitgliedschaft (nach dem Codex Juris Canonici Artikel 87).
Credo, i c h g l a u b e im Einklang mit der Einen, heiligen, allgemeinen (= katholischen) und apostolischen Kirche; will auch alles

bewahren, was Jesus Christus seinen Aposteln befohlen hat (Mt 28,20), was bewahrt und geistgemäß entfaltet wurde in der Kirchenlehre, vom Apostolischen Glaubensbekenntnis an bis zu den Glaubenskundgebungen des Zweiten Vatikanischen Konzils und Papst Pauls VI. »Credo des Gottesvolkes« vom 30. Juni 1968, und was die Kirche fernerhin lehrt.
Als *ordinierter* evangelisch-lutherischer Pfarrer der Evangelischen Landeskirche in Württemberg bin ich auf das Augsburgische Glaubensbekenntnis (1530) verpflichtet worden: nichts zu lehren, was der Heiligen Schrift und der katholischen, ja römischen Kirche zuwider oder entgegen ist; vielmehr aufs sorgfältigste davor auf der Hut zu sein, daß ja keine neuen und gottlosen Lehren (Dogmen) sich in unseren Kirchen (Gemeinden) einschleichen.

Daher w i d e r r u f e i c h solche in die wahre Lehre Luthers und der Lutheraner hineingemischten Lehrmeinungen, welche die Kirche des lebendigen Gottes, als ein Pfeiler und eine Grundfeste der Wahrheit (1 Tim 3,15) kraft der Amtsvollmacht des Petrus und seiner Brüder (Mt 16,18.19; 18,18) als gottlose Lehren oder Irrtümer bezeichnet hat.
Im Gewissen belastet bin ich von folgender Tatsache: Luther hat seinen Amtseid, den er in mehreren sakramentalen Feiern abgelegt hatte (am 4. und 19. Oktober 1512), nicht gehalten, sondern hat die von Jesus Christus dem Petrus verliehene Amtsgewalt verneint; und wir Lutheraner sind bis jetzt Teilhaber von Luthers Unrecht, entweder indem wir es billigen, oder indem wir es vergessen haben.

Dementsprechend b i t t e i c h Euch, den Bischof der Allgemeinen Kirche, zusammen mit dem Bischofskollegium, uns zu Hilfe zu kommen, damit wir vor Gott und den Menschen von dem Bann gelöst werden und künftig befreit seien sowohl von der Macht in unserm Innern, die neueste gottlose Dogmen lehrt, als auch von der Gewaltsamkeit verderbenbringender Sekten (2 Petr 2,1).

Aus dem Kirchendienst (Pfarramt) *ausgeschlossen* bin ich seit 4. August 1953 durch das Urteil von 9 Männern (Spruchkollegium) aus dem folgenden Grund.
Von Ostern 1946 an hatte ich bekannt:
Der Nachfolger des Petrus ist nicht ausgeschlossen von dem Kirchenamt nach göttlichen Rechten;
gemeinsam mit anderen ist auch er ein Diener Christi, der seinen Auftrag vom Evangelium (einen Evangeliumsauftrag) hat (vgl. Confessio Augustana Artikel 28),
ein Haushalter (Verwalter, Schatzmeister) über Gottes Geheimnisse (1 Kor 4,1),
der an Christi Statt (für Christus) als Botschafter waltet (2 Kor 5,20) im Amte der Versöhnung (2 Kor 5,18);
allein er aber ist durch Christus der Hirte des Volkes Gottes (vgl. Joh 21,15 ff.),
›der Fels‹ der Kirche (Mt 16,18),
dem Christus die Schlüssel des Himmelreichs (der Gottesherrschaft) übergeben hat (Mt 16,19),
der Rang-Erste von allen, die ›binden und lösen‹ (Mt 16,19; 18,18),
der Bruder, der die Brüder (im Glauben) stärkt (Lk 22,32),
der die Haushalterschaft (vgl. 1 Kor 4,1) über die Einheit der Einen Kirche innehat (vgl. »Dienstamt der Gemeinschaft«: nach der Aussage Papst Pauls VI. am 10. Juni 1969 in Genf):
zusammenfassend, er ist der Stellvertreter (Platzhalter und Sachwalter) für Jesus Christus gemäß dem Inhalt aller Worte, Offenbarungs- und Rechtssprüche Jesu Christi, die einem Einzigen von allen Jüngern ein für allemal und immer zuerkannt worden sind.

So lege ich B e r u f u n g ein bei dem Bischof der Allgemeinen Kirche, gemäß dem Evangelium (Mt 18,15—17), bitte um Überprüfung und das Lehrurteil: ob der Bescheid (Lehrentscheidung, Lehrurteil) vom 4. August 1953 in Übereinstimmung mit dem Evangelium oder dem Evangelium entgegen ergangen ist.
Wehe nämlich uns, wenn wir in unsrer christlichen Gemeinschaft

(= lutherischen Kirchengemeinschaft) Menschen sind, die Gottes Wahrheit durch Ungerechtigkeit unterdrücken (vgl. Röm 1,18). Nicht gegen das Evangelium, sondern ihm, und zwar dem ganzen, klaren, folgend können wir evangelischen Christen sowohl die Erneuerung durch den Heiligen Geist als auch die Versöhnung vor dem Altar unseres Herrn und Gottes empfangen.
Aus diesem Grunde wage ich es, diese Berufung vorzubringen, gerade in dieser offenkundig besonderen Heilszeit [= kairo gar idio; lat.: tempore enim suo, Gal 6,9] des Heiligen Jahres 1975.

> Die Gnade unseres Herrn Jesus Christus
> sei mit Eurem Geiste!
>
> R. Baumann

Die Anrede ist biblisch gewählt. Der Apostel redet die Gemeindeglieder als Auserwählte Gottes, Heilige und Geliebte an (Kolosserbrief Kap. 3 v. 12). So erschien es mir auch dem Nachfolger Petri gegenüber angebracht; bei ihm um seiner »menschenunmöglichen« Amtsaufgabe willen in besonderem Sinn.
Der Briefschreiber mußte sich zu erkennen geben. Das tat er mit 4 Bezeichnungen dessen, was an ihm geschehen ist: er ist ein Getaufter, ein Ordinierter, ein Beladener und ein Ausgeschlossener.
Aufgrund dessen, was an ihm geschehen ist, erfolgt jetzt sein Tun. Er schreibt also auch ein 4faches: Ich glaube, widerrufe, bitte und berufe mich. Nun zu I bis IV Folgendes.

(I) Der Briefschreiber wendet sich nicht als ganz Fremder an den Papst. Denn im Geistlichen Recht (C.I.C.) ist dem heiligen Sakrament der Taufe auf den Namen des Dreieinigen Gottes eine solche Kraft zuerkannt, daß jeder Getaufte nun Glied der Kirche ist. Das Credo des Briefschreibers ist kein anderes als das der einzigen Kirche, die es seit der Apostel Tage gibt. Die vom Herrn gesandten Propheten, auch die Weisen, haben das Wort

entfaltet, und Schriftgelehrte nach Jesu Sinn wehrten dem nicht. Denn dem Heiligen Geist darf niemand wehren; er ist es, der als Gott Schöpfer Geist auch unscheinbare und noch nicht verstandene Samen der in der Schrift vorhandenen Wahrheit zum Wachsen, Blühen und Früchtetragen gebracht hat und das allezeit tut.
Das Credo des Gottesvolkes hat Papst Paul VI. für dieses, vor der Peterskirche zum 1900-Jahr-Gedächtnis der Apostel Petrus und Paulus, am 30. Juni 1968, abgelegt. Vertreter des Bischofskollegiums der Allgemeinen Kirche waren um ihn versammelt. Dazu große Scharen des heiligen Volkes Gottes.
Wer dem Sohne Gottes glaubt, der hört auf das Wort Seiner vom Heiligen Geist geleiteten Kirche, auch fernerhin. Denn der Herr spricht zur Gemeinschaft seiner Bevollmächtigten: »Wer euch hört, der hört mich« (Lk 10,16).

(II) In der Feier seiner Ordination (nach dem »Kirchenbuch II« vom Jahr 1908) wurde dem Ordinanden nichts auferlegt, was ihn in eine autonome Sondergemeinde oder Sekte verwiesen hätte. Vielmehr erfolgte die Amtsweihe mit dem Blick auf die ganze Kirche, die Gemeinschaft des Leibes Christi. Der Ordinand empfing auf seine »vor Gott und seiner heiligen Kirche getane Zusage der Treue« die Amtsweihe zu einem Diener des göttlichen Wortes, Diener Jesu Christi, verordneten Diener der christlichen Kirche. »Mein Bruder, von wegen unsres Erzhirten Jesu Christi befehlen wir dir durch Gebet und Auflegung unsrer Hände das heilige Predigtamt, weihen und segnen, ordnen und senden dich zum Dienst unsres Herrn Jesu Christi am Wort und Sakrament, im Namen Gottes des Vaters und des Sohnes und des heiligen Geistes. Amen.«
Bei der Amtsverpflichtung, die vor Ablegung des Ordinationsgelübdes stattfand, übernahm der Ordinand seine landeskirchliche Verpflichtung durch Handschlag — »Handtreue an Eidesstatt« — und verpflichtete sich auf die Heilige Schrift; in der Dienstanweisung war von den Bekenntnissen nur »insbesondere das Augsburgische Glaubensbekenntnis« angeführt.
Niemals wurde von lutherischen Kirchen bekannt, daß sie die

Stellen aus dem Augsburgischen Glaubensbekenntnis widerrufen hätten, die den Willen zur Schrift- und Kirchentreue — dies der katholischen und römischen Kirche gegenüber — bekunden. Hervorgehoben wurden freilich diese Bekenntnissätze nicht.
So ist es erklärlich, daß uns der vom Herrn zugesagte, aber von uns abgelehnte Schutz gegen das Eindringen oder Sichentfalten von neuen und gottlosen Lehren abging. In der Zeit nach dem Zweiten Vatikanischen Konzil wurde vielfach bemerkt, daß Irrlehren, die früher gleichsam nur geschlichen waren, sich in ihrer ganzen Gestalt erhoben haben. Das schreckte viele Tausende evangelischer Christen, vor allem auch Eltern auf, die ihre Kinder einem Verführungsgeist ausgeliefert sahen.
Unentdeckt blieb die Gefahr nicht. Dafür seien wenige Beispiele angeführt.
In der Württembergischen Evangelischen Landessynode mit ihren rund 90 Mitgliedern aus allen Volksschichten hat nicht *ein* Synodaler der Feststellung von Professor Diem widersprochen, als er sagte: »Es sind in unserer Kirche ja nun allmählich allerlei Irrlehren eingedrungen«, wobei »der allgemeine Trend die Linksabweichung ist« (6. Württ. Ev. Landessynode, 19. Oktober 1965, amtl. Sitzungsbericht S. 1020).
Von anderer Seite versucht man dem Ursprung dieser allerlei Irrlehren nachzuforschen. In einem Bericht über die gegenwärtige »historisch-kritische Praxis in den biblischen Fächern« an den theologischen Fachbereichen von Staatsuniversitäten und über eventuell nötige Ersatzstätten heißt es, diese Lehrpraxis sei es gewesen, »die den Laien entmündigte und das Neue Testament als ein menschliches Zufallsprodukt unterschiedlicher Autoren sehen lehrte. Dazu kam jene inzwischen keineswegs ausgestorbene ›Theologie ohne Gott‹ und die Politisierung der Theologie auch an den staatlichen Universitäten« bei »zunehmender parteiideologischer Radikalisierung der Studenten«. — Es sei verständlich, wenn manche »die Schäden an den staatlichen [theol.] Fakultäten für irreparabel« [unheilbar] »halten« ... — »Unsere württembergische (ev.) Landeskirche toleriert seit Jahren eine beträchtliche Zahl von Mitarbeitern aus dem Kreis einer dezi-

diert modernistischen Theologie, die den Nachweis für die eindeutige Priorität der Heiligen Schrift, der Bekenntnisse und des Amtsgelübdes vor allen politischen, ideologischen und soziologischen Maßstäben bis heute schuldig geblieben sind. Deshalb wäre es eine exemplarische Intoleranz, wenn wir auf der anderen Seite jene Brüder nicht in den Dienst unserer Kirche übernehmen wollten, die sich geradlinig und unzweideutig zur Maßstäblichkeit der ganzen Heiligen Schrift für ihr Leben und für ihre Verkündigung bekennen.

Wir halten es darum für unerträglich, wenn nun ausgerechnet gegenüber solchen konsequent bibeltreuen Theologen, wie sie aus der FETA — Freien evangelisch-theologischen Hochschule in Basel — hervorgehen, der kirchenamtliche Vorwurf eines unreformatorischen Schriftverständnisses erhoben und ihnen der Zugang ins Theologenamt unserer württembergischen Kirche so erschwert wird, daß sie draußen bleiben müssen. Die Glaubwürdigkeit für solche massiven Einwände, wie man sie bei der Mai-Synode erhoben und mit einigen Lutherzitaten und Sätzen aus den Bekenntnisschriften zu stützen versucht hat, hätte sich unsere Kirche besser im Blick auf solche Theologen erworben, die zum Beispiel damals durch Konferenz-Mehrheitsbeschluß die Bibel zu ›einem Gesprächspartner unter anderen(!)‹ degradiert haben und die auch bei uns ungestört ihre ›Gott ist tot-Theologie‹ propagieren konnten, ohne daß man sich ihnen gegenüber amtlich an die Reformatoren und an die Bekenntnisschriften erinnert oder gar Bedenken bei der Übernahme dieser Mehrheitsgruppe junger Theologen ins Pfarramt gezeigt hätte.

Damals hat man die Mahner aus unseren Gemeinden beschwichtigt und an ihre Bereitschaft appelliert, geduldig im Gespräch zu bleiben. Aber den FETA-Leuten gegenüber zieht man jetzt mit der Berufung auf Schrift und Bekenntnis zu Felde . .« (in »Für Arbeit und Besinnung, Zeitschrift für d. Ev. Landeskirche in Württemberg, Nr. 17, 1. Sept. 1975, S. 641 f.).

Ähnliches wurde aus anderen Landeskirchen bekannt. Aus der neuesten Literatur über Irrlehren seien Sätze eines Buches angeführt, die von der Gefahr auf Weltebene handeln. Es ist das

Sammelwerk »Reich Gottes oder Weltgemeinschaft / Die Berliner Ökumene-Erklärung zur utopischen Vision des Weltkirchenrates«, herausgegeben von W. Künneth und P. Beyerhaus, Bad Liebenzell 1975. (Die Zitate: S. 17—35:) Die These 1 der Berliner Ökumene-Erklärung vom 23. Mai 1974 lautet: »Der Humanismus als antichristliche Versuchung«: »Der neue Humanismus ist eine Sichtungsstunde der Christenheit. Ein widergöttlicher Humanismus, als Vergötzung des Menschen, dringt im Gewande einer scheinchristlichen Theologie weltweit in die Christenheit ein und unterhöhlt das Christusbekenntnis der Kirche.« These 3: »Beunruhigt durch die Bedrohung des biblischen Glaubens in der [Genfer] Ökumene, gebeugt unter unsere eigene Mitschuld an dieser Entwicklung und bedrängt durch die Verwirrung zahlreicher Christen, die vergeblich nach Hirten ausschauen, sind wir gerufen, ein Wächteramt in der Kirche wahrzunehmen. Schwiegen wir, so träfe uns Gottes Gericht (Ez = Hesekiel 3,17).« These 5: »Ökumenische Führer behaupten, daß Jesus Christus heute in den Revolutionen und Fremdreligionen zum Heil der Welt handle. Sie versuchen, diese Irrlehre aus der Schrift zu beweisen. Damit ist der Weltkirchenrat auf dem Wege, Jesus Christus durch sein antichristliches Gegenbild zu ersetzen.« These 8: »Der Weltkirchenrat steht an einem schicksalhaften Wendepunkt: Die anfängliche Ökumene der Kirchen droht heute zur Ökumene der Religionen gemacht zu werden. Wir warnen vor der Gefahr einer synkretistischen [die Religionen vermengenden] Welteinheitsreligion.« These 10, »Ökumenismus als Irrgeist«: »Die ›utopische Vision‹, die viele in der Ökumene verzaubert, ist nicht nur eine falsche, vom Menschen erdachte Lehre. Sie ist zugleich eine Geistesmacht (vgl. Luk 4,5—7). Jeden, der sich auf sie einläßt, steckt sie an und verändert fast unbemerkt sein geistliches Bewußtsein.« Dazu ergänzend: »Die fälschlich als neue ›Weltmission‹ bezeichnete Utopische Vision »stammt aus einer dämonischen Quelle und ist schwarmgeistigen Wesens. Das macht sie für ihre Anhänger und für die Gemeinden um so gefährlicher. Wer sich durch sie verführen läßt, wird alsbald selbst zum Verführer«. Aus These 11, »Ökumenismus als Erobe-

rungsstrategie«:»:«: ». . . Die dabei auf allen Kontinenten zu beobachtenden Methoden erscheinen wie Glieder eines weltumspannenden Gesamtplanes.« »Wir sollen (aber) nicht mehr Unmündige sein, wie auf Wellen hin- und hergeworfen und umgetrieben von jedem Wind der Lehre durch das trügerische Spiel der Menschen, durch Hinterlist der Methoden der Irreführung (Eph 4,14).«
Soweit die Beispiele, die nur einen kleinen Ausschnitt aus großer Not darstellen.
Auch der Vf. ist gebeugt unter seiner eigenen Mitschuld daran, daß es so weit gekommen ist. Was die Allgemeine Kirche in ihrem Lehramt göttlichen Rechts jemals bei uns als gottlose Lehren oder Irrtümer bezeichnet und gegen die Wahrheit abgegrenzt hat, davon scheide ich mich völlig. Und soweit mir während meiner Amtszeit einseitige, nicht vollbiblische Lehre zur Last liegt, widerrufe ich die Fehler.
Alles dagegen, was seit der Reformation im lutherischen und gesamtreformatorischen Raum an wahrem Verkünden von Gottes Wort auf uns gekommen ist, bekenne auch ich als von Gott geschenktes Gut der ganzen Kirche.

(III) Kaum jemand unter uns, der die Tat vor dem Elstertor, die Vernichtung des geistlichen Rechts der Kirche, unter anderen Lutherjubiläen mitfeierte, dürfte dabei den Eid- und Treubruch als Sünde gegen Gott im Gewissen verspürt haben. Ob auch unerkannt, das Unrecht, nicht bereut und nicht bekannt, wirkte fort. Gottes Strafe kann sich darin auswirken, daß die Einen unter uns ihr Amt dem katholischen Amt gleichstellen, es als geistlich-rechtmäßiges werten, als wäre der Vernichtungsakt nicht geschehen, den man ruhig aber auch weiterfeiert. Die Anderen, meist jüngerer Generation, erachten eine Amtsweihe für unevangelisch; sehen es als geistlichen Hochmut an, den Pfarrberuf irgendeinem andern anständigen Job gegenüber als etwas Besonderes herauszuheben; wie es auch keine »Einweihung« »sakraler Stätten«, sondern einfach die Inbetriebnahme von Mehrzweckräumen, daher ohne das Kreuzsymbol u. a. gibt.

Hilfe hat der gesamte protestantische Teil des christlichen Lagers nötig. Bei der Lösung vom Bann ist an den inneren Bann unter uns gedacht: daß wir, bei vielen Teileinsichten, unseren Urschaden nicht wahrhaben können: weil wir unsere Existenz als autonome wahre Kirche und ihre Rechtfertigung mittels unserer Rechtfertigungslehre nicht drangeben wollen. Jedoch auch wo redliches Wollen vorhanden ist, ist eine das Wollenkönnen hindernde Macht bannend vorhanden. Zur Lösung wird von Gott und Menschen Hilfe erbeten.
Bei den neuen und neuesten gottlosen Dogmen ist der harte Ausdruck in der Confessio Augustana verwendet. Gemeint ist jetzt nichts geplant Gottloses, sondern die Endwirkung irriger Lehren. Da ist vornean, das »W e r?« der Vollmacht betreffend, die bei uns verbreitete Selbstüberzeugung, wie sie bei den »Christischen« von Korinth — nach 1 Kor 1,12 und 2 Kor 10,7 — beispielhaft erscheint. »Was brauchen wir Kephas, Apollos oder auch Paulus — wir gehören zu Christus; das heißt: wenn ich nur zu Christus gehöre, so brauche ich keine Menschen und ihr sogenanntes Amt. Alles Mühen um Einheit dieser Papstkirche mit uns ist menschlich, wenn nicht gar von unten. Jesus Christus allein! das ist reformatorisch. Luther hat das auf den Leuchter gestellt. Aber auch er will ja nichts sein — Christus allein ist unser Heiland! Er hat seine Gläubigen quer durch alle Konfessionen und kennt sie.« — In dieser Berufung auf Christus lag (so sagt Schlatter bei 1 Kor 1,12 in seinen Erläuterungen zum Neuen Testament) »deutlich ein Gegensatz gegen die Apostel. Sie (die Christischen) wollten nicht auf Paulus hören, nicht den Aposteln sich fügen, sondern gingen in Kraft ihrer Gemeinschaft mit Jesus ihre eigenen Wege. Das war kein aufrichtiger Anschluß an Jesus, wenn sie gleichzeitig seine Boten geringschätzten und sich von seiner Gemeinde schieden«. Und nun 2 Kor 10,7: »Ihr seht auf das, was das Gesicht zeigt. Wenn jemand zu sich die Zuversicht hat, er gehöre zum Christus, so soll er von sich selber aus weiter auch den Gedanken fassen, daß, wie er zum Christus gehört, so auch wir.« Das Gesicht der Christischen »war auch fromm und christlich. Sie galten bei ihnen darum wenigstens für einige Zeit

als große Christen, ja als bevorzugte Kenner Gottes... Während wir von den anderen Parteinamen im zweiten Brief nichts mehr hören, haben die, die gegen Paulus in einen vollständigen Gegensatz geraten sind, immer noch die Berufung auf Christus, der mit ihnen in besonderer Weise verbunden sei, als Kampfmittel gegen ihn gebraucht... Ihr Parteiname, obwohl er das Höchste ausspricht, was die Christenheit besitzt, (hat sich) in eine giftige Unwahrheit verwandelt...« (Schlatter Erläuterungen zu 2 Kor 10,7).

Der Irrlehre, die vom Christus gestifteten Ämter — das »Wer« der Vollmacht vom Herrn — zu mißachten, entspricht das schriftwidrige Lehren darüber, w a s der volle Inhalt des Glaubens sei. Man kann bei uns einen A u s w a h l - Z w a n g feststellen. Einzelne und Gruppen entdecken eine Schriftwahrheit; man freut sich ihrer, man pflegt und preist sie. Anderes in der Schrift, was ebenfalls dasteht und anderen groß wurde, beachtet man weniger oder nicht. Den Einen ist das »wahrer Gott« an Jesus groß, ebenso das Göttliche an der Hl. Schrift; aber das »wahrer Mensch«, die menschliche Seite an der Schrift, verkraften sie nicht. Andere wollen das Engagement der Kirche zur Befreiung der Entrechteten auf Erden; aber Gottes Recht an uns und die Grundwahrheit, daß wahre Versöhnung vom Altar des Lammes Gottes ausgeht, rangiert weiter hinten. »Komm, lieber Jüngster Tag — vielleicht noch 30 Jahre und der Herr kommt!« rufen wieder andere — daß aber das Einswerden aller, für die der himmlische Hohepriester betet (Joh 17) nötig ist, damit die Welt Jesu Sendung zu ihrem Heil erkennt, ist ihnen wie nie gebetet und nie für uns geschrieben. Weil z. B. »Kirchenvater« Brenz die Charismen — Gnadengaben — nur am Anfang der Christenheit für erforderlich hielt, halten einflußreiche Lehrer bei uns Jesu Aufträge, böse Geister auszutreiben, Kranke zu heilen und seine Verheißung, daß die Gemeinschaft der Seinen größere Werke, als er in Erdentagen, tun wird (Joh 14,12), für uns nicht betreffend. Die Verheißungen vom Pfingstfest (Apg 2) wörtlich zu nehmen »wäre Schwärmerei«. Und so fort.

Die Hilfe von Gott für uns wird die sein, uns vom Auswahl-

Zwang zu befreien. Nicht umsonst hat der Herr in seiner Kirche das die Lehrer und die Lehren zusammenfassende Amt gegeben. Den Boten Jesu — einem und eins mit ihm allen — ist das Binden und auch d a s L ö s e n aufgetragen. Im Blick auf diese Wirklichkeit sollen wir Gott um Hilfe bitten.

Brauchen wir Gottes Hilfe im innerprotestantischen Raum, so ist sie uns ebenso nötig dazu, daß wir nicht weiterhin mit dazubeitragen, Gruppen der Unsern nach draußen in den Abfall vom Glauben abgleiten zu lassen. Dem Auswahl-Zwang einerseits entspricht der A s s o z i i e r u n g s w a h n : als könnte ein Tertium Testamentum — Drittes Testament neben dem Alten und Neuen — aus Gott-ist-tot-Theologie, ehrlichem Atheismus, allen Ideologien, Religionen und wirklich modernem, dogmenfreiem Aggiornamento-Christentum, wofür sogar ein Papst (!) zitiert wird (Johannes XXIII.) zur Ökumene helfen.

Wie Gott helfen und Hilfe durch die angesprochenen Botschafter unseres Herrn Jesus Christus senden wird, ist Ihm, Gott Vater, Sohn und Heiligem Geist, anheimgegeben.

(IV) Ob die Appellation mit Berufung auf das allgültige Wort des Herrn — in Evangelium Mt 16 und 18 — ein unbemerktes Suchen des eigenen Ichs und seines Rechtes ist, oder ob darin das Heil und Wohl aller meiner Brüder und Schwestern im näheren Sinn, sodann aller Christen, ja aller Menschen erstrebt wird, das entscheidet nicht mein eigenes Bewußtsein. Ist »Eigengesuch« beigemischt, so scheide es der Richter der Gedanken und Sinne des Herzens gnädig unerbittlich aus!

Der Briefschluß lehnt sich an Galater 6,18 an.

Die Prozeßereignisse, die der Appellation zugrunde lagen, waren dem Papst nicht unbekannt. Nachdem das erste Exemplar des Buches »Der Lehrprozeß« (Verlag actuelle texte, 721 Rottweil) von mir zu Landesbischof D. Class, mit dem gleichzeitigen Antrag vom 9. März 1974, überbracht worden war, hatte der Verleger das nächste Exemplar über den Apostolischen Nuntius in Deutschland, Erzbischof Konrad Bafile, an Papst Paul VI. gesandt. Auch jetzt war der Weg über die Nuntiatur zu wählen. Ein anderer, zunächst sinnvoller erscheinender Weg wäre der über das Einheits-Sekretariat und dessen Leiter, Kardinal Willebrands, gewesen. Aber dieses Sekretariat ist für die Beziehungen ganzer Kirchen und kirchlichen Gemeinschaften zur römisch-katholischen Kirche geschaffen worden, nicht für Anliegen einzelner »getrennter Brüder«.

Die Antwort vom 5. August 1975

Mit einem Osterbrief hatte mein Bekenntnis zum Evangelium ohne ferneren Ausschluß von Mattäus 16, Lukas 22 und Johannes 21, begonnen. Und jetzt war dieser Pfingstbrief geschrieben worden. Jenen hatten viele gelesen. Sollten auch diesen viele lesen? Ja, sofern das Wort des Herrn in Mattäus 18,17 gilt: »Eipón tä ecclesia — sage es der Kirche!« Zur Kirche gehören nicht nur die Amtsträger, sondern alle Gemeindeglieder insgesamt. Auch sie sollen über Luthers Eid und Bann nachdenken, dabei wie die Christen in Beröa, Apostelgeschichte 17,11, selbst in der Heiligen Schrift forschen.
Jedem meiner Leser sollte klar werden, daß es für alle, die durch die Ordination ein evangelisches Amt empfangen haben, gilt, ihr Ordinationsgelübde als »Diener Jesu Christi, verordnete Diener des göttlichen Wortes, verordnete Diener der christlichen Kirche« nicht zu brechen, sondern von jetzt an im vollen biblischen Sinn zu halten und zu erfüllen. Wodurch? Durch ein neues Treuwort an Eidesstatt an den Dreieinigen Gott in der Kirche aller Getauften, der Kirche des Neuen Bundes laut dem ganzen Neuen Testament.

Kaum war der Pfingstbrief abgesandt, so kam die sogenannte »Bestätigung von unten«, der Angriff der Höllenpforten (vgl. Psalm 116, 3 u. ö.; Mt 16,18; Jes 28,14—19). Aber »Die Anfechtung lehrt aufs Wort merken« (Jes 28,19). Der Schreiber sagte sich: du wolltest dem WORT gehorchen; alles Weitere, was Menschen machen mögen, überlasse Gott!

Am 5. Juli 1975 schrieb Nuntius Bafile, er habe meinen Brief weitergeleitet. Da es sich in meinem Schreiben »um eine ungewöhnliche und schwierige Sache« handle, so »wollen Sie bitte auch verstehen, daß nicht mit einer schnellen Antwort gerechnet werden kann«.
Der Apostolische Nuntius in Deutschland, Erzbischof Bafile, wurde, nach 15jähriger Dienstzeit in Deutschland, nach Rom für ein höheres Amt abberufen. Am 5. August 1975 schrieb er noch, in Bonn-Bad Godesberg, den Brief, in dem die Antwort aus Rom für mich mittelbar enthalten war.

Im Brief hieß es:
Da die Antwort des päpstlichen Staatssekretariats auf meine Appellation an den Heiligen Vater noch eben rechtzeitig hier eingetroffen sei, möchte er mir noch persönlich darüber berichten. Das Antwortschreiben gehe davon aus, daß es nicht ratsam wäre, wollte der Heilige Stuhl über eine Lehrentscheidung der Evangelischen Landeskirche Württemberg befinden. Ein solches Votum würde als Einmischung in innerevangelische Angelegenheiten aufgefaßt, im Endeffekt mir deshalb keinen Dienst leisten, die beiderseitigen ökumenischen Bemühungen aber schwer belasten.
Von seiten des Heiligen Stuhles wie auch im eigenen Namen dürfe er mich jedoch ermuntern, sich durch meine Übereinstimmung mit dem Credo des römischen Bischofs und Papstes in meinem Verständnis des Evangeliums unseres Herrn bestärkt zu sehen.
Der Brief schloß folgendermaßen: »Möge das Dienstamt, das Jesus Christus in seinem Apostel Petrus gestiftet hat, für die

Christenheit insgesamt das Band der Einheit und Liebe sein und immer mehr werden. Durch die Gebete, die darauf gerichtet sind, bleiben wir einander im Herrn verbunden. Möge Er Sie mit seiner Gnade weiterhin erleuchten und auf dem Weg der Wahrheit voranführen!«

Schriftstellenverzeichnis

Altes Testament

Gen (1. Mose) 22,16 f. 258
Lev (3. Mose) 11,45 227
   19,18 208
Dtn (5. Mose) 6,5 208
   13,18 305
   16,18 66
   30,14 259
Jos 7,12.13.15 306
   7,13 304
   7,15 308
   7,25 f. 249—251
1 Kön 12,31 f. 184
   13,2 ff. 184
2 Chron 32,12.13.18 257
2 Makk 12,44—46 223
Ijob (Hiob) 33,26—28 257
Ps 8,3 228
   16 253
   22,23 264
   74,22 68
   85,5 220
   89 253
   95,10 255
   99,4 253
   116,3 333
   119,46 268
   139,9 17
Sir 4,26.28 257
   24 228
   31,9 298
Jes 22,15 90
   22,22 f. 63, 90
   28,14—19 333
   28,16 59
   28,19 333
   43,26—28 306
   45,23 265
   53,3 21
   53,6 20
Jer 4,3 152
   23,21 132

   29,23 308
   44,27 245
Ez (Hes) 3,17 327
   34, 2.10 108
Joel 3,1—5 225
Sach 3,2 22, 44, 180
   14,7.11 306

Neues Testament

Mattäus 1 u. 2 227
   3,6 265
   4,1—11 229
   4,7 par 22
   4, 7.10 222
   5,1—10 86
   5,17 f. 233
   7,15 284, 290
   7,23 235, 259
   7,26 f. 180, 185, 249
   10,25 229
   10,32 258, 261, 262
   10,32 f. 266
   10,38 36
   11,18 229
   11,19 228
   11,25 201, 226, 264
   12,26 229
   13,41 235
   13,52 90
   15,2 243
   15,9 237
   15,13 230
   15,13 f. 228
   16,13—19 61 f., 67, 100, 103,
      115, 147, 151, 156, 180, 182,
      185 f., 229, 244, 248—250,
      255, 261 f., 280, 283, 287—
      289, 303—305, 309 f., 312—
      314, 317, 319, 321 f., 331—333
   18,10 228
   18,15—18 111, 151, 244, 283

18,15—20 305, 313, 316 f.,
  319—322, 331 f.
19,27—29 **192**
21,25 f. 228
22,32 f. **192**
22,36—40 191, 208
23,2 280
23,28 235
23,34 177, 225, 228
24,5 60
24,12 235
25 22
25,12 259
25,31 ff. **192**
26,63 f. **182**
26,69 65
27,54 261
28,18 240
28,19 318, 320
28,18—20 147, 275, 309
28,20 318, 321
Markus 1,5 265
  1,24 249
  8,29 261
  8,38 258
  14,48 261
  14,56 261
  14,62 261
  15,39 261
Lukas 1 u. 2 227
  2,14 264
  2,29—32 264
  4,5—7 327
  4,14—30 89
  10,16 20, 55, 165, 283 f., 291, 324
  10,21 264
  12,8.9 258, 261, 262
  12,14 290
  19,41.42 106
  22,31 f. 100, 186, 311, 319, 322
Johannes-Evg. 1,19 ff. 258
  1,20 262
  1,29 20
  4,5—15 90
  4,46—50 12, 82, 91
  5,44 259
  8,44 230

9,22 111, 259, 262
10 132
10,1.9 170
10,8 132
11,27 261
12,42 111, 259, 262
12,43 259
13,34 208
14,12 226, 330
14,15.21 191
14,20 226
14,21 207
14,23 **192**
14,24 **193**
16,2 111
16,12 ff. 178, 224
17 330
18,36 290
20,21 239
20,21—23 104
20,23 f. 227
20,30 226
21 150, 156, 180, 186, 255, 314, 319, 322, 332
21,25 226
Apg 2 225, 330
  2,17.18 225
  2,32—41 94
  2,37 249
  2,38 67
  3,7 90
  4,12 21
  7,17 258
  15 285
  17,10 f. 255
  17,11 332
  17,30.31 288
  19,18 265
  19,19 75
  20,28 39
  24,14 259
Römerbrief 198, 238
Röm 1,18 255, 320
  1,24.26.28 230
  2,1—4 76
  2,4 230
  2,7 213
  2,16 219

3,23   313
3,23 f.   20
3,26   21
3,28   21, 238
3,31   233
4,7   235
4,24   20
5,5   200
6,19   235
8,26   36
9,3   306
10,9.10   259 f.
10,11   59
10,17   144
11,29   151
11,33   228
11,35   76
12,1   36
12,7   151
12,10   189
14,11   264
15,7—13   263
1 Kor 1,12   329
2,7   228
2,7—10   207
3,10   106
3,11   59, 60
4,1   319
5,5   119
9,21   231, 239, 313
12   104 f.
12,1—11   99
12,3   264
12,28 ff.   103, 105, 177
13   202, 211
13,7   207
13,8—13   207
14,32.37   177
16,22   111
2 Kor 2,15   256
2,16   257
3,8.10   284
3,13—15   86, 288
4,13.14   260
5,10   219
5,18   319
5,20   319, 322
6,4.5   36

6,14   235
9,13   264
10,4   290
10,7   329
11,13   132
11,14   17
13,8   290
Galaterbrief   131, 198
Gal 1   219
1,1   131
1,8   284
1,8.9   55, 111, 290
2   186
2,16   238
5,13.16   205
6,9   323
6,18   331
Eph 1,17   228
2,8.9   238
2,20   177, 228
4,11   177
4,11 ff.   105
4,14   328
Phil 2,11   264 f.
2,12 f.   22
Kol 1,24   227
2,3   228
3,12   323
1 Thess 4,9   189
5,11   106
2 Thess 2,3.7   235
2,11   73
1 Tim 1,5—7   206
3,1—5   319, 321
6,12 f.   262, 266
6,13   261
2 Tim 2,11—13   266
4,2   317
Tit 1,16   204
2,14   235
Hebr 1,3   265
1,9   235
2,12   264
2,14—18   239
3,1   265
4,14 f.   265
6,13 f.   258
6,16   256

10,17   235
10,23   265
12,1   266
13,1   189
13,7   295
13,15   265
Jakobusbrief   223, 238
Jak 1,5   228
   1,12   207
   1,25   233
   2,4.5   288
   2,5   207
   2,14 ff.   266
   3,17   228
1 Petr 1,16   227
   1,22   189
   2,5   106
   2,6   59
   2,17   189
   3,8   189
   5,9   189
2 Petr 1,7   189
   1,12—21   238
   2,1   319, 321
1 Joh 2,5.11   195
   2,7   208
   2,22   260
   3,4   235, 313
   3,15   195
   4,8.16   191

   4,10   12, 83
   4,15   260
   4,20   196
2 Joh 7   260
Offb. Johannis (Apk)   223
Offb 1,5   263, 266
   1,17.18   295
   2 u. 3   223
   2,4 f.   223
   3,5   259
   3,17   199
   4,8.11   264
   5,9—10.12.13   264
   5,12   228
   11,15.17—18   264
   12,12   264
   13,18   228
   14   123
   14,13   192, 223
   15,3—4   264
   16,6   177
   17,9   228
   18,20.24   177
   19,1 f.6—8   264
   19,5   264
   19,7   264
   19,20   249
   20,14   249
   22,3   306
   22,6—9   177

Personenverzeichnis

Agricola, J. 71 f., 122
Albrecht, Erzb. v. Mainz 46, 149
Aleander, H. 70, 74, 278
Althaus, P. 191, 201—203, 209
Alveld, A. v. 137
Appel, A. 317
Aristoteles 74
Arnold, G. 127 f., 299
Augustinus, hl. 198, 216, 284

Bafile, C. 332 f.
Behm, J. 111
Benedikt XV. 153
Bengel, J. A. 176
Bernhard v. Clairvaux, hl. 220
Berthier, A. 153
Beyer, Chr. 267 f., 279
Beyerhaus, P. 327
Bizer, E. 37
Bodelschwingh, F. v. 293
Boehmer, J. 75
Bonaparte (Napoleon I.) 153
Bonifatius II. 214
Bora, Kath. v. 302
Bouyer, L. 27
Brenz, Joh. 228, 299, 330
Brück, A. Ph. 274
Brück, Greg. 48, 267, 279
Buchwald, G. 117
Buchwald, R. 121, 149
Bugenhagen, J. 123
Bultmann, R. 195
Butzer, M. 299

Cajetan, J. 19, 31, 33—35, 38 f., 68, 181, 232
Calvin, J. 85, 103, 135, 152—154
Capito, W. 299
Class, H. 331
Clemens I. (Cl.-Brief) 265
Clemens VII. 153
Coelius 123
Cordatus 44

Cruziger, C. d. Ä. 205, 299
Cyprian, hl. 115

Denzinger, H. 43, 215 f.
Diem, H. 308, 325

Eck, J. 56, 73 f., 149 f., 181, 196, 232
Eichele, E. 314
Emser, H. 16, 73, 137
Erasmus, D. 45
Erler, A. 56, 112
Ernst Herzog zu Lüneburg 267

Flacius, Matthias, Illyricus 125
Franz Herzog zu Lüneburg 267
Friedrich d. Gr. v. Preußen 138
Friedrich d. Weise v. Sachsen 19, 129, 168
Fugger, J. 46

Geiger, A. 46
Georg Markgraf zu Brandenburg 267
Georg Herzog zu Sachsen 47, 137, 149
Gerhard, Joh. 128—132
Gloccer, G. 126
Goeze, J. M. 138
Gregor v. Nyssa, hl. 212
Grünzweig, F. 161

Hacker, P. 23—27, 32, 38, 51 f., 54, 190 f., 201, 205 f., 209, 211 f., 214 f., 217, 219 f.
Hadrian VI. 84, 150, 274 f.
Haecker, Th. 234, 245, 248
Hahn, M. 237—239
Hamann, J. G. 49, 141
Hardenberg, F. v. (Novalis) 299
Haug, M. 285, 310
Heinrich VIII. v. England 149
Herder, J. G. 133, 138, 141
Hermann, J. 312 f.

Hieronymus, hl. 131 f.
Hilty, C. 247
Holbein, Hans d. J. 74
Hoogstraaten, J. v. 74
Hunnius 130
Hus bzw. Hussiten 16, 19, 46

Jeremias, J. 90
Joachim II. v. Brandenburg 126
Johann, Kurf. v. Sachsen 267 f.
Johannes XXIII. 18, 233, 299, 331
Jonas, J. 117, 123, 279

Karl V., Kaiser 71, 267—270, 273—279, 298
Karlstadt (A. v. Bodenstein) 135, 149, 179
Kaufmann, E. 56, 112, 179
Kerullarios, Michael 7
Kierkegaard, S. 233—235
Kittel, G. 90
Kolb, J. G. 239
Köstlin J. 44
Künneth, W. 327

Lau, F. 141 f.
Lauerer, D. 141
Leibniz, G. W. 127, 299
Leo X. 19, 73, 150, 153, 197
Lessing, G. E. 133, 138, 141
Lilje, H. 314 f.
Löffler, Kl. 153 f.
Löhe, W. 140 f.
Luther, M. passim

Mathesius, J. 124, 286
Mau, C. 317
Meiser, H. 296
Meissinger, K. A. 16, 18, 44, 70, 74, 118, 143, 179, 197, 249, 286
Melanchthon, Ph. 48 f., 70, 123, 195, 267, 279—281, 287, 297 f.
Meliton, Metropolit 7
Merzbacher, F. 112
Michel, O. 257—266
Molt, W. 297
Münzer, Th. 135, 149, 179

Murner, Th. 72
Myconius, F. 299

Napoleon I. 153 f., 247
Neuner, J. 215
Newman, J. H. 247
Novalis (F. v. Hardenberg) 299

Occam, W. v. 74
Osiander, A. 299

Paul III. 22
Paul VI. 89, 233, 311 f., 316, 318, 320 f., 324, 332
Petilianus 284
Petry, L. 274
Philipp Landgraf zu Hessen 267
Pius VI. 153
Pius VII. 154

Ranke, L. v. 154
Reuchlin, J. 45
Reuter, Fr. 274
Rieger, U. 299
Roos, H. 215
Rörer, G. 200, 207

Sachs, Hans 123
Scheel, O. 11, 14, 77 f., 81, 110, 199, 218 f.
Schlatter, A. 11 f., 14, 16, 80, 81—110, 140, 231, 329 f.
Schmidt, K. L. 90
Schrage, W. 111
Schubert, H. v. 199
Selneccer, N. 126
Semler, J. S. 133
Seppelt, F. X.153 f.
Sigismund, Kaiser 276
Sokrates 235
Spalatin, G. 71, 73
Spener, Ph. J. 127, 174 f., 179
Staufer-Kaiser 168
Staupitzm, J. v. 129
Steitz, H. 274
Sticher (P) 161
Sturm, K. 267

Tetzel, J. 17 f., 137
Thomas v. Aquino. hl. 74

Ullrich, W. 292

Waldus bzw. Waldenser 46
Weitbrecht, O. 315
Weitmann, A. 161
Willebrands, J. 332

Wolfgang Fürst zu Anhalt 267
Wolter, H. 274, 278
Wurm, Th. 166, 170, 180, 251, 296, 309

Zeeden, E. W. 124, 130, 133
Zinzendorf, N. L. Graf v. 139
Zwingli, H. (U.) 149

Richard Baumann

Marias Stunde kommt

Das dritte Wort vom Kreuz

Papst Pauls VI. Apostolisches Rundschreiben »Marialis Cultus« über die rechte Pflege und Entfaltung der Marienverehrung (vom 2. Februar 1974) fand ein lebhaftes Echo, nicht nur in der Kirche, sondern in der Weltöffentlichkeit. Was er über Maria, die Frau und Mutter, heute schreibt, das ist offenbar vielen als Hilfe zur Hoffnung auf die Erneuerung der schwer bedrohten Menschheit aufgegangen. Der Papst weist auf die Quelle der Wahrheit über die FRAU und MUTTER in Gottes Wort hin, wie die Kirche, erbaut auf dem Grund der Apostel und Propheten, die Frohe Kunde neu ausspricht; auch auf die Wichtigkeit der MUTTER für die Gesamtfamilie aller Christen. Marias ökumenische Wirksamkeit kommt neu in Sicht.

PAUL PATTLOCH VERLAG · ASCHAFFENBURG

Weitere Bücher von Richard Baumann

In unserem Verlag ist erschienen

Marias Stunde kommt
Das dritte Wort vom Kreuz

Im Verlag actuelle texte, 7210 Rottweil am Neckar:

Evangelisches Marienlob heute
Auf Luthers Wegen in Rom
Wallfahrt
Kennen wir Maria?
Unser Name ist Petrus
Ein Dienstamt der Gemeinschaft

Der Lehrprozeß

Stuttgart — Rom
Zur Versöhnung in der Christenheit
[Selbstbiographie]

Im Johannesverlag, 5451 Leutesdorf am Rhein, erschienen:

Die Retterin
Gedanken eines evang. Christen über die Mutter Jesu.
Geleitwort von Prof. H. M. Köster

Mit Maria in die Zukunft
Geleitwort von + Lorenz Kardinal Jaeger

Heiliges Jahr — evangelisch